나는 역경(易經)을
이렇게 읽었다

나는 역경(易經)을
이렇게 읽었다

김성곤 지음

차이나하우스

머리말

1

세상에 훌륭한 책이 많지만, 역경(易經)은 훌륭함에 더하여 신비 (神祕)함도 함께 가지고 있는 책입니다.

공자(孔子)가 지었다고 전해지는 역·계사전(易·繫辭傳)에 다음과 같은 내용들이 있습니다.

'역이 넓고 크니 모든 것을 갖추었다. 역(易)속에 하늘의 도(道)도 있고, 땅의 도(道)도 있고, 사람의 도(道)도 있다.'

'역(易)을 공부하면 어둠과 밝음의 까닭을 알고, 죽고 삶을 알며, 귀신의 정상(情狀)을 안다'

불혹(不惑)의 나이에 어울리지 않게 저는 이러한 문장에 미혹되어 가슴 떨리는 기대를 안고 역경(易經)을 읽기 시작하였습니다.

때는 금융위기(IMF사태)의 암울한 시기, 국가의 명예는 추락하고 도산하는 기업들, 방황하는 수많은 실직자들…… 공무원이 되어 국민을 위해 일한다는 사명을 긍지로 삼고 있던 제게 난생 처음 겪는 국가적 위기는 안타깝기도 하고 한편으로는 치욕적이었습니다.

'우리 경제는 기초가 튼튼하여 문제가 없다'던 정부 당국자들이나 금융·경제학자들은 어찌하여 위기가 코앞에 다가올 때까지 딴소리를 하고 있었는지?

'전투에 진 지휘관은 용서받을 수 있지만 경계에 실패한 지휘관은 용서받을 수 없다'는데 대한민국에는 국가와 국민을 보호하는 책무를 지닌 사람들 중 이런 위기를 사전에 감지하고 방어할 수 있는 능력자가 없었던 것인지?

미래 예측을 통하여 흉(凶)은 피하고 길(吉)은 취함으로써 개인이나 조직·국가가 안정된 삶을 영위하고 번영의 길로 나아갈 수 있는 그런 큰 지혜는 없는지?

목마르고 절실할 때에 제가 만난 것이 바로 역경(易經)이었습니다.

하늘의 도(道), 땅의 도(道), 인간의 도(道), 삶과 죽음의 이치, 귀신의 정상(情狀) 이 중 한 가지라도 깨우칠 수만 있다면, 깨우쳐서 국리민복에 도움이 될 수 있다면 어떠한 대가라도 치를 수 있을 것 같았습니다.

2

역경은 참으로 공부하기가 어려운 책이었습니다.

역을 읽는 동안 20세기가 저물고 21세기를 맞이하였습니다. 반복하여 역경을 읽은 횟수가 적지 않음에도 불구하고 제게 있어서 역은 여전히 난공불락의 성이었으며 안개에 쌓인 까마득히 높은 산이었습니다. 드물게 작은 깨달음을 얻는 희열의 순간도 없진 않았지만, 대부분은 숲속을 헤매는 듯 또는 목적지도 모르면서 무거운 짐을 지고 힘겹게 길을 걷는 그런 느낌이었습니다.

제가 위안을 삼은 한 가지는 '책을 백 번 읽으면 뜻이 스스로 나타난다(讀書百遍意自見)'는 옛 말씀이었습니다.

옛 성현(聖賢)들이 설마 헛말씀을 하시지는 않으셨겠죠?

김석진 선생의 '대산주역강의'로 역(易)을 처음 접한 이후 국내에서 출간된 각종 역서(易書)를 섭렵하기 시작하였습니다. 대부분이 천여 년 전에 그리고 주로 성리학(性理學)자들이 쓴 역서들을 번역 출간한 책들은 난해하기가 다른 책들과는 비교할 수가 없을 정도였습니다.

동양학에 대한 기초지식이 부족한 듯하여 사서(四書)와 시경(詩經)·서경(書經)은 물론 장자(莊子)·노자(老子)의 도덕경(道德經)을 비롯해 중국의 역사·문화에 대하여 폭넓고 깊이 있게 공부하려 하였습니다.

한편으론 역경의 양대 요소인 괘(卦)와 글(辭) 중 괘를 이해하기 위한 방법으로 천체물리학·이론물리학·양자역학 등 과학이론에 대한 독서도 게을리 하지 않았습니다.

2004년은 제게 있어서 획기적인 해(年)였습니다.

공직생활 중 한 번쯤 주어지는 해외직무훈련의 기회가 저에게 찾아와 저는 훈련국가로 중국을 선택하였고, 중국의 사회과학원 정치연구소에 적을 두고 중국인들과 교류하며 중국을 배울 기회를 갖게 된 것입니다.

국가의 은혜로 주어진 2년간은 제게 참 귀중한 시간이었습니다.

중국정치에 대한 공부는 당연히 해야 할 직무였고, 중국어를 가르치는 대학의 어학과정에 등록하여 중국어와 한자를 체계적으로 공부하였습니다.

1년 반이 지난 후에는 중국인과의 교류에 불편함이 없었으며(한어수평고시·HSK9급), 한자(漢字)로 된 문장을 보는 식견을 갖게 되었고, 역(易)에 관해서도 주역전서(周易全書), 백화주역(白話周易) 등 한자(漢字)로 쓰여진 책들을 어렵지 않게 읽을 수 있게 되었습니다.

2006년 귀국하여서는 전에 몇 번이나 시도하였으나 좌절했던 탄허스님이 쓴 '주역선해(周易禪解)'란 책에 다시 한번 도전해 보았는데 이전과는 달리 불교에서 쓰이는 전문용어를 제외하면 대체로 책 내용을 이해할 수가 있었습니다.

그런데 그즈음 저는 역경(易經)의 공부에 회의를 느끼기 시작하였습니다. 외워도 보고, 써도 보고 할 만큼 하였는데 내가 깨우친 것이 얼마큼인지 또 얼마나 더 공부를 해야 원하는 지혜를 얻을 수 있는 것인지?

정이천(程伊川) 선생의 말씀대로라면 '글을 다 이해하면 역의 정수(精髓)를 얻을 수 있다' 하였는데 근본적으로 나의 자질이 역(易)에 있다는 하늘과 땅 그리고 인간의 도(道)를 깨우치기에는 부족한 것은 아닌지?

이 정도에서 그만두는 것이 옳은 판단이 아닐까? 하는 생각이 들곤 하였습니다.

저는 역(易)을 점차 멀리하였고 후배들에게도 좋은 책으로서 역경(易經)을 소개는 하였지만 '얻는 것에 비하여 치러야 할 대가가 너무 크니 나중에 한가할 때 읽는 것이 좋겠다' 는 의견을 덧붙이게 되었습니다.

2008년 세계철학자대회가 사상 처음으로 아시아대륙인 서울에서 개최되었습니다. 이 대회에 참가하였던 중국학자들을 대접할 기회가 있었는데, 그 중 한분이 제가 역(易)에 관심이 있다는 얘기를 들었다면서 왕부지(王夫之) 선생의 주역외전(周易外傳)을 보았는지, 보지 않았으면 꼭 한번 읽어보라고 권유하였습니다.

지금은 왕부지(王夫之) 선생의 주역외전(周易外傳)이 번역되어 출판되었지만 당시에는 선생의 책이 국내에 어느 것도 소개되지 않았습니다.

원서(原書)로 읽은 주역외전(周易外傳)은 그 내용이 극히 심오하여 완전히 이해는 하지 못하였지만 제 역경(易經) 공부에 있어서 새로운 지평을 열어 주었습니다.

그동안에도 역(易)에 대한 공부를 하면서 역학(易學)은 기(氣)를 공부하는 학문이라는 느낌이 없진 않았지만 왕부지 선생의 책을 읽고 난 다음부터는 역경을 읽을 때 음·양의 두 기운이 밀고 당기고, 화합하고 배척하는 변화에 새롭게 눈을 뜨게 되었습니다. '괘(卦)는 기(氣)의 부호이며 기는 괘속에서 살아 움직인다'는 의식을 하며 한동안 그렇게 역경을 읽었습니다. 다시 말하면 기(氣)의 부호인 괘(卦)를 새롭게 보게 된 것입니다.

2013년 초 저는 약 32년에 걸친 공무원생활을 마치고 퇴직을 하였습니다. 퇴직 전 직원들이 그동안 제가 모아둔 역에 대한 메모 등을 정리해서 소책자를 만들어 저에게 기념품으로 주었습니다. 그러나 그때까지도 저의 역(易)에 관한 지식은 선인(先人)들의 견해를 엿본 것일 뿐 독자적인 안목과 식견은 거의 없었던 수준이었습니다.

퇴직을 하면서 저는 중국에 대한 전문성을 인정받아 삼성화재(주)에서 상임고문으로 근무하게 되었는데 삼성화재(주)와는 중국귀빈이나 친구들과 교류하면서 시작된 인연이 있었습니다.

고문이라는 자리는 일선에서 뛰는 직원들을 후방에서 돕는 자리로서 상대적으로 여유가 있었고 덕분에 평소 읽고 싶었던 책을 시간을 갖고 읽을 수 있었습니다.

이 때 읽었던 책 중에 역(易) 공부에 크게 도움이 된 책이 갑골문(甲骨文)에 관한 연구서적들이었습니다.

여러분도 아시다시피 갑골문은 1899년에 발견된 거북의 등껍질이나 동물의 뼈에 새겨진 글자입니다. 갑골문이 쓰인 시기는 역경이 쓰인 시대로 갑골문 덕분에 역경의 내용 중 해석이 애매했던 많은 글자의 뜻을 새롭게 이해할 수 있었습니다.

하늘과 땅, 그리고 인간의 도(道)가 역(易)에 있다는 말에 매료되어 역에 빠진지 어느덧 이십년이 흘렀습니다. 그러나 아직도 선현(先賢)들께서 말씀하신 도(道)가 이것이구나 하고 깨우치지 못한 것은 근본적으로 저의 자질부족이 가장 큰 이유가 되겠지만, 한편으론 동양인문학의 정수이면서 난해하기로 정평이 나있는 역경(易經)을 공부함에 있어, 훌륭한 스승을 모시지 못하여 체계적인 가르침을 받지 못하였고, 또한 일상에 쫓겨 치열하게 매진하지 못했기 때문이라 생각합니다.

3

그럼에도 불구하고 그동안 공부한 내용을 저 혼자의 머릿속에만 담아두는 것이 아깝다는 생각을 하게 된 까닭은 다음과 같습니다.

첫째, 책을 반복하여 읽었어도 뜻이 스스로 나타나는 경지는 겪어 보지 못했지만, 되풀이 하여 읽는 과정에 삼천년 전에 역경을 완성한 위대한 두 인물(문왕·文王과 주공·周公)과의 시대적 간격이 점차 짧아지면서 두 분의 말씀이 점점 생생해지는 듯한 경험이 있었습니다. 삼천년이 이천년으로 다시 천년으로 지금은 한세대 전쯤으로……

그러면서 후인들의 역해석이 이 두 분이 원래 말씀하신 의도와는 다를 수도 있다는 생각을 해 보게 되었습니다.

두 분은 숱한 고난과 위기 속에서 나라를 세우고 또 번영의 기틀을 다진 국가경영인이며 백척간두에 선 듯 위험한 현실을 몸으로 겪은 사람들이었던 것입니다. 산에서 도를 닦고 신선이 되기를 염원하는 도가(道家)의 사람도 아니고, 성인(聖人)이나 군자(君子)를 이상(理想)으로 하는 유가(儒家)의 사람도 아닙니다.

이 분들의 말씀에 덧붙여진 유가·도가·음양오행(陰陽五行) 등의 각종 해석을 걷어내고 두 분의 말씀을 있는 그대로 순수하게 소개해 드리고 싶었습니다.

'달을 가리키는 손가락을 보지 말고 달을 보라'라는 육조(六祖) 혜능(惠能)스님은 글자를 읽을 줄 몰랐으나 최상의 지혜를 깨우친 분이셨습니다.

역경의 해석에 있어서도 화려한 손가락들이 너무 많았습니다.

둘째, 앞서 말씀드린 하늘(양·陽)과 땅(음·陰)의 도(道), 어둠 (음·陰)과 밝음(양·陽)의 까닭, 삶(양·陽)과 죽음(음·陰), 귀신의 정상(음·陰) 등은 결국 음(陰)과 양(陽)의 다른 이름에 불과한 것으로 이해하였습니다.

마지막으로 남는 것이 인간의 도(道)인데, 저의 방식대로 해석하면 결국 역경(易經)은 음(陰)·양(陽)의 변화 즉, 상황의 변화에 따른 인간의 처신에 관한 학문이 되는 것입니다.

적자생존(適者生存)이라는 말은 '강한 자가 생존하는 것이 아니라 변화에 적응하는 자가 생존한다'는 뜻입니다.

육천오백만 년 전 지구에 운석이 충돌하였을 때 당시 육지의 최강자인 공룡은 멸종하였지만 변화에 적응한 생물들은 생명을 유지하였고, 인간사에 있어서도 최강의 제국이나 기업들이 변화에 적응하지 못해 역사 속에서 시장 속에서 사라져가는 운명을 맞았지만, 변화에 적응한 상대적 약자들은 번영하여 새로운 강자로 부상한 예가 흔하며, 이를 사람 개개인에 대입하면 그런 예가 부지기수인 것입니다.

역경(易經)의 역(易)자에 변화의 뜻이 내포되어 있고 역경을 영어로 의역한 책 제목은 'Book of Changes' 즉 '변화에 관한 책'입니다.

역경(易經)에서 말한 인간의 처신은 혼자 있을 때가 아닌 조직 내에서의 인간의 처신을 주(主)로 하였습니다. 조직에 있어서 맞닥뜨리는 변화의 종류와 그에 적응하는 구성원들의 행태에 관하여 기술한 책 중에 역경(易經)에 필적할 만한 책은 없다고 확신합니다.

특히 역경이 쓰인 당시에는 조직다운 조직은 국가밖에 없었지만 지금은 공조직과 기업 등 무수히 많은 집단이 있습니다. 역경의 내용은 모든 조직에 공히 적용이 될 수 있으므로 조직에 몸담고 있는 모든 분들에게 유용함이 있을 것으로 보았습니다.

마지막으로 우리나라가 역(易)과의 인연이 깊어 역(易)에 있어서의 양의(兩儀) 즉, 음(陰)·양(陽)과 팔괘(八卦) 중 4정괘(四正卦)에 해당하는 건·곤·감·리(☰· ☷ ·☵· ☲)를 국기의 문양으로 채택하고 태극기(太極旗)라 부르고 있습니다.

그러나 태극기의 의미를 물으면 대다수가 대답을 하지 못합니다. 다른 학문을 배우느라 여유가 없다 하더라도 대한민국의 국민인 이상 태극기에 대한 이해는 있어야 한다고 생각합니다.

태극기를 소중히 생각하여 각종 국가 기념일에는 태극기를 게양하고, 다른 국가와의 경기가 있을 때에는 밤새워 태극기를 흔들며 대~한민국을 외치는 열정과 국가에 대한 사랑이 소중한 만큼, 태극기에 내재된 변화·상생·조화 등의 의미를 알면 더욱 값지지 않을까요?

천지(天地)는 어질지도 자비롭지도 않으며, 사람 개개인의 능력은 국가적인 변화에 적응하기에 너무도 미약합니다. 국가가 번영하고 국민이 행복하기 위하여는 단순하지만 서로 소통하며 힘을 합쳐 변화에 적응하는 방법 외에 다른 비책이 있을 수 없습니다.

불과 100여 년 전 나라가 망해가는 때에 고종황제가 태극기를 만들며 후손들에게 전하려고 했던 뜻이 바로 이런 것 아니었을까요?

이런 것이 우리 국민이 역경(易經)을 알아야 하는 또 하나의 중요한 이유라고 생각했습니다.

4

삼성화재(주) 고문 3년 차 즈음에 정약용 선생의 목민심서(牧民心書)를 다시 읽어보는 기회가 있었습니다.

책의 머리말에 '목민심서'라는 제목의 뜻이 목민관(牧民官) 즉 '관리가 마음속에 간직해야 할 책'이 아니라 선생께서 관직을 박탈당한 후 유배지에서 '목민관들을 마음으로 생각하면서 쓴 책'이라는 내용이 있었습니다.

선생 자신이 현직에 있든 없든 영예롭게 퇴직을 하였든 그렇지 않든 선생의 마음속에는 오직 부강한 국가의 실현과 불쌍한 백성의 구제에 대한 일념만이 있었던 것입니다. 선생의 학문과 인품을 뒤쫓기는 어렵겠지만 태도는 본받을 수 있겠죠.

저도 후배들을 위하여 역경(易經)을 정리하기 시작하였습니다. 가능한 간략하고 조금이라도 덜 어렵게…… 부족한 부분은 후배들이니까 이해해 주겠지 하는 생각을 하면서 말입니다.

한눈도 팔고 게으름도 피운 탓에 2년이 걸려 겨우 초고를 완성하였습니다.

몇몇 후배들에게 초고를 보여주고 의견을 듣는 과정에서 이건웅 차이나리뷰대표와 안우리 스토리하우스대표를 소개받게 되었습니다. 원고를 본 두 분이 흔쾌히 출판을 결정해 주신 덕분에 현직에 있는 후배들과 일부 지인들에게만 비매품으로 건네려던 책이 세상에 빛을 보게 되었습니다. 이 기회를 빌려 두 분과 출판사 관계자들에게 감사를 드립니다.

5

처음 역(易)을 접하시는 분들은 아시지 못하겠지만 이 책은 기존에 역경(易經)또는 주역(周易)이라는 이름으로 출간된 많은 책들과 비교할 때 접근방법이나 편제에 있어서 제법 큰 차이가 있습니다.

조금이라도 이해하기 쉽게, 그리고 핵심에 직접적으로 접근할 수 있게 하여 궁극적으로는 역경(易經)이 우러러보는 경전이 아니라 우리 삶에 실질적인 도움이 되는 말씀으로 설명해 보려 했습니다.

그래도 초보자에게는 '너무 어렵다'는 평과 전문가들에게는 '공부가 부족하다'는 비판을 받지나 않을까 하는 염려가 있습니다.

역경에 관한 몇몇 옛 분들의 글은 문자 그대로 한 자(字) 한 자(字)가 천금의 무게가 있습니다. 생각을 크게 바꾸지 않고서는 한 글자도 바꾸기가 쉽지 않고 수천 년을 면면히 이어온 흐름에서 벗어나기는 더욱 어렵습니다.

제가 시도한 여러 가지 변화가 다소 무모한 점이 있다 하더라도 옛 분들의 가르침을 추호도 소홀히 하지 않으려 하였다는 점과 사소한 변화를 시도하는데도 오랜 시간의 고뇌가 있었다는 점을 널리 헤아려 주시기 바랍니다.

또한 역경(易經)의 원문에 충실하려고 하는 의도가 지나쳐 역사와 현실에서 역경과 결부시켜 설명할 수 있는 다양하고 유용한 사례들을 말씀드리지 못한 점도 양해를 부탁드립니다.

6

부족한 책이지만 출간하기까지 많은 분들의 도움이 있었습니다.

먼저 공무원으로서 자부심과 긍지를 갖고 청춘을 바칠 수 있게 해 준 국회와 퇴직 후 다시 기업을 통하여 사회에 봉사할 수 있는 기회를 주신 삼성에 감사드립니다.

퇴직 전 메모한 것을 정리해 준 국회의 김현아 씨, 서지은 씨, 그리고 구술하는 것을 받아 적고 정리해 준 삼성의 전연선 씨, 민경주 씨 이분들은 삼천여년 전에 쓰인 익숙지 않은 문장, 낯선 괘(卦), 컴퓨터에 입력되어 있지도 않은 많은 한자 등을 정리하는 어려움 속에서도 늘 미소 띤 얼굴로 수고를 마다하지 않았습니다.

그리고 '후진들을 위하여 징검다리를 하나 더 놓든지 도로라도 보수하는 것이 앞선 사람의 도리'라며 독려를 해주신 삼성의 이상묵 부사장, 지형근 상무, 응원해 준 국회의 후배님들, 삼성의 여러 임직원분들에게도 감사드립니다.

교정은 최고의 전문성을 갖춘 국회 손숙자 서기관이 총괄해 주셨고, 홍순관 국회 전 기록편찬국장, 이강혁 서기관이 도와주셨습니다.

마지막으로 오늘의 저를 길러주신 부모님과 형님, 누님 그리고 형제들, 말없이 도와준 아내와 가족들에게도 고마운 마음을 전합니다.

2018년 여름
양촌(陽村) 중산(中山) 한가(閑家)에서
김 성 곤 씀

'달을 가리키는 손가락을 보지 말고 직접 달을 보라'
-한 한국인과 〈역경〉의 이야기-

한국인이 중국의 고전을 좋아하고 조예도 깊다는 것은 오늘날 주지하는 사실이나 한중 수교 당시 서로에 대해 잘 알지 못했을 때 중국 고전을 논하는 한국 사람들의 모습을 보고 놀라지 않을 수 없었습니다.

필자는 기자로서 1992년 말 당시 한국 경제기획원 최각규 부총리를 인터뷰 한 적이 있습니다. 최 부총리는 필자에게 중국 고전 〈채근담〉 이야기를 하면서 '吃得菜根, 百事可為(나물뿌리를 먹을 수 있다면, 즉 채근담을 온전히 이해하고 실천할 수 있다면 세상 모든 일을 다 이룰 수 있다)' 라는 명언을 인용하면서 한국 경제발전 초기 국민들의 창업정신을 소개하였습니다. 지금까지도 그 광경은 잊을 수 없습니다.

한국사람들과 만나다 보면 그 중에는 당시(唐詩) 송사(宋詞)를 읊을 수 있는 사람이 있는가 하면 중국의 야사(野史)와 전설에 익숙한 사람도 있습니다. 물론 가장 많이 언급하는 것은 〈삼국지〉일 것입니다. 거의 모든 한국 사람들이 〈삼국지〉 속의 이야기 한두 가지를 들려줄 수 있는 것 같습니다. 필자의 한 한국 친구는 술기운이 좀 올라오면 항상 책상이나 바닥에 종이를 펼치고 서예가처럼 〈삼국지〉

첫머리에 나와 있는 시(詩) 〈滾滾長江東逝水곤곤장강동서수〉를 쓰곤 합니다. 다만 그 분은 이 〈임강선臨江仙〉이란 시가 〈삼국지〉의 저자 나관중이 쓴 것이 아니라 명나라 양신(楊愼)이 썼다는 사실을 모르고 있었습니다.

하지만 일반 한국 사람의 중국 고전에 대한 사랑과 연구 실력을 확실하게 보여주신 분은 역시 김성곤 선생입니다. 그의 연구대상은 〈역경〉이고 장장 20여 년 동안 '역'에 심취해왔기 때문입니다.

〈역경〉은 중국인에게 있어서도 신비하고 난해하기 짝이 없는 고전입니다. 중국의 방대하고 심오한 문화의 대표작이라고 해도 과언이 아닐 것입니다. 이 분야를 전공하거나 연구하는 전문가나 학자 외에 일반 중국사람들도 쉽게 건드릴 수 있는 대상이 아닙니다. 제대로 중국어를 공부하지 않고 한국의 상용한자 정도만 아는 한국사람에게 있어 〈역경〉은 분명 수수께끼나 다름없을 것입니다.

'마음을 먹으면 세상에 어려운 일이 없다'는 옛말과 같이 김성곤 선생은 단단한 각오를 가지고 있었습니다. 그는 우선 한국학자나 전문가들의 〈역경〉에 관한 저술과 번역작품부터 착수하였습니다. 하지만 이 성리학을 기초로 하는 저작물들은 난해하기 그지 없었기에 할 수 없이 김 선생은 〈사서〉, 〈시경〉, 〈서경〉 및 노자(老子)와 장자의 저술도 읽어야 했습니다. 또한 〈역경〉과 현대과학의 관계를 탐구하기 위해 과학 관련 분야의 저술도 다량 섭렵하였습니다.

김 선생은 '書讀百遍 其義自見(독서백편 기의자현 : 책을 백 번 읽으면 그 뜻을 스스로 깨닫게 된다)'이라는 선철들의 가르치심을 신봉하였지만 이 가르침이 〈역경〉 공부에는 통하지 않았습니다. 방황하고 있던 김 선생은 우연한 기회에 〈역경〉의 고향인 중국에 가서 공부하게 되었습니다. 바로 중국에서 그는 〈역경〉 연구에 대한 용기와 자신을 되찾게 되었습니다.

　그는 체계적으로 중국어 공부를 시작하였으며 중국어로 중국 역대의 〈역경〉 연구의 성과물을 탐독했습니다. 개정판인 〈周易全書(주역전서)〉, 왕부지(王夫之)의 〈周易外傳(주역외전)〉 등 저술은 김 선생에게 새로운 경계를 열어주었습니다. 뿐만 아니라 갑골문자까지 열심히 공부하였고 결국 갑골문자는 〈역경〉연구에 크게 도움이 되었습니다.

　그는 더 이상 성현들의 가르치심이나 말씀에 구애 받지 않고 점점 독자적인 견해를 가지게 되었고, 육조(六祖) 혜능(慧能) 스님의 말씀처럼 달을 가리키는 손가락들을 보지 않고 달을 직접 보게 되었으며, 각종 '설(說)', '논(論)', '해(解)'의 화려한 외피를 벗겨내 수 천 년 전으로 추슬러 올라가 주문왕(周文王)과 주공(周公)의 말씀의 참 뜻에 접근하였습니다.

　성리학자들의 난해한 역경 해독을 쉽게 이해할 수 있도록 풀었으며, 상고의 철학적 사고를 현대 인류의 생활에 녹였습니다. 또한 한중 양국 문화의 정수를 더욱 원만하게 융합시켰습니다.

　사실 한중 양국에는 모두 〈역경〉에 대한 기본적인 인식이 깔려 있습니다. 한국의 국기에는 음양태극과 팔괘 중의 건곤감리 괘가 그려져 있고 한글도 음양설을 내포하고 있습니다. 또한 양국에는 '역'의 이름을 빌려 점복, 운세, 기명을 하거나 풍수를 보는 소위 '술사'들이 널려져 있다는 것은 두말 할 것도 없습니다.

　그러나 김 선생 보기에 〈역경〉에 미래를 예측하는 부분이 있기는 하지만 이러한 것들은 〈역경〉의 구우일모, 창해일속 격으로 술사들이 '역'을 과도하게 저속화시킨 것들입니다. 그는 웃으면서 "가장 두려운 것은 주변 사람들이 자기가 '역'을 연구하는 것을 알고 운세나 점을 봐달라고 찾아오는 것" 이라고 말하였습니다.

　김 선생은 또한 "많은 사람들이 적자생존을 믿고 있지만 '역'에 입각하여 본다면 적자생존은 남을 이겨 강자로 살아남는 것이 아니라 미리 준비하여 변화에 적응해 나가는 것입니다. 작게는 회사, 크게는 국가까지 이 이치를 지켜야 합니다" 라고 말합니다.

　신기술의 발전과 새로운 사물들의 출현과 함께 신세대 젊은이들은 역사에 대해 탐구할 의욕도 연구할 시간도 없는 듯합니다. 하지만 인류의 지혜는 저절로 하늘에서 떨어진 것이 아니라 역사 속에서 축적해온 것입니다. 특히 인류의 문화는 부단한 계승 속에서 발전되고 끊임없는 교류 속에서 꽃피웁니다. 김 선생은 자신의 저술은 개인의 좁은 식견이어서 전문가들이 보면 웃음이 나올 수 있다고 겸손하게 이야기하고 있지만 바로 김 선생과 같은 사람이 있어서 〈역경〉은 수천 년을 거쳐도 시들지 않고 만인의 숭상과 비판을 받으면서 그 내용이 더욱 풍부해지고 있습니다.

　김 선생은 나라에 도움이 될 수 있는 큰 지혜를 찾기 위해 〈역경〉과 인연을 맺었습니다. 저는 김 선생의 이 책을 통해 많은 사람들이 사고의 즐거움을 맛보고 큰 지혜를 얻을 수 있으리라 믿습니다.

2018년 8월 27일
서울에서 장충의(張忠义) 씀

전 중국 신화사 초대 서울특파원
〈중국〉 잡지 집행사장 겸 총편집
인민일보 해외판 한국 대표부 대표
중국 차하얼학회 선임연구원

"不去看华丽的手指，直望天空的明月"

　　--- 一个韩国人和《周易》的故事

　　韩国人喜爱中国的古典. 而且还颇有研究和心得，几乎是尽人皆知. 但当年韩中刚刚建交，双方还不太了解的时候，听韩国人大谈中国的古典，不免让人惊诧. 笔者作为记者在 1992年采访时任经济副总理崔珏圭先生时，他向笔者侃侃谈起了中国的《菜根谭》，并引用了"吃得菜根，百事可为"的警句来说明韩国经济开发初期民众艰苦创业的精神，至今令人难忘.

　　在同韩国人接触的日子里，见过吟诵唐诗宋词的，见过熟悉野史典故的. 当然，更多的是和你谈论《三国演义》的，他们对里面的故事都能说出一二. 还有一位熟友，每逢酒酣耳热之后，便要铺纸挥毫，为你书写《三国演义》的开篇词《滚滚长江东逝水》. 只不过，他不知道这首《临江仙》其实是明人杨慎所填，而不是罗贯中.

　　但真让笔者见识到普通韩国人对中国古典研究功力的是金成坤先生，因为他研究的是《周易》，而且至今已浸淫其间 20余年.

　　《周易》对中国人来说，也是一本充满神秘而又晦涩难懂的典籍，称为中国文化博大精深的代表也不为过. 除了专注这一领域的专家学者外，普通中国人也鲜有涉猎. 而对一个没有学过中文只认识些许繁体汉字的韩国人来说，研究《周易》，恐怕不比读天书容易.

　　有道是"世上无难事 只怕有心人". 金成坤先生首先大量阅读了韩国学者和专家有关《周易》的译注以及研究成果，但发现这些以性理学为基础的研究著作尤其难以理解，他不得不又去遍览《四书》，《诗经》，《书经》以及老子和庄子的著作. 为了探究《周易》和现代科学的关系，他还阅读了大量天体物理学，理论物理学和量子力学等方面的著述.

金先生信奉"书读百遍 其义自见"的古训，但对《周易》来说，这条古训仿佛并不适用. 正当他彷徨之时，一个偶然的机会让他来到了《周易》故乡——中国，使他重新拾起了攻读研究《周易》的信心和勇气.

他开始系统学习汉语，开始用汉语阅读研究中国历代有关《周易》的研究成果，如新版的《周易全书》，王夫之的《周易外传》等等，这为金先生打开了一片新天地，而他又学习了甲骨文，让他对《周易》的理解更上一层楼.

他不再囿于各种圣贤之言，开始有了自己的见解 ：

他不再去看各种华丽的手指，直望天空的明月 ：

他洗尽各种"说"，"论"，"解"的铅华，上溯数千年，寻找文王周公最初的素颜.

他把性理学者对《周易》的解读变得更通俗 ：他把远古的思辨和现代人的生活结合得更生动：他把中韩两国文化的精髓变得更融通.

其实，《周易》在中韩两国都有最基本的认知基础. 韩国的国旗便是八卦中的乾坤坎离，韩国的文字也蕴含着阴阳，更不用说两国到处可见那些打着"易"的旗号算命占卦，测字堪舆的"术士"们. 这些，在金先生看来，只是"易"的九牛之一毛，虽然《周易》有着预测未来功能，但术士们的确是将"易"庸俗化了. 他笑称，当自己说研究《周易》时，最怕别人找他算命看卦了.

金先生说："大家都相信适者生存，但从'易'的角度来看，适者生存并不是要战胜别人成为强者，而是未雨绸缪，顺应变化才能生存的意思. 小到公司, 大到国家, 都应遵从此理."

随着新技术的发展，新事物也层出不穷，现在的新新人类已经不愿或无暇再有兴趣研究故纸堆里的东西了. 然而，人类的智慧并不是从天上掉下来的，而是由历史的积累所形成，人类的文化尤其如此，在继承中发展，在交流中绽发芬芳. 虽然华发满头的金先生谦逊地说，自己的著作只是个人孔见，可能会贻笑方家. 但正是有金先生这样的人，才使得《周易》过数千年风雨而不衰，历万人扬抑而丰富.

金先生为了寻找治国的大智慧而与《周易》结缘，相信通过金先生的这本书，更多的人从中获得思辨的乐趣，习得大智慧.

2018年 8月 27日

张忠义 于韩国首尔

笔者为前中国新华社驻韩国特派记者
韩文《中国》执行社长兼总编辑
人民日报海外版韩国代表处代表
中国察哈尔学会高级研究员

직장 막내 후배의 추천사

　많은 전·현직 고위공무원들이 책을 씁니다. 보통은 재직한 업무 분야의 이론서, 실무서인 경우가 많습니다. 그런데 이 책은 역경(易經)의 해설서이고, 저자는 30년이 넘는 국회사무처 재직기간 대부분을 국회운영 관련 분야로 근무하신 김성곤 전 입법차장님입니다. 국회법도, 입법과정도 아니라 사서삼경 중에서도 가장 난해하다는 역경(易經)이라니 많은 분들에게 의아할 수 있는 지점일 것입니다.

　저는 사무관 초임 시절 국회운영위원회에서 저자를 수석전문위원으로 모시고 입법차장으로 승진하신 2012년 1월까지 2년간 함께 일하였습니다. 첫 정식 부서장이시고, 다른 무엇보다 국회란 곳을, 그리고 직장에서의 삶과 인간관계를 가르쳐 주신 분입니다.

　사람이 살아가는 곳은 어디나 정치가 있을 것이고, 또한 어느 직장이든지 사람과 사람 간의 관계와 욕망이 생생히 부딪히리라 생각합니다. 잘 아시다시피 국회는 이 중 국가권력을 둘러싼 현실정치가 가장 치열하게 교차하는 공간입니다.

　제가 저자를 모시고 근무했던 국회운영위원회는 이러한 현실정치의 최일선을 목격하고 기록하고 지원하는 부서였습니다. 또한 국회는 우리나라 어떤 직장보다도 다양한 출신, 성향, 직렬, 직업을 가진 수 천의 상주 근무자들이 함께 있는 곳이기도 한데, 국회운영위원회는 그들의 의견이 공적으로 취합되고 표출되는 통로이기도 합니다.

제가 2년간 옆에서 바라본 저자는 이 복잡 미묘한 업무를 언제나 순리에 맞게 이끌고, 차분하게 후배들을 격려하는 모습이었습니다. 물론 국회법, 국회운영에 관한 지식은 전제된 바탕입니다. 결코 과한 의욕이나 작위적인 첨가물, 부서원의 불필요한 희생 위에서 일의 결과물이 맺어지지 않았습니다.

　　저자는 특히 자신의 이익을 위해서는 결코 인위적인 노력을 하지 않았습니다. 구내에서 소박한 점심식사를 마친 후 부서원들과 차 한 잔 하는 시간에, 그러한 지식과 경험을, 일의 형편과 진행과 이치를 전해 주곤 하셨습니다.. 언제나 후배 앞에서 선배를, 연소자 앞에서 연장자를 높이시되 정작 가장 선배이신 자신은 가장 막내 후배인 저의 말과 글 앞에 귀와 마음을 열어주셨습니다.

　　바로 그 시간마다 그 대화마다 역경(易經)이나 고사성어의 한두 구절이 인용되곤 하였습니다. 업무와 직접 관련되는 것이든 시사의 한 토막이든 일상생활의 에피소드나 유머이든 어떤 대화에서도 역경(易經)의 구절들은 자연스럽게 등장하였습니다. 그리고 언제나 저자는 역경(易經) 원전의 가치가 유교와 성리학으로 또는 명리학으로 가려져 있음을 안타까워하였습니다. 특히 후배들이 논어나 맹자 못지않게 실제의 인생살이와 국가운영에 필요한 지혜를 얻을 수 있는 고전으로 읽을 수 있기를 바라곤 했습니다. 가장 막내 후배였던 저에게 추천사를 맡기신 것도 이러한 후배들을 향한 마음에서 비롯된 것이라 생각합니다.

고전의 가치는 보편성에 있다고 합니다. 동양철학의 기초라는 역경(易經)이 고전의 내용 그대로, 특히 지혜의 책으로서 전달되기를 바라는 저자의 마음은 언제나 한결 같고 진실했습니다.

그리고 몇 년간 입버릇처럼 "내가 할 수 있을까" 자문하시던 것이 정말 책으로 이렇게 나왔습니다. 이 책을 통해 저는 부서원이 합심하여 국회운영 업무를 지원하던 그 시절로 돌아가되 이번에는 활자로서 저자의 이야기를 듣게 됩니다. 저 같이 인연이 없는 다른 분들도 옛적 선비들이 이치를 깨닫는 근거로 삼았던 역(易)의 가치를 분명 접하게 되실 것입니다.

더욱이 전문 전공자는 아니지만 저자가 직접 이해하고 실제 공직생활에서 발견한 역(易)의 의미를, 저자의 평소 성품처럼 화려하지 않으나 담백한 문장으로서 새롭게 음미하게 되시리라 생각합니다.

2018년 8월

장 은 덕

서울대학교 국어교육·경제학 졸업
2009년 제25회 입법고시 합격
국회운영위원회 입법조사관
현 국회입법조사처 과학방송통신팀 입법조사관

차례

제2편 역경(易經)·상(上) _108

제3편 역경(易經)·하(下) _340

제 1 편

역경易經의 문門에 들어서다

易經

제1장
역(易)이란 무엇인가

1. 역경(易經)을 만든 사람들

역경(易經)은 '만 가지 학문의 제왕(萬學의 帝王)'이라는 영예도 있지만 한편으론 '3대(三代)가 덕을 쌓아야 읽을 수 있다'라는 말이 있을 정도로 어렵다는 평가도 함께 합니다.

최상의 지혜를 보유하고 있지만 접근하기가 쉽지 않습니다. 역(易)을 어떠한 관점으로 보고 어떤 방향에서 다가가느냐 하는 문제는 역을 알고 싶어 하고 역을 공부하려는 사람들에게 대단히 중요한 사항입니다. '역(易)은 잘못 읽으면 적(賊)이 된다'는 공자의 말씀처럼 역을 바르게 공부하지 못하면 지혜를 얻지 못하는 것에 그치는 것이 아니라 읽는 자가 미망에 빠져 해침을 당할 염려가 있습니다.

역을 바르게 소개하려면 어떻게 실마리를 풀어 나가야 할까? 이점이 이 책을 쓰는데 있어 가장 어려운 고민 중의 하나였으며, 고심 끝에 생각난 아이디어가 역을 창조하고 역경을 완성하고 또 역을 해석한 네 분 성인들을 주축으로 하여 이야기를 전개해 보자는 것이었습니다.

사람의 창조물은 창조자의 경험과 의식을 초월하지는 못하는 것입니다. 비록 아득한 옛날 분들이지만 전해져 내려오는 그 분들의 행적을 살펴보고 그 분들의 생각을 유추해 보는 것은 역의 참 모습을 이해하는 단순하면서도 효과적인 방법이 될 것입니다.

　　'역에 네 명의 성인이 있다(易有四聖·역유사성)'고 하는데 네 명의 성인은 신화시대의 복희(伏羲), 주(周)나라를 세운 문왕(文王), 문왕의 아들 주공(周公) 그리고 공자(孔子)입니다.

　　이 네 분이 살았던 시기를 시대별로 표시해보면 아래와 같아 괘(卦) 즉, 역을 만든 복희로부터 괘명(卦名), 괘계사(卦繫辭)를 지은 문왕, 효계사(爻繫辭)를 지은 주공까지 역경(易經)의 완성에 최소 1000년 이상의 세월이 소요되었으며, 역전(易傳)을 지어 역경을 해설한 공자까지는 1500년 이상의 긴 시간이 경과하였음을 볼 수 있습니다.

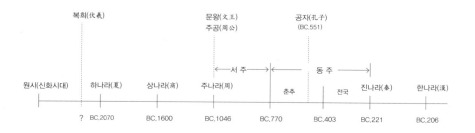

　　그러면 먼저 복희에 대한 이야기부터 시작해 보겠습니다.

2. 복희 : 역(易)을 창조하다

역경을 지은이들의 삶을 살펴보고, 이를 통하여 역경에 대한 접근을 시작해보고자 하는 생각은 안타깝게도 괘의 창조자인 복희에게는 해당되지 않습니다.

왜냐하면 복희는 중국의 정사(正史)에는 기록이 없는 전설상의 또는 신화상의 인물이기 때문이지요. 전설로 전하여지는 복희의 활동시기는 유교의 공자, 도교의 노자, 불교의 석가모니 보다 최소 1,500년 이상을 앞섭니다.

문자도 발명되기 이전 흔히 우리가 얘기하는 원시시대·석기시대에 왕 노릇을 하였다고 하죠. 인류의 생활이 금수의 생존과 별반 차이가 없고 샤머니즘, 토테미즘 등 원시종교가 사람들의 의식을 지배하고 있을 때였습니다. 사람들의 생활은 불편하고 도처에 위험이 산재하여 한치 앞도 내다볼 수 없는 그런 시절에 복희는 배와 악기 등을 발명하여 인간의 생활을 편리하게 하였고, 더 나아가 천지만물을 관찰하고 깊고 깊은 명상을 통하여 우주의 도를 체득하고 8괘(八卦)를 창조합니다.

'하늘의 일월성신, 지형의 특성, 동식물, 사람 몸의 각 기관, 밤과 낮, 사계절의 변화, 각종 자연현상 등 천지만물의 천태만상과 천변만화를 관찰하여 8괘를 만들었다'고 기술되어 있습니다.

출처 : 『역(易)』「계사전」

저는 8괘의 창조와 관련된 복희의 행적을 묘사한 위의 내용에 늘 아쉬움이 있습니다. 위의 구절을 볼 때마다 복희의 노력에 대한 묘사가 충분하지 못하다는 느낌이 들었기 때문입니다. 이 분의 행적을 읽을 때 곧 복희가 연상되었던, 복희보다 약1600년 후에 활동한 여러분이 잘 아시는 고대 그리스의 철학자 아리스토텔레스(BC.384-BC.322)의 행적을 묘사한 구절을 소개해 보겠습니다.

"아리스토텔레스는 그 시대의 다른 위대한 사상가들이 본 것과 동일한 현상을 주위에서 목격했지만 그들과는 다른 행동을 했다. 그는 소매를 걷어붙이고 변화에 대해서 전례 없이 정밀하고 백과사전적인 관찰을 시행했다. 사람들의 삶에서 일어나는 변화와 자연에서 일어나는 변화에 대해서 모두 그렇게 했다. 그는 모든 종류의 변화에 공통되는 요인을 찾기 위해서 연구했다. 사고의 원인, 정치의 동역학, 무거운 짐을 끄는 황소의 운동, 병아리 배아의 성장, 화산의 분출, 나일강 삼각주의 변화, 햇빛의 성질, 열의 상승, 행성의 운동, 물의 증발, 위를 여러개 가진 동물의 음식소화, 물체들이 녹거나 타는 방식……. 모든 종류의 동물을 해부했고 어떤 때는 유통기한이 한참 지난 것도 했다. 다른 사람들이 역겨운 냄새가 난다고 불평하면 그는 코웃음을 쳤다. 아리스토텔레스는 변화를 체계적으로 설명하는 자신의 시도를 물리학(Physics)이라고 불렀으며, 그의 물리학은 범위가 넓고 살아 있는 것과 생명이 없는 것을 모두 다루었고 하늘과 지상의 현상을 두루 포괄했다. 그가 연구한 변화의 다양한 분야는 오늘날 과학의 분과 전체에 해당한다. 물리학, 천문학, 기후학, 생물학, 발생학, 사회학 등등……. 고대로부터 전해오는 기록을 볼 때 그는 170건의 학문적 업적을 남겼으며 지금까지 그중 3분의 1이 보존되어 있다."

출처 : 호모사피엔스와 과학적 사고의 역사 · 레오나르드 믈로디노프 · 2017 · 까치

시대에 따른 한계가 있겠지만, 복희의 행적은 지나치게 적은 분량이며 또 추상적이라는 생각을 떨칠 수 없습니다. 그리고 좀 엉뚱하지만 '복희'와 '아리스토텔레스' 둘 중 누구의 업적이 더 대단할까요? 두 분이 각기 고대 동·서양을 대표할 수 있을 만큼 위대한 분들이지만 저는 복희의 업적이 희소성의 측면에서 좀 더 가치 있는 것이 아닐까? 하고 생각을 해보았습니다. 왜일까요? 아리스토텔레스는 보이는 것, 인간이 오감으로 느낄 수 있는 것을 연구하였지만 복희는 보이지 않는 것, 평범한 인간의 오감으로는 느낄 수 없는 것까지 연구하였기 때문입니다. 오늘날 현대과학이 연구하는 주제들은 얼마 전까지만 해도 인간이 볼 수도 없고 느낄 수도 없었던 대상들이 대부분입니다. 복희가 많이도 앞선 것이죠.

20세기말 고고학자들에 의하여 발굴 된 터키 남동부지방에 위치한 신석기시대인들이 건축한 '괴베클리 테페(Göbekli Tepe)'라고 불리는 건축물은 '내셔널지오그래픽'에서 '어떤 사람이 지하실에서 조각칼로 보잉747기를 만든 것과 유사'하다고 평가하였습니다. 한마디로 기적(奇跡)을 넘어 불가사의(不可思議)하다는 것입니다.

저는 복희가 '8괘'와 '64괘'를 창조한 것이 '괴베클리 테페(Göbekli Tepe)'에 조금도 뒤지지 않는다고 생각합니다. 그리고 '괘'에 관한 수수께끼는 '사유'와 '명상'이 아닌 '과학'이 밝혀낼 것으로 믿습니다.

각설하고, 8괘의 창조과정이 이처럼 모호하고 또 신비스럽게 전해오기 때문에 오늘날에도 8괘는 하늘에서 내려온 "천서(天書)"에 그 기원이 있다는 등의 이야기가 있으며, 중국의 역학자들이 공동집필한 '주역철학사'에도 8괘의 기원에 대하여는 언급하고 있지 않습니다.

역에 있어서 네 성인의 공적 중 으뜸은 단연코 복희입니다. 복희의 괘가 없으면 문왕과 주공의 괘·효사나 공자의 역전도 없을 것이며 괘상이 없는 역경은 한편의 철학서 또는 인문서에 불과할 뿐 '만학의 제왕'이나 '만학의 지존'이라는 영예는 없을 것입니다.

문자도 없는 소위 암흑의 시대에 복희는 자신의 깨달음을 널리 알려 백성들에게 그리고 후세 사람들에게도 전하려 하였습니다. 그러나 깨달은 자가 자신의 깨달음을 깨닫지 못한 자에게 전하는 것은 깨닫는 것 만큼이나 어려운 것이라 합니다.

깨달음은 인간의 오감을 초월하는 것이기에 말이나 글로서 전달할 수 있는 것이 아니라 하죠. 복희 이후에도 깨달음을 얻은 사람이 여럿 있었겠지만 일반인의 눈높이에 맞춘 가르침은 흔치 않은 이유랍니다. 복희는 고심 끝에 8괘를 창안하여 말과 글을 대신토록 한 것입니다.

언부진의 서부진언(言不盡意 書不盡言) 괘상을 보고 공자가 한 말씀입니다.

'말은 뜻을 다 표현하지 못하고, 글은 말을 다 표현하지 못 한다'는 절대적인 진리입니다. 일상적인 언어로는 자신의 도를 다 전달할 수 없기 때문에 8괘를 창안하여 자신의 깨달음을 후세에까지 온전히 전하도록 한 것입니다.

8괘를 보고 도를 깨우친 것이 아니라 도를 깨우친 후에 8괘와 64괘를 만들어 그 속에 깨달음을 감추어 점(卜)으로 활용하도록 하고 훗날을 기약한 것이죠.

복희가 깨달은 이후 창조한 8괘, 64괘를 후세 사람들은 역(易)이라고 이름 지었습니다.

3. 역(易)이란?

역(易)이란 무엇일까요?

먼저 문자적인 의미를 살펴보면 역(易)자의 구성과 뜻에 여러 가지 설(説)이 있는데, 그 중 주위환경에 따라 자신의 피부색깔을 수시로 변화시키는 도마뱀을 형상화했다는 상형문자설과 양(陽)을 상징하는 태양과 음(陰)을 상징하는 달(月)이 상하로 결합한 회의문자라는 설이 대표적인 학설입니다.

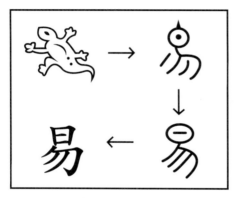

상형문자설

회의설

그러면 역(易)의 내용은 무엇일까요? 역의 내용을 한눈에 보여드리면 다음과 같습니다.

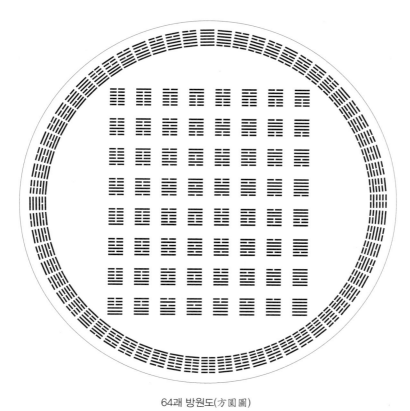

64괘 방원도(方圓圖)

　64괘의 방원도(方圓圖)는 훗날 한(漢)나라 시대에 도교(道敎)의
역학자들이 창안한 것인데, 복희가 창조한 64괘를 공간적으로 배치
하였을 때와 평면적으로 배치하였을 때의 형태를 일목요연하게 보여
주는 좋은 자료로 생각되어 인용하였습니다.

　이것이 바로 복희가 자신의 깨달음을 후세에 전달한 내용입니다.
표에 그려진 64개 부호의 전체적인 의미와 개별적인 의미를 이해한
다면 곧 복희가 깨달은 도를 이해할 수 있으리라 생각합니다.

　그러나 실제로 역(易)의 이해는 만만치가 않습니다. 저의 이해도는

겨우 역의 대문에 들어가 정원을 서성거리는 수준으로 생각됩니다.

표의 괘가 낯선 분들을 위하여 괘를 조금 변형해 보겠습니다.

4. 64괘와 바코드

64괘 평면도를 좌측으로 90° 회전시키면 아래의 표와 같이 됩니다.

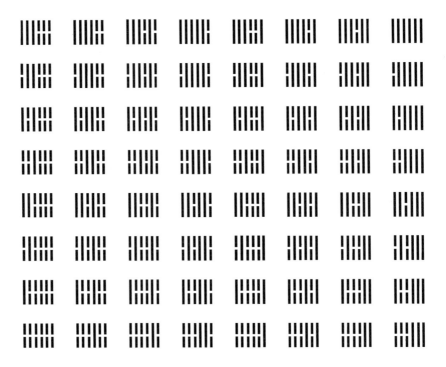

다시 위의 그림에서 양(陽—)은 그대로 두고 음(陰--)을 양보다 조금 가는 선으로 바꿔주면 아래 표와 같이 됩니다.

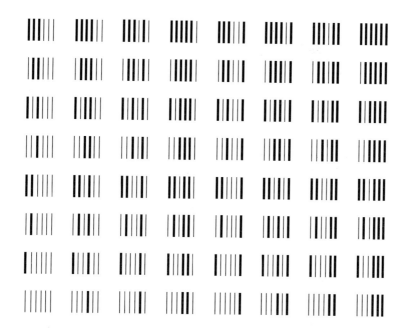

　많이 익숙한 모양이 아닌가요? 그렇습니다. 바로 현대인에게 익숙
한 바코드(Bar Code)의 형태입니다. 역은 외관상으로 또 기본원리
상으로는 복희가 창조한 64종 기(氣)의 바코드, 우리가 마주하게 되
는 상황의 바코드로 생각하면 이해가 쉽습니다. 그러나 그 내용에
있어서는 현대인이 사용하는 바코드와 천양지차가 있습니다. 가장
큰 차이점은 바코드는 구체적인 물건에 대한 것이지만 64괘는 보이
지 않는 추상적인 기(氣)에 대한 부호이며, 또한 바코드는 생명력이
없지만 64괘는 우리의 의식이 괘를 인식하면 생명력을 갖게 되는 것
입니다.

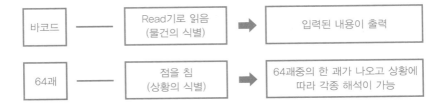

역(易)자는 앞서 보신 바대로 음양이 끊임없이 변화한다는 의미의 글자이며 역경(易經)을 영어로 번역한 책명은 Book of changes '변화의 책'입니다. 음양의 변화야말로 역(易)의 핵심이며, 음양이 끊임없이 변화하며 64괘의 형태로 우리에게 다가오는 것입니다.

5. 복희의 깨달음 : 기(氣)의 우주(宇宙)

역(易)에 대하여 쓴 글이 고래(古來)로 3,000종이 넘는다고 합니다. 그것도 가볍게 쓴 것이 아니라 각 시대 최고의 인재들이 평생의 심혈을 기울여 쓴 책의 종류가 그렇다는 것이죠. 그리고 지금도 역(易)에 관한 책이 계속 쓰여지고 있습니다. 이렇게 역에 대한 책이 다양할 수 있는 것은 역에 대한 관점이 서로 다르기 때문이며, 관점이 서로 다를 수 있는 주된 이유는 복희가 괘를 창안하였다는 내용만 전하고 그에 대한 설명은 일언반구(一言半句)도 전하여 지지 않기 때문이라고 생각됩니다.

역은 하늘·땅처럼 한마디 말도 없이 존재하지만 그것을 해석하는 관점은 사람에 따라 다릅니다. 미래의 길흉을 알고 싶어 점을 치는 사람의 관점, 공맹(孔孟)의 유가(儒家)적인 관점, 노장(老莊)사상을 추종하는 도교적인 관점, 불가(佛家)의 관점, 국가를 책임지는 왕(王)의 관점, 신하(臣下)의 관점, 오늘날 현대인이 보는 관점 등 보는 관점에 따라 역(易)은 무수히 다르게 해석될 여지가 있습니다.

역(易)에 관한 책을 읽다보면 신기하게도 역의 거울에 반영되는 책 쓴 이의 특성이 보입니다. 역(易)은 도대체 무엇이기에 이렇게 작용할 수 있는 것일까요? 아니 이 물음보다 먼저 복희가 깨달은 것이 무엇이기에 괘(卦)로 표현되어 4000여년이 넘도록 한편으론 신비감을 띤 채 다른 한편으론 최고의 학문으로 추앙을 받으며 면면히 이어져 오고 있는 것일까요?

저는 복희가 깨달은 것이 기(氣)라고 생각하는 입장입니다. 시간적으로는 태초에서부터 우주가 끝나는 때까지, 공간적으로는 더 이상 안이 없을 정도의 극초미세 공간에서 더 이상 바깥이 없는 우주의 끝까지 기(氣)가 존재하고 있고, 또 그 기는 끊임없이 변화하고 있으며, 그 기의 변화를 코드(Code)화한 것이 바로 64개의 괘인 것입니다.

인간을 포함한 사물의 길흉은 그들이 당면하게 되는 기(氣)의 코드에 따라 좌우되며 이 기(氣)는 인간의 의사와는 관계없이 변화하며 인간에게 다가옵니다.

복희는 인간이 마주치게 될 기의 유형 64가지를 부호화하여 사람들에게 보여줌으로써 사람들이 상황에 따라 길(吉)은 취(取)하고 흉(凶)은 피(避)할 수 있는 단서를 제공한 것입니다.

복희(伏羲)에 대하여

　복희와 관련하여 민간에 내려오는 몇 가지 전승이 있어 소개합니다.

　첫째는 복희의 출생지가 현 중국의 서부 감숙성이라는 얘기입니다. 중국에서 고고학 관련 책을 여러 권 집필하여 우리나라에서도 비교적 잘 알려진 '웨난(岳南)'의 '북경의 명십삼릉'이라는 책에 한 고고학자가 감숙성을 지나가다 '복희가 태어난 집(伏羲生家)'이라는 안내문을 봤다는 내용이 있었습니다. 인터넷으로 검색해보니 감숙성 농서(隴西) 성기(成紀) 사람으로 성(姓)은 풍(風)이고 지금의 하남성(河南省) 회양(淮陽)에서 죽어 그곳에 묻혔으며 150년간 재위하였다는 내용이 전해 내려오고 있답니다. 복희와 멀지 않은 시대, 역시 전설상의 인물인 황제(黃帝)의 경우 하남성 낙양 부근에 생가(生家)가 있고 섬서성에 묘(墓)가 있어 보존되고 있음을 생각할 때 진실인지 아닌지의 여부를 떠나 우리의 시조 단군의 생가(출생지)는 어디인지 궁금하기도 하고 한편으론 안타까운 생각이 들기도 합니다.(단군의 묘는 평양에 소재(?))

복희여와도(伏羲女媧圖)

　둘째는 복희의 부인 여와(女媧)에 관한 내용입니다. 대홍수로 인류가 모두 죽고 복희와 누이동생 여와가 남았는데, '둘이 결혼해도 좋다'는 신의 계시를 받아 결혼합니다. 여와는 여신(女神)으로, 진흙으로 많은 인간들을 만들었으며, 구멍 난 하늘을 메운 신화도 있습니다. 유명한 '복희 여와도'가 전해 내려옵니다.

　마지막으로 복희의 딸과 관련된 내용입니다. 복희의 딸이 하남성 낙양(洛陽)

에 있는 강 낙수(洛水)를 건너다 잘못
되어 물에 빠져 죽었는데, 죽어서 낙
수의 신(神)이 되었기에 낙신(洛神)으
로 불립니다. 이 낙신은 우리나라 사
람들이 즐겨 읽는 '삼국지'에서 칠보
시(七步詩)를 지어 죽음을 면한 천재
시인 조식(曹植)이 '낙신부(洛神賦)'를
지어 유명해졌고 이후 고개지가 그림
으로 '낙신도(洛神圖)'를 그렸으며, 오
늘날까지도 연극으로 또 노래로 중국
인들의 많은 사랑을 받고 있습니다.

낙신도(洛神圖)

6. 태극에서 8괘까지

1) 태극의 의미

기존학설을 인용하여 태극을 설명하려면 복잡하고 어렵지만 다행
히 오늘날의 우리에게는 현대물리학이 발명한 빅뱅이론(Big Bang
Theory)이 있어 이해에 도움을 받을 수 있습니다.

빅뱅이론이란 우주 기원 이론에 관한 가설의 하나로 '우주대폭발
론'이라고도 합니다. 우주는 탄생한 이후 끊임없이 팽창하고 있는데
우주 팽창을 과거에 적용해 보면 우주의 초기에 모든 물질과 에너지
가 한곳에 모여 고온도, 고밀도 상태로 있다가 폭발적인 팽창을 하
여 현재의 우주가 되었다는 이론으로, 137억년 전에 대폭발로 쏟아
져 나온 기가 모이고 흩어지면서 물질을 생성하고 소멸시키며 잠시

도 쉬지 않고 변화를 하고 있다는 것이죠. 빅뱅 이전에 이 우주의 모든 기는 특이점에 응축되어 있었습니다.

여기에서 대폭발 이전의 특이점, 즉 +(양陽)의 기운과 −(음陰)의 기운이 평형을 이루고 있어 0(無)인 상태, 이 상태가 바로 태극인 것입니다. 후일 송(宋)나라의 성리학자 주돈이(周敦頤)가 '태극이 무극이다'라고 하였는데 이는 음(−)양(+)이 균형을 이루어 0인 상태를 뜻하는 것이며, 이에 대하여 역시 송(宋)시대의 장횡거는 '어찌 무(無)에서 유(有)가 생긴단 말인가?' 하고 강력히 반박하였는데, 이는 음·양이 균형을 이루어 0인 상태에 있지만 실제로는 음기와 양기가 무한대로 내재되어 있는 태극의 특성을 중시한 주장으로 해석됩니다.

2) 음양이란 무엇인지?

태극에서 폭발하여 밖으로 뿜어져 나온 기(氣)들이 균일하지가 않았습니다.

어떤 것은 +(양)의 기운을 가졌고 어떤 것은 −(음)의 기운을 가졌는데, 복희는 천지만물의 천변만화를 관찰하다가 모든 사물의 근저에 +의 기운과 −의 기운이 내재되어 있다는 것을 깨닫고 +(양)의 기운을 −으로, −(음)의 기운을 --으로 표시하여 모든 것에 존재하고 끊임없이 변화하는 기(氣)의 세계를 설명하는 부호로 삼았던 것입니다. 후에 문자가 생기면서 −은 양(陽)으로 --은 음(陰)으로 불리게 된 것입니다.

음양의 개념을 다시 말씀드리면 낮과 밤, 남자와 여자, 여름과 겨울, 크고 작음, 많고 적음, 선과 악, 밀고 당김, 전진과 후퇴, 강함과 부드러움, 생성과 소멸 등 천지만물 모든 것에 상대적인 것이 존재한다는 것입니다.

그리고 양(—)음(--)은 서로 밀고 당기고, 화합하고 배척하는 등 작용·반작용의 성질도 갖고 있습니다. 그러나 음양의 개념을 한마디로 설명할 수 없는 것은 역경 전체를 '음양지학'이라고도 하듯이 역경 전체를 이해하여야 비로소 음양의 개념과 그 변화를 이해할 수 있을 것입니다.

공자는 한 번 음하고 한 번 양하는 것을 '도'라 하며(一陰一陽之謂道) 그 변화를 예측할 수 없음을 '신'이라 한다 하였습니다(不測之謂神). 눈 밝은 자가 역경을 많이 읽으면 음양의 도를 깊이 깨우쳐 신묘한 경지에 들 수도 있을 것입니다.

라이프니츠Leibniz(1646-1716 독일)는 중국에 진출한 예수회 선교사들이 보내준 역경(易經)을 읽다가 음(陰--)·양(陽—)의 개념에 영감을 얻어 음은 0으로 양은 1로 나타내는 이진법(二進法)을 창안하여 오늘날 디지털 문명의 기초를 세웠습니다.

※참조※

음양의 부호는 어떤 의미인지(초끈이론)?

—(양陽)과 --(음陰)의 기호와 관련하여 현대물리학의 최첨단 이론인 초끈이론을 소개하고자 합니다.

초끈이론은 물질의 가장 작은 단위가 점(입자)이 아닌 끈의 형태로 이루어졌으며, 이 끈의 진동에 따라 물질의 형태와 성질이 결정된다는 이론입니다. 바이올린의 줄을 어떻게 켜느냐에 따라서 각기 다른 음이 나오는 것처럼 말이죠. 그리고 이러한 끈은 열린 끈과 닫힌 끈의 두 종류로 나뉘는데, 어떤 학자는 열린 끈(--), 닫힌 끈(—)으로 그림으로 표시하기도 합니다. 초끈이론의 끈은 그 크기가 극도로 미세하여 오늘날 세계 최고의 현미경을 통해서도 볼 수 없을 뿐만 아니라 앞으로도 수십 년 간은 불가능하다고 합니다. 단지 물리학자들이 수학적으로 연구하여 계산해 본 결과가 그렇다는 것이죠.

물리학자들의 주장에는 닫힌 끈이 열린 끈이 되기도 하고, 열린 끈이 닫힌 끈으로 변하기도 한다는 주장도 있습니다. 복희의 음(--), 양(—)에도 음이 양으로, 양이 음으로 변하는 이치가 있습니다.

어떻습니까? 일말의 신기한 점이 있죠?

저는 초끈이론에 대하여 더 이상 아는 바가 없지만, 현대에는 '과학역'이라고 하여 최신 과학이론을 이용하여 역을 연구하는 학자들이 많기 때문에 추후 더 많은 성과가 있을 것으로 생각합니다.

제가 얘기하고 싶은 것은 --과 —의 기호를 고대의 새끼매듭(열린 매듭, 닫힌 매듭 : 결승문자)으로 보거나 '동물 암수의 성기를 형상화한 것' 등으로 보기보다는 진동하는 기(氣)로 보는 것이 역경을 이해하는데 있어서 한 차원 높은 안목을 갖게 한다는 것입니다.

태극기의 건(乾 ☰), 곤(坤 ☷), 감(坎 ☵), 리(離 ☲)를 진동하는 기의 기호라 생각해 보세요. — 은 강한 기운, -- 은 상대적으로 부드러운 기운. ☰ 은 강한 기운인 양(陽)이 3개, ☷ 은 부드러운 기운인 음(陰)이 3개… 느낌이 좀 다르죠?

3) 4상(四象)이란 무엇인지?

4상(四象)하면 먼저 조선말 이제마(李濟馬) 선생의 사상의학이 생각나는데, 한의학은 어렵지만 4상이라는 뜻은 간단합니다. 음·양을 두 번 조합하면 ☰ ☱ ☲ ☳ 네 가지 형태가 나오고 이를 4상이라고 합니다.

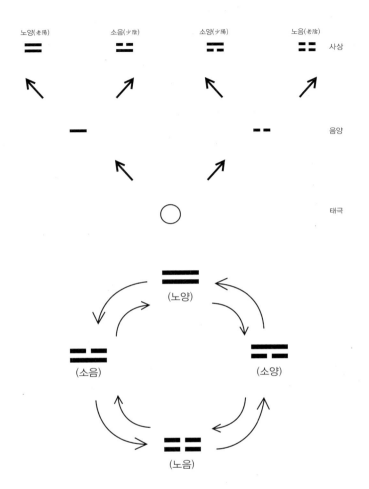

　같은 병에 걸린 사람들에게 동일한 치료를 하였는데도 불구하고 사람에 따라 효과가 다르게 나타나는 것에 착안한 이제마 선생이 연구 끝에 사람의 체질을 네가지로 분류하여 치료를 달리한 것을 사상의학이라 하는 것입니다. 8괘 의학이나 64괘 의학이 없는 것은 사람의 체질을 그만큼 분류하고 대처하는 것이 어려웠기 때문이겠죠.

이제마 선생은 노양·노음(양과 음의 변화를 강조할 때 적절한 명칭)을 태양·태음으로 바꿔 사람을 체질에 따라 태양인·태음인·소양인·소음인의 네 가지로 분류하였는데 저는 제가 아직도 어디에 속하는지를 잘 모르고 있습니다.

태극·4상 등의 용어는 모두 역전(易傳)에서 처음 사용되었습니다.

"역에 태극이 있으니 태극이 양의(음양)를 낳고, 양의가 4상을 낳고, 4상이 8괘를 낳았다."고 하였습니다.

8괘로 넘어갑니다.

4) 8괘란 무엇인지?

음양을 세 개씩 조합한 것이 8괘입니다. 음양이 한데 섞여 있어 분화되지 않은 것을 태극이라 하고 나뉘지면 양의가, 음양이 두 개씩 조합을 이루면 4상이 되고, 세 개씩 조합을 이루면 8괘가 됩니다.

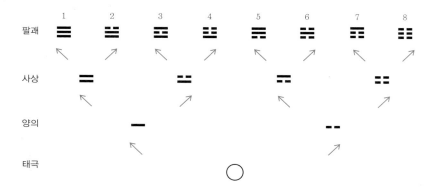

이것을 원형으로 그리면 다음 그림과 같이 되며 8괘도라 합니다. 원형의 8괘도에는 방향과 8괘의 순서를 뜻하는 숫자가 있습니다.

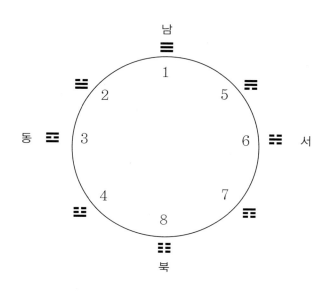

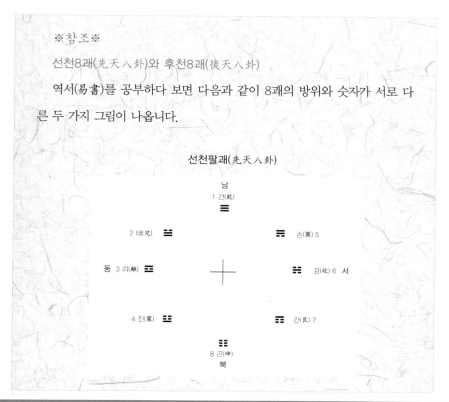

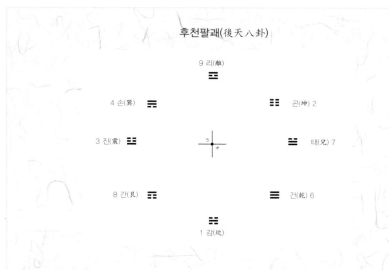

후천팔괘(後天八卦)

9 리(離)

4 손(巽)   곤(坤) 2

3 진(震)   5   태(兌) 7
                 中

8 간(艮)   건(乾) 6

1 감(坎)

　선천팔괘는 복희 8괘라고도 하며 우리가 양의·4상·8괘의 생성과정에서 봤던 내용으로 그 뜻을 이해할 수 있습니다.

　후천팔괘는 문왕팔괘라고도 불리는데 남(리·離·☲)과 북(감·坎·☵), 동(진·震·☳)과 서(태·兌·☱)에 배치된 4괘에 대해서는 이해와 수긍이 가나 나머지에 대한 방향배치와 숫자배치는 저의 설명범위를 넘어갑니다.

　이 두 그림과 관련해서는 각종 설(說)이 난무하고 그 가운데에 혹 맞는 주장이 있을지도 모르겠으나 중국의 역학계에서도 이름에 쓰인 복희와 문왕 때에는 없었으나 한(漢)나라 이후 역(易)에 도입된 학설로 보고 있음을 말씀드립니다.

　역경의 이해에 있어서 가장 중요한 것이 바로 이 8괘에 대한 이해입니다. 역경의 내용이 64괘에 대한 괘상과 괘사 그리고 효사에 대한 것이지만, 64괘는 8괘를 중첩(8×8=64)하여 나온 것이기 때문에 8괘를 숙지하면 어렵지 않게 64괘에 다가갈 수가 있습니다.

8괘의 내용이 어렵냐고요? 그렇지 않습니다. 더욱이 한국인은 태극기를 통하여 그 중 4괘는 머릿속에 선명히 각인되어 있는 상태이니까요.

8괘의 이름과 그 뜻은 아래와 같습니다.

☰	건(乾)	태양빛이 사방을 비추는 강건함을 뜻하는 글자
☱	태(兌)	사람이 입을 벌리고 웃는 것을 형상화한 글자로, 두 양이 음의 밑에 하니 음이 기뻐서 웃는 모습
☲	리(離)	새가 그물에 걸린 것을 형상화한 글자로, 두 양이 하늘로 날아오르려고 하나 중간의 일음에게 걸려 있는 모습
☳	진(震)	양이 음의 아래에서 움직이는 것을 빗속에 용이 하늘로 솟구치는 형상으로 비유
☴	손(巽)	일음이 두 양 아래에 엎드려 있는 것이 제상 위에 제물을 차려 놓고 엎드려 비는 사람으로 비유
☵	감(坎)	양이 두 음 사이에 빠져 있는 것을 구덩이에 빠진 것으로 비유
☶	간(艮)	뒤돌아보는 모습을 형상화한 글자로, 뒤돌아보려면 멈추어야 하기 때문에 양이 나아감을 멈춘 것
☷	곤(坤)	음의 특성이 순하고 만물을 기르는 것에 있기 때문에, 땅에서 싹이 움트고 자라나는 것을 형상

여기에서 주의해야 할 점은 8괘의 괘명(건, 태, 리, 진, 손, 감, 간, 곤)이 복희가 8괘를 창시할 때에는 없었다는 것입니다. 그냥 ☰, ☱, ☲, ☳, ☴, ☵, ☶, ☷ 으로 쓰였다는 것이죠. 중국에서 문자는 상(商)나라 때에 비로소 출현했다는 것이 정설이기 때문에 복희 이후 최소 400여 년이 지난 후에 쓰이기 시작한 것입니다. 위의 괘명은 64괘의 괘명과 괘사를 지은 문왕이 지은 것으로 추측됩니다.

괘의 특징을 잘 표현한 것으로 생각되기에 천천히 봐주시길 바랍니다. 괘의 모양과 괘명을 이해하시면 굳이 외우려 애쓰지 않아도 이해가 되실 것입니다.

다만, 앞서 언급한 대로 문자의 표현력은 한계가 있어 말도 다 표현할 수 없거니와 뜻은 더욱 표현할 수 없습니다. 예를 들면 문자 건(乾)이 괘(☰)가 함축한 뜻을 다 표현할 수가 없고 단지 부분만을 표현한다는 것입니다.

이 부분은 역경을 처음 접하는 분에게 낯설 수도 있겠습니다마는, 본문을 읽는 과정에서 자연스럽게 이해가 되실 거라고 생각합니다.

참고로 8괘를 『설괘전(設卦傳: 8괘를 설명한 글)』을 참조하여 정리하면 다음과 같습니다.

순서	1	2	3	4	5	6	7	8
괘상	☰	☱	☲	☳	☴	☵	☶	☷
괘명	건(乾)	태(兌)	리(離)	진(震)	손(巽)	감(坎)	간(艮)	곤(坤)
기(氣)의 관점에서 본 특성(特性)	강건함	기쁨	붙음/걸림	움직임	공손함 들어감	험함 빠짐	그침	유순함
자연에 비길 때	하늘	연못	불	우레	바람 나무	물 구덩이	산	땅
가족에 비길 때	부	소녀	중녀	장남	장녀	중남	소남	모
동물에 비길 때	말	양	꿩	용	닭	돼지	개	소

신체에 비길 때	머리	입	눈	발	허벅지	귀	손	배
방위	남	동남	동	동북	서남	서	서북	북

3획괘의 의미

8괘는 3획으로 이루어진 3획괘입니다. 그래서 8가지 종류 밖에 되지 않습니다. 그러면 4획괘(16가지), 5획괘(32가지)로 만들어 기의 형태를 세분화하였으면 점을 칠 때 좀 더 정확하지 않았을까요?

이 부분에 대하여 기존의 연구자들은

▭	하늘(天)
▭	사람(人)
▭	땅(地)

그림과 같이 위의 획은 하늘을 상징하고, 아래 획은 땅을 상징하며, 중간 획은 사람을 상징하는 것으로, 하늘·땅·사람을 3재(三才) 또는 3극(三極)이라 하여 8괘의 3획은 3재 또는 3극을 형상화한 것으로 결국은 우리가 사는 세상 모두를 포함하는 것이라고 설명합니다.

제 소견을 말씀드리면, 역은 음기와 양기를 다루는 학문입니다. 기는 물질의 최소단위부터 우주의 끝까지 분포되어 있는데 인간에게 의미가 있는 기가 되기 위해서는 인간이 살고 있는 3차원까지 성장한 기여야 한다는 생각입니다.

즉, 1차원(양의), 2차원(4상), 3차원(8괘)이라는 것이죠. 우리는 3차원의 공간에 살고 있기 때문에 3획괘로서 족하다는 것입니다. 노자도 도덕경에서 '1이 2를 낳고, 2가 3을 낳고, 3이 만물을 낳았다'고 하여 4, 5는 언급하지 않았습니다.

그리고 3재의 도를 3획괘와 연관 짓는 것은 인간에 대하여, 천지 즉 자연과 조화롭게 살기 바라는 성인(聖人)의 간절한 바람이라고 생각합니다.

7. 8괘(八卦)와 64괘(六十四卦)

흔히 복희의 위대한 업적으로 8괘를 창안하였다는 것을 말합니다. 64괘에 비하여 왜 8괘를 더 중시하는 것일까요? 설명을 위하여 다시 한번 64괘도를 봐주시기 바랍니다.

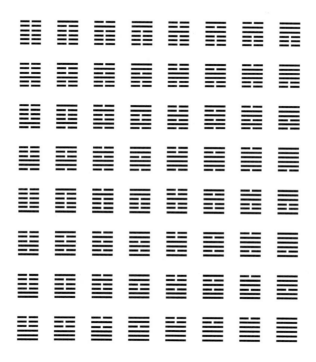

이 64괘도를 중앙을 분리하여 배열해보면 아래와 같이 ☰ ☱ ☲ ☳ ☴ ☵ ☶ ☷ 의 8괘가 서로 중첩(8×8)되어 64괘가 되어있음을 알 수 있습니다.

8괘(3획괘, 소성괘)를 중시하는 것은 64괘(6획괘, 대성괘)가 8괘의 중첩으로, 8괘가 없으면 64괘도 없다는 관점에서 8괘와 64괘를 보았기 때문입니다.

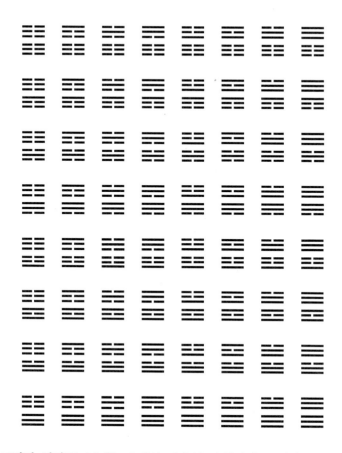

　그러면 정말로 64괘는 8괘의 단순한 중첩이라는 의미 외에 독자적인 가치가 없는 것일까요? 그렇지 않습니다. 역(易)을 역(易)이게 하고, 역(易)을 역(易)답게 하는 것은 바로 64괘입니다. 8괘(八卦)에서 그쳤다면 역(易)은 오늘날의 바코드(Bar Code)만도 못한 존재에 불과할 것이며, 복희시대에 사용했다고 전해지는 결승문자(새끼줄을 꼬아 의사표시에 사용한 문자) 정도로 치부되고 말았을 것입니다.

　역에 있어서 음양의 화합과 배척, 길과 흉, 바람직한 인간의 도리, 미래의 예측들은 모두 8괘를 중첩하여 64괘를 탄생시킨 그 아이디

어에서부터 시작되는 것입니다. 자세한 내용은 본문에서 공부하기
로 합니다.

제2장
역경(易經)의 탄생

　복희가 역(易) −8괘와 64괘− 을 발명한 이후 많은 세월이 흐릅니다. 신화의 시대를 지나 BC 2070년에는 중국 최초의 왕조인 하(夏)나라가 건국되어 17대 470년간 존속하였으며, 하나라가 멸망한 후에는 상(商)나라(은殷나라라고도 함)가 건국되어 30대 554년간 존속됩니다. 상나라 말까지 역(易)은 괘로서만 존재하였고 길흉화복(吉凶禍福)을 점치는 도구로서 활용되었습니다.

　역(易)이 역경(易經)이 된 것은 복희로부터 1000여 년이 지난 뒤 문왕(文王)과 주공(周公)이라는 두 인물이 역(易)에다 글을 매달았기 때문입니다. 사람에게 이름표를 달아 주듯, 나무에 이름을 써서 매어주듯 문왕(文王)은 64괘에 이름을 지어주고 계사를 지었으며, 주공(周公)은 64괘 괘의 각 효 즉 384효(64괘×6효)의 효사를 지었는데, 이에 이르러 비로소 역경(易經)이 탄생하게 되는 것입니다.

1. 역경의 구조

　역경의 구조를 건(乾)괘를 예로 들면

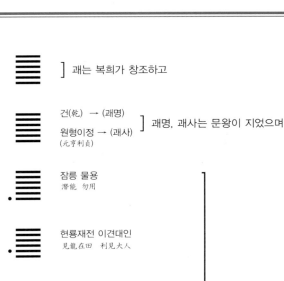

] 괘는 복희가 창조하고

건(乾) → (괘명)

원형이정 → (괘사)
(元亨利貞)

] 괘명. 괘사는 문왕이 지었으며

잠룡 물용
潛龍 勿用

현룡재전 이견대인
見龍在田 利見大人

군자 종일건건 석척약 여 무구
君子 終日乾乾 夕惕若 厲 无咎

효사는 주공이 지은 것입니다.

혹약재연 무구
或躍在淵 无咎

비룡재천 이견대인
飛龍在天 利見大人

항룡 유회
沆龍 有悔

　　나머지 63괘의 경우도 동일합니다. 이렇게 우리가 공부해야 할
역경(易經)의 내용은 부호로 그려진 괘(卦)와 글로 쓰인 괘명·괘사·
효사로 구성되어 있습니다.

　　후세의 사람들 중 도가(道家·仙教) 쪽에서는 복희의 괘(卦) 즉 상
(象)을 중시하였고, 유가(儒家·儒教) 쪽에서는 문왕과 주공의 글 즉
괘명과 괘·효사를 중시하였습니다. 그러나 문왕과 주공의 글이 괘에
근거해서 나온 것이지만 괘는 글이 없으면 이해하기 어려우므로 일반

인들의 역경(易經) 공부는 글에서 시작하여 괘를 이해하는 즉, 역경의 탄생과정을 거스르며 이해하는 방법이 최선이라고 생각합니다.

경(經)은 성인의 말씀을 뜻합니다. 문왕(文王)과 주공(周公)의 말씀은 본문에서 공부를 하겠지만 3000년 전에 하시고 쓰인 말씀들을 오늘날 우리가 이해하는 것이 쉽지 않습니다. 이해를 돕기 위한 한 방법으로 앞서 말씀드린 바와 같이 문왕(文王)과 주공(周公)의 생애와 업적에 대하여 살펴보겠습니다.

2. 문왕의 생애와 업적

문왕은 상(商)나라 말에 태어나 주(周)나라를 건국한 위대한 인물입니다.

문왕의 할아버지부터의 가계도를 그려보면 다음과 같습니다.

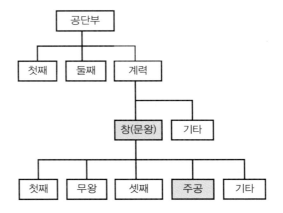

문왕의 할아버지는 공단부(公亶父)로, 공단부는 주(周)족을 이끌고 지금의 중국 섬서성(시진핑 주석의 고향) 기산(岐山)에 정착하여

주족을 강대하게 발전시킵니다. 후에 주나라 사람들은 천하를 통일한 시초는 공단부 때부터라고 하며, 후에 임금이 된 문왕은 공단부의 시호를 '태왕'으로 추종합니다.

공단부는 아들 셋을 두었는데 셋째아들 계력이 먼저 결혼해 아들 창을 낳습니다. 창이 곧 문왕으로 공단부는 손자 창이 출생할 때 그가 성인이 될 상서로운 조짐을 보고 "우리 주족은 창에 의해서 강대해지리라"라고 예언하였습니다. 그 말을 들은 첫째와 둘째아들은 공단부가 수장의 자리를 막내아들에게 넘겨주어 결국 손자 창에게 물려주려고 한다는 것을 짐작하고 아버지의 의중을 따르기 위하여 핑계를 대고 먼 곳으로 떠나갑니다.

공단부가 죽고 셋째아들 계력이 뒤를 이어 수장이 됩니다. 계력은 융적을 쳐서 대승을 거두고 작은 나라를 합병하는 등 역량을 키워 나갑니다. 상나라 왕 문정(文丁)은 처음에는 계력의 공로를 표창하고 후백(侯伯)으로 임명하는 등 중용하였지만 계력의 역량이 점점 커지자 그를 시기하고 경계하여 계력을 잡아들여 감옥에 가두게 되고, 계력은 분을 못 이겨 감옥에서 죽습니다.

계력의 뒤를 이은 이가 바로 문왕이니, 문왕의 행적을 자료에 근거하여 몇 가지 소개하겠습니다. (참조 : 중국을 말한다2권, 신원문화사, 2008)

※참조※

· 문왕의 행적

유리(羑里)옥에 갇히다

문왕은 즉위한 후 아버지의 원수를 갚으려고 군사력을 길렀다. 상나라 왕 제을(帝乙)은 주나라와의 갈등을 완화시키기 위해 누이동생을 문왕과 혼인시켰다.

제을을 이은 상나라의 왕은 주(紂)왕이었는데 잔인하고 황음무도한 폭군이었다. 처음 문왕은 서부지역을 안정시킨 공로를 인정받아 서부지역 제후들의 수장이 되었다. 그래서 '서백'이라고도 부른다. 그런데 '서백'이 장차 상나라의 화근이 될 것이라는 간신들의 모함을 듣고 주왕은 문왕을 '유리(羑里)'라는 곳의 감옥에 감금했다. 문왕이 유리에 감금되어 있었던 시간은 7년이 넘으며, 이 기간에 역의 육십사괘를 연구하여 괘명과 괘계사를 지었다.

문왕의 신하들이 미녀와 각종 보물을 바치자 주왕은 문왕을 석방하고 서부지역을 마음대로 정벌할 수 있는 권력을 주었다. 그러나 문왕의 장자인 백읍고를 볼모로 잡아두고 주왕의 수레를 몰게 하였다. 어느 날 심기가 나빠진 주왕은 백읍고를 팽형(烹刑)에 처했다. 팽형이란 끓는 물속에 사람을 넣어 삶아 죽이고 그것으로 국을 끓이는 극형으로 주왕은 그 국을 문왕에게 보내어 먹게 하였다.

'포락지형(炮烙之刑)'의 철폐를 요구해 민심을 얻다.

상나라 주왕은 애첩 달기에 빠져 있었다. 그는 달기의 환심을 사기 위해 잔인한 형벌을 만드는 것도 불사했는데, 그것이 바로 '포락지형'이다.

포락지형은 불이 이글거리는 큰 화로 위에 미끄럽게 기름칠을 한 굵고 긴 구리 몽둥이를 놓은 다음 죄인을 그 위로 걷게 하는 형벌이다. 구리 몽둥이가 미끄러운 데다가 뜨겁기 때문에 죄인들은 그 위를 몇 걸음 못 걷고 떨어져 불이 이글거리는 화로 속에서 타죽고 만다.

이 형벌을 제후들과 백성들 모두가 증오한다는 말을 들은 서백 창은 포락지형을 없애 자기의 명망을 높이려고 생각했다. 그래서 그는 포락지형을 없애면 주나라 낙하 서안의 땅 한 곳을 주왕에게 바치겠다고 했다.

당시 주왕도 백성들의 원망을 알고 있던 터라 서백 창의 제안에 선뜻 응했다. 그 일이 전해지자 제후들과 백성들은 서백 창의 공덕을 더욱더 칭송했다.

주나라에는 귀중한 큰 옥판이 하나 있었다. 그 옥판은 값을 헤아릴 수 없이 진귀한 보물이어서 탐욕스런 상나라 주왕이 눈독을 들이고 있었다.

상나라에는 교격이라는 현명한 대신이 있었는데 처음 주왕은 교격에게 그 옥판을 서백 창에게서 얻어 오게 했다. 문왕은 주지 않았다. 그러나 그 후에 주왕이 비중(費仲)을 보내어 옥판을 달라고 강요했을 때는 옥판을 내주었다. 그 이유는 비중이 상나라를 망치는 간신이기 때문이었다. 비중은 주왕을 주색에 빠지게 하고 제후들과 대신들 간의 불화를 만드는 장본인이었으며, 또 백성들의 재물들을 빼앗아 주왕에게 바침으로써 임금과 백성의 갈등을 첨예하게 만드는 자이기도 했다. 이런 자가 주왕의 신임을 얻는다면 상나라는 반드시 쇠약해질 것이다. 그래서 문왕은 옥판을 교격에게 주지 않고 비중에게 주었던 것이다.

명당을 세워 흥망의 교훈을 잊지 않게 하다.

숭나라를 패망시키고 돌아온 문왕은 나이가 많아 기력이 쇠퇴해지고 몸이 쇠약해졌다. 그런데 당시 주나라는 나날이 강대해지고 상나라는 서산에 기우는 해가 되었다. 이제 일격만 가하면 상나라는 당장 무너질 것인데, 이런 시기에 몸이 말을 들어주지 않아 직접 포악한 상나라 주왕을 없애지 못하는 것이 문왕은 참으로 한스러웠다.

문왕이 지난날을 돌이켜 보니 후세에 남길 경험과 교훈이 적지 않았다. 요임금과 순임금 시절은 왜 그토록 창성하였고, 걸과 주(紂)는 왜 멸망의 길을 걷게 되었는가? 문왕 자신은 어떠한 일을 겪었으며 어떻게 오늘같이 강성한 주나라를 이루었는가? 이 경험들을 후세 사람들이 잊지 않고 주나라가 오래도록 번영할 수 있도록 하기 위해 문왕은 도성에다 '명당(明堂)'이라는 이름의 큰 집 하나를 짓기로 작정했다. 이 명당을 이용해 역사적인 흥망과 교훈을 그린 벽화와 글들을 보여 줌으로써 후세 사람들이 영원히 기억하도록 하게 하려는 목적이었다.

명당이 세워진 후 주나라 초엽에 즉위한 성왕이나 강왕 모두는 이 명당 제도를 지키며 즉위식도 이 명당에서 거행했다. 그리고 늘 명당에 와서 역사의 교훈들을 찾아보고 예의에 어긋나는 일은 하지 않으며 근신한 언행으로 선을 따랐다. 그 결과 주나라는 오랜 세월 안정된 정치와 올바른 도덕을 지켜나갈 수 있었다. 그 후의 역대 왕조들도 모두 명당을 정치적 교시를 선포하는 곳으로 선택했다.

문왕의 연령과 시호

문왕은 아흔일곱살까지 살았다고 한다. 문왕 생전에 세인들은 그를 '왕'이나 혹은 '주(周)왕'으로 불렀다. 그러다가 문왕이 승하한 다음에 그의 덕성을 기려 그에게 '문(文)'이라는 시호를 달아주었다. 그때부터 후세 사람들은 그를 '문왕'이라 칭했다.

중국 고대에는 제왕이나 귀족이 죽은 다음 그의 일생을 평가해 호칭을 첨부해 주는 제도가 있었는데 이 제도를 '시법(謚法)'이라 하며, 문왕 때부터 시작된 것이다.

1) 문왕 64괘 괘명과 괘계사를 짓다

앞에서 살펴본 바와 같이 문왕은 위대한 인물입니다. 이런 위대한 인물이 상나라 마지막 왕이며 오늘날까지 폭군의 대명사로 일컬어지는 상(商)나라 주(紂)왕의 시대에 태어나 무수한 고난과 역경을 겪어내며 주(周)나라 건국의 기반을 닦고, 역의 64괘 괘명과 괘의 괘사를 지음으로써 천추에 그 위업을 길이 남기게 된 것입니다.

복희가 창조한 64괘는 이후 1000여년에 걸쳐 점으로써 활용되며 그 명맥이 전해 내려왔습니다. 하나라에는 귀장역, 상나라에는 연산역이 있었다고 하는데 그 내용은 분명치 않으나 복희가 창안한 64괘를 활용하여 점을 치고 나서 해석하는데 있어서 차이가 있었을 것으로 추측이 됩니다.

고대에 거북점과 시초점이 있었는데 시초점이 바로 역의 괘를 활용하여 미래의 길흉을 점치는 전통적인 방법입니다. 거북점은 거북껍질을 불에 구워 생긴 균열을 보고 점을 해석하는 것이기 때문에 직관적이고 체계적이지 못하며, 또한 거북이 귀하고 비쌌기 때문에, 64괘를 활용하여 체계적이면서 상대적으로 구하기 쉬운 시초(蓍草)라는 풀의 줄기를 사용하는 역점이 널리 행하여졌을 것입니다.

문왕의 생애 중 가장 어려웠던 시기는 아무래도 상의 주왕에 의해 유리에 감금되었던 7년여의 긴 기간일 것입니다. 상나라의 감옥에 갇혔다가 죽은 아버지의 복수도 하지 못한 채 자신마저 감옥에 갇혀 언제 죽을지 모르는 위태로운 처지에서 주나라의 운명과 가족들에 대한 온갖 공포와 분노, 근심과 걱정에 피를 말리는 시간이었을 것입니다. 문왕은 이때 불철주야 역을 연구하였고 드디어는 그 깊은 이치를 터득하여 괘명과 괘계사를 짓게 된 것입니다.

괘명이란

☰의 이름을 건(乾)	☷의 이름을 곤(坤)
☳의 이름을 준(屯)	☶의 이름을 몽(蒙)

등으로 64괘 괘상의 특징을 고려하여 이름을 지은 것이며 괘의 계사 즉, 괘계사란 점을 쳐 건(乾)괘가 나왔을 경우 원형이정(元

亨利貞:크게 형통하나 굳고 바르게 해야 이롭다)이라고 하여 점의 길흉과 함께 사람의 바른 도리를 밝힌 것을 말합니다.

본문을 공부하시면 바로 이해가 됩니다.

2) 64괘의 괘명과 괘사가 갖는 의미

문왕의 괘명과 괘사는 역에 있어서 획기적인 의미를 갖게 됩니다. 문왕 이전에는 점을 쳐서 나온 괘를 보고 괘의 상(象), 음양의 강약과 위치, 밀고 당김 등을 보아 길흉을 판단하였는데 이는 역에 정통하지 않고는 감당할 수가 없는 경지입니다. 거북점 또한 거북 등껍데기에 나타나는 균열의 모양을 보고 길흉을 해석하는 것이니 더 난해하였겠지요.

그래서 기자(箕子)가 말한 홍범9조 중 제7번째 '계의'에 '거북점과 시초점을 세 사람이 치게 해서 두 사람이 말하는 것을 들어라.'라고 한 것일 것입니다. 그런데 문왕은 이 이름 없는 괘에 각기 한자 또는 두자로 이름을 정함으로써 각 괘의 특성을 구별 짓고, 괘사를 지음으로써 길흉과 사람이 처신하는 도리를 밝힌 것입니다.

역경이 복희의 괘상과 문왕의 괘명과 괘사, 주공의 384효사로 이루어져 있지만, 공자가 역전에서 말하기를 '괘사를 이해하면 그 생각이 반을 넘는다.'하였습니다.

괘명과 괘사에 대하여 꼭 알아두어야 할 것은 복희의 역은 8괘와 8괘를 중첩한 64괘의 음양의 부호이기 때문에 괘명과 괘사가 없어 비록 해석에 어려움이 있다고는 하지만 천지만물의 모든 것에 적용할 수 있었습니다.

그러나 문왕이 괘명과 괘사를 지은 이후에는 8괘와 64괘가 문왕이 지은 괘명과 괘사로만 해석될 수가 있는 염려가 있습니다. 문왕의 괘명과 괘사는 문왕의 입장에서 괘를 해석한 것일 뿐입니다. 다른 누군가가 또 다른 입장에서 역을 해석할 수 있는 여지는 얼마든지 있는 것입니다.

노자(老子)가 말한 '도가도 비상도 명가명 비상명(道可道 非常道 名可名 非常名: 도라고 말할 수 있는 것은 진정한 도가 아니며, 이름이라고 할 수 있는 것은 진정한 이름이 아니다.)은 이러한 상황을 빗대어 쓴 글로 생각이 됩니다.

또한 송(宋)대의 역학자 정이천(程伊川)선생의 역해설에 "쓰인 것은 이해한다고 하더라도 쓰이지 않은 것은 어찌할꼬!"라는 글귀도 처음에는 무슨 뜻인지 의아해하였지만 역을 읽는 과정에서 같은 뜻으로 이해가 되더군요.

다시 말하면 '산'이라는 글자가 산을 다 말할 수 없고, '물'이라는 글자가 물을 다 말할 수 없는 것처럼 인간의 언어와 문자에는 한계가 있기 때문에 결국 그 뜻을 다 표현하지 못한다는 것입니다. 문왕의 글에 매이면 역의 참뜻과는 멀어질 수도 있다는 염려인데 이는 주공의 효사도 마찬가지입니다.

역을 '제왕의 학문(帝王之學)' 또는 '군자의 학문(君子之學)'이라고도 하는데 이는 괘명과 괘사, 효사를 지은 문왕과 주공이 제왕이고 군자이기 때문에 생겨난 말입니다.

3. 주공의 생애와 업적

효사(爻辭)를 지은 주공의 원래 이름은 단(旦)이나 후일 그가 책봉받은 땅의 이름이 '주(周)'이기 때문에 주공으로 부르게 됩니다. 주공은 문왕의 가계도에서 보았듯이 문왕의 네 번째 아들입니다. 주실삼모(周室三母)라 하여 주나라가 강성해질 때 위대한 세 어머니가 있어 걸출한 인물들을 길러 내었으니 문왕의 할머니와 어머니 그리고 문왕의 부인입니다. 그중에서도 으뜸은 문왕의 부인이면서 무왕과 주공의 어머니인 태사를 꼽습니다.

훌륭한 아버지와 어머니의 가르침 속에 성장한 주공은 아버지 문왕을 도와 주(周)나라를 강성케 하였으며, 아버지가 죽고 난 후에는 형 무왕(武王)을 도와 상나라를 멸망시키고 주나라를 세웠고, 형 무왕이 죽고 난 후에는 조카 성왕을 도와 건국초기의 각종 어려움을 극복하고 제도와 예약을 정비하여 주나라 800년 역사의 초석을 세운, 유장하고 방대한 중국역사 속에서도 비교할만한 인물을 찾을 수 없을 정도로 위대한 인물입니다.

주공과 관련한 고사성어 악발토포득현사(握髮吐哺得賢士: 감던 머리카락을 움켜쥐고, 먹던 음식을 토해내며 인재를 얻다)로 그의 일면을 짐작할 수 있을 것입니다.

공자도 주공을 존경하여 평소 꿈에서도 자주 주공을 본 듯합니다. 논어에 "내가 노쇠해졌는가보다. 요즈음은 꿈에서 통 주공을 볼 수 없으니……"하는 구절도 있습니다.

전해오는 주공의 행적을 살펴보겠습니다. (참조 : 중국을 말한다2권. 신원문화사. 2008)

· 주공의 행적

민간을 방문해 가르침을 받다.

상나라를 멸망시키고 도성에 머무는 동안 무왕은 늘 백성들의 염원과 동태를 알아보았다.

한번은 덕성 높은 노인이 있다는 말을 듣고 상나라가 망한 원인과 주나라 조정이 실행해야 될 일을 문의하려고 찾아갔다. 무왕이 찾아온 뜻을 말하자 노인은 이렇게 대답했다.

"임금님께서 그 도리를 아시려면 내일 점심에 다시 오십시오. 그러면 제가 소상히 말씀드리오리다."

그래서 무왕과 주공이 그 이튿날 약속한 곳으로 가서 기다렸지만 점심때가 지나 오후가 되도록 노인은 보이지 않았다. 이상한 생각이 들어 무왕이 주공에게 묻자 주공은 이렇게 대답했다.

"신은 이미 노인의 의중을 알았습니다. 노인은 군자이기에 자기 군주의 죄악을 말하기 싫은 것이지요. 그래서 아니 오는 것입니다. 또 노인이 약속을 어기고 오지 않는 것은 말에 신용이 없음을 말하는 것이 아닙니까? 이게 바로 상나라가 망한 원인입니다. 노인은 이런 행동으로 이미 임금님께 상나라가 망한 원인을 알려 주었습니다."

무왕은 그 말을 듣고 주공의 말이 일리가 있다고 미소를 지었다.

상나라 백성들을 안정시키기 위한 묘책

무왕은 상나라 정복 후 많은 상나라 백성들을 안정시키기 위한 묘책을 태공(오늘날 우리가 얘기하는 강태공), 소공(주공의 형), 주공에게 물었다. 무왕은 우선 태공에게 물었다.

"상나라 군사들과 백성들을 어떻게 하면 좋겠소?"

그러자 태공은 이렇게 답했다.

"한 사람을 사랑하면 그 집 지붕 위의 까마귀도 사랑하고, 한 사람을 미워하면 그 사람이 부리는 노복들도 미워한다는 말이 있습니다. 상나라 군사들과 백성들은 우리의 적입니다. 그들을 모두 죽여 버려야 화근을 없앨 수 있다고 생각합니다."

그러면 천하가 더욱 혼란해질 것이라고 생각한 무왕은 소공을 불러 같은 질문을 했다.

그러자 소공이 이렇게 대답했다.

"죄 있는 자는 참해 버리고 죄 없는 자는 살려 주면 될 줄 압니다."

"그런다고 천하가 안정되겠나?"

소공은 무왕의 생각이 자기와 맞지 않음을 알고 물러 나왔다.

무왕은 다시 주공을 불러 같은 말을 물어보았다. 그러자 주공은 이렇게 대답했다.

"상나라 백성들에게 먼저 살 집을 마련해 주고 농사지을 땅과 먹고 살 양식을 주어야 합니다. 그들이 살고 있는 집들을 모두 돌려주고 농사지을 땅을 나누어 주어 안정된 살림을 하도록 하는 것이 급선무입니다. 상나라 백성들의 가장 큰 근심이 무엇입니까? 우리가 그들을 적대시하거나 멸시하는 것입니다. 그래서 그들은 지금 공포에 사로잡혀 있습니다. 이것을 방치하면 폭동이 일어나기 쉽습니다. 그러므로 지금 당장 한가지 정책을 선포해야 합니다. '민족을 불문하고 인자하고 마음 착한 사람은 모두 우리의 친형제이다.' 이런 정책을 제정해 선포하는 것이 어떻습니까?"

백성들의 마음을 얻으려면 그들에게 이득을 주어야 합니다. 물이 깊어야 고기가 놀고, 초목이 무성해야 짐승들이 모이고, 현자들이 등용돼야 학식 있는 사람들이 찾아오고, 세금이 공평해야 상인들이 모이고, 땅을 나누어 주고 부세를 경감해야 농민들이 돌아오는 법입니다. 물은 아래로 흐르고 백성들은 이득을 좇는 법입니다. 대왕께서 백성들을 품에 안으시려면 우선 백성들에게 득이 되는 일을 해주어 그들이 스스로 오게 해야 합니다."

이 말을 들은 무왕은 그동안에 근심하던 일이 한 번에 풀어지고 눈앞이 탁 트이는 듯했다. 무왕은 주공의 말을 기록해 수시로 그것을 펼쳐보곤 했다.

주공의 숭고한 정신

천하가 아직 채 안정되지 않았는데 무왕이 중병으로 눕게 되자 주공은 하늘에 있는 선왕의 영령에게 형님 대신 자기를 데려가 달라고 기도드렸다. 형 대신 자신을 죽여 달라는 기도를 한 것이다. 이렇듯 주공은 자기의 생명보다 나라의 이익을 중히 여기는 숭고한 정신의 소유자였다.

주공의 장자 백금이 노나라를 책봉 받고 떠나갈 때 주공은 이렇게 당부했다.

"이 애비는 문왕의 아들이고 무왕의 아우이며 지금 대왕의 숙부이니라. 천하에서 결코 가볍다고 할 수 없는 사람인데도 머리를 감다가 세 번이나 감던 머리를 움켜쥐고 현인을 맞으러 나간 적이 있고, 밥을 먹다 세 번이나 입에 머금었던 밥을 뱉어 버리고 현인을 맞이하러 나간 적이 있다. 그렇게 노력했지만 나는 지금도 천하의 현명한 사람들을 잃을까봐 항상 조심하고 있다. 이제 네가 노나라에 가면 군자가 되었다고 남을 오만하게 대해서는 절대 안 되느니라."

백금이 아버지 주공에게 물었다.

"노나라를 어떻게 다스리는 것이 좋겠습니까?" 그러자 주공은 이렇게 가르쳤다.

"백성을 전념해 돌보도록 하라. 그러나 절대 자기를 백성에게 득을 주는 자로 자처해서는 안 되느니라."

노나라로 온 백금은 아버지의 말을 명심하고 노나라를 질서 정연하게 잘 다스렸다.

사회에 변화를 가져온 예의규범과 가무

주공의 노력으로 사회가 준수해야 할 예의규범이 제정되었으며 가무가 창작되었다. 그래서 주나라 초기의 사회모습과 백성의 정서에 커다란 변화가 일어났다. 백성들은 단합하고 새 기상이 넘쳐났다.

몇 백년이 지난 춘추시대에 공자도 주공이 제정한 예악을 칭송했다. 주공이 정한 예의규범은 봉건사회의 전통적인 예법이 되었고, 그의 주도하에 창작된 가무도 대대로 내려오면서 사람들을 감동시키는 역할을 했다.

인재의 선발과 임용에 대해

성왕(주공의 조카)이 즉위한 후 주공은 성왕께 〈입정(立庭)〉이라는 제목의 글을 써 올렸다. 이 글에서 주공은 주로 인재선발과 관직 설치, 그리고 정확한 정치규범의 제정 등에 대해 이야기했다.

"성왕께서는 지금 정식으로 제왕이 되었습니다. 이제부터 우리는 선인들의 전통에 따라 관직들을 세워야 할 줄로 압니다. 정무를 관리하는 '입사(立事)', 사법을 관리하는 '준인(準人)', 백성을 관리하는 '목부(牧夫)' 등을 세우고 그 부서들을 잘 관리해야 합니다. 이 많은 사무를 우리가 맡을 수는 없는 법입니다. 즉 그들이 할 일을 임금이 해서는 안 됩니다."

"우리는 오직 현사들이 역량을 충분히 발휘하는 데만 관심을 모아야 합니다. 그들 각자가 맡은 소임을 다하도록 장려하면 우리는 나라를 잘 다스릴 수 있습니다. 그리고 관리들을 선발할 때는 충분한 조사를 거쳐 현명한 인재를 등용해 정사를 관리하게 해야 합니다. 오직 현명하고 덕 있는 인재들을 임용해야 나라를 잘 이끌어 나갈 수 있사옵니다."

주공은 섭정을 끝냈으나 성왕에 대한 보필의 의무를 잊지 않고 성왕에게 나라를 다스리는 원칙과 경험을 이렇게 일깨워 주었다.

주공의 행적을 정리하던 중 동 시대에 활동했던 무왕과 강태공의 대화 중 일부분은 오늘날에도 지도자의 중요한 덕목이 될 것 같아 소개합니다.

비방과 칭송의 실체

무왕이 태공에게 이렇게 물었다.

"현인을 등용했는데도 나라가 망하는 일이 있는데 그 까닭이 무엇입니까?"

이에 강태공은 "현인들에게 관직만 주었지 실제로 중용하지 않았기 때문입니다."라고 했다.

"그럼 왜 그런 오류를 범하게 됩니까?" 무왕의 물음에 강태공은 이렇게 대답했다.

"그것은 겉으로 현명해 보이는 자를 군왕이 좋아하기 때문입니다."

"그럼 겉으로 현명해 보이는 자들을 쓰면 어떻게 됩니까?"

"군왕은 칭송하는 말을 듣기 좋아하고 시비를 가리지 못하게 됩니다. 그러면 현명하지 못한 사람을 현명한 사람으로 알고, 불충한 사람을 충직한 사람으로 알고, 신의가 없는 사람을 신의를 지키는 사람으로 알게 됩니다. 이런 군왕은 자기를 칭송하는 사람은 인정하고 자기를 폄훼하는 사람은 죄인으로 취급합니다. 그래서 공이 있는 자는 상을 못 받고 죄 있는 자가 처벌받지 않습니다.

그 결과로 붕당이 많은 자는 중용이 되고 없는 자는 파면이 됩니다. 그래서 관리들이 결당해 사람들을 헐뜯고 배척하는 풍조가 커집니다. 그러면 충신들은 비방 속에 무고한 죽음을 당하고 간신들은 찬양을 받고 상을 받습니다. 이것이 오래 지속되면 나라가 망하게 됩니다."

1) 384효 효사를 짓다.

주공은 아버지 문왕에게 역을 배웠을 것입니다. 문왕은 64괘의 괘명과 괘사를 지어 자신의 경륜을 후세에 전하였으나 괘명과 괘사 또한 짧고 그 뜻이 함축적이어서 일반인들이 길흉을 판단하기에도 부족한 점이 있었습니다. 주공은 제도와 예악을 정비하여 주왕조가 자손만대까지 번성하기를 기원하면서 역(易)도 문왕이 지은 괘명과 괘사와 1000여 년 간 길흉을 점친 점사를 참고하여 효사를 지음으로써 역경을 완성하게 됩니다.

2) 효사에 반영된 역의 기본 철학

주공은 효사를 지을 때 괘의 모양(象)과 문왕이 지은 괘명과 괘사를 참고로 하여 지었습니다. 비록 문왕이 큰 획을 그어 놓았다고는 하지만 384효나 되는 효에 각각 사(辭)를 짓는 것이 어떠한 일관된 기준이 없고서는 불가하였을 것입니다.

주공이 이에 대하여 직접 언급하지는 않았지만, 훗날 학자들이 역경을 공부하는 과정에서 자연스럽게 효사에 내재되어 있는 기본 원칙들을 발견하게 되고, 또 다른 후학들을 위하여 정리를 하였습니다. 자세한 내용은 본문해석에서 반복되어 언급되니 가볍게 읽어주시기 바랍니다.

※6위(六位)의 의미

먼저 6위는 여섯 자리 즉 괘(卦)가 6효(六爻)로 이루어진 것을 두고, 음·양이 자리하기 이전에 여섯 자리가 어떤 의미를 가지느냐 하는 것입니다.

주공이 머릿속에 상정한 6위(六位)의 기준은 아래와 같습니다. 아래에서부터 위로 읽어주시기 바랍니다.

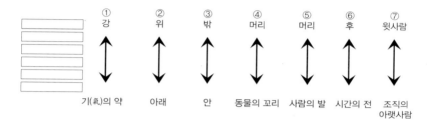

① 강 — 기(氣)의 약
② 위 — 아래
③ 밖 — 안
④ 머리 — 동물의 꼬리
⑤ 머리 — 사람의 발
⑥ 후 — 시간의 전
⑦ 윗사람 — 조직의 아랫사람

예시한 기준 중에서 중요한 것은 ⑥번과 ⑦번입니다.

⑥번은 6위에 시간을 끌어들임으로써 괘에 4차원의 개념이 도입된 것이며 시간의 경과에 따른 사물의 변화에 대해서도 얘기할 수 있게 된 것입니다.

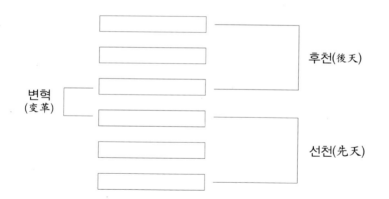

변혁
(変革)

후천(後天)

선천(先天)

3번째위와 4번째위가 변화의 주된 자리이며, 아래의 세자리는 선천, 변화가 일어난 후 위의 세자리는 후천이라는 개념도 생겨나게 되었습니다.

다음 ⑦번은 조직에 있어서 아랫사람과 윗사람을 상징하는 부분입니다. 주공은 아래와 같이

	상왕(上王)
	왕(王)·천자(天子)
	재상·대신(공公·경卿)
	지방장관(대부·大夫)
	하급관리
	백성(民)

각 위에 해당하는 신분들을 상정하여 효사를 지었습니다.

그러면 봉건 왕조시대에나 있는 이러한 신분들의 설정이 오늘날에는 무용지물일까요? 그렇지 않습니다. 우선 우리는 주공이 살았던 시대에 큰 조직은 국가조직 밖에 없었음을 생각하여야 합니다. 오늘날에는 국가기관 외에도 큰 조직이 많기 때문에 각 조직의 구성에 따라 회장·사장·실장·고급간부·하급간부·평사원·일반인 등 그 역할과 중요도에 따라 대체시키면 주공의 효사에 함축된 뜻은 오늘날에도 변함없이 빛을 발합니다.

계사(繫辭)라는 용어에 유의할 필요가 있습니다. 괘에 새기지 않고 걸어놓았다는 뜻이니 상황이 바뀌면 걸어놓은 것을 벗겨내고 얼마든지 나의 말을 새롭게 걸 수가 있다는 뜻입니다. 단, 괘의 본래 의미를 잃지 않는 한도 내에서이겠죠.

※위(位)와 정위(正位) 부정위(不正位)

상(上) ▭ ┐
오(五) ▭ ┤
사(四) ▭ ┼······(2·4·상)음의 자리
삼(三) ▭ ┤
이(二) ▭ ┤
초(初) ▭ ┘············(초·3·5)양의 자리

효의 이름은 아래에서부터 시작하여 초효, 이효, 삼효, 사효, 오효, 상효로 부릅니다. 이중 홀수 자리인 초효, 삼효, 오효는 양의 자리라 하고, 짝수 자리인 이효, 사효, 상효는 음의 자리로 봅니다. 이에 따라 양이 양자리에 또는 음이 음자리에 있을 때는 정위(正位:바른 자리)라 하고 양이 음자리에 있거나 음이 양자리에 있을 때는 부정위(不正位:바르지 못한 자리)라고 합니다.

(기제괘)
정위
정위
정위
정위
정위
정위

리(離)
감(坎)

(미제괘)
부정위
부정위
부정위
부정위
부정위
부정위

64괘 중 기제괘가 유일하게 음양이 모두 바른 자리에 있는 괘이며, 미제괘 또한 유일하게 음양이 모두 바르지 못한 자리에 있는 괘입니다.

※중(中) −강건중정(剛健中正)과 유순중정(柔順中正)−

역(易)에 있어서는 중(中)의 개념이 대단히 중요합니다. 어느 역학자는 역을 두마디로 표현하면 '시(時)와 중(中)'이라고 하였습니다. 여기에서 시(時)는 환경 또는 상황을 뜻하므로 '상황에 따라 중을 가라'는 것이 역의 가르침이라는 것이죠. 그러나 우리가 겪어 봐서 아는 것처럼 상황 파악이 말처럼 쉬운 것이 아니죠. 그리고 중(中)이란 개념도 단순히 양쪽의 중간을 의미하는 단순한 개념이 아닙니다.

동양인문학의 사서(四書:논어·맹자·중용·대학) 중 하나인 중용(中庸)을 읽다 보면 공자가 '중용(中庸)은 지극하도다. 백성들 가운데 행할 수 있는 사람들이 없어진 지가 오래되었도다' 하고 탄식하는 장면이 있습니다.

중(中)을 실천하는 것이 그렇게 어려우면 그런 가르침이 가치가 있는 것일까요? 누가 배워서 활용하나요?

그래서 저는 유교적·성리학적 관점에서 중(中)을 보지 않고 주어진 현실에서 단순하게 중(中)을 생각해 보았습니다.

예를 들면 새가 양 날개로 중심을 잡고 목표물을 향하여 날아갈 때의 중(中), 씨름이나 유도 등에서 상대의 중심은 빼앗고 나의 중심은 유지할 때의 중(中), 좌익도 우익도 없고, 진보도 보수도 없는 주어진 환경에 대한 적응이며, 다가오는 도전 또는 문제에 대한 응전이며 해결방법으로서의 중(中), 이러한 관점에서 보면 이미 많은 사람들이 일상생활에서 양극단에 치우치지 않고 자연스럽게 중(中)을 실천하고 있다고도 생각할 수 있습니다.

물론 이러한 중(中)의 개념이 정치·외교·안보·복지 등 거시적이고 추상적인 문제를 대상으로 할 때는 전체에 대한 포괄적 이해, 입체적인 시각, 냉철한 객관적 사고가 없으면 중(中)을 찾기가 불가하겠죠?

아무튼 본문에서 공부하기로 하고 6효 중에는 두 개의 중(中)이 있습니다.

　　　　　　　　　　　－중(中)－ 양(陽)이 올 경우 강건중정(剛建中正)

　　　　　　　　　　　－중(中)－ 음(陰)이 올 경우 유순중정(柔順中正)

두번째 효와 다섯번째 효인데, 두번째는 음의 자리이기 때문에 음이 오면 중(中)과 정(正)을 모두 갖추었으므로 유순중정(柔順中正)이라 하고, 다섯번째는 양의 자리이기 때문에 양이 오면 역시 중(中)과 정(正)을 겸비하였기에 강건중정(剛健中正)이라 하여 특히 좋게 해석합니다. 그리고 언제나 중(中)을 우선시 하여 중정(中正)이라 하고, 정(正)을 앞세워 정중(正中)이라 하지 않습니다. 중(中)은 종합적이면서 객관적이고 정(正)은 지엽적이면서 주관적일 수도 있기 때문에 어떠한 상황이든 중은 언제나 옳지만 정은 그렇지 않다는 철학이 내재되어 있습니다.

※응(應)과 비(比)

6효의 초효와 4효, 2효와 5효, 3효와 상효는 서로 대응을 합니다.

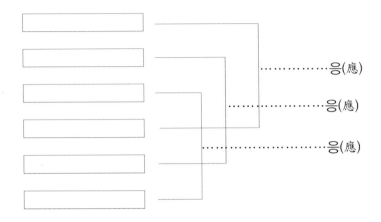

　이 경우 음양이 다르면 서로 이끌고 도우므로 정응(正應)이라
하고, 음양이 같으면 서로 반발하고 멀리하므로 적응(敵應) 또는
불응(不應)이라고 합니다. 자석(磁石)에 있어서 다른 극(N·S)끼
리는 서로 당기고 같은 극끼리는 서로 밀치는 현상과 같은 원리로
이해하시면 되겠습니다.

　비(比)란 이웃하는 두 효 사이의 관계를 두고 하는 말입니다.
이웃하는 두 효가 하나는 음이고 하나는 양이어서 서로 친할 때
에는 비효(比爻)라고 합니다. 만일 이웃하는 두 효가 모두 음이거
나 모두 양일 때에는 비효의 관계가 아닙니다.

　비효의 관계보다는 정응의 관계가 더욱 견고합니다. 쉽게 비교
하면 응(應)은 부부사이와 같은 것이고 비(比)는 성별(性別)이 다
른 형제와 같은 것으로 생각하면 되겠습니다.

 64괘는 모두 6획으로 구성되어 있기 때문에 소성괘(3획괘)와
구분하기 위하여 대성괘(6획괘)로 부르기도 합니다.

 또한 각 소성괘를 상황에 따라서 하체·상체 또는 내체·외체
를 앞에 붙여 부르는 경우도 있습니다. 그리고 6획괘 내에서 또
다른 소성괘를 만들어 볼 수도 있는데 이를 호괘(외호괘·내호괘)
라 합니다. 주공이 효사를 지을 때 간혹 사용한 것으로 보입니다
만, 일반적으로 사용한 개념은 아닙니다.

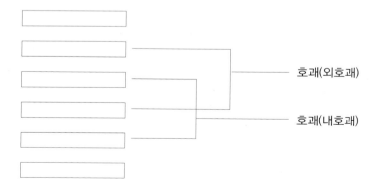

■ 대성괘 (6획괘)에 있어서 양효와 음효의 명칭

양효(陽爻)		음효(陰爻)		
상구(上九)	☐	상육(上六)	☐	☐
구오(九五)	☐	육오(六五)	☐	☐
구사(九四)	☐	육사(六四)	☐	☐
구삼(九三)	☐	육삼(六三)	☐	☐
구이(九二)	☐	육이(六二)	☐	☐
초구(初九)	☐	초육(初六)	☐	☐

대성괘에 있어서 양효와 음효의 명칭은 위(位)의 명칭(초·이·삼·사·오·상)에 양효(陽爻)일 때는 구(九)를 더하여 호칭하고, 음효(陰爻)일 때는 육(六)을 더하여 부릅니다.

구(九)와 육(六)의 숫자는 전통적인 방법으로 산가지를 이용하여 점을 칠 때 9, 7(양의 숫자)이나 8, 6(음의 숫자)중 네 가지 숫자 중 하나가 나오는데 구(九·9)는 양을 대표하는 숫자이고 육(六·6)은 음을 대표하는 숫자이기 때문입니다.

적절한 다른 용어를 찾아보았지만 마땅치 않아 그대로 사용하였습니다.

易經

제3장
공자(孔子), 가죽 끈이
세 번 끊어지도록 역경(易經)을 읽다

1. 공자와 역경

　복희의 역에 문왕과 주공이 이름을 짓고 글을 매어 달아 역경이 완성된 후 대부분의 사람들은 역경을 길흉을 점치는데 활용하였고, 드물지만 문왕과 주공의 글에서 자연의 이치와 인간의 도리를 탐색하는 이도 있었습니다. 그렇게 세월이 흘러 대략 500년쯤이 지난 후 공자가 역경을 접하게 됩니다.

　공자가 어떤 분입니까? 맹자(孟子)를 비롯한 유가(儒家)의 사람들이 생래미유(生來未有) 즉, '당시까지 세상에 태어났던 사람 중에 공자만한 사람이 없다'고 할 정도로 신처럼 받들던, 오늘날에도 성인(聖人)으로 추앙받는 위대한 인물입니다.

　공자가 역경을 만났으니 용이 비(雨)를 만난 격입니다.

　기록에 따르면 공자가 '늘그막에 역을 좋아하여 집에 있을 때는 곁에 두고, 밖으로 다닐 때는 짐에 싣고 다니면서 읽었다'고 합니다. 가죽 끈이 세 번이나 끊어지도록(위편삼절:韋編三絶) 읽고 사색을 한 결과 역경의 내용이 극히 광대하여 하늘과 땅의 도(道) 그리고 인간의 도(道)가 모두 갖추어져 있다고 생각하게 되었습니다. 공자는 역경을 읽고 느낀 바를 해설서로 편찬하였는데, 이를 '역전(易傳)'이라 하며 역전은

- 8괘를 설명한 설괘전(說卦傳)
- 64괘의 상(象)을 설명한 상전(象傳)
- 문왕의 괘사를 설명한 단전(彖傳)
- 건(乾)괘를 풀이한 건문언전(乾文言傳)
- 곤(坤)괘를 풀이한 곤문언전(坤文言傳)
- 주공의 효계사를 풀이한 계사상전(繫辭上傳)·계사하전(繫辭下傳)
- 역경의 순서를 풀이한 서괘상전(序卦上傳)·서괘하전(序卦下傳)
- 여러 괘를 정해진 기준 없이 해설한 잡괘전(雜卦傳) 등입니다.

이렇게 역전은 10편으로 구성되어 있어 10익(翼)이라고도 합니다. 역에 날개를 달아주었다는 뜻이죠.

역전은 모두 공자가 지었다는 설과 일부만 공자가 지었고 나머지는 제자나 후학들이 지었다는 설, 공자가 지은 것이 아니라 후세에 나왔다고 보는 설 등 다양한 설이 있습니다. 그러나 중국 철학계의 입장은 '기본적으로 공자가 지은 것, 그 가운데 앞사람이 남긴 글을 기술한 부분도 있고, 문인 제자들이 평소 공자의 강술을 기록한 부분도 있어서 「논어(論語)」의 상황과 비슷하며 그 사상은 응당 공자에 귀속되지만 뒷사람이 함부로 끼워 넣은 부분도 있는데다 탈문(脫文)·착간(錯簡)도 있다.'는 견해로서, 저도 역전(易傳)을 읽는 과정에서 성인(聖人) 공자의 말씀으로 보기에는 무리한 부분이 적지 않다고 생각하여 이 견해에 전적으로 동의합니다.

아무튼 역(易)에 대한 인식은 공자 이전과 공자 이후로 크게 나뉘게 됩니다.

괘상과 괘명 괘·효사에는 우주를 포함하는 이치와 문왕과 주공의 인생철학과 정치철학이 담겨 있었지만, 역경은 완성된 후 500여 년 간 철학적인 용도보다는 길흉을 점치는 점서로서의 역할이 우선시되어 왔던 것입니다.

그러나 공자는 역을 읽으며 점보다는 역의 이치와 역경에 함유된 인간의 도리를 깊게 탐구함으로써, 후대인에게 역경이 철학서로서 정치 규범으로 또는 수양 지침으로 활용되는 등 유가 최고의 경전, 동양 최고의 학문으로 자리매김하도록 격상을 시킨 것입니다.

2. 역경(易經)과 역전(易傳)

공자가 역전을 쓰고 나서 오랫동안 역경과 역전은 구분되어 전해져 왔습니다. 경(經)은 말씀이고 전(傳)은 해설이라는 의미입니다. 그러다가 한(漢)나라 때 무제(武帝)가 유교를 국교(國敎)로 하면서 공자의 역전도 성인의 말씀이라 하여 역경(易經)에 포함시키게 되고, 이후 오늘날에 이르기까지 역경(易經) 또는 주역(周易)의 제목 하에 쓰인 책에는 공자의 역전이 기존의 역경과 동일한 지위를 누리고 있습니다.

제가 이 책의 제목으로 굳이 역경을 언급한 것은 주역(周易)이라는 용어가 곧 점술(占術)을 의미하는 것 같은 일반적인 인식에 대한 거부감도 있지만 또 다른 중요한 이유는 공자의 역전도 본래 의미의 역경과 분리함으로써 역경의 순수한 참 모습을 보여드리고 싶었기 때문입니다.

화장도 너무 많이 하면 얼굴을 가려 참 모습을 보기 어렵고, 금과 옥이 귀하지만 내 눈 앞을 가리면 사물을 똑똑히 볼 수가 없습니다. 공자님의 큰 깨우침과 소중한 지혜는 본문 해설의 필요한 곳에 활용하도록 하고 이 책에서는 역전에 대한 소개는 따로 하지 않겠습니다.

다만, 괘의 순서를 해설한 『서괘전序卦傳』은 역을 처음 접하는 분들에게 다른 적절한 설명 자료가 마땅치 않아 사용하였지만 그 내용에 대하여는 다른 견해가 적지 않음을 밝혀둡니다.

제4장
우리나라에로의
역경(易經)의 전래와 태극기(太極旗)

1. 우리나라에로의 역경(易經)의 전래

우리나라에 역경이 전해진 것이 언제인지 정확히는 알 수 없고, 다만 고구려(태학 372년)·백제(태학 384년)·통일신라(국학 682년)의 교육기관에서 역경을 가르친 기록, 서기 513년 백제의 단양이(段楊爾)가 일본에 역을 전한 기록 등을 감안하여 추측할 수 있을 뿐입니다.

우리나라 사람으로서 역을 해석하여 쓴 책으로는 고려 때 윤언이(尹彦頤~1149)가 최초이며 임금 앞에서 삼국사기(三國史記)를 지은 김부식과 변론(辯論)을 하였다는 기록이 있습니다.

조선조에서는 유교가 국교이었기 때문에 유가의 경전인 「역경」이 선비들의 필수 과목이 되었고 많은 연구가 있었습니다. 유교에서 공자는 신과 같은 존재이었고 주자의 성리학이 절대적인 권위를 가졌기 때문에 역의 연구도 공자의 역전을 포함한 의리학적인 역의 공부가 주류를 이루었습니다.

본문 공부를 해 보시면 우리나라의 대표적인 고전 '춘향전'에서 이몽룡이 '역경'을 읽는 대목에 '건(乾)은 원(元)코, 형(亨)코, 이(利)코, 정(貞)코, 춘향이 코…'하는 부분에서 조선시대 유학자들의 성리학적인 역학관을 짐작할 수 있겠습니다.

이학(理學)이 지배하던 조선시대에 화담 서경덕선생은 '기(氣)'를 위주로 하는 연구를 하였습니다. 이황, 이이 등 대표적인 학자들로부터는 인정받지 못하였으나 후일 청나라에서 천하의 귀중한 책들을 모아 「사고전서」에 안치시킬 때, 서경덕선생의 책이 조선에서는 유일하게 선정되는 결과가 있었습니다.

2. 태극기

우리나라와 역과의 인연이 이미 오래되었으나 앞으로도 무궁무진하게 이어질 것이 확실한 것은 우리의 국기가 태극기이기 때문입니다.

태극기는 고종황제 때인 1882년 수신사 박영효 일행이 일본을 방문할 때 황제로부터 크기·문양·색깔·설명까지 지시받아 처음 만들어졌고, 대한민국 정부가 수립된 이후 1949년 10월 15일에 공식적인 '대한민국 국기'로 공표됩니다.

기(氣)의 관점에서 태극기를 보면 태극기는 현재 우리들이 사용하는 것처럼 눕혀서 사용하는 형태가 아닌

아래 그림처럼 세워서 사용하는 것을 상정하고 만든 것으로 짐
작이 됩니다.

오늘날 세계 200여개 국가의 국기와 비교해볼 때 태극기만큼 깊은 이치와 뜻이 담긴 국기는 없습니다. 이 귀한 신물(神物)이 우리의 국기에 자리한 것은 특별한 인연이라 할 수 있겠지요. 그래서 대한민국의 국민은 역의 기본정도는 마땅히 공부하여야 할 것입니다.

※참조※

태극기의 문양(文樣)

중국에 거주할 때, 또 귀국해서 가끔 중국여행을 할 때 중국인들에게 태극기에 대하여 질문을 받은 적이 있습니다. 질문의 내용은 태극기의 문양이 중국의 역(易)에서 유래한 것이 맞는지와 맞다면 왜 8괘를 다 사용하지 않고 4괘만 사용하였느냐 하는 것이었습니다. 아마 역(易)의 문양에 익숙한 중국인이 아닌 다른 외국인이었다면 태극기에 그려진 문양이 무슨 뜻인지를 물었겠죠?

저는 그 때 역(易)에 대한 공부가 약간 되어있어서 대답에 어려움이 없었지만 후일 우리 아이들에게 같은 질문을 해 보았더니 셋 가운데 한 녀석도 제대로 대답을 하지 못하였습니다.

태극기를 사랑하는 대한민국 국민이라면 태극기에 그려진 태극무늬와 괘상에 대한 이해가 당연히 되어 있어야 되겠죠? 아이들의 탓보다는 우리 어른들의 탓이라고 생각됩니다.

태극기의 문양과 관련하여 몇 가지 말씀을 드리려고 합니다.

첫째, '태극기의 문양이 중국의 역(易)에서 가져다 쓴 것이 아니냐?' 하는 것이 순수한 의문이라면 답은 '그렇습니다'이지만, 질문의 요지가 '역(易)'이 아닌 '중국'의 것을 왜 대한민국의 국기에 썼느냐? 라면 이는 질문자가 인류의 문화와 문명에 대한 이해가 부족한 것입니다.

우리보다 앞선 인류가 발명하고 창조한 문화·과학·예술 등 위대한 지식이나 결과물은 어떤 집단이나 국가를 위한 것이 아니라 인류 전체를 위한 것입니다.

종교를 보아도 창시자의 국적을 거론하지 않으며, 현대인들이 잠시도 몸에서 떼어놓지 않는 휴대폰 등 각종 문명의 이기같은 경우에도 발명자의 국적을 의식하면서 사용하지는 않죠.

인류가 축적한 큰 지혜는 그 지혜를 이해하고 소화하여 사용하는 사람들의 몫입니다. 이런 뜻에서 상생과 조화를 뜻하는 태극무늬와 하늘·땅·물·불을 상징하는 4괘를 국기의 문양으로 택함으로써 대한민국이 영원무궁토록 평화롭게 번영해 나갈 것을 기원한 것은 선인(先人)들의 탁월한 선택이라 할 수 있을 것입니다.

둘째, '왜 8괘가 아닌 4괘일까?'에 대하여는 먼저 아름다움 즉, 미(美)적인 감각이 반영되었다는 생각입니다. 태극무늬를 중심으로 하여 8괘를 다 그려놓으면 답답하기도 하고 현재의 태극기가 가지고 있는 아름다움이 사라지는 느낌을 받게 됩니다.

그리고 8괘를 대표하는 괘는 4정괘(4正卦)라 하여 바로 태극기에 그려져 있는 건·곤·감·리입니다. 8괘를 대표한 4괘를 아름답게 배열한 것입니다.

마지막으로 셋째는 태극무늬에 대한 것인데, 태극기의 태극문양은 아래와 같이 빨강색이 위에 있고 파랑색이 아래에 있습니다.

주위에 '태극기의 태극문양이 무엇을 의미하는 것 같으냐?'고 물어보면 대부분이 '태양과 바다' 또는 '불과 물' 아닐까? 하고 반문을 합니다.

　　그러나 앞에 말씀드린 대로 태극 문양은 양기(陽氣)와 음기(陰氣)가 상생 조화하는 뜻을 담은 그림으로 위와 같은 문양은 양기는 위로, 음기는 아래로 움직이는 기의 특성을 감안하여 보면

　　양의 기운과 음의 기운이 서로 상생하지 못하고 이격 되는 뜻을 가지고 있습니다. 역의 64괘에서 이러한 뜻을 가진 괘는 양(☰)의 기운이 위에 있고, 음(☷)의 기운이 아래에 있는 비(否☰☷:상하불통·막힘의 의미)괘와 불(☲)이 위에 있고 물(☵)이 아래에 있는 미제(未濟☲☵:건너지 못함·가지런하지 않음의 뜻)괘로 그 해석을 좋게 할 수가 없는 문양입니다.

　　기(氣)의 관점에서 보면 태극의 문양은 아래 그림과 같아야

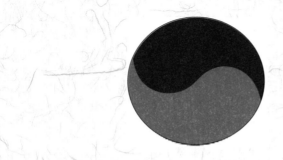

비로소 양의 기운은 위로 음의 기운은 아래로 향하여 상생과 조화로서 돌고 도는 영속성이 보장되는 것입니다.

역의 64괘에서 이러한 기(氣)의 뜻을 가진 괘는 음(☷)이 위에 있고 양(☰)이 아래에 있는 태(泰䷊:태평의 뜻)괘와 물(☵)이 위에 있고, 불(☲)이 아래에 있는 기제(既濟䷾:물을 건너다, 가지런하다의 뜻)괘입니다.

이러한 문제점이 발생한 이유는 고대인들은 얼굴은 남쪽, 등은 북쪽을 향한다는 관념을 가져 아래와 같은 기준을 가졌는데

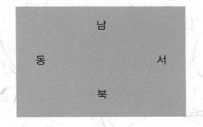
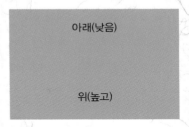

오늘날 우리나라 국민의 방향감각과 위·아래에 대한 인식은 다음과 같이 반대이기 때문이라 생각됩니다.

북			위	
서	동			
남			아래	

    따라서 우리가 태극기를 볼 때는 제작 당시의 이러한 관념을 감안하여 상·하와 동·서·남·북을 보아야 태극기에 내포된 상생과 조화의 진정한 의미를 되새길 수 있을 것이라고 생각합니다.

1. 구정무금(舊井无禽)

우리나라를 대표하는 국기의 문양으로 채택될 정도로 혁혁한 위상을 자랑했던 역(易) 그리고 역경(易經)은 그 이후 점차 쇠락의 길을 걷게 됩니다. 사람들과 함께하며 자연의 이치와 인간의 도리에 목말라하는 사람들의 갈증을 달래줬던 역은 점차 찾는 이가 줄어들어 땅속으로 잦아들며 땅 밑을 흐르게 되었습니다.

수천년을 만학(萬學)의 위에 군림하던 역(易)이 왜 이렇게 된 것일까요.

과학과 직관

19세기 이후 서양의 물질문명이 전 세계를 지배하게 되고 과학적 사고방식이 학문의 대세를 차지하게 됩니다. 과학적이라는 것은 원인과 결과가 분명하다는 것입니다. 객관적으로 검증이 가능하다는 것이죠. 반면에 동양의 정신문명은 명상과 직관을 중시합니다. 동문서답(東問西答)같은 선문답(禪門答)이나 '어느 한순간 문득 깨달아 알게 됐다'는 등의 검증할 수 없는 지식이나 지혜는 그 가치를 인정받기 어려운 세상이 된 것입니다.

역경은 우선 64괘의 창조과정과 논리가 분명하지 않고, 문왕과 주공의 글도 고대 봉건왕조시대 인물들의 사상으로 치부되었으며, 산가지를 사용하여 괘를 뽑고 미래를 예언하는 행위 등이 시대에 뒤떨어진 대표적인 구시대의 유물이고 미신적인 행위로 간주되면서 역(易)은 사람들로부터 점점 외면받게 되었습니다.

한자(漢字)의 문제

역경은 괘상과 괘명·괘·효사로 이루어져 있는데 괘명·괘·효사를 잘 읽어야 글에 담긴 지혜도 얻을 수 있고 상도 제대로 이해할 수 있습니다. 그런데 괘명·괘·효사는 3000년 전에 한자(漢字)로 쓰인 것입니다. 한자는 시대에 따라 그 의미가 확대되기도 하고 변하기도 하여 괘·효사가 쓰였던 때의 정확한 의미를 알기가 어렵습니다. 게다가 당시에는 종이가 발명되지 않았던 때로 갑골이나 죽간에 기록되어 문장이 극히 압축적이고, 띄어쓰기나 문법이 없어 같은 내용을 두고도 해석이 극과 극으로 다를 수가 있습니다.

한자를 일상적으로 쓰고 있는 중국인들마저도 '역'을 얘기하면 그 난해함에 혀를 내두르고 손사래를 치는 사람이 적지 않습니다. 공교육에 한자를 배제하고 있는 우리나라에서는 더 말할 나위가 없겠지요. 최고의 지혜가 문자(文字)의 장벽으로 인하여 더욱 더 우리에게서 멀어지게 된 것입니다.

역경의 학문적 오염

마지막으로 역경이 쓰인 이래 수천 년의 세월이 흐르면서 역경이 많이 오염되어 사람들이 역경의 참 모습을 보기 어려워졌다는 것입니다.

공자의 역경 해석이 독보적이나 유가의 사상이 많이 덧칠이 되었으며 그 외에도 음양오행·명리학·도가(道家)사상·풍수학(風水學)·점성학(占星學) 등 각종 근본이 다른 학문들이 역의 이름을 내세움으로써, 모처럼 역경의 공부에 뜻을 둔 사람들조차도 미로(迷路)를 헤매듯 바른 길을 걷기 어려워 중도에 포기하게 되어 역은 오해와 무지 속에 사람들로부터 배척받게 된 것입니다.

구정무금(舊井無禽)

구정무금은 '옛 우물에 새가 없다'는 48번째 정(井우물)괘 초효의 효사입니다. 사람들이 우물물을 마시고 곡식이나 채소 등을 씻을 때에는 새들이 그 물도 마시고 음식찌꺼기들을 먹으러 모여들었는데, 우물을 사용하지 않음에 따라 우물바닥에 진흙이 쌓여 새들도 더 이상 찾지 않는 상태를 표시한 글입니다.

오늘날의 역경의 상황을 생각하면 머릿속에 떠오르는 구절입니다.

2. 역경(易經)의 새로운 비상(飛上)

그러면 역경은 이대로 못 쓰는 우물이 되어 사람들에게 점차적으로 잊히고 마는 것일까요?

역을 반복하여 읽다보면 어떤 상황에 처할 때 문득 떠오르는 글귀가 있습니다. 욕심 많은 사람을 보면 건(乾)괘 상효의 항용유회(亢龍有悔:너무 높이 올라간 용은 후회가 있다)나 익(益)괘 상효의 막익지 혹격지(莫益之 或擊之:더 이상 더하지 말라 혹 다침이 있느니라)

같이 의식 또는 무의식 중에 '괘사'나 '효사'의 글귀가 떠오르는 것이죠.

역경의 미래를 생각할 때 제게 떠오르는 글귀가 바로 복(復: 돌아오다. 회복하다의 뜻)괘 초효의 효사 '불원복 무지회(不遠復 无祗悔: 머지않아 회복하니 후회에까지 이르지 않는다)' 입니다.

이러한 글귀가 연상이 되는 까닭 몇 가지를 생각해 봤습니다.

하느님은 주사위 놀이를 하지 않을까?

'나는 어떤 경우에도 신(神)은 주사위 놀이를 하지 않는다고 생각한다.' 이 말은 아인슈타인이 현대물리학의 최첨단인 양자역학(量子力學)의 대표적인 이론 중 하나인 '불확정성의 이론'을 접하고 한 말입니다.

고전 물리학자들은 '질서있는 자연' '예측가능한 물리세계'를 확신했으며 그러한 사고는 한 시대를 풍미하였습니다. 그러다 20세기 초에 대두된 '양자역학'은 우리의 세계가 근본적으로 확정적이 아니기 때문에 '이것이 일어날 것이다'는 없고 '이 중 어떤 일이라도 일어날 수 있다'만 존재하며 '미래는 가능성 있는 많은 미래 중 하나가 일어날 확률에 대해서만 이야기할 수 있다'는 불확실성을 주장하고 각종 실험을 통하여 이를 입증합니다.

새로운 물리학은 뉴턴은 물론이고, 우주의 불확실성을 받아들이지 못한 아인슈타인마저 고전 물리학자로 분류합니다. 아인슈타인의 바람과는 달리 '신은 주사위 놀이를 한다'는 것입니다.

우주에 확정적이 아닌 신의 소관이라고 얘기할 수 있는 불확정성이 존재하는 것이죠.

‘불확정성의 이론’을 읽으면 앞서 말씀드렸던 역·계사전(易·繫辭傳)의 “음양의 변화를 예측하지 못하는 것을 신이라 한다(陰陽不測之謂神)”는 구절이 떠오릅니다.

　우리에게 다가오는 신(神)만이 아는 미래, 기(氣)의 부호로 표시된 64종의 코드를 점(占)으로, 고도의 정신수양을 통한 직관으로, 또는 반복된 학습에서 터득한 지혜로 예측해 보는 것을 미신으로만 치부해 버리면 혹 놓치는 것이 있어 나중에 후회하는 일은 없을까요?

　2차대전 전 나치는 ‘상대성이론’과 ‘양자론’이라는 신 이론들을 ‘유대인 물리학’이라 하여, 이 이론들은 오류이며 퇴폐적이라고 평가하고 대학에서 이를 가르치는 것을 금지한 적이 있었습니다. 그러나 오늘날 이 이론들은 물리학의 최고 이론으로 평가받고 있습니다. 역(易)도 새로운 시각에서 검토 해 볼 필요가 있습니다.

역경의 지혜

　역경에 있어서 복희의 괘는 신비해서 그 공부가 끝이 없을 것으로 생각됩니다. 그러나 문왕(文王)과 주공(周公) 두 부자(父子)가 괘에다가 매달아놓은 괘사와 효사에는 그들의 인생경륜이 담겨 있어 후세에 영원한 귀감이 될 수 있을 것입니다. 역경이 수천년간 고대국가에서 인재를 선발하는 과거시험의 필수과목이 되었던 것은 64괘에 걸어 놓은 문왕과 주공의 글 때문이라고 생각됩니다.

　앞에서 보았듯이 이 두분은 철학자도 아니고 교육자도 아니었습니다. 상나라 주왕이 지배하는 어둡고 위험한 세상에서 결국은 모든 고난을 극복하고 폭군을 무너뜨린 후 주(周)나라를 세우고 국가의 기초를 다진 위대한 영웅들인 것입니다.

복희가 천지만물의 천변만화를 관찰하고 사색하여 64괘를 창조해 냈다면, 문왕과 주공은 인간사에 있어서 온갖 고난과 역경을 맛본 후 그들의 경륜을 64괘의 괘와 효에 대입하여 글을 지어 후세에 물려준 것입니다.

세파에 시달려 그 정신이 괴로움의 극을 경험해 보고 그 육체가 고통의 한계를 맛 본 사람들의 지혜와 경륜은 오늘날 번뇌하고 방황하는 우리를 이끌어 줄 등불과 별빛의 역할을 할 수 있습니다. 역경의 문왕과 주공이 바로 그런 사람들입니다.

복합적인 사고의 촉진

역경은 괘와 말이 함께하는 독특한 책입니다. 제가 알기로는 유사 이래 이러한 형태의 책은 없습니다. 유일무이(有一無二)한 것이지요.

그래서 책을 읽기가 다소 까다롭지만 책을 읽는 와중에 음과 양, 역지사지(易地思之·입장을 바꾸어 생각해 본다)나 과유불급,(過猶不及·지나친 것은 미치지 못하는 것과 유사하다) 그리고 중(中)과 정(正) 등 인간생활에 있어서 필수적인 최고의 도리와 가치들에 대하여 끊임없이 생각하게 되는데, 이것은 역경이 독자에게 일관되게 요구하기 때문이기도 합니다.

역을 반복해서 읽다보면 사고가 입체적으로 변하게 되며 사고가 바뀌면 사람도 바뀌게 됩니다.

오늘날 물질문명은 발달하였지만 사람들은 점점 상생과 조화의 미덕을 잊어버리고 자기중심적이 되어갑니다. 내 자신이 한편으로는 천하만물, 즉 자연과 연결되어 있고 다른 한편으로는 국가와 각종 조직 등 인간 집단에 소속되어 있음을 모르고 이기적으로 사고하고 처신함으로써 결국은 그 영향이 돌고 돌아 본인에게 폐해로 돌아오고 나아가 국가도 사회도 불행한 결과를 초래하는 것입니다.

역경은 단순하면서도 그 뜻은 심원합니다. 현대인의 목마름과 현대사회의 부족함을 해소시키는데 큰 역할을 할 수 있을 것으로 생각합니다.

갑골문(甲骨文)의 발견

19세기말 지금의 중국 하남성(河南省) 안양(安陽)이란 곳에서 다량의 거북껍질과 동물 뼈가 발견됩니다. 이를 갑골(甲骨)이라 하며 그것들에 새겨진 문자를 갑골문(甲骨文)이라 합니다.

고고학적인 발굴과 연구를 통하여 유물이 발견된 곳이 상(商)나라의 마지막 도읍지로 판명되고 이후 은허(殷虛 은나라의 유적: 상나라는 은나라라고도 함)로 불리게 되는데 이곳이 바로 역경의 괘사 효사를 쓴 문왕(文王)과 주공(周公)이 활동했던 시기의 상나라 도읍이며, 갑골문은 역경이 쓰여진 시기의 문자였던 것입니다. 이후 오늘날까지 갑골문에 대한 많은 연구가 이루어졌고 역경의 해석에 있어서도 많은 발전이 있었습니다.

역경의 본래 모습을 좀 더 명료하게 볼 수 있게 된 것입니다.

역경의 새로운 날개 달기

공자의 역전 10편을 10익(翼)이라고도 한다고 말씀드렸죠. 역경에 열 가지 날개를 달아 하늘을 비상할 수 있도록 하였다는 뜻입니다.

이러한 평가는 공자 이후 일정기간 동안은 옳은 것으로 보입니다만 그 이후 수천 년간 '역경'의 해석에 대한 절대적 권위로 군림하며, 역 발전을 억압하는 장애물 역할도 했던 것으로 생각됩니다.

우리 조선시대에만 해도 공자(孔子)나 주자(朱子)와 다른 주장을 하면 사문난적(斯文亂賊)이라 하여 사형에 처하기도 하였죠. 역경에 대한 해석도 공자나 주자 등의 해석에서 한 발짝도 더 나아갈 수가 없었던 것입니다. 암흑시대였습니다.

그러나 오늘날에는 이러한 금도가 존재하지 않을 뿐 아니라 다른 분야에서 이룩한 인류의 업적들이 역의 이해에 영감을 주기도 합니다. 문명한 세계와 자유로운 시대정신, 알지 못하는 것에 대한 인간의 본능적인 탐구정신은 동양의 위대한 정신문명인 '역경'을 사장시키지는 않을 것입니다.

부족한 저같은 사람도 이런 글을 쓰고 있지 않습니까? 역경이 다시 한번 비상하는 광경을 그려봅니다.

제6장
역(易)과 점(占)

　역을 열심히 공부하면 정말 미래예측이 가능한 것일까요? 애초 전통적인 방법으로 역점을 쳐보지 않은 저로서는 이 문제에 대해서는 답하기 어렵습니다.

　'매화역점'으로 유명한 소강절선생은 역학을 이용하여 점을 치면 백발백중이었다고 전해오기는 합니다마는 기자의 홍범에 '셋이 점을 쳐서 두 사람이 말하는 것을 따른다'느니 주나라 무왕이 상나라를 칠 때 거북점 시초점이 모두 '흉'이라고 나왔으나 이를 무시하고 하늘의 뜻을 내세우며 군사들을 독려하여 결국 싸움에 이긴 고사 등을 보면 점으로서의 '역'은 그 가치가 썩 뛰어난 것은 아니라는 생각도 듭니다.

　그러면 역을 가지고 점을 칠 필요가 없을까요? 그렇진 않습니다. 앞서 '신의 주사위 놀이'를 언급하였듯이 역의 공부를 위하여 또는 변화의 시점에 정성을 다하여 인간의 감각을 초월하는 기(氣)의 흐름과 대화를 시도해 보는 것이 꼭 나쁘다고만은 할 수 없을 것 같습니다.

　내가 알고 있는 것, 나쁜 의도가 있는 것 등을 제외하고 정신을 가다듬어 점을 치고 그 괘상을 보고 괘·효사를 연구하면 역의 연구에 한걸음 더 진보할 수도 있을 것입니다.

일본의 역학자가 쓴 책에 보면 청일전쟁·러일전쟁 전에 고위 관리가 이 분에게 찾아와 점을 친 기록이 있으며, 또 조선말의 김옥균 선생도 일본에 체류할 때 이 분을 찾아와 점을 친 내용이 있습니다. 역을 이용하여 점을 치는 방법은 산가지를 이용하는 전통적인 방법 외에도 간편한 여러 방법이 있습니다.

다만 어떠한 점의 결과도 역경의 64괘 384효의 범위를 벗어날 수 없다는 것을 기억하셔야 합니다. 그래서 '역에 밝은 자 점을 치지 않는다'고 한 것입니다. 64괘 384효의 내용이 머릿속에 익숙하면 점을 칠 필요가 없는 것이죠. 그런 경지에 도달하기는 어렵겠지만 점은 괘상과 괘·효사의 내용을 충분히 숙지하신 후에 시도해 볼 것이며 점친 결과를 함부로 말씀하지 말 것을 권합니다.

잘못하면 공자(孔子)가 걱정하였듯이 세상 사람들에게 오해와 의심을 받을 수 있으니까요.

제2편

역경易經

상上

易經

* 본문(本文)에 들어가기 전에

본문(本文)에
들어가기 전에

1. 서괘전(序卦傳)에 대하여

역(易)은 64괘로 구성되어 있는데, 이 64괘에 순서를 부여해놓고 어떤 이유에서 이렇게 순서를 매겼는지를 설명한 글이 바로 서괘전입니다.

앞서 얘기한 대로 서괘전의 작자(作者)는 공자(孔子)라는 설과 공자의 제자들이 썼다는 설, 그리고 공자의 뜻을 반영하여 제자들이 썼다는 설 등이 있으며, 그 가치에 대하여도 심오한 철학적 이치가 담긴 뛰어난 글이라는 견해와 논리적인 비약, 그리고 무리한 꿰맞추기 등 결코 성인(聖人)의 글이 아니라고 평가절하 하는 견해가 있습니다.

서괘전에서는 64괘를 상(30괘)·하(34괘)로 구분하고 있는데 이에 대하여도 상경(上經)은 천지자연의 도를 담은 괘들이고, 하경(下經)은 인간의 도를 밝히는 괘들로 나눴다고 하는 설과 공자시대의 역경이 죽간에 쓰였으므로 한꺼번에 들고 다니기가 너무 무거워 두 무더기로 나누어 가지고 다닌 것에서 연유한다는 설명이 있습니다.

저는 기(氣)가 특이점에서 폭발하여 온 우주를 가득 채우고 끊임없이 변화하고 있다고 보는 관점에서 괘의 순서를 이치적으로 정열

시켜 놓은 것에 무리가 있다고 보는 입장입니다. 역의 괘가 순차적으로 변화한다면 역경의 공부는 한결 쉬울 것입니다.

　　그러나 서괘전에 내재된 작자의 철학 중에는 가치 있는 것도 있고, 변화에 있어서도 낮이 밤이 되거나, 봄·여름·가을·겨울의 사계절 변화 등 점진적인 변화는 그 이치가 적시될 수 있고 예측이 가능한 면도 있습니다.

　　그리고 이치를 담아 괘를 배열하였기 때문에, 역경을 공부할 때 기억하기 좋은 점 등 서괘전이 가진 장점이 있을 뿐만 아니라 공자 이후 모든 역서(易書)가 서괘전에서 정한 순서대로 괘를 배열하고 설명하고 있기 때문에 이 책에서도 서괘전에 따라 괘의 순서를 나열하고 그 내용을 밝혔으니 서괘전의 가치는 본문에서 경험해 보시기 바랍니다.

2. 괘명(卦名)에 대하여

역서(易書)에서 괘명을 쓴 것은 아래의 세 가지 경우가 있습니다.

괘 괘명	䷀	䷁	䷂	䷃
①	건(乾) 건하건상 (乾下乾上)	곤(坤) 곤하곤상 (坤下坤上)	준(屯) 진하감상 (震下坎上)	몽(蒙) 감하간상 (坎下艮上)
②	중천건(重天乾)	중지곤(重地坤)	수뢰준(水雷屯)	산수몽(山水蒙)
③	건위천(乾爲天)	곤위지(坤爲地)		

①번은 문왕이 지은 괘명을 쓰되, 대성괘(6획괘)가 소성괘(3획괘)로 이루어져 있음을 알 수 있도록 소성괘의 괘명을 추가하여 밝혀 놓은 것입니다.

②번은 8괘의 괘명이 기(氣)를 표현한 추상적인 것이기 때문에 현실에서 8괘가 상징하는 대표적인 것들

"(건(乾)-하늘(天), 태(兌)-연못(澤), 리(離)-불(火), 진(震)-우레(雷), 손(巽)-풍(風), 감 (坎)-수(水), 간(艮)-산(山), 곤(坤)-땅(地))을 사용하여 괘명으로 쓰고 있습니다.

③번은 같은 소성괘(3획괘)가 중첩된 대성괘(6성괘)의 경우 즉 8가지 경우(☰ ☱ ☲ ☳ ☴ ☵ ☶ ☷)의 괘명으로 '건(乾)이 하늘이다', '곤(坤)이 땅이다' 등의 방식으로 괘명을 정한 것입니다.

①번은 중국의 역학자들이 주로 쓰는 방식이고 ②번과 ③번은 한국의 역학자들이 쓴 책에서 흔히 볼 수 있는 방식입니다.

저의 견해를 말씀드리면 64괘의 괘상(卦象)이 음기(--)와 양기(—) 즉, 기로 이루어진 상(象)임을 감안하면 ①번이 정확한 표현으로 생각됩니다.

하늘(천·天)은 건(乾)을 다 표현할 수가 없고, 땅(지·地)으로는 곤(坤)을 다 표현할 수가 없으니 이 점은 괘명을 읽을 때도 필히 유의하셔야 합니다.

다만 8괘의 괘명이 기를 표현한 탓으로 추상적이기 때문에 우리에게 익숙한 하늘과 땅, 물, 불 등을 연상해 보며 괘를 공부하는 것이 초보자에게 편한 점이 있으므로 이 책에서도 괘의 우측에 하늘(天)·땅(地)·물(水)·불(火)등의 표시를 해두었으니 참고하시기 바라며 익숙해지면 ①번으로 돌아가서 괘를 이해하시는 것이 좋겠습니다.

3. 효사(爻辭)와 상대성이론(相對性理論)

이제 곧 공부하게 될 역경의 효사에 대하여 유의하여야 할 점 한 가지를 더 말씀드리겠습니다. 역경을 읽으실 때 문왕의 괘명·괘사와 주공의 효사가 일치하지 않는 부분에 대한 이해가 필요합니다.

예를 들면 리(履)괘의 경우 괘사에서는 '호랑이 꼬리를 밟으나 물지 않으니 형통하다(履虎尾 不咥人 亨)'고 하였으나 육삼(六三) 효사에서는 '호랑이 꼬리를 밟아 사람을 무니 흉하다(履虎尾 咥人 凶)'고 한 것입니다.

이러한 차이점은 문왕은 괘상의 전체(☰)를 보고 그 특성에 맞게 글을 지었으나, 주공은 괘의 각 효 입장에서 글을 지었기 때문입니다.

바꿔 말씀드리면 문왕은 괘상에서 봄의 기운을 보고 이를 빗대어 글을 지었다면, 주공은 봄의 기운 내에서 각 효가 처한 입장에 따라 글을 지은 것입니다. 따라서 각 효가 처한 상대적 입장에 따라 다른 글이 나올 수밖에 없습니다.

절대적인 시공간이란 없으며 관찰자의 입장에 따라 상대적이라는 아인슈타인의 상대성이론의 한 단면을 역경의 괘·효사의 상관관계에서도 볼 수가 있습니다.

4. 역경(易經)을 읽는 방법

역경은 읽는 사람을 힘들게 합니다. 잠시도 편하게 두지 않고 끊임없이 생각을 강요하죠.

저는 아직까지 역경을 읽고 쉽고 재미있다고 하는 사람은 보지 못했고, 읽기 시작하여 처음부터 끝까지를 독파하는 사람을 보는 것조차도 드물었습니다.

이 책을 조금이라도 더 쉽게 써보려고 최선의 노력을 기울였다고는 하나 익숙하지 않은 괘(卦)의 상(象)이나 한자(漢字) 등이 읽는 분들을 힘들게 할 것이라고 생각됩니다.

그래서 역경을 읽는 분들에게 말씀드립니다.

역경을 읽으면서 모르는 것은 모르는 대로 그냥 넘어 가세요. 처음에는 달리는 말에서 꽃을 보듯이(주마간화 走馬看花) 읽으셔도 괜찮습니다.

희대의 천재들이 평생을 읽으며 연구한 책입니다. 한두 번 읽고 역을 이해할 수 있는 사람은 없습니다. 반복하여 읽는 과정에 조금씩 이치를 터득하면서 앞으로 나아가는 것입니다.

콩나물을 기를 때 물을 주면 모두 흘러내려 남는 것이 없는 것 같지만 콩나물은 조금씩 성장하는 것과 같은 이치로 생각됩니다.

읽다 보면 64개의 괘사, 384개의 효사 중에 한두 개는 읽는 분의 마음에 와닿는 글이 있을 것입니다. 그 글속에 지금 그 글을 읽는 분에게 도움을 줄 수 있는 지혜가 담겨 있습니다.

세상 이치가 그러하듯 역경(易經)도 공부하는 사람의 노고를 결코 헛되게 하지 않습니다.

1 乾(건)

서 괘 전 (序卦傳)

有天地然後 萬物 生焉
유 천 지 연 후 　 만 물 　 생 인

천지가 있은 다음에 만물이 생(生)하다.

　천지가 있은 다음에 만물이 생겨나는 것으로 보아 천지(天地)를 상징하는 건(乾) 곤(坤)이 64괘의 첫머리를 나란히 차지하였습니다.

　건은 순수한 양괘이고 곤은 순수한 음괘이니 결국 양과 음이 합하여 만물이 태어났다는 뜻입니다. 이런 뜻에서 혹자는 건과 곤 두 괘가 나머지 62괘를 낳았다고 해석하기도 합니다만 앞서 64괘 생성과정을 살펴본 것처럼 이러한 논리는 양(—)과 건(乾)괘를, 또 음(--)과 곤(坤)괘를 혼동하는 잘못에서 기인하는 것으로 보입니다.

　공자가 건·곤 두 괘를 해설한 건문언전(乾文言傳)과 곤문언전(坤文言傳)도 때론 양과 음을 말하고 때론 괘를 말하며 때론 유교적인 인간을 말하고 있습니다. 그래서 처음 역을 접하는 이들이 혼동할 염려가 있으므로 그 전문을 소개하지는 않고 필요한 부문만 인용하려 하니 참고하시기 바랍니다.

괘 명 (문왕文王)

乾건 〈 ▬▬▬ 天천·하늘
乾건 〈 ▬▬▬ 天천·하늘

'乾(건)'자의 뜻은 乙(새·을)이 의미부이고 倝(해 돋을·간)이 소리부로, 「설문해자」에서는 "乙은 식물이 자라는 모습을, 倝은 태양(일·日)이 숲 사이로 솟아오를 때 온 사방으로 햇빛이 뻗는 모습을 그렸다."라고 풀이하였습니다.

이를 고려하면 건(乾)은 초목(乙)이 햇빛을 받으며(倝) 자라는 모습을 형상화했으며, 초목을 자라게 해주는 해가 있는 '하늘'을 뜻하게 된 것으로 추정할 수 있습니다. 나아가 땅 아래는 축축하지만 땅 위로 올라오면 건조하므로 '마르다'는 뜻까지 확장되었습니다.

공자는 건(乾)의 괘상을 보고 '자강불식(自强不息:스스로 강해지려 노력하면서 쉬지 않는다.)'을 배워야 한다고 하였는데 이 용어는 오늘날에도 많은 사람들이 즐겨 사용하는 용어입니다.

괘 사 (문왕文王)

乾건 〈▬▬▬ 天천·하늘
乾건 〈▬▬▬ 天천·하늘

乾 元亨 利貞
건 원형 이정

건(乾)은 크게 형통하나 굳고 바르게 하는 것이 이롭다.

- ▪ 乾 : 하늘 건　　▪ 元 : 클 원, 시작 원　　▪ 亨 : 형통할 형
- ▪ 利 : 이로울 이　　▪ 貞 : 곧을 정

　건(乾)괘의 괘사는 어떻게 띄어 읽느냐에 따라 역경 연구에 있어서 점서학파와 의리학파로 분류될 만큼 중요한 의미를 가집니다.

　첫째는 원형(元亨) 이정(利貞) 으로 띄어 읽어 '크게 형통하나 굳고 바르게 하는 것이 이롭다.'로 점사(占辭:점의 결과를 해석하는 글)로 보는 것입니다.

　둘째는 원(元), 형(亨), 이(利), 정(貞)으로 띄어 읽어 원(元), 형(亨), 이(利), 정(貞)의 네 글자가 각각 의미하는 바가 있으니 아래와 같은 뜻을 내포하고 있다고 보는 것으로 이러한 견해는 거의 모든 역학자들이 취하고 있는 입장입니다.

원(元)	형(亨)	이(利)	정(貞)
생(生)	장(長)	수(收)	장(藏)
춘(春)	하(夏)	추(秋)	동(冬)
동(東)	남(南)	서(西)	북(北)
목(木)	화(火)	금(金)	수(水)
인(仁)	예(禮)	의(義)	지(智)

　　이러한 관점은 공자(孔子)로부터 확립된 것이며 역경을 점서로 보지 않고, 천지의 이치와 사람의 바른 도리를 담은 철학 경전으로 보는 공자의 역학관이 가장 극명하게 드러나는 부분이라고 하겠습니다.

　　역경 본문의 첫번째 괘의 괘사에 대한 해석이기 때문에, 그리고 앞으로 배우게 될 다른 괘의 괘 효사를 해석하는데도 중요한 이정표가 되는 문제이기 때문에 역경 64괘의 괘사에 쓰인 원(元) 형(亨) 이(利) 정(貞) 네 글자를 모두 살펴봤으며 그 결과는 다음 표와 같았습니다.

역경(易經) 64괘사(卦辭)에서 원형이정(元亨利貞)의 사용례

	괘명	상경(上經)		괘명	하경(下經)
1	乾	元 亨 利 貞	31	咸	亨 利貞
2	坤	元 亨 利 牝馬之貞 主利 安貞	32	恒	亨 利貞 利有攸往
3	屯	元亨 利貞 利建侯	33	遯	亨 小利貞
4	蒙	亨 利貞	34	大壯	利貞
5	需	亨 貞吉 利涉大川	35	晋	
6	訟	利見大人 不利涉大川	36	明夷	利艱貞

번호	괘	괘사	번호	괘	괘사
7	師	貞	37	家人	利女貞
8	比	元永貞	38	睽	
9	小畜	亨	39	蹇	利西南 不利東北 利見大人 貞
10	履	亨	40	解	利西南
11	泰	亨	41	損	元吉 可貞 利有攸往
12	否	不利君子貞	42	益	利有攸往利涉大川
13	同人	亨 利涉大川 利君子貞	43	夬	不利即戎利有攸往
14	大有	元亨	44	姤	
15	謙	亨	45	萃	利見大人 亨 利貞 利有攸往
16	豫	利建侯行師	46	升	元亨
17	隨	元亨 利貞	47	困	亨 貞
18	蠱	元亨 利涉大川	48	井	
19	臨	元亨 利貞	49	革	元亨 利貞
20	觀		50	鼎	元(吉)亨
21	噬嗑	亨	51	震	亨
22	賁	亨 小利有攸往	52	艮	
23	剝	不利有攸往	53	漸	利貞
24	復	亨 利有攸往	54	歸妹	无攸利
25	无妄	元亨 利貞 不利有攸往	55	豐	亨
26	大畜	利貞 利涉大川	56	旅	小亨 旅貞
27	頤	貞	57	巽	小亨 利有攸往 利見大人
28	大過	利有攸往 亨	58	兌	亨 利貞
29	坎	維心亨	59	渙	亨 利涉大川利貞
30	離	利貞 亨	60	節	亨 不可貞
			61	中孚	利涉大川利貞
			62	小過	亨 利貞
			63	既濟	亨小 利貞
			64	家未濟	亨无攸利

  표에서 보듯이 64괘사에서 원형이정(元亨利貞) 네 글자 모두 쓰인
괘가 7개 괘이며, 원형이정(元亨利貞) 중에서 한 글자 이상이 괘사에
들어가 있는 괘는 모두 59개 괘입니다.

원형이정을 한 글자씩 독자적인 철학적 의미를 가진 것으로 해석하는 것은 다른 괘의 괘사해석을 감안하면 무리가 있고 불가한 면이 있으며, 다른 한편으로는 문왕이 괘사를 쓴 목적이 실생활에서의 활용 즉, 실용적인 측면에 있지 철학적 사고를 바라는 것이 아닐 것이라는 당시의 요구를 추론해 볼 때 원 형 이 정 (元 亨 利 貞)은 원형(元亨)과 이정(利貞)으로 띄어 읽고 점사로서 해석하는 것이 옳다고 생각됩니다.

　　송(宋)나라 때의 주자(朱子)도 같은 견해임을 말씀드립니다.

　　다만, 음(--)과 양(—)이 변화하는 역의 내부에 의리학파가 주장하는 철학적인 이치가 있음을 부인하는 것은 아닙니다. 단지 그러한 이치가 건(乾)괘와 곤(坤)괘에만 해당한다는 주장에 동의하기 어렵다는 것입니다.

효 사 (주공周公)

初九 潛龍 勿用
초 구 　 잠 룡 　 물 용

어린 용이니 쓰지 말라

- 潛 : 잠길 잠, 숨을 잠　　　■ 龍 : 용 룡
- 勿 : 말 물　　　　　　　　■ 用 : 쓸 용

건(乾)은 여섯 효가 모두 양으로 이루어진 순양(純陽)괘입니다. 음양이 서로 사귀고 배척하는 의미가 없기 때문에 효사가 말하는 내용이 각 효의 위치에 따른 양의 특성을 주로 말하고 있으며, 물과 땅 하늘에 출몰하며 아홉가지 동물의 특성을 갖춘 용으로 비유하였습니다.

초구(初九)는 아래에 있어 양기가 싹트는 때로 그 힘이 미약하고 사람의 눈에도 잘 띄지 않습니다. 그래서 숨어있는 용으로 비유하였으며(潛龍) 쓰지 말라고(勿用) 하였습니다. 오늘날 대권 후보군에 있는 사람들을 일컬어 잠룡(潛龍)이라고 하는데 원래의 의미와는 그 뜻이 다르다고 하겠습니다.

잠(潛)은 우리가 흔히 '물속에 잠겨있는' 뜻으로 해석합니다. 잠수(潛水), 잠수함(潛水艦), 잠영(潛泳) 등이 그 예죠. 좌변에 물수 변(氵)이 있어서 특히 그러합니다.

그래서 효사의 잠룡(潛龍)을 많은 분들이 '물속에 잠겨있는 용'으로 해석합니다.

그런데 잠(潛)에는 '숨다, 감추다'의 뜻도 있습니다. 잠복(潛伏), 잠재능력(潛在能力), 잠입(潛入) 등이 그 예입니다. '숨다·감추다'에서 '눈에 잘 띄지 않음'을 유추할 수 있습니다. 초구(初九)는 기(氣)로 볼 때 양(陽)은 양이나 즉, 용(龍)은 용이나 아직 어리고 기세가 미약하여 눈에 잘 띄지 않기에 어린 용으로 보아야 할 것입니다.

다음 물용(勿用)의 해석에도 주의해야 합니다. 물(勿)은 '하지마라·안 된다' 등의 뜻으로 쓰이는 글자입니다. 그래서 오늘날 중국에서도 '청물흡연(請勿吸烟: 담배피지 마세요)', '청물동수(請勿動手: 만지지 마세요)' 등 금지하는 뜻으로 쓰이고 있습니다.

따라서 물용(勿用)을 '쓰지 말라'고 해석하면 틀림은 없습니다. 그러나 '쓰지 말라'는 이유를 생각할 때는 차이가 있는 것이 부정적인 이유 즉 잠룡의 부정적인 측면 때문에 쓰지 말라고 한 것이 아니라 '잠룡의 성장을 돕기 위하여' 또는 '잠룡을 보호하기 위하여 쓰지 말라'고 경계하였음을 유의하셔야 합니다.

작지만 무시하지 말아야 할 것에 용, 왕자, 불, 스님 등을 열거한 글을 읽은 적이 있는데 양(陽)의 기(氣) 또한 이와 같습니다.

1년 24절기 중 일양(一陽)이 생겨나는 시기는 동지(冬至)입니다. 동짓날 붉은색의 팥죽을 먹어 나쁜 기운을 쫓아내고 근신하는 것은 갓 생긴 어린 양을 보호하고 키우기 위해서입니다.

九二　見龍在田　利見大人
구 이　　현 룡 제 전　　이 견 대 인

나타난 용이 밭에 있으니 대인을 보는 것이 이롭다.

- 見 : 나타날 현
- 在 : 있을 재
- 田 : 밭 전
- 大 : 큰 대

구이(九二)는 용이 나타나 밭에 있습니다.(見龍在田) 見(견)과 現(현)은 고대에는 같은 글자로 쓰였으니 문맥상 효사의 견(見)은 오늘날의 현(現)으로 읽어야 옳습니다.

즉 초구(初九)의 양이 성장하여 사람들의 눈에 나타나게 되었음을 뜻하며 또 '밭에 있다' 함은 밭은 일하는 곳이므로 구이(九二)가 열심히 노력을 하는 것으로 해석할 수 있겠습니다. 학문수양에 힘쓰는 것을 '마음의 밭을 갈다'라고 표현하기도 하죠.

구이(九二)는 초구(初九)에 비하여는 성장하였지만 또한 끊임없이 자기의 역량을 발전시켜야 할 때이므로 대인을 보면 이롭다(利見大人)고 하였습니다.

일반적으로 사람이 성공할 수 있는 세 가지 조건으로 '좋은 자질'과 '훌륭한 스승' 그리고 '부단한 노력'을 꼽는데 이 중 훌륭한 스승이 바로 '대인(大人)'에 해당된다고 하겠습니다.

이견대인(利見大人)의 해석도 '대인을 만나니까 이롭다'고 일반적으로 해석하지만, 역경의 기본 정신은 이로운 것이나 길한 것은 노력이 없이는 얻을 수 없다는 것입니다. 그래서 여기에서도 이견대인(利見大人)은 '대인을 만나야만 이롭다'고 조건부로 해석하는 것이 옳겠습니다.

九三 君子 終日乾乾 夕惕若 厲 无咎
구삼 군자 종일건건 석척약 여 무구

군자가 종일토록 힘쓰고 힘쓰다가 저녁이 되어 두려워하면 위태로우나 허물이 없다.

- 終 : 마칠 종
- 夕 : 저녁 석
- 惕 : 두려울 척
- 若 : 같을 약
- 厲 : 위태로울 려
- 无 : 없을 무
- 咎 : 허물 구

구삼(九三)은 양으로써 양자리에 있어 과하게 강한 자입니다. 그리고 하체 건(乾☰)에서 상체 건(乾☰)으로 변화가 시작되는 때입니다. 그래서 군자가 온종일 열심히 노력하고(君子 終日乾乾) 저녁에는 회개하고 반성하여야(夕惕若) 위태로우나 허물이 없을 것(厲 无咎)이라고 경계하였습니다.

　　건(乾)괘에서 유일하게 구삼(九三)의 효사에서 때 즉, 시(時)가 두 번 언급되고 있으니 종일건건(終日乾乾)에서 일(日:낮), 그리고 석척약(夕惕若)에서 석(夕:저녁)입니다.

　　이 점에 유의한 학자들이 변혁의 때에 처한 구삼(九三)이 때를 아는 것이 중요하다고 해석하며,

　　문언전(文言傳)에서는 변화의 미세한 낌새, 즉 미세한 기운을 앎으로써

　　　'이를 때를 알고 이름으로써 그 기미를 함께 할 수 있고(知至至之 可與幾也),

　　　마칠 때를 알고 마침으로써 바름을 보존 할 수 있다(知終終之 可與存義也)'

　　고 하여 때 즉, 시(時)와 그 변화의 미세함, 기미(幾微)를 알 수 있는 수업(修業)을 강조하였습니다.

九四　或躍在淵　无咎
구 사　혹 약 재 연　무 구

　　　혹 뛰어오르나 연못에 있으면 허물이 없다.

구사(九四)는 양으로써 음의 자리에 있어 외강내유(外剛內柔)한 사람입니다. 또한 4효는 내괘에서 외괘로 바뀐 변혁의 자리이기 때문에 가끔 구오(九五) 비룡(飛龍)이 되기 위하여 스스로 시험을 해 봅니다. 그래서 '조심을 하면서 도약을 해 보는데 연못에 있으면 허물이 없다(或躍在淵 无咎)'고 하였습니다. '혹(或)'자는 의심의 뜻이므로 조심을 하면서 도약해 본다는 뜻이 있습니다. 4효자리는 음(陰)의 자리로 구사(九四)가 내부에 음덕을 갖추었기 때문에 용이 연못에 있는 것 같아 도약을 해 보다가 다시 아래로 떨어져도 허물이 없습니다.

약(躍)자는 날개가 있으나 하늘을 날기에는 힘이 미약하여 발로 땅위를 뛰는 모습을 형상화한 글자입니다.

九五　飛龍在天　利見大人
구 오　　비 룡 재 천　　이 견 대 인

나는 용이 하늘에 있으니 대인을 봄이 이롭다.

구오(九五)는 강건하고 중정(中正)의 덕을 갖추었으며 인군의 자리에 있어 하늘을 나는 용(飛龍在天)으로 비유하였습니다. 중국에서는 예로부터 황제를 가리켜 구오지존(九五之尊)이라 칭하기도 하였는데 바로 이 자리를 가리키는 표현입니다. 인군의 역할은 혼자 할 수 없고 아래로 양강한 신하들의 도움을 받아야 하기 때문에 대인을 만나야 이롭다(利見大人)고 하였습니다.

대인을 만나는 것과 관련하여 건문언전(乾文言傳)에서는

'같은 소리는 서로 응하고(同聲相應) 같은 기운끼리는 서로 구하며
(同氣相求)
물은 젖은 데로 흐르고(水流濕) 불은 마른 데로 나아가며(火就燥)
구름은 용을 좇고(雲從龍) 바람은 호랑이를 따르니(風從虎)
원래 하늘에 근본한 것은 위로 친하고(本乎天者親上)
원래 땅에 근본한 것은 아래로 친하니(本乎地者親下)
즉 각기 그 류(類)를 따른다(則各從其類)'

고 하였습니다.

이는 구오(九五)가 대인을 보아야 이로운데 세상만물이 그 류(類)를 따라 유유상종(類類相從)하는 것이 자연의 이치이므로 대인들과 어울리려면 먼저 자기 자신이 대인이 되어야 한다는 뜻으로 생각됩니다.

역사로 보아도 밝은 임금의 치세 때에는 유독 충신과 현인들이 많았으며, 혼암한 폭군 아래에는 간신과 소인이 더욱 활개쳤음을 알 수 있습니다.

上九 亢龍 有悔
상구 항룡 유회

지나치게 높이 오른 용이니 후회가 있다.

상구(上九)는 양이 가장 높은 자리, 극한 곳까지 올라간 형국입니다.

물극필반(物極必反) 즉, 만물이 그 극에 이르면 반드시 반대로 변하는 것이 역의 기본 철학입니다. 기(氣)로 보면 가득찬 것으로도 볼 수 있으니 가득차면 오래갈 수가 없습니다. 너무 높이 올라간 용이고(亢龍) 후회가 있을 것(有悔)이라고 하였습니다.

항룡(亢龍)을 인간에 비유하면

나아갈 줄만 알고 물러날 줄은 알지 못하며(知進而不知退)

존(存)하는 것만 알고 망(亡)하는 것은 모르며(知存而不知亡)

얻는 것만 알고 잃는 것은 알지 못하는(知得而不知喪)

사람으로 이렇게 나아가면

귀하되 자리가 없고(貴而無位),

높되 따르는 백성이 없으며(高而無民)

현명한 사람들이 아래에 있어도 도움을 받을 수 없으니(賢人在下位而無輔)

후회에 이르게 되는 것입니다. (역(易)·건문언전(乾文言傳))

用九　見群龍　无首　吉
용구　견군룡　무수　길

여러 용을 보되 머리가 없으면 길하다.

용구(用九)는 역점(易占)을 쳐서 모든 양효가 음효로 변한 경우에 해당합니다. 여섯 효가 원래는 양이었으나 모두 음으로 변했기 때문에 뭇 용을 보았으나(見群龍) 머리가 없다(无首)하여 음으로 변한 것을 비유하였고 이러한 점의 결과가 나오면 길(吉)하다고 하였습니다.

2
坤(곤)

서 괘 전 (序卦傳)

有天地然後 萬物 生焉
유 천 지 연 후　만 물　생 언

천지가 있은 다음에 만물이 생(生)하다.

건(乾)과 곤(坤)이 합쳐 만물을 낳으니(生), 건(乾)괘 다음에 곤(坤)괘가 자리하였습니다.

주나라 역 즉, 주역(周易) 이전의 하(夏)나라, 상(商)나라의 역(易)을 각각 연산역(連山易), 귀장역(歸藏易)이라고 하며 '연산역은 산을 상징하는 간(艮·☶)괘로 시작하고, 귀장역은 땅 또는 어머니를 상징하는 곤(坤·☷)괘로 시작한다'는 기록이 있습니다.

어떤 의미인지 분명치가 않은데 중국의 김경방(金景芳)선생께서는 상(商)나라가 곤괘를 처음으로 하였는데 주(周)나라에서는 건괘를 처음으로 한 것은 모계사회에서 부계사회로 사회구조가 바뀌었음을 의미한다고 해석한바 있습니다만, 상나라보다 앞선 하(夏)나라

에서 이미 왕권의 부자(父子)세습이 확립되었음을 생각하면 선생의
주장에 생각할 여지가 있다고 하겠습니다.

괘 명 (문왕文王)

坤곤 〈 ䷁ 地지·땅
坤곤 〈 地지·땅

여섯 효가 모두 음으로만 이루어진 순음(純陰)괘가 坤(곤)입니다.
坤(곤)의 뜻은 土(흙·토)가 의미부이고 申(아홉째 지지 地支·신)이
소리부로, 흙(土)과 무한한 에너지를 만들어 내는 번개(申)가 더해
져 음과 양의 기운이 만나 모든 생물을 생장 가능하게 하는 '땅'
을 의미합니다.

괘 사 (문왕文王)

坤곤 〈 ䷁ 地지·땅
坤곤 〈 地지·땅

坤 元亨 利牝馬之貞
곤 원형 이 빈마지정

곤(坤)은 크게 형통하나 암말의 바름이 이롭다.

君子 有攸往 先迷 後得 主利
군자 유유왕 선미 후득 주리

군자가 나아감에 먼저 하면 아득하고, 뒤에 하면 얻으며 이로움을 주(主)로 한다.

西南 得朋 東北 喪朋 安貞 吉
서남 득붕 동북 상붕 안정 길

서남에서 벗을 얻고 동북에서 벗을 잃으니 편안하고 바르게 하면 길하다.

> ■ 坤 : 땅 곤   ■ 牝 : 암컷 빈   ■ 馬 : 말 마
> ■ 攸 : 바 유, 곳 유 ■ 往 : 갈 왕   ■ 迷 : 아득할 미
> ■ 朋 : 벗 붕

곤(坤)괘의 대표적인 상징으로 땅이 있습니다. 땅(음)이 하늘(양)과 짝하여 천지만물을 생성하기 때문에 크게 형통한 면이 있습니다.(元 亨) 단지 음은 양이 만물을 시작하는 것과 달라서 만물을 감싸 안고 기르는 역할을 하기 때문에 건(乾)괘의 '꿋꿋하고 바름이 이롭다(利貞)'와 달리 '암말의 꿋꿋하고 바름이 이롭다(利 牝馬之貞)'고 하여 음이 만물을 수태하고 낳아 기르는 꿋꿋함 속에 유순함과 부드러움이 있음을 비유하였습니다.

곤(坤)괘의 덕이 이러하기 때문에 군자가 나아갈 바가 있는 것입니다.(君子 有攸往) 한편으로 양은 인군을 상징하고 음은 신하를 상징하여 '양선후음(陽先後陰)'이기 때문에 신하가 인군을 앞서면 길을 잃은 것처럼 헤매게 되고, 인군의 뒤에서 잘 보좌하면 얻을 수 있다(先迷 後得) 하였습니다. 또한 양과 음을 하늘과 땅에 빗대어 보면 금수초목(禽獸草木)이 모두 땅에서 나고 자라듯이 양은 의(義)를 주관하게 되고 음은 리(利)를 주관합니다.(主利)

방위로 보면 서남쪽은 음이 생겨나 자라기 시작하는 방향이기 때문에 친구를 얻는다 하였고 동북쪽은 양이 생겨나 자라기 시작하는 방향이기 때문에 친구를 잃는다(西南 得朋 東北 喪朋)고 하였습니다.

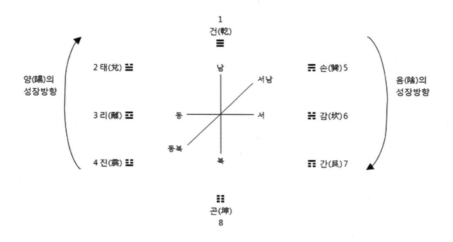

그리고 음의 특성이 양과 비교할 때 유순한 특성이 있으므로 편안히 하여 굳고 바르게 하면 길하다(安貞 吉) 하였습니다.

효 사 (주공周公)

初六 履霜 堅冰 至
초 육 이 상 견 빙 지

서리가 밟히면 단단한 얼음이 이를 것이다.

- 初 : 처음 초
- 履 : 밟을 리
- 霜 : 서리 상
- 堅 : 굳을 견
- 冰 : 얼음 빙

초육의 효사는 음(陰)이 가진 다양한 성질 또는 특성 중 음의 부정적인 면을 들어 설명하고 있습니다.

초육(初六)은 가장 아래에 있는 음으로 아직은 그 힘이 미약합니다. 그러나 현실세계에 있어서 양을 갉아먹는 음의 성장력은 논의 잡초와 같이 강합니다. 도(道)가 일척(一尺:30cm)자라면 마(魔)는 한 장(장:3m)자란다고 비유하기도 합니다. 굳건히 방비하지 않으면 음이 양을 소멸시키게 되므로 '서리가 밟히면(履霜) 머지않아 단단한 얼음이 온다(堅冰 至)'고 하여 음의 세력이 비록 미약하나 곧 장성함을 경계할 것을 주문하고 있습니다.

곤문언전(坤文言傳)에서는

선을 쌓은 집에는 반드시 경사가 넘치고(積善之家 必有餘慶)

선을 쌓지 않은 집에는 반드시 재앙이 넘친다(積不善之家 必有餘殃)

고 하여 재앙과 복이 반드시 원인이 있음을 말한 후

신하가 임금을 죽이고 자식이 그 아버지를 죽이는 것이(臣弑其君 子弑其父)

하루아침 하루저녁에 갑자기 생겨난 까닭때문이 아니라(非一旦一夕之事)

그 이유가 점차적으로 커왔음에도(其由來者漸矣)

분별해야 할 것을 일찍 분별하지 못한 데 연유하는 것이다(由辨之不 早辨也)

고 하였습니다.

이치에 밝은 자는 오동잎 한 잎 떨어지는 것을 보고도 천하에 가을이 온 것을 아는데, 현명치 못한 자는 서리가 밟히는데도 얼음이 어는 것에 대비하지 않음으로써 가정과 국가가 망하고 목숨까지 잃는 경우까지 이른다는 것입니다.

六二　直方大　不習　无不利
육 이　직 방 대　불 습　무 불 리

바르고 방정하며 크다. 익히지 아니해도 이롭지 아니함이 없다.

> ■ 直 : 곧을 직　　■ 方 : 모 방　　■ 習 : 익힐 습

육이(六二)는 하체 곤(坤)에 있어 유순하면서 중정의 덕을 갖춘 자입니다. 곤(坤)괘에서 가장 이상적인 자리입니다. 곧고 단정하며 큰 음의 특성을 모두 갖추었기 때문에(直方大) 배우지 않아도 불리한 것이 없습니다(不習 无不利).

'습(習)'은 새가 날갯짓을 하며 나는 연습을 하는 것을 본 뜬 글자입니다. 이후 '배우고 익힌다'는 뜻이 더해졌죠. 육이(六二)는 배우고 익히지 않아도 불리한 것이 없다는 것입니다.

현대 과학의 연구결과를 보면 동물은 물론이고 식물도 의식을 가지고 있어 환경과 상황의 변화에 적응하며 생존과 번식을 하고 있습니다. 배워서 익힌 것이 아니라 이미 그들의 생명속에 내재되어 있는 지식과 지혜가 있는 것이죠.

품행이 곧고 단정한 처녀가 임신과 출산에 대한 지식이 없어도 즉, 배우지 않고도 시집가서 출산하여 잘 사는 것을 한 예로 들 수 있겠습니다.

六三　含章可貞　或從王事　无成有終
육 삼　함 장 가 정　혹 종 왕 사　무 성 유 종

아름다움을 머금으면 바름을 지킬 수 있다. 혹 왕의 일에 종사하면 이룸이 없어야 마침이 있을 것이다.

■ 含 : 머금을 함	■ 章 : 빛날 장	■ 可 : 가히 가, 옳을 가
■ 或 : 혹 혹	■ 從 : 좇을 종	■ 事 : 일 사
■ 成 : 이룰 성		

육삼(六三)은 음(陰)의 또 다른 대표적인 상징인 신하의 도를 들어 말하고 있습니다. 육삼(六三)은 유순하나 부중(不中)하며 바른 자리에 있지 않아(不正位) 경계가 필요한 자입니다.

효사에서는 빛남을 안으로 머금으면 바름을 지킬 수 있고(含章可貞) 혹 왕의 일에 종사함에 있어서는(或從王事) 이룸은 없으나 끝이 있다(无成有終)고 하였습니다.

빛남을 머금는다 함은 신하로써 재주와 능력을 밖으로 과시하지 말고 안으로 갈무리 하라는 뜻이며, 무성유종(无成有終)은 일을 이루고 난 후에 그 공을 자기가 이룬 것으로 하지 말아야, 또는 그 공에 안주하지 말아야 끝이 좋다는 뜻입니다.

육삼(六三)이 양의 자리에 있어 강한 기질이 염려되므로 자신을 드러내지 말고 겸양하며 공을 내세우지 않아 윗사람의 신임을 얻는, 신하로서의 음의 도를 얘기하였습니다.

六四 括囊 无咎 无譽
육 사 괄 낭 무 구 무 예

주머니를 묶으면 허물도 없고 명예도 없다.

- 括 : 맬 괄　　　- 囊 : 주머니 낭
- 咎 : 허물 구　　　- 譽 : 기릴 예

육사(六四)도 음으로 바른 자리(정위·正位)에 있는 신하로서 비유하였습니다. 육사(六四)가 인군을 받드는데 있어 부족한 자가 아니나 인군의 자리에 있는 육오(六五)가 음으로써 밝은 인군이 아니기 때문에 육오(六五)의 질시를 받을 염려가 있습니다. 그래서 주머니를 닫아 매듯이 자기의 재주와 역량을 자랑하지 않으면 허물도 없고 또한 명예로움도 없다(括囊 无咎 无譽)고 하였습니다.

六五 黃裳 元吉
육 오 황 상 원 길

누런 치마면 크게 길하다.

■ 黃 : 누를 황　　■ 裳 : 치마 상

　육오(六五)는 음으로써 높은 자리, 지존의 자리에 있는 자입니다. 음은 원래 아래에 있는 것이 바른 자리이기 때문에 육오(六五)가 '누런 치마(黃裳)를 입은 듯이 해야 크게 길하다(元吉)'고 하였습니다.

　누런 치마의 '황(黃)'은 방위로 볼 때 중앙의 색이고, '치마(裳·상)'는 아래에 입는 의복이므로 육오(六五)가 중덕을 갖추고 남들의 아래에 처하듯이 하면 크게 길하다는 뜻이 되겠습니다.

　옛날에 점을 쳐서 이 효를 얻은 자가 '크게 길하다'는 효사만 보고 반란을 일으켰으나 실패하고 죽음에 이른 경우가 있었는데, 그는 '원길(元吉)'의 앞에 있는 '황상(黃裳)' 즉, '누런 치마' 의 뜻을 이해하지 못한 것입니다.

　육오(六五)와 관련하여 곤문언전(坤文言傳)에는

군자가 누런 가운데의 이치를 통하여 바른 자리에 몸을 거하면(君子黃中通理 正位居體)

아름다움이 그 가운데에 있고 사지에 통하여(美在其中而暢於四支) 사업에 발하니 아름다움의 지극함이다(發於事業 美之至也)

라는 구절이 있습니다.

　여기에서 '황(黃)'을 '땅'으로 보아 '땅 가운데의 이치를 통하여 바른 자리에 몸을 거하면…'으로 해석(땅 가운데 바른자리는 죽은 시신이 차지하는 자리를 의미)하여, 풍수지리학(風水地理學)의 근거로 보는 설(説)과 도가(道家)의 내단전(內丹田)을 단련하여 양생(養生)을 하는 근거로 삼는 설(説)등이 있으나, 저의 견해로는 황중통리(黃中通理)에서 황(黃)은 황상원길(黃裳元吉)에서 나머지 부분은 생략

된 것 즉, 주공(周公)이 쓴 효사에 담긴 이치를 통하면 크게 길하다로 이해하는 것이 옳다는 입장입니다.

上六 龍戰于野 其血 玄黃
상 육 용 전 우 야 기 혈 현 황

용과 들에서 싸우니 그 피가 검고 누렇다.

- 戰 : 싸울 전   - 野 : 들 야
- 血 : 피 혈   - 玄 : 검을 현

상육(上六)은 음이 극성한 자리입니다. 음이 극성하면 양과도 싸우기 때문에 들판에서 용과 싸운다(龍戰于野)고 비유하였습니다. 용은 양을 의미하며, 인군을 의미하기도 하므로 음(陰)인 소인, 간신배가 인군과 싸우는 것을 연상할 수도 있겠습니다. 그 결과 흘린 피(其血) 가 검고 누렇다(玄黃) 하였는데 검은 것은 하늘의 색깔(天玄)이고, 누런 것은 땅의 색깔(地黃)이므로 양쪽이 모두 패하고 상처를 입는 것을 의미합니다.

用六 利永貞
용 육 이 영 정

오래도록 굳고 바르게 함이 이롭다.

- 用 : 쓸 용   - 永 : 길 영

용육(用六)은 건(乾)괘의 용구(用九)와 마찬가지로 역점을 쳐서 곤(坤)괘의 여섯 음효가 모두 양효로 바뀐 경우입니다. 음이 모두 양이 되었기 때문에 양이 범하기 쉬운 잘못인 과하고 강한 것을 염려하여 '변함없이 굳고 바르게 함이 이롭다(利永貞)'고 하였습니다.

3

屯(준)

有天地然後 萬物 生焉, 盈天地之間者 唯萬物
유 천 지 연 후 만 물 생 언   영 천 지 지 간 자   유 만 물

故 受之以屯 屯者 盈也 屯者 物之始生也
고 수 지 이 둔 둔 자 영 야 둔 자   물 지 시 생 야

천지가 있은 다음에 만물이 생하니, 천지 사이에 가득한 것은 오직 만물
이라.

그러므로 둔(屯)으로써 받으니, 屯은 가득 참이며 屯[1]은 물건이 처음으
로 생김이라.

> ■ 盈 : 찰 영   ■ 屯 : 가득할 둔

---

1. 서괘전에서 屯은 '둔'의 의미로 쓰였기 때문에 둔(屯)으로 표기하였습니다.

괘 명 (문왕文王)

坎감 〈 ䷂ 水수·물
震진 〈 雷뢰·우레

준(屯)괘에 대하여는 먼저 괘명의 한자(漢字) 대하여 잠깐 얘기를
드려야 할 것 같습니다. 한자 屯을 어떤 분은 '둔'으로 읽고 어떤 분
은 '준'으로 읽는데 '모이다', '보존하다', '주둔하여 방어하다', '언덕'
등의 뜻으로 쓰일 때는 '둔'으로 읽고, '어렵다', '험난하다'의 뜻으로
쓰일 때는 '준'으로 읽습니다.

김석진 선생의 책에도 '둔'으로 표기되어 있고 많은 분들의 책에
'둔'으로 표기되어 있는데, 일부 학자의 책에는 '준'으로 표기되어 있
습니다.

「서괘전」에서는 순양의 괘인 '건(乾)'과 순음의 괘인 '곤(坤)'의 음
양이 교착하여 만물이 생겨나고, 천지간에 만물이 가득하므로 '둔'이
라고 읽고 둔(屯)은 가득한 것을 뜻하며 '물건의 시작'을 뜻한다고 하
였습니다.

그러나 준(屯)괘의 괘상을 보면 '천지에 만물이 가득하다'는 뜻보
다는 屯의 글자 그대로 싹(屮)이 땅(一)을 뚫고 올라오는 힘겨운 모
습을 볼 수 있습니다.

준(屯)은 감(坎)이 위에 있고, 진(震)이 아래에 있는(䷂) 이양사음(二
陽四陰)의 괘입니다. 양이 음에 비하여 적은데다 위의 양은 음속에
빠져있고, 아래의 양은 아직 힘이 미약하여 어려운 상황입니다. 따라
서 역 64괘에 있어서 4대난괘(四大難卦)[2] 중 하나라고도 합니다.

2. 준(屯) 감(坎) 건(蹇) 곤(困)

▤괘를 보고 64괘의 괘명과 괘사를 지은 문왕(文王)은 어떤 생각을 하였을까요? 준(屯)자가 풀줄기가 힘겹게 땅을 뚫고 올라오는 어려운 모습을 형상화 한 것 외에도, 준(屯)자가 고대 중국에서 봄 춘(春)자의 원래 글자로 쓰였다는 것을 생각하면 문왕이 괘상을 보고 屯(준)이란 이름을 지은 까닭을 미루어 짐작할 수가 있을 것 같습니다.

　　앞서 말씀드린 바와 같이 감(坎)이 상징하는 것 중 대표적인 것이 물인데 물은 상황에 따라 물, 구름, 비, 안개, 얼음 등으로 형태가 바뀌는 특성이 있죠. 그래서 괘를 해석할 때 감(坎)의 이러한 특성을 감안하면 좀 더 명료한 해석을 할 수 있습니다.

　　그럼 준(屯)괘에서 위의 감(坎)은 무엇으로 보아야 할까요? 저는 얼음으로 보았습니다. 얼음(감坎☵) 밑에서 양기가 동하는 (진震☳)모양이 바로 ▤의 본모습이고 그래서 문왕은 봄의 옛글자이면서 초목이 생장하는 어려움을 뜻하는 준(屯)을 괘명으로 정한 것이라고 생각됩니다.

　　그리고 「서괘전」은 문왕보다 수백 년 이후에 쓰인 글입니다. 문왕의 뜻보다 우선시 할 순 없겠죠.

괘 사 (문왕文王)

坎감〈　　　水수·물
震진〈　　　雷뢰·우레

屯　元亨　利貞　勿用有攸往　利建侯
준　원형　이정　물용유유왕　　이건후

크게 형통하나 바름을 지키는 것이 이로우니 가는 바를 두지 말고 제후를 세우는 것이 이롭다.

▪ 屯 : 어려울 준	▪ 勿 : 말 물	▪ 有 : 있을 유
▪ 往 : 갈 왕	▪ 建 : 세울 건	▪ 侯 : 제후 후

준(屯)은 '크게 형통하나 곧고 바르게 하는 것이 이롭다', '나아가지 말 것이며 제후를 세우는 것이 이롭다'고 하였습니다. 어렵지만 곧고 바르게 잘 지내면 봄이 오기 때문에 크게 형통하다고 하였습니다. 인고의 세월을 보냈지만 끝내 빛을 보지 못하는 경우도 많습니다만, 준(屯)괘에서는 곧고 바르게 하고 나아가지 말며 유능한 인재들을 등용하면 이롭다고 하였습니다.

역의 괘는 음양으로 이루어진 상(象)입니다. 상을 보고 현실의 상황에 빗대어 해석하는 것은 사람마다 다릅니다.

문왕이 괘 이름을 짓고 괘사를 지을 때 그는 왕의 신분이었습니다. 그래서 왕의 입장에서 글을 지었습니다. 제후를 세움이 이롭다(利建侯) 같은 것이 대표적이죠.

실제로 주(周)나라는 나라를 세운 후 많은 제후를 임명하여 나라의 안정을 기하였고 한동안 평화롭게 백성들을 돌볼 수 있었습니다. 그리고 후(侯)의 본뜻에는 '제후'라는 의미 외에도 '활 잘 쏘는 사람', '능력 있는 사람'이란 뜻도 있다는 걸 말씀드립니다.

효사 (주공周公)

初九 磐桓 利居貞 利建侯
초 구 반 환 이 거 정 이 건 후

　　나무가 돌에 눌린 형국이니 바르게 처하는 것이 이롭고 제후를
　　세우는 것이 이롭다.

> ■ 磐 : 너럭바위 반　　■ 桓 : 큰나무 환

　초구(初九)는 양으로써 양의 자리(正位)에 있고 위로 육사(六四)
와는 정응이어서 서로 도움을 받을 수 있습니다. 그러나 초구(初九)
의 위로 음이 중중히 쌓여 있고, 초구(初九)의 힘이 약하기 때문에
어려운 상황입니다.

　반환(磐桓)이란 '배회하다', '빙빙 돌다'라는 뜻으로 해석하는 분들
이 많습니다만, 여기에서는 큰 돌이 나무를 억누르는 뜻으로 해석하
는 것이 옳겠습니다.

　전반부의 반환(磐桓)은 초구(初九)가 처한 상황을 비유한 것이고
후반부는 이런 상황일 경우에 역(易)을 공부한 사람이 취해야 할 도
리가 되겠지요. 그래서 초구(初九)와 같은 경우에는 초목이 자라려
고 하나 큰 돌에 눌린 형국이니(磐桓) 굳고 바르게 하면 이롭고, 제
후를 세워 도움을 받는 것이 이롭습니다.(利居貞 利建侯)

六二 屯如邅如 乘馬班如 匪寇 婚媾 女子 貞 不字
육이 준여전여 승마반여 비구 혼구 여자 정 부자

十年 乃字
십 년 내자

나아가기 어렵다. 수레를 탔으나 말의 발걸음이 엇갈려 나아가지
못하는 형국이다. 도적이 아니라 혼인을 구하는 것이니 여자가 곧
아서 시집가지 않다가 10년 만에야 시집을 간다.

- 邅 : 걷기 어려울 전　　- 乘 : 수레 승
- 班 : 수레를 이끄는 말 중 발걸음이 맞지 않는 말을 반마(班馬)라 함
- 匪 : 아닐 비　　　　　　- 寇 : 도적 구
- 婚 : 혼인할 혼　　　　　- 媾 : 혼인 구
- 字 : 시집갈 자(女子許嫁曰字)

　육이(六二)는 음으로써 음의 자리 바른 곳입니다. 위로 구오(九五)
가 정응이나 구오(九五)가 음(陰) 사이에 빠져 어렵기 때문에 도움을
받기가 어렵습니다. 주공(周公)은 육이(六二)가 처한 상황을 여자의
경우에 빗대어 설명하였습니다.

　육이(六二)는 바른 자리, 그리고 하괘의 중(中)에 있어 사람으로
치면 정숙한 여자입니다. 또 정응이 되는 배필 구오(九五)가 있어 둘
이 혼인을 하는 것이 이치에 맞습니다. 그러나 문제는 구오(九五)는
음에 빠져 헤어 나오기 어려우며, 가까이 밑에 있는 양(陽) 초구(初
九)가 결혼을 강요한다는 것입니다.

육이(六二)의 상황이 나아가는데 어려우니(屯如邅如) 나아가려고 마차를 탔으나 말들의 발걸음이 맞지 않아 나아가지 못하는 형국입니다(乘馬班如). 초구(初九)의 핍박은 도적이 아니라 혼인을 구하는 것인데(匪寇 婚媾), 육이(六二)가 여자로서 정절을 굳게 지켜 시집가지 않다가(女子 貞 不字) 10년만에야 비로소 구오(九五)와 결혼하는 것(十年 乃字)으로 비유하였습니다. 아무리 어려운 상황이라도 정응(正應)이 되는 음양(陰陽)은 결국 합하는 것이 역의 이치입니다.

 간(艮:산)

六三　卽鹿无虞　惟入于林中　君子　幾　不如舍　往　吝
육삼　즉 록 무 우　유 입 우 임 중　군 자　기　불 여 사　왕　인

> 사슴을 쫓는데 몰이꾼이 없다. 오직 숲으로 들어갈 뿐이니 군자가 기미를 알고 그만두는 것만 못하다. 그대로 가면 부끄러움이 있을 것이다.

- 卽 : 나아갈 즉　　　- 鹿 : 사슴 록
- 惟 : 오직 유　　　　- 林 : 수풀 림
- 幾 : 기미(조짐) 기　- 舍 : 그칠 사, 버릴 사
- 吝 : 인색할 린　　　- 虞 : 몰이꾼 우(산림을 맡아보던 관리)

육삼(六三)은 중(中)도 아니면서 음으로써 양의 자리(不正位)에 있어 부중부정(不中不正), 사람으로 치면 능력은 없으면서 마음은 조급하고 강한 사람입니다.

효사에서는 산속에서 사슴을 쫓는 사람으로 비유하였는데 이는 호괘에 간(艮:산)이 있기 때문입니다.

육삼(六三)은 아래 위가 모두 음이면서 응이 되는 상육(上六)도 또한 음으로 기대고 의지할 곳이 없습니다. 그래서 '안내원이 없이 사슴을 쫓다.(即鹿无虞) 숲속에서 길을 잃을까 두렵다.(惟入于林中) 군자가 기미를 보아 그만두는 것만 못하니(君子 幾 不如舍) 계속하면 곤경에 빠지리라(往 吝)'라고 하였습니다.

六四 乘馬班如 求婚媾 往 吉 无不利
육사 승마반여 구혼구 왕 길 무불리

> 마차를 탔으나 말의 발걸음이 엇갈려 나아가지 못하는 형국이다.
> 혼인할 짝을 구하여 나아가면 길하여 이롭지 않음이 없다.

육사(六四)는 중(中)은 아니지만 음으로써 음의 자리(정위·正位)에 있고 밑으로 초구(初九)와 정응(正應)의 관계에 있어 여자가 배필이 있는 상입니다.

그러나 육사(六四)도 여인으로 비유하면 아래에 있는 자신의 정응 배필과 자신보다 높이 있고 가까이 있는 구오(九五) 사이에서 나아가지 못하고 배회하고 있는 형국입니다.

'수레를 탔으나 말들의 발걸음이 엇갈려 나아가지 못하도다(乘馬班如). 혼사를 구하여 나아가면 길하고 불리한 것이 없도다(求婚媾 往 吉 无不利)'라고 비유하였는데 자신의 배필과 혼인하면 길하고 이롭다는 뜻입니다. 구오(九五)의 지위나 권세를 탐하여 혼인하면 그렇지 않다는 것이죠.

九五 屯其膏 小貞 吉 大貞 凶
구 오　준 기 고　소 정　길　대 정　흉

은택을 베풀기가 어려우니 작은 일은 굳게 하면 길하나 큰일은 고집하면 흉하다.

■ 其 : 그 기　　■ 膏 : 혜택, 고　　■ 小 : 작을 소

구오(九五)는 양으로써 중정(中正)을 갖춘 즉, 능력과 품성을 겸한 훌륭한 왕입니다. 그러나 왕 자신이 주위의 음(소인배 혹은 간신배)에 빠져서 능력을 발휘하기 어렵고 아래로 정응이 되는 육이(六二)는 음(陰)으로써 음의 자리 즉 정위(正位)와 중(中)을 차지하였지만 준(屯)과 같이 어렵고 험난할 때는 양강한 신하가 있어야 비로소 난국을 극복할 수 있습니다.

유약한 신하와는 난세의 극복이 어렵죠. 그래서 '은택을 베풀기가 어렵고(屯其膏) 작은 일에는 길하지만 큰일을 하려하면 흉하다(小貞 吉 大貞 凶).'고 하였습니다.

上六 乘馬班如 泣血漣如
상 육　승 마 반 여　읍 혈 연 여

마차를 탔으나 말의 발걸음이 엇갈려 나아가지 못한다. 피눈물을 흘린다.

■ 泣 : 울 읍   ■ 血 : 피 혈   ■ 漣 : 물 흐를 연

상효는 준(屯)괘가 끝나는 자리입니다. 괘에 있어서 상효자리는
일효에서 오효까지 진행된 상황이 변화하는 경우가 많습니다. 물극
필반(物極必反)이라고 하죠.

특히 좋은 괘는 마지막 효에 와서는 나쁜 쪽으로 변화하는 것(태
극비래·泰極否來)이 일반적인 이치입니다. 그러나 나쁜 괘는 자연적
으로 좋게 변하는 것이 아니라 불요불굴의 의지와 능력이 있어야 비
로소 좋게 변할 수 있습니다.

준(屯)괘 상육(上六)은 소인으로서 능력도 없고 도와주는 사람도
없어 결국 준(屯)괘를 벗어나지 못합니다.

수레를 탔으나 말들의 발걸음이 엇갈려 나아가지 못하고(乘馬班
如) 피눈물이 줄줄이 흐르는 것(泣血漣如)입니다.

4

蒙(몽)

物生必蒙　故　受之以蒙　蒙者　蒙也　物之穉也
물 생 필 몽　고　수 지 이 몽　몽 자　몽 야　　물 지 치 야

물건이 태어나면 반드시 어리다. 그러므로 몽(蒙)으로써 받으니, 몽은 어린 것(蒙)이니 물건의 유치한 것(穉)이다.

> ▪ 蒙 : 어릴 몽　　▪ 穉 : 유치할 치

괘 명 (문왕文王)

艮간〈　　　山산
坎감〈　　　水수·물

위는 간(艮:산), 아래는 감(坎:수·물)으로 이루어진 괘를 몽(蒙)괘라 합니다.

「서괘전」에 따르면 물건이 처음 생겨나면 어리니 준(屯)괘 다음에 몽(蒙)괘로 받는다고 하였습니다. 그동안의 책을 보면 산수몽(山水蒙)을 산 아래 물 즉 옹달샘 또는 하천의 발원지로서 미약하게 시작하여 점차 큰 흐름을 이루어 종국에는 대해에 이르는 의미로서 괘를 해석하였습니다.

그래서 유치하고 어리석은 어린아이를 교육한다는 의미로서, 이이 선생은 효사에 있는 '격몽'이라는 용어를 사용하여 '격몽요결'이라는 책을 저술하기도 하였습니다.

그러나 蒙(몽)자의 갑골문을 보면 '蒙(몽)'은 새의 머리에 수건을 덮어씌운 것을 형상화한 글자였습니다. 새가 안개 속을 날아가는 것이 천으로 눈을 가린 것과 같다 하여 갑골문에서는 몽(蒙)자와 안개를 뜻하는 무(霧)자가 같이 쓰였습니다. 그래서 산수몽(蒙)은 산 아래 샘이 아니라 산 아래 안개가 자욱하게 낀 상태로 산 정상에 오르려 하나 안개가 자욱하여 길을 찾지 못하는 상황을 나타내는 것으로 보아야 합니다.

갑골문을 알지 못하였던 선현들이 잘못 해석하였던 부분입니다. 이러한 상황을 가정하고 문왕의 괘사를 읽으면 점을 치는 내용이 좀 더 명료하게 이해됨을 느낄 수 있습니다. 앞이 보이지 않을 때 점을 치지 어리다고 점을 치는 것이 아니죠.

艮간 〈 山산
坎감 〈 水수·물

蒙 亨 匪我 求童蒙 童蒙 求我 初筮 告 再三 瀆
몽 형 비아 구동몽 동몽 구아 초서 곡 재삼 독

瀆則不告 利貞
독 즉 불 곡 이 정

몽(蒙)은 형통하다. 내가 동몽에게 구하는 것이 아니라 동몽이 나에게
구하는 것이다. 처음 점치면 말해 주고 두번 세번 하면 모독하는 것이니
모독하면 말해 주지 않는다. 바르고 굳게 하면 이롭다.

- 蒙 : 어두울(어리석을) 몽
- 我 : 나 아
- 初 : 처음 초
- 告 : 알릴 곡
- 瀆 : 더럽힐 독
- 匪 : 아닐 비
- 童 : 아이 동
- 筮 : 점칠 서
- 再 : 거듭 재

몽(蒙)이 형통한 것은 몽매한 자를 깨우쳐 계발시키기 때문입니
다. 나머지 괘사는 괘중 구이(九二)를 주로 하여 말하였습니다.

구이(九二)는 양으로써 중(中)을 차지하여 강중한 아랫사람입니
다. 육오(六五)가 높은 자리에 있으나 음으로써 몽매한 자이기 때문
에 동몽(童蒙)으로 표현하였습니다.

그리고 배움이란 모르는 자가 아는 자에게 구하는 것입니다. 원
치 않는 자에게 아는 자가 나아가 가르칠 수는 없는 법이죠. 여기에
서는 모르는 자가 점을 치는 것으로 비유하였습니다.

점을 치는 목적은 모르는 것을 묻기 위해서죠. 그래서 정성들여 점을 치면 첫 번째는 알려주나 두번 세번 같은 점을 치면 이는 점에 대한 모독이니 모독하면 알려주지 않는다는 것입니다. 점을 치는데 있어서 같은 점을 좋은 점사가 나올 때까지 두번 세번 치는 것 외에도 나쁜 일을 하려고 하면서 결과에 대하여 알려고 한다거나, 이미 자기가 알고 있는 일에 대하여 시험하려고 점을 치면 그 점사가 맞지 않는답니다.

괘사의 마지막 '굳고 바름이 이롭다(利貞)'는 배움, 지도를 구하는 사람의 마음가짐을 얘기한 것입니다.

효 사 (주공周公)

初六 發蒙 利用刑人 用説桎梏 以往 吝
초 육　발 몽　이 용 형 인　용 탈 질 곡　이 왕　인

　　몽을 계발하는데 사람에게 형벌을 쓰고서 질곡을 벗김이 이로우니 형벌로써만 해 나가면 인색한 것이다.

- 刑 : 형벌 형　　　- 説 : 벗길 탈(脱)
- 梏 : 수갑 곡　　　- 桎 : 차꼬 질(족쇄를 말함)

발몽(發蒙)은 몽(蒙)괘의 시작으로 몽매함을 계발시켜준다는 의미입니다. 초육(初六)은 아랫자리, 음으로서 양의 자리(不正位)에 위

치한 우매한 소인입니다. 이러한 자들을 가르칠 때에는 어느 정도의 구속이 필요하다는 것입니다.(利用刑人)

　우리가 어렸을 때 맞았던 회초리 같은 것, 또는 잘못을 저지르는 사람들에 대한 구속 같은 것. 그러나 이러한 구속이 계속되면 바람직하지 못하고 어느 정도에 이르면 그 구속을 벗겨주어야 한다는 것이죠.(用說桎梏 以往 吝) 구속을 통한 가르침은 한계가 있다는 얘기입니다.

九二　包蒙 吉 納婦 吉 子 克家
구 이　포 몽 길 납 부 길 자　극 가

　　　몽매함을 포용해 주니 길하고 부인을 받아들이면 길하니 자식이
　　　집을 잘 다스리다.

▪包 : 쌀 포	▪納 : 바칠 납
▪婦 : 지어미 부	▪克 : 다스릴 극

　구이(九二)는 강중(强中)한 덕이 있고 밝은 자입니다. 이 몽(蒙)괘의 주인공 같은 사람이죠. 그래서 정응(正應)이 되는 육오(六五)의 몽매함을 포용하여 능히 가르칠 수 있는 자입니다.(包蒙)

　그래서 길한 것이고(吉), 음양을 남녀로 말하면 신부를 맞아들여도 길하며(納婦), 한 가정으로 얘기하면 밑에 있는 아들이 강중한 덕으로 가정을 꾸려나가는 형국으로도 설명할 수 있습니다.(子 克家)

六三　勿用取女　見金夫　不有躬　无攸利
육삼　물용취녀　견금부　불유궁　무유리

　여자를 취하지 말 것이니, 돈 있는 사내를 보고 몸을 두지 못하니
이로울 바가 없다.

- 取 : 취할 취 　　　 - 金 : 쇠 금, 돈 금
- 夫 : 사나이 부 　　 - 躬 : 몸 궁

　육삼(六三)은 음(陰)이므로 여자나 소인을 들어 설명할 수도 있겠
습니다만, 여기에서는 여자를 들어 말하였습니다. 부중부정(不中不
正)한 자리이기 때문에 편벽하고 뜻은 강한, 다시 말하면 욕심은 많
으나 자질은 약한 그런 여자입니다. 그래서 상구(上九)가 자신의 정
당한 배필이나 상구(上九)을 쫓지 않고 밑에 있는 구이(九二)를 쫓는
것으로 비유하였습니다.

　효사에 '여자를 취하지 말라(勿用取女)', 돈 많은 남자를 보고 몸
을 보전하지 않으니(見金夫 不有躬) '유리함이 없다(无攸利)'고 하였
습니다.

　효사에서는 음을 여자로 보았지만 음은 또한 소인으로도 볼 수
있기 때문에 남자로 치면 소인이 돈을 보고 지조를 지키지 못하는
것으로도 표현할 수 있겠습니다.

六四 困蒙 吝
육 사 곤 몽 인

곤궁한 몽이니 부끄럽다.

> ■ 困 : 괴로울 곤, 곤할 곤

육사(六四)는 음으로써 음의 자리, 바른 자리(正位)에 있습니다. 그러나 蒙(몽)괘에서는 양은 가르치는 사람, 음은 가르침을 받는 사람을 상징합니다. 육사(六四)는 상하(이웃)에 양이 없고 응(應)이 되는 초육(初六)도 음이기 때문에 몽매한 상태에서 벗어나기가 어려운 형국입니다. 困(곤)자는 나무가 자라는데 있어서 상하좌우가 막혀 있기 때문에 더 이상 자라날 수 없는 형상의 글자입니다.

六五 童蒙 吉
육 오 동 몽 길

어린아이의 몽매함이니 길하다.

육오(六五)는 음으로써 존귀한 자리에 거하며 중(中)을 얻었습니다. 그리고 상체 간(艮)은 소남을 의미하기도 하기 때문에 동몽(童蒙)으로 표현하였습니다. 이는 다시 말하면 육오(六五) 어린 왕이 구이(九二) 현명한 신하에게 가르침을 받는 모양으로 설명할 수가 있습니다. 육오(六五)와 구이(九二)는 정응이기 때문에 둘 사이의 교류는 원활하고 발전적으로 볼 수가 있습니다.(솜)

　자고로 윗사람이 능력이 있고 아랫사람이 약한 조직보다는 윗사람이 약하나 아랫사람이 능력 있는 조직이 더 발전 가능성이 있음은 축적된 경험으로 입증된 것입니다.

上九　擊蒙　不利爲寇　利禦寇
상구　격몽　부리위구　이어구

　　　몽을 침이니 도적이 되는 것은 이롭지 않고 도적을 막는 것이 이롭다.

> ▪ 擊 : 칠 격　　　▪ 爲 : 할 위
> ▪ 禦 : 막을 어　　▪ 寇 : 도적 구

　상구(上九)는 몽이 극한 때로써 강한 양으로 부중부정(不中不正)한 자리에 위치해 있습니다. 양으로써 몽매함을 가르침에 있어 지나치게 강하게 할까 염려가 되는 자리입니다. 그래서 격몽이라 하였고, 여기에서 격은 '치다', '깨뜨리다'는 것입니다.

　도적이 되는 것은 이롭지 못하고, 도적을 막는 것이 이롭다(不利爲寇 利禦寇)고 하여 상구(上九)의 지나침을 경계하였습니다.

5
☵ 需(수)

서 괘 전 (序卦傳)

物穉不可不養也　故　受之以需　需者　飮食之道也
물 치 불 가 불 양 야　고　수 지 이 수　수 자　음 식 지 도 야

물건이 어리면 기르지 않으면 안 된다. 그러므로 수(需)로써 받았으니 수
는 음식의 도다.

- 養 : 기를 양
- 飮 : 마실 음
- 穉 : 어릴 치(稚와 同字)
- 需 : 음식 수, 기다릴 수
- 食 : 먹을 식

괘 명 (문왕文王)

坎감〈 水수·물
乾건〈 　　　 天천·하늘

몽(蒙)괘는 어리기 때문에 음식을 먹여 키워야 하니까 음식을
뜻하는 수(需)괘가 몽(蒙)괘의 다음을 받았습니다.

　수(需)는 위는 감(坎), 아래는 건(乾)으로 이루어진 괘로써, 많은 책
에서 음식의 도를 말하는 괘라고 언급되어 왔습니다. 그러나 수(需)
자를 갑골문에서 보면 기우제를 지내는 사람을 뜻하는 글자입니다.

　갑골문에서 보는 바와 같이 이 괘는 비를 기다리며 하늘에 기
우제를 드리는 형상으로 기다림의 도를 나타내는 괘라고 해석하
는 것이 옳습니다. 따라서 이 괘에서 '감(坎)'은 구름이고, '건(乾)'
은 하늘로써 하늘에 구름이 떠있으나 아직 비가 내리지 않기 때
문에 비를 기다리는 괘가 되겠습니다.

괘 사 (문왕文王)

坎감 〈 ▬▬ 水수·물
乾건 〈 ▬▬ 天천·하늘

需　有孚　光亨　貞吉　利涉大川
　수　유 부　광 형　정 길　이 섭 대 천

수(需)는 믿음이 있고 빛나며 형통하고 굳고 바름을 지키면 길하고 큰 내
를 건너는 것이 이롭다.

- 需 : 기다릴 수, 구할 수　　　■ 亨 : 형통할 형
- 涉 : 건널 섭　　　　　　　　■ 川 : 내 천
- 孚 : 믿을 부, 정성 부(새가 알을 품고 있는 모습을 형상화한 글자)

괘명은 상체 감(坎·물)과 하체 건(乾·하늘)에서 하늘에 구름이 떠 있으나 비가 오지 않기 때문에 기우제를 지내는 사람을 형상화한 수(需)로 하였으나, 괘상으로 보면 위로 올라가는 네 양(四陽) 중에서 먼저 올라간 일양(一陽)이 두 음(陽) 사이 즉, 험한데 빠져 아래의 세 양이 밑에서 기다리고 있는 형국입니다.

기다림에는 믿음이 있어야 합니다. 무작정 기다릴 수만은 없는 것이죠. 그래서 믿음이 있으면(有孚) 빛나고 형통합니다.(光亨) 또한 기다림에는 강인한 인내가 필요합니다. '하루를 못참아서' 또는 '한 순간을 못참아서' 오랫동안 쌓아온 공든 탑이 무너지는 것이죠. 따라서 굳고 바르게 해야 길한 결과가 있습니다.(貞吉)

괘상에서 아래의 세 양이 위로 올라갈 기회를 보며 기다리고 있는데 세 양이 연합하여 결국은 올라가므로 큰 내를 건너도 이로운 것(利涉大川)입니다.

효 사 (주공周公)

初九　需于郊　利用恒　无咎
초 구　수 우 교　이 용 항　무 구

　　　　교외에서 기다림이니 항상함을 씀이 이롭고 허물이 없다.

- 初 : 처음 초　　　- 于 : 어조사 우
- 郊 : 들 교　　　　- 恒 : 항상 항

수(需)괘의 괘명은 '하늘에 떠있는 구름'을 형상하여 지었으나 각 효를 설명한 효사는 위 감(坎)괘의 구오(九五)가 험한데 빠져 있고, 아래의 세 양이 위로 올라가는 형세를 주로 하여 효사를 지었습니다.

초구(初九)는 상괘의 험한 곳에서 멀리 떨어져 있어 중심에서 먼 교외에서 기다리는 형국(需于郊)입니다. 양으로써 양의 자리에 거처하니 분수를 지켜 자신의 항상함을 잃지 않아 허물이 없는 것(利用恒 无咎)입니다.

교(郊)는 들, 또는 성 밖으로 멀리 떨어진 땅을 뜻합니다.

> 태(兌입·말)

九二 需于沙 小有言 終吉
구 이　수 우 사　소 유 언　종 길

　　모래밭에서 기다림이니 조금 말이 있으나 끝내는 길하다.

▪ 沙 : 모래 사

구이(九二)는 초구(初九)보다 상괘의 위험에 조금 더 가까운 그런 상황입니다. 그래서 '물가 모래에서 기다리다.(需于沙) 약간의 말은 있으나 마지막에는 길하다(小有言　終吉)'고 하였는데 이는 구이(九二)가 양으로써 음의 자리에 거하니 성품이 넉넉하면서 中(중)을 얻었기 때문입니다.

소유언(小有言)이라고 한 것은 현재 우리들이 얘기하는 구설수와 같은 것으로 수(需)괘의 호괘에 태(兌)괘가 있는데 태(兌)괘의 여러 뜻 중에는 입, 또는 말이 있기 때문에 이러한 표현을 한 것입니다.

九三 需于泥 致寇至
구삼 수 우 니 치 구 지

진흙에서 기다림이니 도적을 불러들이다.

> ▪ 泥 : 진흙 니 ▪ 致 : 이를 치, 도달할 치 ▪ 寇 : 도적 구

구삼(九三)은 험한 것 감(坎·물)에 더욱 근접하였습니다. 그리고 구삼(九三)은 양으로써 양의 자리, 부중(不中)하기 때문에 중을 지키지 못하며 지나치게 강하고 편벽된 사람으로 볼 수 있습니다.

효사에는 '진흙에서 기다리다', '도둑을 이르게 하다'고 하였습니다. 여기에서 치구지(致寇至)는 도둑이 스스로 온 것이 아니고 자기 자신이 도둑을 초청하는 결과를 초래하였다는 뜻입니다.

구삼(九三)이 중정하고 온순하면 도둑이 오지 않을 것인데, 강하고 부중하기 때문에 도둑을 초청한 형국이니 효사에는 길흉을 얘기하지 않았지만 공경하고 삼가지 않으면 흉이라는 것을 미루어 짐작할 수 있습니다.

8괘가 상징하는 것들을 설명한 「설괘전」에서는 감(坎)을 도둑으로도 보았습니다.

六四 需于血 出自穴
육 사 수 우 혈 출 자 혈

피에서 기다림이니 구멍으로부터 나오다.

　육사(六四)는 더욱 위험한 곳이기 때문에 효사에서 '피에서 기다린다(需于血)'고 하였습니다. 그러나 음으로써 음의 자리로 바르기 때문에, 부드러움으로써 험한데 거하여 순함으로써 환경에 적응하고, 초구(初九) 정응의 도움도 받기 때문에 결국에 '험한 곳으로부터 빠져 나온다(出自穴)'고 한 것입니다.

　이 효사를 해석함에 있어 혈(穴)에 대한 해석을 '편한 곳(옛날 사람이 거주하는 동굴)'이라고 해석하는 이도 있고, 구덩이로 해석하여 '험한 곳'이라고 해석하는 이도 있는데, 감(坎)의 뜻과 효사의 뜻을 미루어 볼 때 '험한 곳'이 옳은 것으로 보입니다.

九五　需于酒食　貞　吉
구 오　수 우 주 식　정　길

　　술과 음식에서 기다림이니 굳고 바르게 하면 길하다.

　구오(九五)는 강양으로 중정하며 인군의 자리에 있는 자로써 '기다림의 도'를 얻은 자입니다. 구오(九五)는 다른 효와 달리 주식(酒食: 술과 음식)을 먹어가면서 기다리는 것이니, 기다림의 도는 몸과 마음을 편안히 하면서 기다리는 것이 바른 이치임을 뜻하

는 것으로 생각됩니다. 그러나 술과 음식에 흐트러짐을 경계하여 굳
고 바르게 하여야 길하다(貞 吉)고 하였습니다.

上六 入于穴 有不速之客三人來 敬之 終吉
상 육 입 우 혈 유 불 속 지 객 삼 인 래 경 지 종 길

구멍에 들어감이니 청하지 않은 손님 세 사람이 올 것이니 공경하
면 마지막에는 길하다.

- 入 : 들 입   - 敬 : 공경할 경
- 客 : 손님 객   - 來 : 올 래
- 速 : 기다릴 속, 부를 속, 빠를 속

상육(上六)은 기다림이 끝나는 자리입니다. 효사에 입우혈(入于
穴)이라 하였는데 이 구절의 해석도 학자마다 달라 어떤 것이 옳은
지 분명히 말하기가 어렵습니다.

대체적으로 혈에 대한 해석이 험한 곳이냐, 편한 곳이냐에 따른
논란이 있는데 저는 육사(六四)효의 효사에서 말씀드린 것처럼 편하
지 못한 곳으로 들어간 것(入于穴)으로 해석합니다.

불속지객삼인(不速之客三人)은 문자의 뜻으로 해석하면 초대하지
않는 손님 3인으로 아래의 세 양을 뜻합니다.

양은 원래 위로 올라가는 성질을 가진 것으로써 상육(上六)이 세
양을 무리하게 저지하려고 하면 분쟁이 생기고 피를 흘리게 됩니다.
그래서 효사에 공경하면 마지막에는 길하다고 표현하였습니다.

지금도 중국 무협소설이나 사극을 보면 '불속지객(不速之客)'이라는 단어가 가끔 나오는데, 초대하지 않은 손님 중에서도 특히 위험한 인물이 출현하였을 때 '불속지객'이라는 용어를 사용하고 있습니다.

서 괘 전 (序卦傳)

飲食必有訟　故　受之以訟
음 식 필 유 송　　고　　수 지 이 송

음식엔 반드시 송사가 있다. 그러므로 수(需)괘 다음에 송(訟)괘로 받았다.

- 養 : 기를 양
- 需 : 음식 수, 기다릴 수
- 飮 : 마실 음
- 食 : 먹을 식

괘 명 (문왕文王)

乾건〈　天천·하늘
坎감〈　水수·물

「서괘전」에 따르면 수(需)를 음식의 도라 하여 음식이 있으면 사람 간의 소송이 일어나기 때문에 수(需)괘 다음에 송(訟)괘로 받았다고 하였습니다.

그러나 앞서 말한 대로 수(需)괘를 '기다림의 도'로 보았기 때문에 「서괘전」의 논리를 인정하지 않고 제 견해를 말씀드리면, 여기에서 하괘 감(坎·물)도 구름을 상징하는 것으로 하늘 아래 구름이 자욱하여 어두운 세상을 의미하는 것으로 보입니다. 간신들이 왕의 시야를 가려 어두운 세상이 되면 서로 다툼이 일어남을 의미하여 괘명을 송(訟)으로 한 것이죠.

공자는 상체 건(乾)은 강하고, 하체의 감(坎)은 험하기 때문에 강함과 험함이 부딪혀 쟁송이 일어나는 것으로도 설명을 하였습니다.

괘 사 (문왕文王)

乾건〈 天천·하늘
坎감〈 水수·물

訟　有孚　窒　惕　中　吉　終　凶　利見大人　不利涉大川
송　유부　질　척　중　길　종　흉　이　견　대　인　불　이　섭　대　천

송(訟)은 믿음이 있으나 막혀서 두려우니 중은 길하고 끝까지 하면 흉하다. 대인을 보는 것이 이롭고 큰 내를 건너는 것은 이롭지 않다.

- 窒 : 막힐 질
- 孚 : 믿을 부
- 惕 : 두려워할 척
- 終 : 끝날 종
- 凶 : 흉할 흉
- 見 : 볼 견

괘사에서 '유부(有孚)'는 감(坎☵)이 있는 경우, 坎(감)을 표현하는 것으로 양이 음에 빠져 있으나 중(中)을 차지하고 있기 때문에 마음속에 믿음이 있다는 것이고, '질 척(窒 惕)'은 양이 음에 빠져 있기 때문에 막혀서 걱정된다는 뜻입니다. '중 길 종 흉(中 吉 終 凶)'은 쟁송이 오래가는 것이 좋지 않기 때문에 중은 길하나 끝은 흉하다고 하였습니다. 그리고 쟁송의 과정에서 대인을 만나면 이롭고, 또 큰 강을 건너는 것은 이롭지 않다고 보아 '이견대인 불이 섭대천(利見大人 不利涉大川)'이라고 한 것입니다.

전체적으로 쟁송이 있을 수 있으나 대인을 만나 도움을 받거나 조언을 듣는 것이 이롭고, 오래 끌거나 큰 강을 건너는 듯 큰일에는 이롭지 못하다는 괘사의 내용입니다.

효사 (주공周公)

初六 不永所事 小有言 終吉
초 육　불 영 소 사　소 유 언　종 길

소송을 길게 하지 않으면 조금 말이 있으나 마지막은 길하다.

- 永 : 길 영　　- 所 : 바 소

초육(初六)은 음유한 재질로 아래에 있습니다. 쟁송을 하려니 길하기가 어려우나 위로 구사(九四)의 정응이 있어 대인을 만난 격이기 때문에 송사를 길게 하지 않아(不永所事) 비록 약간의 구설수가 있으나 마지막에는 길함을 얻는 형국(小有言 終吉)입니다.

九二 不克訟 歸而逋 其邑人 三百户 无眚
구 이 　 불 극 송 　 귀 이 포 　 기 읍 인 　 삼 백 호 　 무 생

송사를 이기지 못하니, 물러나서 300호인 작은 읍으로 도망가면 재앙이 없다.

| ▪ 克 : 이길 극 | ▪ 歸 : 돌아갈 귀 | ▪ 逋 : 도망할 포 |
| ▪ 邑 : 고을 읍 | ▪ 户 : 지게 호 | ▪ 眚 : 재앙 생 |

구이(九二)는 양으로써 中(중)을 얻었습니다. 그러나 음에 빠져 있고 쟁송의 대상이 되는 구오(九五)를 상대할 능력이 없습니다. 그래서 송사에 이길 수가 없으니(不克訟) 읍의 인구가 300호쯤 되는 작은 읍으로 도망을 가면 재앙이 없을 것(歸而逋 其邑人 三百户 无眚)이라고 하였습니다.

>손(巽 · 겸손)

六三 食舊德 貞 厲 終吉 或從王事 无成
육 삼 식 구 덕 옛 여 종길 혹종왕사 무 성

옛 덕을 간직하여 굳고 바르게 하면 위태로우나 마지막에는 길하
니, 혹 왕의 일에 종사하더라도 이룸은 없다.

- 舊 : 옛 구   - 厲 : 위태할 려
- 或 : 혹 혹   - 從 : 좇을 종

음으로써 양의 자리에 거처, 부중부정(不中不正)하여 위에 상구
(上九)의 정응이 있으나 본래 음유하고 두 양 사이에 끼어 위태하고
두려워하니 송사를 벌이지 못하는 형국입니다.

효사에서 '식구덕(食舊德)'은 '송사를 벌이지 않는다'는 뜻으로 비
록 위태한 자리에 있으나 위태한 것을 알 수 있으면 마침내 길함을
얻는다는 뜻으로 새로운 것을 취하지 않고 본래의 분수에 처한다는
것입니다. 곧고 바르게 하면 위태로우나 마지막은 길하다는 것(貞 厲
終吉)은 육삼(六三)에서부터 시작되는 호괘가 손(巽)으로, '겸손하다'
는 뜻을 취한 것이고, 왕의 일을 받드나 이룸이 없다(或從王事 无
成)는 것은 육삼(六三)의 재질이 큰 일을 할 수는 없다는 뜻이 되겠
지요.

九四 不克訟 復卽命 渝 安貞 吉
구 사 불 극 송 복 즉 명 유 안 정 길

송사를 이기지 못하니 바른 이치로 돌아가서 변하여 안정하면 길하다.

- 復 : 돌아올 복   - 卽 : 나아갈 즉   - 渝 : 변할 유

구사(九四)는 양으로써 음의 자리, 그리고 임금의 바로 아래 자리입니다. 강건해서 쟁송하기를 원하나 위의 구오(九五)는 임금이기 때문에, 아래의 육삼(六三)은 아래에 있으면서 유하기 때문에, 초육(初六)은 정응이면서 순종하기 때문에 대적할 사람이 없어 송사가 일어날 수 없는 형국(不克訟)입니다. 그리하여 원래 자신의 본분으로 돌아와(復卽命) 변하여 안정하면 길하다(渝 安貞 吉)고 하였습니다.

九五 訟 元吉
구 오 송 원 길

송사에 크게 길하다.

구오(九五)는 양으로써 중정하면서 존귀한 자리에 있습니다. 그래서 구오(九五)와 송사를 하면 아무도 이길 수 없습니다. 크게 길합니다.(訟 元吉)

上九　或錫之鞶帶　終朝三褫之
상구　혹석지반대　종조삼치지

    혹 가죽으로 만든 큰 띠를 하사받더라도 아침 조회가 마치는 동안 세 번 빼앗길 것이다.

- 錫 : 줄 석(=賜)　　　- 鞶 : 큰 띠 반　　　- 帶 : 띠 대
- 朝 : 아침 조, 알현할 조　- 褫 : 빼앗을 치

    상구(上九)는 강으로써 송(訟)괘의 끝에 거처하니 끝까지 송사를 해서 이길 수는 있겠으나 부중부정(不中不正)한 자가 송사를 해서 얻은 것은 곧 잃을 것이라는 것이 효사의 내용입니다.

    '혹 벼슬자리를 얻을 지라도(或錫之鞶帶) 아침이 끝나기 전에 세 번 빼앗기리라(終朝三褫之)'는 뜻입니다.

7
師(사)

서 괘 전 (序卦傳)

訟必有衆起　故　受之以師
송 식 유 중 기　고　수 지 어 사

송사에는 반드시 무리가 일어남이 있으니 송(訟)괘 다음에 사(師)괘로 받았다.

- 衆 : 무리 중　　- 起 : 일어날 기　　- 師 : 무리 사, 군사 사

괘 명 (문왕文王)

坤곤〈  地지·땅
坎감〈 水수·물

사(師)는 전쟁을 뜻하는 괘입니다. 말로 다투는 송(訟)괘를 지나 무기를 가지고 싸움을 한다는 의미의 괘죠.

그러나 괘상을 자세히 보면 전쟁을 한다는 의미보다는 괘의 구성이 일양, 오음으로 되어 있고 더욱이 그 양이 아래 괘의 중앙에 있어 아래의 일양(一陽)에게 모든 음이 의지하는 형상임을 알 수 있습니다.

고대 국가에 있어 아랫 사람에게 모두가 의지하는 경우는 전쟁에 나가 있는 장군에게 국가의 운명을 의지하는 경우가 대표적이기 때문에 괘명을 사(師)로 지은 것입니다.

사(師)는 고대 군대의 편제에서 '2500명의 군사로 이루어진 집단'을 뜻하기도 합니다.

오늘날에는 국민이 국가의 주인이므로 국민에게서 정권을 위임받아 일하는 대통령이나 국가를 대표하는 외교관, 공무원, 각종 상황에서 주주 등의 이익을 수호하고 대변하는 공·사기업의 책임자 등 다양한 사람들을 사(師)괘의 주인으로 볼 수가 있겠습니다.

괘 사 (문왕文王)

坤곤 〈 ䷆ 〉 地지·땅
坎감 〈   〉 水수·물

師 貞 丈人 吉 无咎
사 정 장 인 길 무 구

사(師)는 바르고 장인이라야 길하고 허물이 없다.

■ 丈 : 어른 장

사(師)의 아래 괘가 감(坎)으로 이루어져 있듯이 전쟁은 험한 것입니다. 그래서 문왕은 괘사에서 사(師)는 굳고 바라야 하며 장인이라야 길하고 허물이 없다고 하였습니다.

여기에서 장인은 덕이 높고 능력이 출중한 사람을 지칭하는 것입니다. 그렇지 못한 자를 장군으로 임명했을 경우에는 국가 사직이 위태롭게 될 것입니다.

효 사 (주공周公)

初六 師出以律 否 臧 凶
초 육　사 출 이 율　부　장　흉

> 군사가 나가는 데는 법률로써 해야 하니 그렇게 하지 아니하면 다치고 흉하다.

- 出 : 나아갈 출　　- 律 : 법률　　- 否 : 아닐 부
- 臧 : 다칠 장　　- 凶 : 흉할 흉

전쟁을 시작하는 단계에서 가장 중요한 것은 엄정한 기강입니다. 군대의 움직임은 반드시 엄격한 군율에 따라서 이루어져야 하며(師出以律) 그렇지 않을 경우에는 다치고 흉하다(否 臧 凶)는 것을 말하고 있습니다.

초육(初六)은 유약한 음으로써 부중부정(不中不正)한 자리에 있기 때문에 길흉을 얘기하면 당연히 흉이 되겠지요.

九二 在師 中 吉 无咎 王三錫命
구 이　재 사　중　길　무 구　왕 삼 석 명

군사에 있어서 중도를 얻어서 길하고 허물이 없으니 왕이 세 번이
나 명을 내리다.

> ▪ 在 : 있을 재　　▪ 錫 : 줄 석　　▪ 命 : 명령 명

구이(九二)는 이 괘에서 유일한 양으로 중(中)의 자리를 차지하고
있습니다.(在師 中) 모든 음이 그에게 의지하여 그 임무가 막중합니
다. 강중의 덕을 지녔기 때문에 길하고 허물이 없으며(吉 无咎) 정응
이 되는 육오(六五) 왕이 세 번씩이나 명을 내려 신임하고, 격려하고
있음을 말합니다.(王三錫命)

六三 師或輿尸 凶
육 삼　사 혹 여 시　흉

혹 수레에 시체가 가득하다. 흉하다.

> ▪ 或 : 혹 혹　　▪ 輿 : 수레 여, 여럿 여　　▪ 尸 : 송장 시, 주장할 시

육삼(六三)은 재질이 약한 음으로써 부중부정한 자리에 있습니
다. 양의 자리로써 뜻이 강하기 때문에 자신의 분수가 아닌데도 범
하는 자입니다.

전쟁 때에 능력이 없으면서도 조급하니 수레에 시체가 가득할 정도로 흉하다(師或輿尸 凶) 하였습니다. 尸(시)를 '주장한다'로 해석하여 '여시(輿尸)'를 '여럿이 주장한다'로 해석하는 학자들도 있으나 사(師)는 국가의 존망과 국민의 생사가 결정되는 험한 전쟁 괘입니다. 시체를 뜻하는 것이 옳은 것 같습니다.

六四　師左次　无咎
육사　사 좌 차　무 구

군대가 후퇴하여 머물러도 허물이 없다.

- 左 : 왼 좌, 내칠 좌　　- 次 : 차례 차, 버금 차, 나아가지 못할 차

육사(六四)는 음으로써 음의 자리에 거처하여 중(中)은 아니나 정(正)을 얻었습니다. 그러나 사(師·전쟁의 험한 괘)괘에 있어서 나아가 싸워 이길 수 있는 사람은 되지 못합니다.

다만, 바름을 얻었기 때문에 효사에서는 전쟁에서 후퇴하여도 허물이 없다 하여 전쟁의 상황에 따라 적절하게 대응할 수 있는 사람으로 큰 허물은 없다고 보는 것입니다.

六五 田有禽 利執言 无咎 長子 帥師 弟子 輿尸 貞 凶
육오 전유금 이집언 무구 장자 솔사 제자 여시 정 흉

> 밭에 새가 있으면 잡으라는 명령을 내리는 것이 이로우며 허물이
> 없다. 능력 있는 자가 군대를 거느려야 하며, 능력이 부족한 자는
> 많은 죽음을 초래한다. 굳고 바르게 하더라도 흉하다.

- 田 : 밭 전   ■ 禽 : 새 금, 날짐승 금
- 執 : 잡을 집   ■ 帥 : 거느릴 솔

육오(六五)는 구이(九二) 장군에게 명령을 주어 전쟁을 수행하게
하는 왕으로 보면 되겠습니다. 음으로써 극히 강한 왕은 아니지만
양의 자리에 있고, 중(中)을 차지하였기 때문에 심성이 굳고 중도를
걸을 수 있는 왕이라고 보면 되겠습니다.

또한 순한 체 곤(坤)에 위치하여 전쟁을 좋아하는 사람은 아니나
인군의 자리에 있어 백성의 생명과 권익을 보호하여야 할 막중한 책
임을 지고 있는 사람이죠.

밭에 새가 있어(田有禽) 백성들이 농사지은 곡식을 해치고 있으니
잡으라는 명령을 해야 하는 것이 이롭고(利執言) 허물이 없는 것(无
咎)입니다.

그리고 군사를 통솔하는 것은 능력 있는 사람(長子)이 하여야 하
며, 능력 없는 사람(弟子)에게 맡겼을 경우는 대패하여 수레 가득 시
체를 싣고 돌아오는 것(輿尸)이며, 전쟁은 계속하면 흉한 것(貞 凶)입
니다.

효사에서 장자(長子)는 '맏아들'이 아니라 괘사의 '장인'과 같은
뜻이며, 같은 취지에서 제자(弟子)는 '능력 없는 사람'을 뜻합니다.

전국시대(戰國時代) 조(趙)나라에서 적의 계략에 빠져 유능한
지휘관을 무능한 사람으로 바꿈으로써 40만 군사를 일거에 죽
음에 이르게 한 사례가 있었습니다.

上六 大君 有命 開國承家 小人勿用
　상 육　　대 군　　유 명　　개 국 승 가　　소 인 물 용

> 대군이 명을 내려 나라를 열고 집을 이음에 소인을 쓰지 말아야 한다.

■ 有 : 둘 유　　■ 開 : 열 개　　■ 國 : 나라 국

이 효는 전쟁이 끝나고 논공행상(論功行賞)을 하는 시기를 빗대어
효사를 지었습니다. 상육(上六)은 괘의 마지막에 있는 소인입니다.

그래서 효사에서는 전쟁이 끝난 후 나라를 세우거나 가문을 이어갈
때(開國承家) 소인을 쓰지 말 것(小人勿用)을 철저히 경계하였습니다.

예부터 '소인은 공이 있더라도 상을 주되 자리를 주어서는 안 된
다'고 하였습니다. 소인이 자리를 차지하면 곧바로 다시 분열이 시작
되고 쟁송과 전쟁의 씨앗이 싹틀 것이기 때문입니다. 여기에서 소인
(小人)은 '무능력자' 또는 '간신배'를 뜻합니다.

8

比(비)

서 괘 전 (序卦傳)

師者　衆也　衆必有所比　故　受之以比
사 자　중 야　중 필 유 소 비　고　수 지 이 비

　사(師)는 무리다. 무리는 반드시 돕는 바가 있으니, 사(師)괘 다음에
비(比)괘로 받았다.

- 比 : 도울 비

괘 명 (문왕文王)

坎감〈 水수·물
坤곤〈 地지·땅

　비(比)는 '서로 의지하고 돕는다'는 뜻으로 전쟁이 끝난 뒤에는 서
로 의지하고 도와서 새롭게 국가나 집단을 건설해야 되기 때문에 사
(師)괘 다음에 비(比)괘로 받았습니다.

괘상을 보면 사(師)괘와 같이 일양오음(一陽五陰)의 괘인데 사(師)괘에서는 일 양이 아래에 있어 왕의 아래에 있는 장군이 다섯 음을 책임지고 나아가 싸우는 상인데, 비(比)괘에서는 일양이 위, 지존의 자리에 있어 모든 음이 일양에 의지하고 돕는 상입니다.

또한 일 양도 모든 음에게 의지하고 돕는 뜻도 있습니다.

괘 사 (문왕文王)

坎감〈 ䷇ 〉水수·물
坤곤〈 　 〉地지·땅

比 吉 原筮 元永貞 无咎
비　길　원서　원영정　무구

길하다. 처음으로 점을 쳐서 원영정이면 허물이 없다.

不寧 方來 後 夫 凶
불녕　방래　후　부　흉

편하지 못해서 바야흐로 오는 것이니 뒤에 하면 대장부라도 흉하다.

- 原 : 처음 원　　■ 筮 : 점 서　　■ 寧 : 편안할 녕
- 方 : 바야흐로 방　■ 來 : 올 래　　■ 後 : 뒤 후
- 夫 : 사나이 부

비(比)괘는 일양오음(一陽五陰)의 괘로 강건한 일양이 존귀한 자리 즉, 인군의 자리를 차지하여 중정(中正)의 덕을 갖추고 나머지 오음(五陰)과 서로 친하고 서로 돕는 상이기 때문에 길한 것(比吉)입니다.

돕는 것은 무조건 좋은 것으로 인식되기 쉽고, 또 도와주는 외형적인 모습만 보고는 도움의 참모습을 판단하기 어렵기 때문에 괘사에서 경건한 마음으로 점을 쳐서 신령의 도움을 받아 판단하는 것으로 비유하였습니다.

그래서 점을 친 결과(原筮) 그 도움이 선(善)한 의도에서 시작하였고(元), 지속적으로 바름을 지켜야(永貞) 비로소 허물이 없다(无咎)고 하였습니다. 이러한 조건을 갖추지 못한 도움(比)은 사심(私心)이 있어 그 목적이 불순하거나, 시작은 있으나 중도에 포기함으로써 비(比)의 도(道)에 허물이 있는 것입니다.

또한 도움(比)은 편하지 못할 때 비로소 구하는 것입니다(不寧方來). 식량이 있으나 배부른 백성은 구하지 않으며, 권력이 있으나 억울함이 없는 백성은 도움을 청하지 않습니다. 그래서 도움은 목마른 자에게 물을 주듯 빨리 도와야 하며 '늦게 하면 대장부라도 흉하다(後夫凶)'하여 편하지 못하여 오는 사람들을 빨리빨리 도울 것을 주문하였습니다.

효 사 (주공周公)

初六 有孚比之 无咎 有孚 盈缶 終 來有他吉
초 육 유 부 비 지 무 구 유 부 영 부 종 내 유 타 길

믿음을 가지고 도와야 허물이 없다. 믿음이 질그릇에 가득 차듯이 하면 끝내는 다른 길함이 있을 것이다.

초육(初六)은 유약한 음으로 괘 내에서 자신을 도와주는 비(比)
와 응이 없습니다. 그래서 효사에서는 서로 돕는 도리로 설명하였습
니다.

도움의 시작은 정성과 믿음이 근본이며 소박함으로 마음을 가득
히 채우면 끝내는 기대하지 않았던 길함이 있을 것이라는 뜻을 얘기
하였습니다.

괘상으로 볼 때 초육(初六)과 육사(六四)가 같은 음으로써 서로
돕는 관계는 아니지만 정성과 믿음으로 도움을 행할 시에는 구오
(九五)의 은덕이 결국에는 초육(初六)에게까지 미쳐 길하다는 뜻을
말하였습니다.

六二　比之自内　貞　吉
육이　비지자내　정　길

돕는 데 안으로부터 하니 굳고 바르게 하면 길하다.

육이(六二)는 유순하고 중정하며, 다섯 음(陰) 중 양인 구오(九五)
와 정응이 되는 자리이기 때문에 구오(九五)를 잘 도와줄 수 있는
자입니다.

육이(六二)가 하체에 있어 하체(안) 상체(밖)의 관점에서 볼 때 안이기 때문에, 또 육이(六二)가 진실한 마음으로 돕기 때문에 안으로부터 돕는다(比之自內)고 하였으며, 곧고 바르게 하면 길하다(貞 吉)고 하여 음(陰)인 육이(六二)를 경계하였습니다.

六三 比之匪人
육삼 비 지 비 인

돕는데 사람이 아니다.

> ▪ 匪 : 아닐 비

육삼(六三)은 부중부정(不中不正)할 뿐만 아니라 아래 위가 모두 음이며 응하는 것도 음입니다. 비(比)괘에 있어서 도움을 주지 못하는 소인배로 볼 수 있습니다.

그래서 효사에서 '사람이 아니다(比之匪人)'라고 하였는데 요즘 '사람 같지 않은 사람'이라고 말할 때와 같은 뜻으로 보겠습니다.

六四 外比之 正 吉
육 사 외 비 지 정 길

밖에서 도우니 바르게 해서 길하다.

육사(六四)는 음으로써 음의 자리, 바른 자리에 거하고 있습니다. 그리고 아래로 초육(初六)과 응하지 않으면서 구오(九五)와는 상비(相比:서로 돕는 관계)이기 때문에 상체 즉, 밖에서 구오(九五)를 돕는 것(外比之)으로 표현하였습니다. 그리고 이러한 도움이 바름을 얻었기 때문에 길한(正 吉) 것입니다.

九五 顯比 王用三驅 失前禽 邑人不誡 吉
구 오 현 비 왕 용 삼 구 실 전 금 읍 인 불 계 길

> 드러나는 도움이니 왕이 사냥을 함에 있어서 삼면을 터주어 앞에 있는 짐승을 놓아주니 읍인도 경계하지 않으므로 길하다.

- 顯 : 나타날 현
- 用 : 쓸 용
- 驅 : 몰 구
- 禽 : 날짐승 금
- 邑 : 고을 읍
- 誡 : 경계할 계

구오(九五)는 모든 음으로부터 도움을 받는 위치에 있으며, 한편으로는 유일한 양으로써 음들을 도와야 하는 역할도 하여야 합니다.

효사의 현비(顯比)는 왕의 자리에서 백성들을 돕는 것이 밖으로 크게 드러난다는 뜻입니다. 구오(九五)는 양강하며 중정한 자리에 있고 아래의 육이(六二)와 정응이 되어 이러한 도움을 잘할 수 있는 능력을 가진 자입니다.

왕용삼구 실전금(王用三驅 失前禽)은 왕이 사냥을 함에 있어서 삼면을 터주어 본인에게 다가오지 않는 짐승은 잡지 않은 사례를 예

로 들어 백성들에게 무리를 강요하지 않고 순리에 따르는 모습을 보임으로써 백성들이 왕을 경계하지 않는 상황(邑人不誡)을 말하고 있습니다. 그 결과는 당연히 길(吉)한 것입니다.

上六　比之无首　凶
상육　비지무수　흉

돕는 데 머리가 없으니 흉하다.

■ 首 : 머리 수, 시작 수, 처음 수

상육(上六)은 음유하면서 중(中)을 얻지 못했고 험한 것(坎·감)의 극에 거처하니 돕는 것을 잘할 사람이 아닙니다.

'머리가 없으니 흉하다(比之无首 凶)'고 하였는데, 머리가 없으면서 꼬리가 있는 것은 없으니, 상육이 도움에 있어 시작함이 없어 그 끝이 없으니 흉하다는 뜻입니다.

9
小畜(소축)

比者 比也 比必有所畜 故 受之以小畜
비 자 비 야   비 필 유 소 축   고   수 지 이 소 축

비(比)는 돕는 것이다. 도우면 반드시 쌓는 바가 있으니, 비(比)괘 다음에
소축(小畜)괘로 받았다.

- 比 : 도울 비   ■ 畜 : 쌓을 축

괘 명 (문왕文王)

巽손〈 ䷸ 風풍·바람
乾건〈   天천·하늘

전쟁(師)이 끝나고 서로 도우니 어느 정도 쌓을 수 있다고 하여
비(比)괘 다음에 소축(小畜)괘가 오게 되었습니다.

소축(小畜)괘와 다음의 리(履)괘는 모두 양효 다섯과 음효 하나로 이루어져 있는데 음효의 위치가 소축(小畜)괘에서는 네 번째 자리 바른 자리이고, 리(履)괘에서는 세 번째 자리 양의 자리를 차지하여 바르지 못한 자리입니다. 따라서 소축(小畜)괘에서의 음효는 그 역할을 다하지만, 리(履)괘에서는 상서롭지 못한 결과를 초래합니다.

전체 괘를 보면 아래의 건(乾) 세 양효가 모두 위로 올라가려 하고 위의 손(巽)괘는 음괘로써 위로 올라오는 양기를 막고 있는데 음괘로써 막는 힘이 약하기때문에 작게 축적하는 형국입니다. 그래서 대축(大畜)괘에 비하여 소축(小畜)이라고 하였습니다.

소축(小畜)은 '음(陰)으로써 쌓는다'는 뜻과 '적게 쌓는다'는 뜻의 이중적인 의미가 있습니다.

괘 사 (문왕文王)

巽손 〈 ▤ 風풍·바람
乾건 〈 ▤ 天천·하늘

小畜 亨 密雲不雨 自我西郊
소 축 형 밀 운 불 우 자 아 서 교

형통하다. 구름이 빽빽하나 비가 내리지 않는 것은 내가 서쪽 교외로부터 하기 때문이다.

- 畜 : 쌓을 축   - 密 : 빽빽할 밀   - 自 : ~로부터 자
- 雲 : 구름 운   - 郊 : 들 교

위로 상승하는 양의 기운과 이를 축적하는 음의 기운이기 때문에 음과 양이 합하는 뜻이 있어 형통합니다.(亨) 그러나 음기가 약해 두 기운이 화합하지 못해서 양이 계속 올라가기 때문에 구름이 자욱하나 비(雨)를 내리지 못한다(密雲不雨)는 뜻이 있습니다.

호괘 태(兌)가 서쪽 방향을 가리키고 있고(참조 : 문왕팔괘·후천팔괘), 서쪽 바람은 건조하기 때문에 동남쪽 바람에 비하여 비를 몰고 오지 않는 특성이 있습니다.

한편으로는 괘사를 지은 문왕이 중국의 서쪽 교외에 본거지를 두고 있었기 때문에(自我西郊) 소축(小畜)의 상태에서는 그 뜻을 이루기 어렵다는 의미도 있다 하겠습니다.

효 사 (주공周公)

初九　復　自道　何其咎　吉
초 구　복　자 도　하 기 구　길

회복하는 것이 도(道)로부터 함이니 무슨 허물이 있겠는가. 길하다.

- 復 : 돌아올 복　　- 自 : ~부터 자　　- 何 : 어찌 하

초구(初九)는 건(乾)체에 속해 있으며 아래에 있고, 바른 자리를 얻었으니 위로 올라감이 당연한 이치이며(復 自道) 허물이 없습니다.(何其咎)

양은 원래의 위치가 위이기 때문에 회복한다는 복(復)자를 씁니다. 그침을 주관하는 육사(六四)와는 거리가 멀어 그침을 당하지 않기 때문에 길(吉)합니다.

九二 牽復 吉
구 이　견 복　길

이끌어서 회복함이니 길하다.

- 牽 : 이끌 견

구이(九二)는 강양으로 中(중)을 차지하였습니다. 비(比)가 되는 초구(初九) 구삼(九三), 세 양이 모두 위로 올라가는 뜻을 가지고 있으므로 서로 손을 맞잡고 이끌어 연합해서 위로 회복하는 상(牽復)입니다. 길(吉)합니다.

리(離, 눈·수레)

九三 與説輻 夫妻反目
구 삼　여 탈 복　부 처 반 목

수레의 바퀴살이 빠지며 부부간에 반목한다.

- 説 : 벗을 탈　　- 輻 : 바퀴살 복　　- 夫 : 지아비 부
- 妻 : 아내 처　　- 反 : 뒤집을 반　　- 目 : 눈 목

구삼(九三)은 양강으로 양의 자리, 위로 올라가려 하는 뜻이 매우 강한 자입니다. 그러나 육사(六四)와 가까이에 있어 육사(六四)로부터 심하게 제지를 받는 형상입니다. 그래서 수레의 축이 빠진 것과 같다, 부부간에 반목한다(輿説輻 夫妻反目)고 하였습니다.

수레의 축이 빠졌으니 나아갈 수가 없으며, 음양을 부부로 비유하면 부처(夫妻)가 화합하지 못하고 반목하는 상입니다. 수레와 반목의 목(目)은 호괘 리(離)에서 따온 상입니다.

六四 有孚 血去 惕出 无咎
육 사 유 부 혈 거 척 출 무 구

믿음이 있으면 위험이 사라지고 두려움에서 벗어나니 허물이 없다.

- 血 : 피 혈   - 去 : 사라질 거   - 惕 : 두려울 척

육사(六四)는 음으로써 음의 자리에 위치하고 구오(九五)와 서로 돕는 위치에 있습니다.

음으로써 상진(上進)하는 세 양을 쌓아서 축적을 이루는 이 괘의 주효가 됩니다. 그러나 음으로써 양을 대적하는 것은 상당히 위험성이 있습니다. 그래서 '성심성의를 다하고 믿음이 있으면 피(血)를 피하고 두려움에서 벗어나 허물이 없다(有孚 血去 惕出 无咎)'고 하였습니다.

九五　有孚　攣如　富以其鄰
구 오　유 부　련 여　부 이 기 린

　　밈음을 가지고 이끌어서 부(富)를 그 이웃과 같이하다.

■ 攣 : 당길 련　　■ 富 : 넉넉할 부　　■ 鄰 : 이웃 린

　구오(九五)가 양강하고 중정합니다. 높은 지위와 축적된 부(富)를 가지고 있습니다. 축적된 부(富)가 많지는 않지만(小畜), 믿음을 가지고 이웃과 함께 나누어 씁니다. 부(富)를 사용해서 민심을 얻는 것입니다.

上九　既雨既處　尙德　載
상 구　기 우 기 처　상 덕　재

婦　貞　厲　月幾望　君子　征　凶
부　정　여　월 기 망　군 자　정　흉

　　이미 비 오고 그침은 덕(德)을 숭상하여 가득 찼음이니 부인이
　　고집만 하면 위태롭고, 달이 거의 보름이니 군자가 가면 흉하다.

■ 既 : 이미 기　　■ 處 : 그칠 처　　■ 載 : 실을 재
■ 幾 : 거의 기　　■ 望 : 바랄 망　　■ 征 : 나아갈 정

소축(小畜)의 마지막 효로 소축(小畜)이 끝나는 괘입니다. 역의 원리는 가득차면 이지러지고 이지러진 것은 다시 자라는 변화를 근본으로 하고 있습니다. 그래서 소축(小畜)괘는 마지막에 이루어지고 대축(大畜)괘는 마지막에 흩어지는 효사를 가지고 있습니다.

상구(上九)는 손(巽)체의 마지막으로 손순(巽順)함이 극진한 자입니다. 그러나 음(陰)의 체내에서 양으로써 음의 자리에 있기 때문에 음의 강함을 계속 고집하면 흉한 결과를 초래할 수도 있습니다. 그래서 효사에서 '이미 비가 오고 또 그쳤다(旣雨旣處)' '덕을 숭상함이 가득하다(尙德 載)'고 하여 소축(小畜)괘가 이루어졌음을 말하고 또 '여자가 계속 고집하면 위태하다(婦 貞 厲)' '달이 이미 보름에 가까우니 군자가 나아가는 것이 흉하다(月幾望 君子 征 凶)'고 하여 음(陰)의 기세가 강성함을 경계하고 있습니다.

10

履(리)

서괘전 (序卦傳)

物畜然後 有禮 故 受之以履
물 축 연 후 유 례 고 수 지 이 리

물건이 쌓인 연후에 예가 있으니 소축(小畜)괘 다음에 리(履)괘로 받았다.

- 禮 : 예도 례   - 履 : 밟을 리

괘 명 (문왕文王)

乾건 〈 ▦ 天천·하늘
兌태 〈 ▦ 澤택·못

　서로 도와서 어느 정도 축적이 되어 먹고 살만 하면 '예절을 알
아야 한다.' 해서 소축(小畜)괘 다음에 리(履)괘로 받았습니다.
　리(履)는 '예의'와 '밟는다'는 뜻이 있습니다. 서괘전(序卦傳)의 논

리에서는 예의의 뜻이 적합하지만 괘상을 보면 다섯 양과 일음으로 구성된 괘에서 음이 세 번째자리 바르지 못한 위치에 있기 때문에 음이 양에게 밟히는 뜻이 설득력이 있다고 하겠습니다.

괘 사 (문왕文王)

乾건 〈 天천·하늘
兌태 〈 澤택·못

履虎尾 不咥人 亨
이 호 미 부 질 인   형

호랑이 꼬리를 밟더라도 사람을 물지 않으면 형통하다.

- 虎 : 범 호   - 履 : 밟을 리
- 尾 : 꼬리 미   - 咥 : 물을 질

이 괘사는 '호랑이 꼬리를 밟았으나 물지 않으니 형통하다'로 해석됩니다.

그러나 괘상과 괘사 그리고 효사를 종합하여 보면 육삼(六三)과 구사(九四)가 모두 호랑이 꼬리를 밟았으나 육삼(六三)은 호랑이에게 물리고, 구사(九四)는 놀라고 두려워하여 마지막에 길함을 얻는데 이는 호랑이보다는 호랑이 꼬리를 밟은 자의 처신에 따라서 길과 흉의 결과가 좌우되는 것입니다.

따라서 괘사를 '호랑이 꼬리를 밟았으나 물지 않으니 형통하다.'고 해석하여 호랑이가 물지 않는 것이 당연한 것으로 해석하지 말고 사람의 처신에 따라 길흉이 결정되는 것으로 해석하여야 옳을 것입니다.

初九 素履 往 无咎
초 구 소 리 왕 무 구

평소의 걸음으로 가면 허물이 없다.

- 初 : 처음 초
- 素 : 본디 소
- 履 : 신 리, 밟을 리
- 往 : 갈 왕

초구(初九)는 양으로서 아래에 있고 리(履)괘의 처음에 거처하되 위로 응이 없어 이익이나 물건을 따라 움직이지 않고 꾸밈이 없이 본래대로 가는 사람입니다.(素履 往) 허물이 없습니다.(无咎)

九二 履道 坦坦 幽人 貞 吉
구 이 이 도 탄 탄 유 인 정 길

밟는 도(道)가 평탄한 홀로 그윽한 사람이다. 굳고 바르게 하면 길하다.

- 坦 : 평평할 탄
- 幽 : 그윽할 유

구이(九二)는 양강으로 중(中)을 얻었고 아래에 있으면서 위로 응이 없기 때문에, 밟는 도가 평탄하고 그윽하게 홀로 바름을 지키는 (履道 坦坦 幽人) 상입니다.

굳고 바르게 함이 길하다(貞   吉)고 하였는데, 이는 구이(九二)가
음의 자리에 있기 때문에 경계하는 말입니다.

六三 眇能視 跛能履 履虎尾 咥人 凶 武人 爲于大君
육 삼 묘 능 시 파 능 리 이 호 미   질 인   흉   무 인   위 우 대 군

애꾸눈이 보고 절름발이가 걷다. 호랑이 꼬리를 밟으니 사람을 물
어 흉하고 무인(武人)이 대군(大君)이 되다.

- 眇 : 애꾸눈 묘   - 能 : 능할 능   - 視 : 볼 시
- 跛 : 절름발이 파   - 咥 : 물을 질   - 武 : 굳셀 무, 군인 무

육삼(六三)은 중(中)하지도 정(正)하지도 못하고(不中不正) 자질은
부족하면서 뜻만 강하니, 이렇게 위의 건(乾)을 밟으면 반드시 상하
고 해침을 당할 상입니다.

그래서 효사에서 애꾸눈이 보고, 절름발이가 걷는다. 호랑이 꼬
리를 밟아 사람을 무니 흉하다(眇能視 跛能履 履虎尾 咥人 凶)고
하였습니다.

또 무인이 큰 벼슬을 차지한다(武人 爲于大君) 하였는데 덕이 아
닌 무력(武力)으로 큰 벼슬을 맡아 과연 그 역할을 잘 할 수 있을까
요? 역시 흉한 결과가 있을 것입니다.

九四 履虎尾 愬愬 終吉
구 사 이 호 미 삭 삭 종 길

> 호랑이 꼬리를 밟으나 조심하고 두려워하면 마지막에는 길할 것이다.

▪ 愬 : 조심할 삭(하소연할 소), 두려워할 색

　구사(九四)는 양강으로 음의 자리입니다. 능력이 있고 순함으로 처신하는 관리입니다. 그래서 호랑이 꼬리를 밟으나 두려워하고 조심하면 마지막엔 길하다고 하였습니다.

九五 夬履 貞 厲
구 오 쾌 리 정 여

> 결단해서 밟음이니 고집하면 위태하다.

▪ 夬 : 결단할 쾌

　구오(九五)는 양강중정(陽剛中正)한 자로써 강하게 결단을 행하는 인군입니다. 효사에서 과감하고 결단성 있게 밟는다고 하였고(夬履) 그러한 상태로 계속하면 위태롭다(貞 厲)하였는데 이는 강하게 결단을 행하는 자가 두려워하고 조심하지 않으면 위태함이 그 속에 내재되어 있다는 뜻입니다.

上九 視履 考祥 其旋 元吉
상구 시리 고상 기선 원길

밟아온 것을 보아서 상서롭고 두루 잘했으면 크게 길하다.

- 考 : 상고할 고   - 祥 : 상서로울 상   - 旋 : 두루 선

상구(上九)는 리(履)의 마지막 효입니다. 여기에서는 그동안 밟아 온 길을 돌이켜 회고해 보는 자리입니다. 그래서 밟아온 길을 돌이켜 볼 때 원만하고 하자가 없으면 크게 길하다(視履 考祥 其旋 元吉)고 하였습니다. 돌이켜 보아서 허물이 있으면 그에 따라 길흉이 결정되겠지요.

11

泰(태)

서 괘 전 (序卦傳)

履而泰然後 安 故 受之以泰
이 이 태 연 후　안　고　수 지 이 태

예절을 지켜 태평한 연후에 편해지니 리(履)괘 다음에 태(泰)괘로 받았다.

- 履 : 밟을 리　　- 泰 : 통할 태　　- 安 : 편안할 안

괘 명 (문왕文王)

坤곤〈  地지·땅
乾건〈 天천·하늘

'쌓고(小畜), 예의(履)를 갖추면 편안하다' 하여 태(泰)괘로 받았습니다.

태(泰)괘는 많은 책에서 지천태(地天泰), 태(泰)괘에 이어지는 비

(否)괘는 천지비(天地否)로 표기하고 있는데 땅이 위에 있고 하늘이 아래에 있는 것이 태평하고, 하늘이 위에 있고 땅이 아래에 있는 것이 비색하다는 것이 통상적인 생각으로는 납득이 되지 않는 설명입니다.

　그래서 역의 괘는 '기(氣)'로 보아야 하는 것입니다. 태(泰)괘는 순수한 음괘인 곤(坤)이 위에 있어 아래로 향하고, 순수한 양괘인 건(乾)이 아래에 있어 위로 향하기 때문에 상하가 교류하며 화합하여 태평한 상황을 만든다는 뜻입니다.

　공자께서도 태(泰)괘와 비(否)괘의 효사를 읽고 무릎을 쳤다는 정도로 역의 음양사상이 잘 표현된 대표적인 괘라 할 수 있겠습니다.

괘 사 (문왕文王)

坤곤〈▬▬▬〉地지·땅
乾건〈▬▬▬〉天천·하늘

泰　小　往　大　來　吉　亨
태　소　왕　대　내　길　형

태(泰)는 작은 것이 가고 큰 것이 오니 길하고 형통하다.

- 泰 : 클 태　　　- 往 : 갈 왕

　역의 괘상을 해석함에 있어 하괘와 상괘를 아래와 위로 보는 경우도 있고, 안과 밖으로 보는 경우도 있고, 시간적인 측면에서 처음과 나중으로 보는 경우도 있습니다.

괘사에서는 내괘와 외괘를 안과 밖으로 보아서 대인 즉 양(陽)이 오고 소인 즉, 음(陰)이 가니 길하고 형통하다고 하였습니다. 괘상의 여러 의미 중 중요한 하나입니다.

효 사 (주공周公)

初九 拔茅茹 以其彙 征 吉
초구 발모여 이기휘 정 길

띠뿌리를 뽑는 것이니 그 무리와 함께 치면 길하다.

- 拔 : 뺄 발
- 茅 : 띠 모
- 茹 : 뿌리 여
- 彙 : 무리 휘
- 征 : 칠 정, 갈 정

초구(初九)는 비록 아래에 있지만 정위에 있고 그 본성이 양강합니다. 양은 본래 위로 가는 성질이 있고 그 동류와 함께 있기 때문에 같이 위로 향합니다. 군자나 소인이나 동류의 도움을 받지 않고 홀로 설 수 있는 사람은 없습니다.

띠뿌리를 뽑다. 그 무리와 함께 정벌하니 길하다(拔茅茹 以其彙 征 吉)고 하였는데 띠뿌리는 상체의 세 음, 즉 소인들입니다.

태평한 세상을 유지하기 위해서는 초구도 위의 두 양들과 힘을 합하여 간신들을 쳐야 길한 것입니다.

九二 包荒 用馮河 不遐遺 朋亡 得尚于中行
구 이 　포 황 　용 빙 하 　불 하 유 　붕 망 　득 상 우 중 행

> 거치른 것도 포용하고, 걸어서 하수(河水)를 건너며, 멀리 있는 것
> 도 버리지 않고 붕당을 없애면 중도(中道)를 행함에 숭상함을 얻
> 을 것이다.

- 包 : 쌀 포　　　　 ■ 荒 : 거칠 황　　　 ■ 馮 : 걸어서 건널 빙
- 河 : 강 이름 하　　 ■ 遐 : 멀 하　　　　 ■ 遺 : 버릴 유
- 尚 : 숭상 상, 합할 상

　구이(九二)는 양강하고 중의 자리를 차지하였으며 육오(六五)와 정
응으로 유약한 인군인 육오(六五)를 돕고 있는 양강한 신하입니다.

　태평한 세상은 애써 노력하지 않으면 지속되기가 어렵습니다.
그래서 태평한 세상의 중심에 있는 인군 육오(六五)와 양강한 신
하 구이(九二)는 부단한 노력을 기울여야만 합니다.

　효사에서 거친 것도 포용하고(包荒), 걸어서 험한 강을 건너는
용기와 과단성(用馮河), 소외된 것들을 돌보는 배려와 포용심(不
遐遺) 그리고 붕당에 휩쓸리지 않고(朋亡) 중도를 걸어 바르게 나
아가면 숭상함을 얻을 것(得尚于中行)이라고 하였습니다.

　임금을 모시는 신하들이 이렇게 하지 않으면 태평한 세상이 오
래 갈 수 있을까요?

九三 无平不陂 无往不復 艱貞 无咎 勿恤 其孚
구삼 무평불피 무왕불복 간정 무구 물휼 기부

于食 有福
우식 유복

기울어지지 않는 평평함은 없으며 가서 돌아오지 않는 것은 없으
니, 어려워도 바름을 지키면 허물이 없고, 걱정하지 말고 믿으면
먹는 것에 복이 있을 것이다.

- 平 : 평평할 평   - 陂 : 언덕질 피   - 復 : 돌아올 복
- 艱 : 어려울 간   - 咎 : 허물 구   - 勿 : 말 물
- 恤 : 근심 휼, 걱정할 휼

　괘의 하괘와 상괘는 선천 혹은, 후천이라고도 말하듯이 구삼
(九三)의 자리는 상황이 바뀌어 변역(変易)하는 경계입니다.

　구삼(九三)의 자리는 태평한 세상에서 그렇지 못한 세상으로 바
뀌는 시점이 될 수도 있습니다. 그래서 기울어지지 않는 평탄함은
없으며(无平不陂) 가서 돌아오지 않는 것도 없다(无往不復) 하였고
산을 오르듯이 굳고 바르게 해야 허물이 없다(艱貞 无咎)고 하였습
니다.

　또한 이러한 변화는 낮이 가면 밤이 오는 것처럼 자연스러운 이치
이기 때문에 크게 근심하지 않고 믿음을 가지면 복을 받을 것(勿恤
其孚 于食 有福)이라고 하였습니다. 구삼(九三)에게 태평한 세상이
변화하는 것을 두려워하지 말고 안분자족(安分自足)하며, 꿋꿋하고
바르게 행동하면 복을 받을 것이라고 용기를 주고 있습니다.

태(泰)괘의 중간을 지나 비색(否塞)함이 오려고 하는 때에 잘 대처할 수 있는 사람은 그 복을 오래 누릴 수 있을 것입니다.

六四 翩翩 不富以其鄰 不戒以孚
육사 편편 불부이기린 불계이부

　새가 무리지어 날다. 부유하지 않아도 그 이웃과 함께하면 경계하지 않고 믿는다.

- 翩 : 날 편　　- 富 : 넉넉할 부
- 鄰 : 이웃 린　　- 戒 : 경계할 계

육사(六四)는 음으로써 음자리 바른자리에 있는 신하입니다. 태평한 시기가 이미 기울기 시작했기 때문에 분주하게 활동하여야 합니다. 효사에서 편편(翩翩)은 새가 어지럽게 빨리 나는 모습으로 분주하게 움직이는 모습을 표현하였습니다. 육사(六四)가 태평한 세상이 기우는 때에 음(陰)으로서 비록 부유하지는 않지만(능력이 크진 않지만)그 이웃과 함께하면, 그 이웃들(육오, 상육)도 경계하지 않고 믿음(不富以其鄰 不戒以孚)으로 힘을 합쳐 육사(六四)를 도울 것입니다.

　길흉은 어떻게 처신하였느냐에 따라 좌우되기 때문에 언급하지 않았습니다.

六五 帝乙歸妹 以祉 元吉
육 오　제 을 귀 매　이 지　원 길

제을(帝乙)이 여동생을 시집보내니 이로써 복을 받고 크게 길할 것이다.

- 帝 : 임금 제
- 乙 : 새 을, 십간의 둘째 을
- 歸 : 시집갈 귀
- 妹 : 누이동생 매
- 祉 : 복 지

　육오(六五)는 인군의 자리이기 때문에 소인으로 얘기하지 않았습니다. 다만, 인군으로서 태평한 세상을 유지하기에는 음으로서 능력이 부족한 사람입니다(음이기 때문에). 그러나 아래에 양강한 구이(九二)와 정응이 되기 때문에 구이(九二)의 도움을 받을 수 있습니다.

　효사에서는 상(商)나라의 왕 제을이 신하로 있던 문왕(文王)에게 여동생을 시집 보냄으로써(帝乙歸妹) 도움을 받아 국가를 튼튼하게 한(以祉 元吉) 고사를 예로 들었습니다.

上六 城復于隍 勿用師 自邑告命 貞 吝
상 육　성 복 우 황　물 용 사　자 읍 고 명　정　인

성이 무너져 해자(垓字)로 돌아감이니 군대를 쓰지 말고, 자신의 읍부터 명령을 내려라. 바름을 지키더라도 부끄러울 것이다.

- 復 : 무너질 복   - 隍 : 해자(垓字) 황   - 師 : 군사 사
- 自 : ~로부터 자   - 邑 : 고을 읍   - 告 : 알릴 고
- 命 : 명령 명

태(泰)괘의 마지막에 상육(上六)이 소인으로써 거처하니 형국이 장차 비색하게 될 것입니다.

효사에서는 성이 무너져 다시 해자(垓字)가 되다.(城復于隍) 군사를 쓰지 말고 자기와 가까운 곳부터 안정되게 하라.(勿用師 自邑告命) 변하지 않으면 곤궁해진다(貞 吝)라고 하였습니다. 대세가 이미 기울어 장차 비색한 세상이 올 것이니 현실을 부정하지 말고 받아들이면서 가까운 곳부터 안정하라는 뜻입니다.

12
☰☷ 否(비)

서 괘 전 (序卦傳)

泰者　通也　物不可以終通　故　受之以否
태 자　통 야　물 불 가 이 종 통　고　수 지 이 비

태(泰)는 통하는 것이니 물건이 끝까지 통하는 것만은 아니다. 그러므로 태
(泰)괘 다음에 비(否)괘로 받았다.

▪ 通 : 통할 통　　▪ 否 : 막힐 비

괘 명 (문왕文王)

乾건〈　☰　　〉天천·하늘
坤곤〈　☷　　〉地지·땅

비(比)괘는 태(泰)괘와 반대로 건(乾)의 세 양이 위에 있고, 곤(坤)
의 세 음이 아래에 있습니다.

응(應)으로 보면 세 양과 세 음이 다 정응이 되나 괘 자체가 양괘 건(乾)은 위로 가고 음괘 곤(坤)은 아래로 가기 때문에 서로 떨어져 불통하는 형국입니다.

상하가 이격, 불통되기 때문에 비색한 세상이 되는 것이죠.

괘 사 (문왕文王)

乾건 〈 天천·하늘
坤곤 〈 地지·땅

否之匪人 不利君子貞 大往小來
비 지 비 인   불 리 군 자 정   대 왕 소 래

사람의 도가 아니니 군자가 바름을 지키는 데 이롭지 않다. 큰 것이 가고 작은 것이 오다.

▪ 匪 : 아닐 비   ▪ 往 : 갈 왕   ▪ 來 : 올 래

괘사에서는 태(泰)괘와 마찬가지로 상하를 안과 밖으로 비유하여 대인이 멀리 떠나고 소인이 오는 것(大往小來)으로 표현하였습니다.

비(否)는 사람의 도리에 어긋나는 세상이니 군자의 곧고 바름이 이롭지 못하다고 하였는데 소인이 득세한 세상에서는 군자가 뜻을 펴지 못하고 오히려 해를 당하기 쉽기 때문입니다.

역사를 보면 난세에 군자가 큰 역할을 하지 못한 것에 대한 아쉬움이 있는데 그것은 이상이고, 현실세계에서는 대부분 그렇지 못하여 덕이 있는 사람들이 세상을 등지고 도피하였던 것입니다.

初六　拔茅茹　以其彙　貞　吉　亨
초 육　발 모 여　이 기 휘　정　길　형

띠뿌리를 뽑는데 그 무리를 함께 뽑는다. 굳고 바르게 하면 길하
고 형통하다.

- 拔 : 뺄 발
- 茅 : 띠 모
- 茹 : 뿌리 여, 먹을 여
- 彙 : 무리 휘

초육(初六)은 비색한 때에 있으나 초효이기 때문에 아직 비색함
이 심하지 않은 때입니다. 그래서 띠뿌리를 뽑는데 그 무리를 함께
뽑아 발본색원하고(拔茅茹 以其彙), 굳고 바르게 하면 길하고 형통
할 수가 있습니다.(貞 吉 亨)

六二　包承　小人　吉　大人　否　亨
육 이　포 승　소 인　길　대 인　비　형

포용하여 이음이니, 소인은 길하고 대인은 비색하여야 형통하다.

- 包 : 쌀 포
- 承 : 이을 승

육이(六二)는 다른 괘에서는 중정을 갖추고 위로 구오(九五) 인군과 정응이 되기 때문에 길한 경우가 많지만 지금은 막히고 통하지 않는 비색한 때이기 때문에 경우가 다릅니다.

비색한 세상에서 위의 뜻을 받드는 것(包承)은 소인에게는 길(小人 吉) 할 수 있으나 군자는 받들지 않아야(大人 否) 그 비색한 것이 나중에 형통한 것(亨)으로 변할 수 있는 것입니다.

六三 包羞
육 삼　포 수

부끄러움을 감싸다.(끌어안다)

- 羞 : 부끄러울 수

육삼(六三)은 음유하고 부중부정(不中不正)하여 소인의 증상이 극도에 달한 사람으로 부끄럽고 욕됨을 끌어안는 사람입니다.(包羞) 소인의 진면목을 보여주는 사람이죠. '얼굴에 철판을 깔았다'는 말이 생각나네요.

九四 有命 无咎 疇 離祉
구 사　유 명　무 구　주　이 지

명이 있으면 허물이 없고 무리가 모두 복을 받을 것이다.

■ 疇 : 동무 주　　■ 離 : 걸릴 리　　■ 祉 : 복 지

　구사(九四)는 비색한 세상이 다시 바뀌는 자리입니다. 앞의 태(泰)
괘에서는 삼효 자리에서 변화를 얘기하였는데 태(泰)는 태평한 세상
이고 비(否)는 비색한 세상이기 때문에 태평한 것은 쉽게 바뀔 수 있
기에 삼효 자리에서 변화를 얘기하였고, 비색한 세상은 각고의 노력
을 기울여야 비로소 변화할 수 있고 그 변화가 늦게 나타나기 때문
에 여기에서는 사효의 자리에서 변화를 얘기하는 것입니다.

　구사(九四)는 양강하면서 음의 자리에 있기 때문에 부드러움을
쓸 줄도 압니다. 그래서 비색한 세상을 바로 잡는데 구오(九五) 인군
의 명을 잘 받들어 다른 두 양과 합심하여 비색한 세상을 다스릴 수
있는 사람입니다. 따라서 명을 받들면 허물이 없으며(有命 无咎) 그
동류가 함께 복을 받을 것(疇 離祉)이라고 하였습니다.

九五 休否 大人 吉 其亡其亡 繫于苞桑
구 오　휴 비　대 인　길　기 망 기 망　계 우 포 상

　　비색한 것이 쉬니 대인의 길함이다. 망할까 망할까 하여야 무성한
　　뽕나무에 매어 놓은 것처럼 될 것이다.

▪ 休 : 쉴 휴, 아름다울 휴	▪ 亡 : 망할 망	▪ 繫 : 맬 계
▪ 苞 : 무성할 포	▪ 桑 : 뽕나무 상	

　　구오(九五)는 비색한 세상이 다스려지는 시기에 인군의 자리에
있는 양강하고 중정한 사람입니다. 비색한 세상을 다스릴 수가 있
죠. 그래서 비색함이 멈추니(休否) 대인에게 길하다(大人 吉)고 하였
습니다.

　　그러나 비색함이 아직 끝난 것이 아니기 때문에 망할까 망할까 하
는 걱정과 염려, 그리고 그에 대한 대비를 하여야 무성하고 튼튼한 뽕
나무에 매달듯 안정될 수 있다(其亡其亡 繫于苞桑)고 하였습니다.

　　비색한 세상이 멈추는 시기입니다만, 경계를 늦추면 다시 비색한
세상으로 환원될 것이라는 주의를 하는 것입니다.

上九 傾否 先否 後喜
상구 경비 선비 후희

비색한 것이 기울어짐이니 먼저는 비색하고 나중에는 기쁘다.

- 傾 : 기울어질 경
- 先 : 먼저 선
- 後 : 뒤 후
- 喜 : 기쁠 희

비색한 세상이 기우는 시기입니다(傾否). 상구(上九)는 강양으로써 비색한 세상의 마지막을 다스릴 수 있기 때문에 먼저는 비색하였으나 나중에는 기쁘다(先否 後喜)고 하였습니다.

13
同人(동인)

物不可以終否　故　受之以同人
물 불 가 이 종 비　고　수 지 이 동 인

물건이 끝까지 막힐 수만은 없으니, 비(否)괘 다음에 동인(同人)괘로 받았다.

- 同 : 같을 동　　■ 人 : 사람 인

괘 명 (문왕文王)

乾건〈 　天천·하늘
離리〈 　火화·불

태평한 세상이 지나 비색한 세상이 왔으니 사람들이 힘을 합쳐야
하겠지요. 그래서 비(否)괘 다음에 동인(同人)괘로 받았습니다.

동인(同人)은 사람끼리 뜻을 같이하는 것입니다. 대체적으로 동시대의 상하간, 평교간(平交間) 또는 거리상 멀고 가까운 사람끼리 뜻을 같이하는 것을 의미합니다만 경우에 따라서는 옛 사람과 현재 사람간의 뜻이 통하는 경우에도 사용을 합니다.

그래서 '뜻이 같으면 천 리 밖에서도 서로 응하며 천년의 세월을 뛰어 넘어서도 서로 합한다.'는 말이 있습니다.

괘 사 (문왕文王)

乾건〈 ▬▬▬ 天천·하늘
離리〈 ▬▬▬ 火화·불

同人于野 亨 利涉大川 利君子貞
동 인 우 야 　형 　이 섭 대 천 　이 군 자 정

사람과 같이하는 것을 들에서 하듯이 하면 형통하다. 큰 내를 건너는 것이 이로우며, 군자의 굳고 바름이 이롭다.

- 同 : 한 가지 동, 함께 동　　- 野 : 들 야　　- 涉 : 건널 섭

동인(同人)괘는 다섯 양과 일음의 괘로 음이 아래 괘의 중정(中正)을 차지하고 있어 모든 양이 같이 하고자 합니다.

괘사에서는 동인하는 도리를 얘기하며 동인우야(同人于野)하면 형통하다고 하였습니다.

이는 동인을 함에 있어서 들판과 같이 넓고 광활한 곳에서 하듯이 사심없이 하면 형통하다(亨)는 것이고 큰 일을 하는 것도 이롭다

(利涉大川)고 하였습니다. 군자의 굳고 바름이 이롭다(利君子　貞)고 하였는데 이는 사람을 사귐에 있어 정도로써 초심을 변치 말고 굳고 바르게 사귀라는 것을 강조한 것입니다.

효 사 (주공周公)

初九　同人于門　无咎
초 구　동 인 우 문　무 구

　　문 밖에서 동인하니 허물이 없다.

　• 門 : 문 문

　초구(初九)는 양강으로써 아래에 있으면서 정위(正位)하였고 위로 매이고 응함이 없어, 사사로이 주장함이 없으니 크게 허물이 없는 사람입니다.
　이것은 집을 나가 사귐으로써 사사로움에 얽매이지 않고 동인하는 것으로 허물이 없으니(同人于門 无咎) 동인의 바른 도리입니다.

六二 同人于宗 吝
육 이 　동 인 우 종 　인

동인을 종족끼리만 하니 부끄럽다.

> ▪ 宗 : 종당 종, 종묘 종

육이(六二)는 이 괘의 유일한 음으로써 중정의 자리에 있고 위로 구오(九五)와 정응이 되는 사람입니다.

동인(同人)의 도를 잘 실현할 수 있을 것 같으나 효사에서는 그 종친(즉, 자기 패거리)들과만 동인을 하니 인색하다(同人于宗 吝)고 하였습니다.

동인의 도는 폭넓게 뜻을 같이하는 모든 사람과 동인을 하여야 함이 마땅한데 육이(六二)는 대동(大同)하지 못하고 종친의 무리와만 동인하는 편협한 사람으로 보았습니다.

효사를 지은 주공의 경륜이 돋보이는 부분입니다.

九三 伏戎于莽 升其高陵 三歲不興
구 삼 　복 융 우 망 　승 기 고 릉 　삼 세 불 흥

군사를 풀 속에 잠복시키고 높은 언덕에 올라가 살피지만 3년이 되도록 일어나지 못하다.

구삼(九三)은 강으로써 강한 자리에 위치, 마음이 조급하고 부중(不中)하여 편벽된 사람입니다. 그리고 응이 없어 자기의 짝이 아닌 육이(六二)와 동인을 하려고 육이(六二)의 정응인 구오(九五)와 싸우려 합니다. 그러나 구삼(九三)이 인군의 자리에 있는 구오(九五)를 이길 수 있는 이치가 없습니다.

그래서 효사에서는 '군대를 풀숲에 매복시키고, 높은 고지에 오르나 3년을 일어나지 못한다(伏戎于莽 升其高陵 三歲不興)'고 하였는데 구오(九五)를 공격하기 위하여 군사를 매복시키고 구오(九五)를 경계하나 구오(九五)를 대적할 수 없어 3년 동안이나 일어나지 못한다고 한 것입니다.

九四　乘其墉　弗克攻　吉
구 사　승 기 용　불 극 공　길

담에 올라갔으나 공격하지 아니하니 길하다.

구사(九四) 역시 동인을 할 상대가 없어 육이(六二)와 동인하기 위하여 구오(九五)를 공격하려 합니다.

그러나 구사(九四)는 구오(九五) 인군의 아래 자리이고 양으로써 음의 자리에 처하여 유순함을 쓸 수 있기 때문에 담장에 오르나 공격하지 않으니(乘其墉 弗克攻) 길할 수가 있는 것(吉)입니다.

九五 同人 先號咷而後笑 大師克 相遇
구 오 동 인 선 호 조 이 후 소 대 사 극 상 우

먼저는 부르짖어 울고 뒤에는 웃으니 큰 군사로 이겨야 서로 만난다.

- 號 : 호소할 호, 부르짖을 호
- 咷 : 울 조
- 笑 : 웃을 소
- 克 : 이길 극
- 相 : 서로 상
- 遇 : 만날 우

구오(九五)는 양강하고 중정한 자리에 위치하였으며 다섯 양 중에서 유일하게 육이(六二)와 정응이 되는 사람입니다. 그러나 다른 양들의 질투로 인하여 쉽게 육이(六二)와 동인(同人)을 이룰 수가 없고 여러 어려움을 겪은 후에야 비로소 동인을 할 수가 있습니다.

그래서 동인에 있어서 먼저는 울부짖고, 나중에는 웃는다(同人 先號咷而後笑). 큰 군사로 이겨야만 서로 만난다(大師克 相遇)고 하였습니다.

上九 同人于郊 无悔
상구 동인우교 무회

동인을 교외에서 하니 후회가 없다.

■ 郊 : 성 밖 교   ■ 悔 : 뉘우칠 회

상구(上九)는 동인(同人)의 마지막이고 더불어 응이 되는 사람이 없습니다. '교외에서 동인하니 후회가 없다(同人于郊 无悔)'고 하였는데 교외는 초효의 들(野)보다 도시에 가까운 지역을 뜻합니다.

동인(同人)하고 싶으나 그 응(應)도 없고 지위가 없는 자리이며 육이(六二)를 두고 구오(九五)와 싸움은 감히 생각지도 않습니다. 따라서 동인(同人)하는 사람이 없기 때문에 후회할 일도 없는 것이죠.

14

大有(대유)

서괘전 (序卦傳)

與人同者 物必歸焉 故 受之以大有
여인동자 물필귀언 고 수지이대유

사람과 더불어 같이하는 자는 물건이 반드시 모여들게 되니 동인(同人)괘
다음에 대유(大有)괘로 받았다.

▪ 歸 : 돌아올 귀   ▪ 焉 : 어조사 언

괘명 (문왕文王)

離리〈 火화·불
乾건〈 天천·하늘

　비색한 세상에서 벗어나 사람들이 뜻을 같이하여 동인(同人)하니
크게 얻음이 있다하여 동인괘 다음에 대유(大有)괘로 받았습니다.

대유(大有)괘는 일음(一陰)이 다섯 번째 존귀한 자리를 차지하여 뭇 양들의 도움을 받는 것입니다.

여기에서 대(大)는 곧 양을 의미합니다. 즉, 양이 많이 있는 것(大有)이죠. 한편으로 상체 리(離)는 태양, 하체 건(乾)은 하늘을 상징하는 면이 있으므로 하늘에 태양이 떠서 만물을 비추므로 크게 수확이 있다는 뜻에서 대유(大有)라는 명칭을 썼다고도 볼 수 있겠습니다.

괘사 (문왕文王)

離리〈 火화·불
乾건〈 天천·하늘

大有 元亨
대유　원형

대유(大有)는 크게 형통하다.

괘상을 보면 음이 높고 존귀한 자리에서 중을 차지하였고, 아래 정응인 구이를 비롯하여 강양들의 도움을 받으니 크게 형통한 괘상입니다.(大有 元亨)

初九　无交害　匪咎　艱則无咎
초 구 　무 교 해 　비 구 　간 즉 무 구

해로운 데에 사귐이 없으니 허물이 아니나 어렵게 여기고 조심하
여야 허물이 없다.

- 交 : 사귈 교
- 害 : 해로울 해
- 匪 : 아닐 비
- 艱 : 어려울 간

초구(初九)는 양으로써 바른 자리에 있습니다. 대유(大有)괘는 부
유하기 때문에 교만하고 넘치는 실수를 두려워 해야 하는데 초구(初
九)는 대유(大有)의 처음에 있으니 아직 성대하지 않고 낮은 데 거처
해서 응함과 더불음이 없으니 크게 허물이 없는 자입니다.

그래서 사귐에 있어 해가 되지 않으니 허물은 아닙니다(无交害
匪咎). 그러나 부유하면 해로움이 적지 않으니 어려워하고 두려워 해
야 허물이 없다(艱則无咎)고 하였습니다. '부자가 타락하지 않기가
가난한 자가 성공하기보다 힘들다'는 말이 있죠.

九二　大車以載　有攸往　无咎
구 이 　대 거 이 재 　유 유 왕 　무 구

큰 수레에 싣고 나아감에 있어 허물이 없다.

구이(九二)는 강건하고 중을 얻었으며 육오(六五) 인군과 정응이 되는 자로써 능히 큰 임무를 맡을 수 있는 사람입니다.

그래서 '큰 수레에 짐을 싣고(大車以載) 가는 바에 있어 허물이 없다(有攸往 无咎)'고 하였습니다.

임무는 중한데 능력이 부족하여 감당하지 못하고 실패하는 사례를 흔히 볼 수 있습니다. 구이(九二) 같은 사람은 무거운 짐을 싣고도 능히 멀리갈 수 있는 능력과 자질을 갖추었으므로 허물이 없는 것입니다.

九三　公用享于天子　小人　弗克
구 삼　공 용 향 우 천 자　소 인　불 극

공(公)이 천자(天子)에게 바침이니 소인은 감당하지 못한다.

구삼(九三)의 위치는 하괘의 위로서 제후의 자리입니다. 때문에 대유(大有)의 때에 제후가 인군에게 물건을 바치는 상황을 들어 비유하였습니다.

제후가 천자에게 물건을 바치다.(公用亨于天子) 소인은 감당하지 못한다(小人 弗克)고 하였는데, 고래(古來)로 인군을 모시면서 백성의 재물을 수탈하여 자기의 것으로 사유하는 도적같은 신하들이 부지기수였습니다.

견물생심(見物生心)이라 하여 재물을 보면 물욕이 동하는 것이 사람의 본성이기 때문에 '소인은 감당하지 못한다' 하여 오직 대인만이 감당할 수 있음을 말하였습니다.

또한 구삼(九三)이 중을 얻지 못하였고 양으로써 양의 자리 강이 지나치기 때문에 경계를 한 뜻도 있습니다.

九四 匪其彭 无咎
구 사   비 기 방   무 구

지나치게 성대하지 않아야 허물이 없다.

▪ 彭 : 찰 방, 많을 방, 성할 방

구사(九四)는 인군의 바로 아래에 있는 양강한 신하입니다. 육오(六五)가 음으로써 유중한 인군이기 때문에 구사(九四)가 강으로써 가깝게 있으니 핍박하는 오해가 있을 수 있습니다.

그래서 대유의 상황이나 구사(九四)가 너무 풍성하게 처신하면 흉과 허물을 이룰 것입니다. 따라서 '가득차지 않아야 허물이 없다(匪其彭 无咎)'고 하여 구사(九四)를 경계하고 있습니다.

유약한 인군 밑에서 부귀를 자랑하다 후일 그 인군이 강성해져서 비참한 최후를 맞이한 신하의 예 또한 많습니다.

六五 厥孚 交如 威如 吉
육 오　궐 부　교 여　위 여　길

민음으로 서로 사귀며 위엄이 있으면 길하다.

- 厥 : 그 궐
- 孚 : 정성 부
- 如 : 같을 여
- 威 : 위엄 위

육오(六五)는 존귀한 자리의 유일한 음으로서 뭇 양들을 상대함에 있어 정성과 믿음으로 대하여야 할 것입니다(厥孚 交如).

음이 양을 상대함에 있어 힘으로는 이길 수가 없는 것이지요. 그래서 믿음과 정성이 중요한 것입니다.

한편 육오(六五)는 인군의 자리이기 때문에 또한 위엄이 있어야 길한 것입니다.(威如 吉) 그렇지 않으면 뭇 양들이 능멸하는 상황이 발생할 수도 있음을 경계하였습니다.

上九　自天祐之　吉无不利
상구　자천우지　길무불리

하늘로부터 도움이 있다. 길하여 이롭지 않음이 없다.

- 自 : ~로부터 자　　- 祐 : 도울 우

　상구(上九)는 괘의 마지막이니 대유(大有)가 극함에 대유(大有)에 거처하지 않는 것이고, 상체 리(離)의 가장 위에 거처하여 리(離)가 상징하는 현명함이 지극한 자입니다.

　그리고 육오(六五)에게 뜻을 낮추어 친하니 어진 이를 숭상하고 착한 것을 즐기는 자입니다. 그래서 '하늘로부터 도움이 있다. 길하고 불리함이 없다(自天祐之 吉无不利)' 하였으니 재물로부터 벗어나 하늘이 주는 복을 현명하게 누리는 자입니다.

15 ䷎ 謙(겸)

서 괘 전 (序卦傳)

有大者 不可以盈 故 受之以謙
유 대 자　불 가 이 영　고　수 지 이 겸

크게 있는 자가 가득차서는 안되므로, 대유(大有)괘 다음에 겸(謙)괘로 받
았다.

- 盈 : 찰 영　　　　■ 謙 : 겸손 겸

괘 명 (문왕文王)

坤곤〈 ䷁ 地지·땅
艮간〈 ䷳ 山산

큰 것은 가득차서는 안 되며 마땅히 겸손하여야 한다 하여 대
유(大有)괘 다음에 겸(謙)괘로 받았습니다.

겸(謙)은 64괘 중 유일하게 여섯 효가 다 길한 괘입니다. 겸(謙)자는 말을 신중하게 하는 뜻을 가진 글자로써 겸손도 말로써 시작이 되고, 말이 가장 중요하다는 뜻을 나타내고 있습니다.

흔히 언행(言行)이라 하여 행동보다 말을 앞세우는데 여섯 효가 모두 길한 겸(謙)괘에서도 말씀 언(言) 변을 취하여 말의 중요성을 나타내고 있습니다. 천냥 빚도 말로 갚을 수 있고 말이 나오는 '입이 재액의 문'이라고도 하죠.

괘 사 (문왕文王)

坤곤 〈　　　　地지·땅
艮간 〈　　　　山산

謙 亨 君子 有終
겸　형　군자　유종

겸(謙)은 형통하니 군자가 끝마침이 있다.

- 謙 : 겸손할 겸　　- 終 : 마칠 종

겸(謙)은 일양(一陽), 오음(五陰)의 괘로써 일양이 세 번째 효자리를 차지하여 정위이면서 괘중에 주인이 되나 아래에 그쳐 있으므로 겸손함을 나타내는 괘입니다.

구삼(九三)이 양으로써 숭고한 덕이 있으나 낮은 것(음·陰)의 아래에 거처한다는 뜻입니다. 이로써 그 덕이 더욱 더하여지고 빛이 나는 것이겠지요.

괘사에서 형통(亨)하다 하였고 군자가 유종(有終)하다 하였는데, 유종은 '마침이 좋다'는 뜻으로 우리가 흔히 '끝이 좋다' 또는 '유종(有終)의 미(美)'를 말할 때의 유종이 되겠습니다.

효 사 (주공周公)

初六 謙謙君子 用涉大川 吉
초 육　겸 겸 군 자　용 섭 대 천　길

　　　겸손하고 겸손한 군자이니 큰 내를 건너는데 써도 길하다.

초육(初六)은 유순함으로써 겸에 거처하고 또, 괘의 아래에 있어서 스스로 지극히 낮추어 처신하니 겸손하고 또 겸손한 자(謙謙君子)입니다.

이런 자세로 처신하니 큰일을 해도 길한 것(用涉大川 吉)입니다.

六二 鳴謙 貞 吉
육 이　명 겸　정　길

　　　공명(共鳴)하는 겸이니 바르고 길하다.

- 鳴 : 울릴 명

육이(六二)는 유순하고 중정(中正)한 자로써 겸손한 덕이 중심에 쌓여 밖으로 발현되어 다른 사람의 공명을 얻을 수 있는 자(鳴謙)입니다.

중국 CCTV에서 베이징 올림픽을 앞두고 만든 드라마 '공자(孔子)'를 보면서 젊은 날의 공자가 사람들을 대할 때 겸양의 예를 취하는 모습에서 공자의 인격은 물론 아름다움까지 느낀 적이 있습니다.

효사에서는 공명을 이루는 겸손이라 하였고, 바르고 곧아서 길하다고 하였습니다.

효사에서 쓰인 '貞 吉(정 길)'은 '굳고 바라야만 길하다'는 조건부로 쓰인 곳이 많지만 여기서의 '貞 吉(정 길)'은 조건부가 아닌, '굳고 바르니 길하다'로 쓰였음을 주의해야합니다.

육이(六二) 자체가 굳고 바르다는 표현이므로 다른 경우와 달리 보아야 할 것입니다.

九三 勞謙 君子有終 吉
구 삼　노 겸　군 자 유 종　길

공로가 있으면서도 겸손하다. 군자가 끝마침이 있으니 길하다.

- 勞 : 수고로울 로, 힘쓸 로

구삼(九三)은 양강하고 바른 자리에 처한 괘중 유일한 양(陽)으로써 위로는 인군의 신임을 받고, 아래로는 무리가 따르는 사람입니다. 수고로움을 마다하지 않습니다(勞謙). 또한 공이 있으면서도 아래에 거쳐하여 겸손의 도를 이룬 군자이니 그 끝이 좋고 길한 것이 마땅한 이치라 하겠습니다.(君子有終 吉)

六四 无不利撝謙
육 사   무 불 리 휘 겸

겸손함을 베푸니 이롭지 않음이 없다.

- 撝 : 베풀 휘

육사(六四)는 순한체(坤)의 아래에 있고, 음으로써 음의 자리, 바른 자리에 위치하였습니다. 그래서 육오(六五) 인군을 잘 받들어 노력하고 애쓰며 아랫사람들에게 양보하는 겸손한 사람입니다. 이렇게 윗사람을 잘 받들고 아랫사람들에 베푸는 겸손함(撝謙)이니 불리할 것이 없습니다.

효사에서 휘겸(撝謙)의 '휘'자는 '베풀어 펴는 뜻, 지휘하는 뜻'을 가지고 있는 글자입니다.

六五 不富以其鄰 利用侵伐 无不利
육 오 불 부 이 기 린 이 용 침 벌 무 불 리

부유하지 않으면서도 이웃과 함께하다. 침략하고 정벌하여도 이롭
지 않음이 없다.

- 富 : 넉넉할 부
- 鄰 : 이웃 린
- 侵 : 침범할 침
- 伐 : 칠 벌

육오(六五)는 유중하면서 인군의 자리를 차지하고 있습니다. 겸손
하기 때문에 부유하지 않고도 이웃과 함께합니다.(不富以其鄰) 그러
나 인군의 자리이기 때문에 승복하지 않거나 괄시하는 사람이 있을
경우에는 치는 것이 이롭고 불리한 것이 없다(利用侵伐 无不利) 하
였습니다.

인군의 자리이기 때문에 특히 과공비례(過恭非禮), 과하게 공손
한 것은 예가 아니라는 말이 생각납니다.

上六 鳴謙 利用行師 征邑國
상 육 명 겸 이 용 행 사 정 읍 국

겸손함이 밖으로 나타나 공명(共鳴)을 얻다. 군대를 출동하여 읍
국을 정벌하는 것이 이롭다.

> ▪鳴 : 울 명   ▪師 : 군대 사   ▪征 : 칠 정
> ▪邑 : 고을 읍   ▪國 : 나라 국

　　상육(上六)은 겸손이 극한 자로서 겸허한 명성이 사방에 널리 퍼져 공명을 얻은 자입니다.(鳴謙) 그러나 겸손도 너무 심하면 도리어 지나침이 되기 때문에 무시하는 자들이 생길 수 있습니다. 이런 경우에는 무력을 동원해서라도 주변을 정리하는 것이 이롭다(利用行師 征邑國)고 하였습니다.

16

☷ 豫(예)

서 괘 전 (序卦傳)

有大而能謙　必豫　故　受之以豫
유 대 이 능 겸　필 예　고　수 지 이 예

큰 것이 능히 겸손하니 반드시 즐거우니라. 그러므로 겸(謙)괘 다음에 예
(豫)괘로 받았다.

> ▪ 豫 : 미리 예, 즐길 예

괘 명 (문왕文王)

震진〈　雷뢰·우레
坤곤〈　地지·땅

　크고 능히 겸손하면 반드시 즐겁기 때문에 대유(大有)괘, 겸(謙)
괘를 이어 예(豫)괘로 받았습니다.

예(豫)괘의 상괘는 진(震·우레), 아래 괘는 곤(坤·땅)으로 양기가 땅 속에서 나와 진동하니 만물이 양기를 받아서 생기를 갖게 됨으로써 즐겁다는 뜻으로 해석하였습니다.

한편으로 예(豫)자는 나(予)+코끼리(象)가 합해진 글자로 원래 코끼리를 뜻하는 글자였습니다. 코끼리는 의심이 많은 동물이어서 일을 하기 전에 반드시 먼저 생각을 하는 특성을 가졌기 때문에 예상한다는 뜻이 있었고, 또 곧바로 결정하지 못한다는 의미에서 유예한다는 뜻도 있습니다.

효사에서는 대부분 '즐겁다'는 뜻으로 쓰였지만 이 괘의 전체상을 볼 때 일양오음의 괘로써, 일양이 바른위치(正位)에 있지 않기 때문에 '조심한다, 사전에 준비한다'는 뜻도 아울러 생각하며 괘를 보는 것이 좋을 것 같습니다.

괘 사 (문왕文王)

震진〈　　　雷뢰·우레
坤곤〈　　　地지·땅

豫　利建侯行師
예　이 건 후 행 사

제후를 세우고 군사를 행함이 이롭다.

- 豫 : 미리 예　　- 建 : 세울 건　　- 侯 : 제후 후

예(豫)괘는 일양이 인군의 자리 밑 신하의 자리에서 괘의 주효가 되었으며 인군의 자리인 육오(六五)는 중(中)하나 약하고, 아래에 도움이 되는 응(應)이 없어 구사(九四)에 의존하고 있는 형국입니다.

그래서 괘사에서는 제후를 둠이 이롭고 군사를 행함이 이롭다(利建侯行師)고 하였는데, 제후를 둠이 이롭다(利建侯)는 것은 인군이 약하고 아랫사람이 유능할 때 대처하는 요령이라 말할 수 있겠습니다.

효 사 (주공周公)

初六　鳴豫　凶
초 육　명 예　흉

즐거움에 울고 있으니 흉하다.

| ▪鳴 : 울 명 | ▪凶 : 흉할 흉 |

초육(初六)이 음유함으로써 아래에 있으며 부중부정(不中不正)합니다. 그리고 예(豫)괘의 주효인 구사(九四)와 정응이 되고 있습니다.

그래서 부정한 소인이 위의 신임을 받아 그 즐거움에 소리를 내어 즐거워하는 모습으로 비유하였습니다. 흉(凶)한 결과가 있을 것입니다.

六二 介于石 不終日 貞 吉
육이 개우석 부종일 정 길

> 절개가 돌과 같이 견고하여 하루를 마치지 않으니 굳고 바르게 하면
> 길하다.

- 介 : 절개 개
- 于 : 어조사 우
- 石 : 돌 석
- 終 : 끝날 종

　육이(六二)는 즐거움을 뜻하는 예(豫)괘에서도 중정(中正)의 자
리를 차지하여 즐거움에 빠지지 않고 자기의 본분을 지킬 수 있는
사람입니다. 그래서 효사에서는 절개가 돌과 같으니 날이 마침을
기다리지 않는다(介于石 不終日)고 하였습니다.

　예(豫)의 때에 당하여 중정함으로써 스스로 지킬 수도 있고 혼
자서도 설 수 있는 절개를 가졌기에 그 절개가 돌과 같다고 하였습
니다. 그리고 그러한 판단과 결정이 과감하고 빠르기 때문에 날이
마치기를 기다리지 않는 것입니다. 다만, 육이(六二)가 음이기 때문
에 굳고 바르게 하여야 길하다(貞 吉)고 경계하였습니다.

六三 盱豫 悔 遲 有悔
육 삼 우 예 회 지 유 회

위로 쳐다보며 즐거워하니 후회가 있으며, 늦으면 또한 후회가 있을
것이다.

> ■ 盱 : 쳐다볼 우   ■ 悔 : 뉘우칠 회   ■ 遲 : 늦을 지, 더딜지

육삼(六三)은 응이 없고 양인 구사(九四)와 가까워 서로 친하나
구사(九四)는 위로 향하는 동체 진(震)에 있고 육삼(六三)은 고요
해 아래로 향하는 곤(坤)체에 있기 때문에 서로 화합하지 못합니다.
부중부정한 육삼(六三)은 위로 구사(九四)를 올려다보며 즐거워
하려 하고 있으니 후회가 따릅니다(盱豫悔). 그리고 올바른 판단
이 육이(六二)와 같이 빠르게 되지 않고 늦어지면 또한 후회가 있
게 되는 것입니다.(遲 有悔) 정응이 아닌 음양이 가까이 있다 하여
서로 즐거워하려 하나 결국에는 쌍방 모두에게 후회만 남기게 되
는 것이죠.

九四 由豫 大有得 勿疑 朋 盍簪
구 사 유 예 대 유 득 물 의 봉 합 잠

즐거움이 말미암는다. 크게 얻음이 있으니, 의심하지 않으면 벗이
비녀에 머리카락이 모이듯 할 것이다.

구사(九四)는 예(豫)괘에서 유일한 양으로 이 괘의 주효입니다. 이 괘가 즐거움을 뜻하는 예(豫)괘가 된 것이 모두 구사(九四)의 공이라고 할 수 있는 것입니다.(由豫 大有得)

구사(九四)는 인군의 아래 신하의 위치에 자리하여 유약한 인군을 받들면서 뭇 음들을 돌봐야 하는 책임을 맡았으니 위태한 처지이나 최선을 다해서 의심하고 근심하지 않으면 다섯 음이 비녀에 머리카락 모이듯 서로 합하고 모일 것입니다.(勿疑 朋 盍簪)

六五 貞 疾 恒不死
육오 정 질 항불사

바르지만 병이 있으나 항상 하여 죽지 않는다.

육오(六五)는 인군의 자리이나 음유하여 유약한 인군이 정권을 가진 신하에게 제제를 받는 상입니다.

그러나 중(中)의 자리를 차지하고 있기 때문에 굳고 바르게 하면(貞) 병이 있으나(疾) 항상 하여 죽지 않는 것(恒不死)으로 비유할 수 있겠습니다.

上六 冥豫 成 有渝 无咎
상육 명예 성 유유 무구

즐거움에 빠져 혼미하나 변함이 있으면 허물이 없다.

■ 冥 : 어두울 명   ■ 成 : 이룰 성   ■ 渝 : 변할 유

상육(上六)은 예(豫)가 극한 자리로써 즐거움이 극에 달하면 슬픔이나 비통함이 생기는 이치에 따라서 조심하고, 의심하고, 미리미리 준비해야 하는 상황입니다.

효사에서는 즐거움에 빠져 날이 저물다(冥豫 成), 우리가 흔히 노느라고 날 저무는지 모른다고 말하죠. 그러나 변하여 때늦지 않게 바르게 하면 허물이 없다(有渝 无咎)고 하였습니다.

17

隨(수)

서 괘 전 (序卦傳)

豫必有隨　故　受之以隨
예 필 유 수　고　수 지 이 수

즐거우면 반드시 따름이 있으니 예(豫)괘 다음에 수(隨)괘로 받았다.

- 隨 : 따를 수

괘 명 (문왕文王)

兌태〈 澤택·못
震진〈 雷뢰·우레

즐거우면 필히 따르는 바가 있습니다. 그래서 예(豫)괘 다음에
수(隨)괘로 받았습니다.

수(隨)는 '따르다'는 뜻으로 괘를 보면 삼양, 삼음으로 구성된 괘로써 두 양이 이미 상체로 올라가 즐거워 하고 있고(태兌≡기쁨) 밑에서 또 일양이 위로 움직이며 두양을 따르고 있는 형상입니다.

괘 사 (문왕文王)

兌태 〈　澤택·못
震진 〈　雷뢰·우레

隨 元亨 利貞 无咎
수　원형　이정　무구

수(隨)는 크게 형통하나 바름을 지켜야 이롭고 허물이 없다.

- 隨 : 따를 수

따르는 도는 곧고 바름을 얻은 다음에야 크게 형통하고 허물이 없습니다.

바르지 못하거나 사악한 것을 따르면 그 도에 크게 어긋나고 이로움이 없음이 불문가지이겠지요. 사람을 따르거나 어떠한 가치를 따르는 모든 경우에 곧고 바름이 우선시 돼야 되기 때문에 괘사의 원형(元亨)은 곧고 바름을 얻은(利貞) 이후에 비로소 크게 형통하고 허물이 없다(无咎)고 해야 이치에 맞을 것입니다.

初九　官有渝　貞　吉　出門交有功
초구　관유유　정　길　출문교유공

　　주장에 변화가 있으니, 바르게 하면 길하고 문을 나가서 사귀면
　　공이 있을 것이다.

　■ 官 : 주장할 관, 벼슬 관　　■ 渝 : 변할 유

　초구(初九)는 따름의 처음을 얘기하고 있습니다. 따름은 내가 아
닌 다른 대상이나 가치를 좇는 것이기 때문에 자기의 주장을 지키는
것에 변하고 바뀜이 있는 것입니다.(官有渝)

　초구(初九)는 양으로써 정위에 있으며 하체 진(震)괘의 주효입니
다. 위의 두 양을 따라 올라가는 효이죠. 그래서 따름의 도(道)인 곧
고 바름으로 경계하여 이를 지키면 길하다 하였고(貞 吉), 또한 자기
가 거처하는 바를 벗어나 사리사욕과 사심이 없이 따르면 공이 있다
(出門交有功)고 하였습니다.

六二 係小子 失丈夫
육이 계소자 실장부

소자(小子)에게 매이면 장부(丈夫)를 잃을 것이다.

■ 係 : 맬 계   ■ 丈 : 어른 장   ■ 夫 : 사나이 부, 지아비 부

육이(六二)는 중정한 자리에 있으며 구오(九五)와 정응이 되고 초구(初九)와는 서로 돕는 비(比)의 관계에 있습니다.

따라서 육이(六二)는 구오(九五)와 짝이 되어야 하나 따름의 도는 가까운 데를 먼저 하게 되고, 중정(中正)의 위치이나 음으로써 유약함은 굳게 지키기 어렵기 때문에, 효사에서는 이를 경계하여 소인(初九)에게 얽이면(係小子) 대장부(九五)를 잃을 것(失丈夫)이라고 경계하였습니다. 길흉화복(吉凶禍福)은 육이(六二)의 의지에 달린 것이죠.

六三 係丈夫 失小子 隨 有求 得 利居貞
육삼 계장부 실소자 수 유구 득 이거정

장부(丈夫)에게 매이면 소자(小子)를 잃는다. 따름에 구함을 얻으나 바름을 지켜야 이롭다.

■ 求 : 구할 구   ■ 居 : 있을 거, 살 거

육삼(六三)은 부중부정한 자리이기 때문에 다른 괘에서는 흉이 많으나 이 괘에서 따름의 도는 가까운 데를 중시하기 때문에 육삼(六三)이 구사(九四)와 가까이 있는 위치를 중시하여 보아야 합니다. 육삼(六三)과 구사(九四) 모두 바른 응이 없습니다. 그래서 육삼(六三)이 구사(九四)를 따르게 되는 형국입니다.

효사에서 '대장부에 매이고 소인을 버린다(係丈夫 失小子)'는 구사(九四)를 따르고 아래의 초구(初九)를 버린다는 뜻이며, '따름에 구하는 바를 득하나 곧고 바르게 하는 것이 이롭다(隨 有求 得 利 居貞)'라고 하여 육삼(六三)의 부중부정(不中不正)을 경계하였습니다.

九四 隨 有獲 貞 凶 有孚 在道 以明 何咎
구 사 수 유획 정 흉 유부 재 도 이 명 하 구

따름에 얻음이 있으면 바르더라도 흉하다. 진실함을 가지고 도에 입각하여 밝히면 무슨 허물이 있겠는가.

▪獲 : 얻을 획   ▪何 : 무엇 하   ▪咎 : 허물 구

구사(九四)는 양강한 재질로 신하 자리 중 제일 높은 곳에 거처하고 있습니다. 아래에 있는 육이(六二), 육삼(六三)은 따름에 있어 멀리 있는 구오(九五)보다 구사(九四)를 따르는 형국이기 때문에 구사(九四)의 위세가 구오(九五) 인군을 초과하는, 뛰어넘는 위험이 있을 수 있습니다.

신하의 명망이 인군을 뛰어넘어 화를 당한 경우를 역사에서 많이 볼 수 있습니다. 그래서 효사에서는 '따름에 얻음이 있으면 곧고 바르더라도 흉하다(隨 有獲 貞 凶), 믿음을 가지고 도에 어긋나지 않으며 밝음으로 처신하면 무슨 허물이 있겠느냐(有孚 在道 以明 何咎)'고 하여 구사(九四)를 경계하고 정성과 믿음으로 처신할 것을 주문하고 있습니다.

九五 孚于嘉 吉
구 오 부 우 가   길

　　　　선을 믿고 따르니 길하다.

　■ 嘉 : 아름다울 가

구오(九五)는 존귀한 자리에 거처하고 득정(得正)하면서 중실(中實)하여 속마음이 정성스러워 착함을 따르니 길합니다.(孚于嘉 吉) 인군의 자리니 사람을 따르는 것보다 선(善·착함, 아름다움)을 따르는 것으로 비유하였습니다.

上六 拘係之 乃從維之 王用亨于西山
상 육　구 계 지　내 종 유 지　왕 용 형 우 서 산

　　붙잡아 매고 또한 쫓아가서 얽어매다. 왕이 서산(西山)에서 형통하다.

- 拘 : 잡을 구　　- 乃 : 이에 내　　- 維 : 얽을 유
- 西 : 서녘 서　　- 亨 : 형통할 형, 제사지낼 향

　상육(上六)은 따름의 극에 거처하는 자로서, 또 상체 태(兌·기쁨)의 주효로서 즐겁게 따르는 자입니다. 얽어 맨 듯(拘係之) 변함이 없이 따릅니다.(乃從維之) 문왕(文王)이 서산(지금의 기산)에 있을 때 백성들이 이렇게 문왕을 따랐기 때문에 형통할 수 있었습니다.(王用亨于西山)

서 괘 전 (序卦傳)

以喜隨人者 必有事 故 受之以蠱
이 희 수 인 자　필 유 사　　고　수 지 이 고

기쁨으로써 사람을 따르는 자는 반드시 일(사건, 사고)이 있게 되느니 수
(隨)괘 다음에 고(蠱)괘로 받았다.

- 喜 : 기쁠 희　　 - 隨 : 따를 수　　 - 事 : 일 사
- 蠱 : 독(毒)고, 벌레 고, 일(事) 고

괘 명 (문왕文王)

艮간〈山산
巽손〈　　　　　風풍·바람

　기쁨으로 사람을 따르는 자는 필히 일이 있다 하여 수(隨)괘 다
음 고(蠱)괘로 받았습니다.

고(蠱)는 '일'을 말합니다. 여기서의 '일'은 우리가 '일났다', '큰일났다'고 할 때의 '일'로 처리하여야 할 일, 또는 어려운 상황을 의미하는 것입니다.

고(蠱)는 그릇 속에 벌레 세 마리가 있는 것을 형상화한 글자로, 본래 독충을 가리키는 글자입니다. 옛 서적을 보면 '그릇 속에 여러 독충을 넣고 밀봉하였다가 나중에 열어보면 다른 벌레를 다 잡아먹은 독충 한 마리만 남게 되는데 이를 고(蠱)라 한다' 하였습니다.

괘상을 보면 상괘 간(艮)은 위 일양의 아래에 두 음이 잠식해 들어가 있는 상태이고, 아래의 하괘 손(巽)은 두 양 아래에 일음이 잠식해 들어가기 시작하는 상태로 볼 수 있습니다. 괘상을 '산(상체艮☶)에 바람(하체巽☴)이 들었다'고도 표현하는데, 흔히 얘기하는 '무에 바람이 들었다', '고구마에 바람이 들었다' 또는 '바람이 났다' 등에서 사용하는 '바람'과 같은 의미로 부패가 시작되거나 어지러움이 시작되었음을 의미하기도 합니다.

괘 사 (문왕文王)

艮간〈 山산
巽손〈 風풍·바람

蠱　元亨　利涉大川　先甲三日　後甲三日
고　원 형　이 섭 대 천　선 갑 삼 일　후 갑 삼 일

고(蠱)는 크게 형통하니 큰 내를 건너는 것이 이롭다. 일의 시작 전 3일을 살피고 시작 후 3일을 살핀다.

▪蠱 : 벌레 고　▪涉 : 건널 섭　▪川 : 내 천　▪甲 : 첫째 천간 갑

괘사에서 고(蠱)가 크게 형통하고 큰일을 하는 것이 이롭다(蠱元亨 利涉大川)고 하였는데, 이는 부패한 세상에 당하여 육오(六五) 인군과 양강한 신하 구이(九二)가 합심하여 세상을 바로 잡으려 노력하기 때문입니다.

다음 선갑삼일 후갑삼일(先甲三日 後甲三日: 갑의 앞 3일, 갑의 뒤 3일)은 학자들에 따라 각종 해석이 난무하고 혹자는 일반인이 이해하기 어려운 비밀스러운 뜻이 담겨 있다고도 하는데, 제 견해로는 고(蠱)는 일조일석에 나타나는 것이 아니고 일이 시작된 후, 시간이 지난 뒤에야 나타나는 것이므로 일을 시작함에 있어 주도면밀하게 계획을 세우고 각종 상황을 고려하여 대비책을 세우면 고(蠱)의 폐해를 피할 수 있다는 뜻으로 해석하였습니다.

문왕과 주공의 시대에 이미 음양오행(陰陽五行)의 학설이 널리 통용되었습니다. 음양오행에서 십간(十干)·십이지(十二支)가 나오는데 십간은

갑	을	병	정	무	기	경	신	임	계
甲	乙	丙	丁	戊	己	庚	申	任	癸

로 상(商)나라 왕 제을(帝乙)·무정(武丁) 등의 이름에서 을(乙)·정(丁)은 바로 태어난 날의 십간(十干)에서 가져온 글자인 것입니다.

괘사에서 '갑(甲)'은 '일의 발단', '일의 머리'를 의미하는 것으로 일을 시작함에 있어 일의 시작 전 상황(先甲三日)과 일의 시작 후 상황(後甲三日)을 주도면밀하게 고려하여 고(蠱)의 폐해를 줄이라는 뜻으로 생각됩니다.

初六 幹父之蠱 有子 考 无咎 厲 終吉
초 육 간 부 지 고 유 자 고 무 구 여 종 길

아버지의 고(蠱)를 주관함이니, 아들이 있으면 돌아가신 아버지가
허물이 없으니 위태로움이 있으나 끝은 길하다.

> - **幹** : 주장할 간, 다스릴 간   ▪ **父** : 아비 부
> - **考** : 죽은 아비 고   ▪ **厲** : 위태할 려

초육(初六)은 고(蠱)의 처음으로 고(蠱)의 폐해가 깊지 않기 때문
에 구제하기가 어렵지 않습니다. 그리고 음로써 유약하나 양의 자리
에 있고, 아래 손(巽)괘의 주효로써 공손한 자이기 때문에 고(蠱)를
처리할 수 있는 자입니다. 그래서 '아버지의 고(蠱)를 처리함에 있어
자식이 있어 돌아가신 아버지가 허물이 없다(幹父之蠱 有子 考 无
咎), 위태로움이 있으나 마지막은 길하다(厲 終吉)'고 하였습니다.

九二 幹母之蠱 不可貞
구 이 간 모 지 고 불 가 정

어머니의 고(蠱)를 주관함이니 바름만을 고집할 수는 없다.

구이(九二)는 양강한 재주로써 아래에 있으면서 위에 있는 음유한 육오(六五)의 고(蠱)를 주관하는 형국입니다. 그래서 어머니의 고(蠱)를 주관한다(幹母之蠱)고 하였습니다.

그러나 위가 유약함으로 아래에서 곧고 강직하게만 할 수는 없다(不可貞)고 경계하였습니다.

九三　幹父之蠱　小有悔　无大咎
구 삼　간 부 지 고　소 유 회　무 대 구

아버지의 고(蠱)를 주관함이니 다소 후회가 있으나 큰 허물은 없을 것이다.

- 悔 : 뉘우칠 회

구삼(九三)은 부중(不中)하고 양으로써 양의 자리, 강이 지나치나 공손한 손(巽)체에 있어 순함이 있기 때문에 아버지의 蠱(고)를 처리함(幹父之蠱)에 있어 약간의 후회는 있으나 큰 허물은 없습니다(小有悔 无大咎).

六四　裕父之蠱　往　見吝
육 사　유 부 지 고　왕　견 린

아버지의 고(蠱)를 너그럽게 처리한다. 나아가면 인색함이 있을 것이다.

육사(六四)는 음으로써 음의 자리에 있어 부드러움은 있다 하겠으나 응하고 돕는 이가 없기 때문에 큰 일은 할 수가 없는 자입니다. 그래서 아버지의 고(蠱)를 너그럽게 처리하는 자(裕父之蠱)입니다. '자신의 역량을 초과하여 나아간다면 인색한 결과가 있을 것이다(往見吝)'라고 경계하였습니다.

六五　幹父之蠱　用譽
육 오　간 부 지 고　용 예

　아버지의 고(蠱)를 주관함이니 명예를 쓰다.

육오(六五)는 인군의 자리에 거하고 강양한 신하가 있으나(구이九二가 정응正應) 자신이 음유하기 때문에 창조하고 시작하고 개업하는 일은 하지 못하고 아버지의 고(蠱)를 명예롭게 하는 것은 가능하다(幹父之蠱 用譽)고 하였습니다.

　효사에서 아버지(1·3·4·5효) 또는 어머니(2효)의 고(蠱)로 표현한 이유는 알 수가 없습니다.

上九　不事王侯　高尚其事
상 구　불 사 왕 후　고 상 기 사

왕과 제후를 섬기지 아니하고, 그 일을 높이 숭상하다.

▪侯 : 제후 후	▪事 : 섬길 사, 일 사
▪高 : 높을 고	▪尚 : 숭상할 상

상구(上九)는 고(蠱)가 끝나는 시기입니다. 강명한 재질로서 응하는 것이 없으면서 일의 바깥에 거처하는 자(不事王侯)입니다.

어진 이와 군자가 시세에 영합하지 않고 고결하게 스스로를 지켜서 세상일에 더럽혀지지 않는 것(高尚其事)으로 비유하였습니다.

19
䷒ 臨(임)

서 괘 전 (序卦傳)

蠱者 事也 有事而後 可大 故 受之以臨
고 자　사 야　유 사 이 후　가 대　고　수 지 이 림

고(蠱)는 일이니 일이 있은 다음에 가히 크니 고(蠱)괘 다음에 임(臨)괘로
받았다.

- 臨 : 임할 임

괘 명 (문왕文王)

坤곤〈  地지·땅
兌태〈 澤택·못

일이 있은 후에 크게 된다하여 고(蠱)괘 다음에 임(臨)괘로 받
았습니다.

서괘전에서는 임(臨)을 크다는 뜻으로 표현하였으나 문왕(文王)의 뜻인지는 분명치가 않습니다. 갑골문에서 임(臨)자는 사람이 눈으로 물품을 살피는 것을 형상화한 글자입니다. 원래의 뜻은 위에서 아래를 향하여 보는 것을 뜻하였으며 후에 가깝게 접근한다는 뜻도 추가되었습니다.

괘 사 (문왕文王)

坤곤 〈　　　　　　地지·땅
兌태 〈　　　　　　澤택·못

臨　元亨　利貞　至于八月　有凶
림　원형　이정　지우팔월　유흉

임(臨)은 크게 형통하나 바르게 함이 이롭다. 8월에 이르면 흉함이 있을 것이다.

▪ 臨 : 다다를 임, 클(大) 임, 그때 임　　▪ 至 : 이를 지

괘상을 보면 아래의 두 양이 장성하는 모양과 위로 뭇 음들을 핍박하는 상을 볼 수가 있습니다. 두 양이 자라나는 시기이므로 크게 형통하고 굳고 바름이 이롭다(元亨 利貞)고 하였습니다.

그러나 음양은 순환하는 괘이기 때문에 임(臨)괘가 상징하는 월(月)은 2월이기에 크게 형통하지만, 8월이 상징하는 돈(遯)괘가 되면 임(臨)괘와 상반되어 두 음이 밑에서 자라 거꾸로 음이 양을 핍박하는 상황이 되기 때문에 '8월이 되면 흉함이 있다(至于八月 有凶)'고 경계해서 방비하여 흉함이 없게 할 것을 주문하고 있습니다.

※12벽괘(辟卦)의 월별배정(月別配定)

1월 2월 3월 4월 5월 6월 7월 8월 9월 10월 11월 12월
　　임(臨)괘　　　　　　　　　돈(遯)괘

효 사 (주공周公)

初九 咸臨 貞 吉
초구　함림　정　길

　　감응하여 임하니 굳고 바르게 하면 길하다.

- 咸 : 느낄 함

　초구(初九)는 득정(得正)하였고 인군과 가까운 육사(六四)와 정응
입니다. 임(臨)괘에 있어서는 다른 괘에 비하여 상응(相應)을 더욱 중
시하고 있습니다. 초구(初九)는 바른 도로써 지위를 맡은 사람에게
신임을 받아 이에 감동하여 임하는(咸臨) 형국입니다.
　중(中)의 덕을 갖추지 못하였기 때문에 곧고 바르게 해야 길하다
(貞 吉)고 하였습니다.

九二 咸臨 吉 无不利
구이 함림 길 무불리

감응하여 임하니 길하여 이롭지 않음이 없다.

구이(九二)는 양이 자라 점점 성해져서 정응이 되는 중순한 인군 육오(六五)를 감동시킵니다. 양강 득중한 구이(九二)가 윗사람의 명령에 따르는 것이 아닌 지성으로 감응하여 임하는 형국으로(咸臨) 길하고 불리함이 없습니다(吉 无不利).

六三 甘臨 无攸利 旣憂之 无咎
육삼 감림 무유리 기우지 무구

달콤하게 임하니 이로운 바가 없으나, 이미 근심하였으므로 허물이 없을 것이다.

- 甘 : 달 감   - 攸 : 바 유
- 旣 : 이미 기   - 憂 : 근심 우, 뉘우칠 우

육삼(六三)은 음유하고 기뻐하는 괘체 태(兌)의 부중정(不中正)한 자로서 정응이 없기 때문에 아래의 양들에게 임하려고 합니다. 덕으로 사람을 감화시키지 못하고 달콤한 말로 인심을 얻으려는 자(甘臨)입니다. 따라서 유리한 바가 없습니다.

그러나 네 음 중 두 양과 가장 가까운 곳에 위치하여 위로 향하는 양의 영향을 이미 많이 받은 자입니다. 그래서 이미 근심을 많이 하였으므로 허물이 없는 것입니다.(既憂之 无咎)

六四 至臨 无咎
육사 지림 무구

　　지극하게 임하니 허물이 없다.

- 至 : 지극할 지

육사(六四)는 음으로써 바른 자리이며 초구(初九)와 정응이 되니 아래의 어진 이에게 자신을 낮추는 자로서 임함의 지극함을 갖춘 자(至臨)입니다.

인군과 가까운 자리에 거처하여 아래의 현명한 사람의 도움을 얻어 인군을 보좌하니 허물이 없습니다.(无咎)

六五 知臨 大君之宜 吉
육오 지림 대군지의 길

　　지혜롭게 임하다. 대군의 마땅함이니 길하다.

- 知 : 알 지　　- 宜 : 마땅할 의

육오(六五)는 유중하고, 존귀한 자리에 거처하여 아래로 정응이 되는 강중한 신하인 구이(九二)에게 맡겨서 수고하지 않고도 국가를 다스리니 지혜로서 아래에 임하는 인군(知臨)입니다.

자신의 역량이 부족할 때 능력 있는 신하를 등용하여 대사를 맡기는 것은 지혜로우며 한편으론 윗사람이 마땅히 취해야 할 도리(大君之宜)입니다. 길(吉)합니다.

上六 敦臨 吉 无咎
상 육 돈 림 길 무 구

돈후(敦厚)하게 임하니 길하고 허물이 없다.

- 敦 : 도타울 돈

상육(上六)은 상괘 곤(坤)의 끝이니 순함이 지극한 것이고, 임(臨)의 마지막에 거처하니 임함에 돈후한 것(敦臨)입니다.

상육(上六)이 두 양과 정응은 아니나 음양의 큰 뜻이 음이 양에게 구하는 것이고, 또 지극히 순하기 때문에 뜻이 두 양을 좇는데 있다고 하겠습니다. 돈후하고 각박하지 않으니 길하고 허물이 없습니다.(吉 无咎)

서 괘 전 (序卦傳)

臨者 大也 物大然後 可觀 故 受之以觀
임 자 대 야 물 대 연 후 가 관 고 수 지 이 관

임(臨)은 큰 것이니 물건이 큰 다음엔 가히 보게 되느니, 임(臨)괘 다음에 관
(觀)괘로 받았다.

- 可 : 가할 가 　　 ■ 觀 : 볼 관

괘 명 (문왕文王)

巽손〈　風풍·바람
坤곤〈　地지·땅

물건이 커진 이후에 가히 볼 수 있다 하여 임(臨)괘 다음에 관
(觀)괘로 받았습니다.

관(觀)자는 '황새 관(雚)'과 '볼 견(見)'이 합하여 만들어진 글자로써 큰 눈을 가진 수리부엉이가 목표물을 응시하듯 뚫어지게 바라본다는 뜻을 가진 글자입니다.

좌측의 글자를 자세하게 보면 머리에 깃털이 있고 큰 눈을 가진 수리부엉이의 모습과 절묘하게 닮았다는 것을 느낄 수 있습니다.

괘 사 (문왕文王)

巽손 〈 風풍·바람
坤곤 〈 地지·땅

觀　盥而不薦　有孚　顒若
관　관이불천　유부　옹약

손을 씻고 아직 제수를 올리지 않았을 때처럼 하면 믿음을 가지고 우러러볼 것이다.

- 觀 : 볼 관　　- 盥 : 씻을 관　　- 薦 : 올릴 천
- 顒 : 우러러볼 옹, 공경할 옹　　- 若 : 같을 약

괘상을 보면 두 양이 위에 위치하여 아래의 음들을 보는 형상과 한편으론 아래의 음들이 두 양을 위로 올려보는 형상을 같이 볼 수가 있습니다. 괘사에서는 아래의 음들이 위의 두 양을 보는 모습을 취하여 위의 두 양(陽)이 손을 씻고 제사의식을 지내기 전의 모습처럼 마음속에 정성과 공경함을 가지고 그 태도가 엄숙하면(盥而不薦) 뭇 음(陰)들이 믿음을 가지고 우러러 볼 것(有孚 顒若)이라고 하였습니다.

윗사람이 모범을 보일 때 아랫사람들도 감화된다는 뜻과 윗물이 맑아야 아랫물도 맑다는 의미가 있습니다.

初六 童觀 小人 无咎 君子 吝
초육 동관 소인 무구 군자 인

어린아이의 봄이니 소인은 허물이 없으나 군자는 부끄럽다.

■ 童 : 아이 동   ■ 吝 : 부끄러울 린

초육(初六)은 음유한 소인으로써 부중부정하며 응이 되는 자도 없고 구오(九五)와 멀리 떨어져 있습니다. 그래서 효사에서 어린아이가 보는 것과 같다(童觀) 하였는데 소인은 보는 것이 어둡고 우매하여 군자의 도리를 모르더라도 허물이라고 말할 수 없지만(小人 无咎) 군자에게는 부족하고 부끄러운 것(君子 吝)이 되겠습니다.

六二　闚觀　利女貞
육 이　규 관　이 녀 정

엿봄이니 여자의 바름에는 이롭다.

■ 闚 : 엿볼 규

육이(六二)도 중정의 자리를 차지하였으나 구오(九五)의 강양하고 중정한 도를 볼 수 있는 것이 아니기 때문에 엿보는 것(闚觀)으로 비유하였습니다.

보는 자가 소인이기 때문에 대국과 전체를 보지 못하고 일부분만 볼 수 있는 사람이라는 뜻입니다. 흔히 얘기하는 나무를 보고 숲을 보지 못한다는 뜻이 되겠죠. 그러나 보는 것이 밝지 못해도 순한 괘의 중정한 자리에 위치하여 구오(九五)에게 순종하고 있으므로 '여자의 바름에는 이롭다(利女貞)'고 비유하였습니다.

六三　觀我生　進退
육 삼　관 아 생　진 퇴

나의 처지를 보아서 나아가고 물러나다.

■ 我 : 나 아　　■ 進 : 나아갈 진　　■ 退 : 물러날 퇴

육삼(六三)은 부중(不中)하고 음으로써 양의 자리 부정위(不正位)이나 순한 체(하체 곤·坤)의 극에 거처해서, 때에 순응하여 자신의 처지를 살펴(觀我生) 나아가고 물러서는(進退) 자입니다. 길흉은 자신의 결정에 따라 좌우되기 때문에 언급하지 않았습니다.

六四　觀國之光　利用賓于王
육사　관국지광　이용빈우왕

나라의 빛을 봄이니, 왕에게 나아가 벼슬하는 것이 이롭다.

■ 光 : 빛 광　　■ 賓 : 손 빈　　■ 于 : 어조사 우

육사(六四)는 구오(九五) 인군을 모시는 신하의 자리입니다. 그 나라의 인군이 어떠한지를 알려면 그 나라의 빛을 보아야 한다 (觀國之光)고 합니다. 나라의 빛은 예의나 풍속·문화 등 다양한 것이겠지요. 오늘날 우리가 얘기하는 '관광(觀光)'은 이 효사에서 나온 말입니다.

육사(六四)가 음유하나 바른 자리이고 인군인 구오(九五)와 가까워 보고 살펴서 능히 순종하는 사람입니다. 그래서 조정에 나아가 인군을 도와 그 뜻을 함께 펴는 것이 이롭다(利用賓于王)고 하였습니다.

九五 觀我生 君子 无咎
구 오　관 아 생　군 자　무 구

나의 생(生)을 보아서 군자이면 허물이 없다.

구오(九五)는 양강중정하고 아래 뭇 음이 우러러 보는 인군입니다. 나라의 다스려짐과 어지러움, 그리고 풍속의 아름다움과 부패함이 자기 자신에게 달렸습니다.

효사에서 나를 보아서(觀我生) 군자이면 허물이 없다(君子 无咎) 하였는데 인군의 잘 잘못을 보려면 백성들의 사는 모습을 봐야 하기 때문에 백성들의 생활 모습을 봐서 군자면 허물이 없다고 하였습니다. 백성들의 모습이 어지러우면 인군에게 허물이 있고 좀 더 모범을 보이고 교화하는 노력을 기울여야 할 것입니다.

上九 觀其生 君子 无咎
상 구　관 기 생　군 자　무 구

그 생(生)을 보아 군자이면 허물이 없다.

상구(上九)는 지위가 없는 사람이나 양강한 군자로써 위에 있기 때문에 모든 사람이 우러러 보는 바가 되는 사람입니다. 그래서 사는 것을 봐서(觀其生) 군자의 처신이면 허물이 없다(君子 无咎)고 하였습니다.

비록 세상사에 관여하고 있지는 않지만 어진사람이나 군자의 행동은 많은 사람이 주시하고 있기 때문에 그 마음을 다스리지 못하여 일평생 쌓은 덕업과 명성을 한꺼번에 잃거나 패가망신하는 일이 없어야 할 것입니다.

21

 噬嗑(서합)

서 괘 전 (序卦傳)

可觀而後　有所合　故　受之以噬嗑
가 관 이 후　유 소 합　고　수 지 이 서 합

가히 본 후에 합하는 바가 있으니, 관(觀)괘 다음에 서합(噬嗑)괘로 받았다.

- 合 : 합할 합　　　- 噬 : 씹을 서　　　- 嗑 : 합할 합

괘 명 (문왕文王)

離리〈 火화·불
震진〈 雷뢰·우레

　가히 볼 수 있은 다음에 합하는 바가 있기 때문에 관(觀)괘 다음
에 서합(噬嗑)괘로 받았습니다. 서합(噬嗑)괘는 '씹어 합한다'는 뜻입
니다. 서합(噬嗑)괘의 괘명을 이해하려면 이(頤)괘를 알아야 합니다.

이(頤䷚)괘는 상체가 간(艮☶), 하체가 진(震☳)괘로써 사람의 윗턱은 멈추어 있고, 아랫턱은 움직이는 형상을 비유하여 괘명을 지은 것으로 사람의 입 부분을 상징하는 괘명입니다.

  이 서합(噬嗑䷔)괘와 다음의 비(賁䷕)괘는 이(頤)괘의 중간에 양이 한 효씩 들어가 있는 형상입니다.

  그런데 서합(噬嗑䷔)괘는 네 번째 자리가 양효로써 바르지 못한 자리에 있기 때문에 입속에 이물질이 들어와 있는 형상으로 씹어서 합해야 한다는 뜻으로 서합(噬嗑)괘라 하였고, 비(賁䷕)괘에서는 양효가 하체 세 번째 효 바른 위치에 있기 때문에 턱의 수염과 같이 '입 부분을 꾸며준다' 하여 賁(꾸밀 비)자를 써서 비(賁)괘라고 이름한 것입니다. 문왕이 이름이 없는 64괘를 놓고 괘마다 이름을 지어줄 때 마음이 짐작되는 부분입니다.

  ## 괘 사 (문왕文王)

  離리〈 ☲ 火화·불
  震진〈 ☳ 雷뢰·우레

  噬嗑 亨 利用獄
  서 합　형　이 용 옥

  서합은 형통하니 옥(獄)을 쓰는 것이 이롭다.

  ■ 噬 : 씹을 서　　■ 嗑 : 합할 합　　■ 獄 : 감옥 옥

입안에 물건이 있어 씹어서 합하기 때문에 형통하다(亨)고 하였고, 국가의 질서를 어지럽혀 방해가 되는 사람들을 씹어서 합하는 방법으로 처벌과 그에 따른 교화를 쓰는 방법도 있기 때문에 감옥을 이용하는 것이 이롭다(利用獄)고 하였습니다.

효 사 (주공周公)

初九 屨校 滅趾 无咎
초 구   구 교   멸 지   무 구

발에 형틀을 채우고 발꿈치를 베니 허물이 없다.

- 屨 : 멜 구, 신발 구, 신을 구
- 滅 : 멸할 멸, 제거할 멸
- 校 : 형틀 교
- 趾 : 발꿈치 지

초구(初九)는 괘의 아래에 위치하여 그 죄가 크지 않은 사람입니다. 그래서 발에 족쇄를 채우고 발뒤꿈치를 자르는 형벌(屨校滅趾)을 쓰는데 이는 옛날의 형벌 중에서 가벼운 편에 속하는 형벌입니다.

죄가 가벼운 사람을 적게 벌주어 크게 경계시켜서 개과천선으로 이끄는 것이 소인에게는 오히려 복이라고 공자는 말하였습니다. 허물이 없는 것(无咎)이죠.

六二 噬膚 滅鼻 无咎
육 이   서 부   멸 비   무 구

> 살을 씹고 코를 베니 허물이 없다.

- 噬 : 씹을 서, 깨물 서   ■ 膚 : 살 부   ■ 鼻 : 코 비

육이(六二)는 초구(初九)에 비하여 죄가 좀 더 무거운 사람으로 코를 베는(滅鼻) 형벌을 받습니다.

육이(六二)가 유순하고 중정하여 형벌에 쉽게 승복하니 살을 씹는 것과 같다(噬膚)고 하였고 허물이 없습니다(无咎).

六三 噬腊肉 遇毒 小吝 无咎
육 삼   서 석 육   우 독   소 린   무 구

> 말린 고기를 씹다가 독을 만났으니 조금 인색하나 허물이 없다.

- 腊 : 포 석   ■ 肉 : 고기 육
- 遇 : 만날 우   ■ 毒 : 독할 독

육삼(六三)은 음으로써 양의 자리를 차지하여 거처한 자리가 마땅치 못하고 강경하여 굴복시키기가 어려운 자입니다.

그래서 단단한 고기를 씹다가(噬腊肉) 독을 만난 것으로(遇毒) 비유하였습니다. 그러나 상구(上九)와는 정응이 되어 영향을 받고 구사(九四)의 아래에 위치하며, 아래의 초구(初九)는 진동하여 올라오는 형국이기 때문에 음으로써 양을 당할 수가 없습니다. 따라서 약간의 인색함이 있으나 결국에는 허물이 없다(小吝 无咎)고 하였습니다.

九四 噬乾胏 得金矢 利艱貞 吉
구 사 서 간 치 득 금 시 이 간 정 길

> 뼈가 붙은 말린 고기를 씹다가 쇠로 만든 화살을 얻다. 어렵게 여기고 바름을 지키는 것이 이로우며 길하다.

- 乾 : 마를 간, 하늘 건
- 得 : 얻을 득
- 艱 : 어려울 간
- 胏 : 뼈가 붙은 마른고기 치
- 矢 : 화살 시

구사(九四)는 강양으로 임금의 아래에 있는 신하의 자리이고, 효의 재질로 보면 음의 자리에 있는 양이기 때문에 약간의 살은 붙어 있지만 바짝 마른 갈비를 씹는 것(噬乾胏)으로 비유하였습니다. 씹어 합하기가 매우 어려운 것이죠. 그러나 형을 집행함에 있어서 불편하고 부당함이 없이 유전무죄, 무전유죄라는 등의 원망이 없도록 쇠 화살처럼 강하고 곧게(得金矢) 하고 어렵게 하면 이롭고 길하다(利艱貞 吉)고 하였습니다.

六五　噬乾肉　得黃金　貞　厲　无咎
육오　서간육　득황금　정　려　무구

　　　말린 고기를 씹어 황금을 얻다. 굳게 바름을 지키면 위태로우나 허물
　　　이 없다.

- 厲 : 위태로울 려

　　육오(六五)는 형벌을 주는 인군이 되겠습니다. 높은 자리에 거처
하고 위에 있는 세력을 타서 죄지은 사람을 벌을 주니 형세가 비교
적 쉬운 것입니다. 그래서 마른 고기를 씹는 것(噬乾肉)으로 비유하
였습니다. 마른 갈비보다는 용이하죠.

　　형을 집행함에 있어서 중도(中道)를 잃지 않고 엄정함을 갖추어
(得黃金) 굳고 바르게 하면(貞) 위태로움이 있으나 허물이 없다(厲
无咎)고 하였습니다.

　　육오(六五)가 비록 중을 얻고 강한 자리에 있으나 음으로써 유약
한 의심이 있기 때문에 경계한 것입니다.

上九　何校　滅耳　凶
상구　하교　멸이　흉

　　　형틀을 메어서 귀를 멸하니 흉하다.

- 何 : 등에 멜 하(=荷짐질 하), 어찌 하　　　- 耳 : 귀 이

상구(上九)는 지위가 없는 자로서 괘의 마지막에 처하여 악한 것이 쌓여 가릴 수 없고 죄가 커서 풀지 못하는 사람입니다. 그래서 목에 칼(형을 집행하는 형구의 일종)을 메고 귀를 베니 흉하다(何校滅耳 凶)고 하였습니다. 초효의 발은 인체의 아래에 있고 상효의 귀는 위에 있어 비유한 것입니다.

서 괘 전 (序卦傳)

嗑者 合也 物不可以苟合而已 故 受之以賁
합 자 합야 물 불 가 이 구 합 이 이 고 수 지 이 비

합(嗑)은 합함이니 물건을 구차하게 합하지만은 못하니, 서합(噬嗑)괘 다음에 비(賁)괘로 받았다.

> ▪ 苟 : 구차할 구　　▪ 賁 : 꾸밀 비

괘 명 (문왕文王)

艮간〈山산
離리〈火화·불

　물건은 단지 합하는 것으로 끝날 수 없기 때문에 서합(噬嗑)괘 다음에 비(賁)괘로 받았습니다.

비(賁)괘는 '꾸밈'을 뜻합니다. 앞서 얘기하였듯이 비(賁)괘는 이(頤
☲)괘의 세 번째 효자리 양이 바른 자리에 처함으로써 입의 주위를
꾸민다는 뜻에서 괘의 명칭이 비(賁)괘로 된 것입니다. 비(賁)자는 조
개의 광택을 뜻하는 것으로 확대하여 '장식하다', '꾸미다' 등의 뜻을
가지고 있습니다.

괘 사 (문왕文王)

艮간 〈 山산
離리 〈 火화·불

賁 亨 小利有攸往
비 형 소 리 유 유 왕

형통하니 나아감이 조금 이롭다.

- 攸 : 바 유   - 往 : 갈 왕

사람이 모이면 위의(威儀)와 상하(上下)가 있고, 물건이 모이면 차
례와 행렬(行列)이 있어서 합하면 반드시 무늬가 있는 것입니다.
천하의 일이 꾸밈이 없으면 행하지 못하기 때문에 비(賁)괘가 형
통한 것(亨)입니다. 그러나 꾸미는 도는 실질을 증가시키는 것이 아
니고 문체만 더할 뿐이기 때문에 가는 바에 있어서 조금 유리할 뿐
입니다.(小利有攸往)

初九　賁其趾　舍車而徒
초 구　비 기 지　사 거 이 도

　　그 발꿈치를 꾸미니 수레를 버리고 걷는다.

- 趾 : 발꿈치 지
- 車 : 수레 거
- 舍 : 집 사, 버릴 사
- 徒 : 무리 도, 걸을 도

　초구(初九)는 지위가 없는 처지이기 때문에 세상에 베푸는 바가 없고 오직 스스로 자기의 행동을 꾸미는 자입니다. 괘의 아래에 있기 때문에 '발'을 꾸민다(賁其趾)고 하였습니다. 육이(六二)와 상비(相比)관계이나 육사(六四)와는 정응(正應)이기 때문에 육이(六二)를 버리고 육사(六四)와 더불어 꾸밉니다.

　효사에서 수레를 버리고 걷는다 함은 아래의 체 리(離☲)괘가 마차를 상징하기도 하기 때문에 육이(六二)를 버리고 육사(六四)에게 걸어가 서로 꾸민다(舍車而徒)는 뜻이 되겠습니다.

六二　賁其須
육 이　비 기 수

　　그 수염을 꾸미다.

- 須 : 수염 수

육이(六二)는 유순하고 중정하나 응(應)이 없습니다. 이웃한 구삼(九三)도 응이 없기 때문에 육이(六二)가 구삼(九三)과 더불어 꾸미는 것입니다.

구삼(九三)에 붙어 육이(六二)가 수동적으로 움직이기 때문에 턱에 붙어있는 수염에 비유하여 수염을 꾸미다(賁其須)라고 표현하였습니다.

九三 賁如 濡如 永貞 吉
구 삼 　비 여 　유 여 　영 정 　길

꾸밈에 젖음이니 오래도록 바르게 하면 길하다.

■ 如 : 같을 여　　■ 濡 : 젖을 유　　■ 永 : 길 영

구삼(九三)은 정응이 없고 두 음 사이에 위치하였습니다. 두 음의 꾸밈을 받아 그 꾸밈이 젖은 듯하다(賁如 濡如)고 비유하였습니다.

요즘 말로 하면 '물광이 난다'는 뜻과 유사하겠지요. 그러나 육이(六二)와 육사(六四)가 정응이 아닌 상비(相比)관계이기 때문에 영원히 곧고 바르게 해야 길하다(永貞 吉)고 하여 그 꾸밈에 미혹되어 빠지지 말 것을 경계하였습니다.

六四 賁如 皤如 白馬 翰如 匪寇 婚媾
육 사   비 여 파 여 백 마   한 여 비 구 혼 구

꾸밈이 희니 백마가 나는 듯하다. 도적이 아니라 혼인을 구하는 것이다.

- 皤 : 흴 파
- 翰 : 날개 한, 날 한
- 匪 : 아닐 비
- 寇 : 도적 구
- 婚 : 혼인할 혼
- 媾 : 혼인 구, 화친할 구
※ 婚媾(혼구) : 혼인

육사(六四)는 음으로써 음의 자리에 득정하였고, 초구(初九)와 정응입니다.

육사(六四)는 초구(初九)와 서로 꾸미려 하나 구삼(九三)이 중간에 있어 육사(六四)와 서로 꾸미려 하고 둘 사이를 가로막고 있습니다. 그리하여 육사(六四)는 바로 꾸미지 못합니다(賁如 皤如). 그러나 그 뜻은 백마가 날듯 빨리 달려가 초구(初九)와 꾸미기를 원합니다.(白馬 翰如)

구삼(九三)은 도둑이 아니고 단지 혼사를 구하는 자(匪寇 婚媾)이기 때문에 육사(六四)와 초구(初九)를 막고 있으나 둘 사이가 정응이기 때문에 이치가 바르고, 바른 도리가 끝내 이기는 것이니 마침내는 둘이 서로 만나 꾸미게 될 것입니다.

六五 賁于丘園 束帛 戔戔 吝 終吉
육오 비우구원 속백 잔잔 인 종길

언덕을 꾸밈이니 비단 묶음이 작아서 인색하나 끝은 길하다.

- 于 : 어조사 우
- 丘 : 언덕 구
- 園 : 동산 원
- 束 : 묶을 속
- 帛 : 비단 백
- 戔 : 작을 잔

육오(六五)는 정응이 없기 때문에 이웃한 상구(上九)에게 꾸밈을 받는 자입니다. 상체 간(艮☶:산을 상징)에 위치해 있기 때문에 언덕을 정원으로 꾸미는 것(賁于丘園)으로 비유하였습니다.

또한 귀한 자리이기 때문에 묶은 비단(束帛)으로 본질을 비유하였고, 유약함으로 스스로 일할 수 없어 인색하나(戔戔 吝) 상구(上九)를 좇아 꾸미는 공은 이룰 수 있기 때문에 마침내 길함을 얻는 것(終吉)입니다.

上九 白賁 无咎
상구 백비 무구

희게 꾸미니 허물이 없다.

- 白 : 흰 백

상구(上九)는 꾸밈(비賁)이 극하는 자리입니다. 비(賁)가 극하면 그 화려함 속에서 본질을 잃기가 쉽습니다. 그래서 소박한 것을 숭상하면 본질을 잃지 않기 때문에 소박하게 꾸미면(白賁) 허물이 없다(无咎)고 하였습니다. 흰 것은 소박한 것이니 꾸밈이 없는 것이 아니고 화려함으로 해서 본질을 잃지 않는 것을 말합니다.

23

剝(박)

서 괘 전 (序卦傳)

賁者　飾也　致飾然後　亨則盡矣　故　受之以剝
비 자　식 야　치 식 연 후　형 즉 진 의　고　수 지 이 박

비(賁)는 꾸미는 것이니, 꾸밈이 극에 이르면 형통함도 다하니 비(賁)괘 다음
에 박(剝)괘로 받았다.

- 賁 : 꾸밀 비　　- 飾 : 꾸밀 식　　- 致 : 이를 치
- 盡 : 다할 진　　- 剝 : 깎을 박

괘 명 (문왕文王)

艮간〈 山산
坤곤〈 地지·땅

꾸밈이 지나치면 형통함도 다하기 때문에 비(賁)괘 다음에 박(剝)괘로 받았습니다.

박(剝)은 깎아낸다는 뜻입니다. 박(剝)은 彔(나무 깎을 록)이 의미 부이고 刂(칼 도)가 소리부로 칼을 이용해 '깎아 파내다', '껍질을 벗기다(박피)'의 뜻을 가진 글자입니다.

괘 사 (문왕文王)

艮간〈   山산
坤곤〈   地지·땅

剝 不利有攸往
박 불리유유왕

가는 바가 이롭지 않다.

■剝 : 깎을 박, 벗길 박   ■攸 : 바 유   ■往 : 갈 왕

박(剝)괘는 일양오음의 괘로 위에 있는 일양(一陽)을 오음(五陰)이 깎아내는 상입니다. 괘사에서는 가는 바가 이롭지 않다(不利有攸往) 하여 음이 아래에서 깎아 올라오는 상황에 처한 양의 어려움을 표현하였습니다.

初六 剝牀以足 蔑貞 凶
초 육　박 상 이 족　멸 정　흉

상의 다리를 깎다. 바른 것을 없애니 흉하다.

▪ 牀 : 평상 상　　▪ 足 : 발 족　　▪ 蔑 : 없앨 멸

음이 양을 깎거나 소멸시킬 때 아래에서부터 시작해서 위로 나아
갑니다. 초육(初六)은 아래에 있기 때문에 상의 다리를 깎는 것(剝牀
以足)으로 비유하였습니다. 양의 굳고 바름을 없애기 때문에 흉합니
다(蔑貞 凶).

六二 剝牀以辨 蔑貞 凶
육 이　　박 상 이 변　멸 정　흉

상의 판을 깎다. 바른 것을 없애니 흉하다.

▪ 辨 : 분별할 변, 판대기 변

음이 양을 침해하고 깎음이 더욱 성해서 상의 판까지 깎는 것(剝
牀以辨)입니다. 곧고 바름을 멸하기 때문에 또한 흉한 것(蔑貞 凶)
입니다.

육이(六二)가 중정을 득했으나 양을 깎는 것은 응(應)하고 더불어 하는 양(陽)이 없기 때문입니다.

六三　剝之无咎
육 삼　박 지 무 구

깎음에 허물이 없다.

육삼(六三)은 다섯 음 중에서 유일하게 상구(上九)와 정응이 되는 자입니다.

상구(上九)를 도우려 하나 그 형세가 외롭고 상구(上九)가 지위도 없으니 어려움을 면하기가 어려운 형국입니다. 길함을 얻기는 어려우나 상구(上九)를 도우려는 그 뜻은 허물이 없다(剝之无咎) 하겠습니다.

六四　剝牀以膚　凶
육 사　박 상 이 부　흉

상을 깎아 내어 살갗에 이르렀으니 흉하다.

▪ 膚 : 살갗 부

육사(六四)는 음의 자람이 이미 성하여 그 깎음이 상위에 앉은 사람의 피부(살)에까지 미치는 것(剝牀以膚)으로 비유하였습니다.

양의 깎임이 심하여 바른 도가 이미 사라졌기 때문에 다시 바른 것을 멸한다는 표현을 하지 않고 바로 흉하다(凶)고 하였습니다.

六五　貫魚　以宮人寵　无不利
육 오　관 어　이 궁 인 총　무 불 리

물고기를 꿴 것처럼 궁인(宮人)을 사랑으로써 관리하면 불리함이 없다.

- 貫 : 꿸 관　　■ 魚 : 고기 어
- 宮 : 집 궁　　■ 寵 : 괼 총, 사랑할 총

육오(六五)는 인군자리에 위치한 음이기 때문에 효사에서는 왕후로 비유하였습니다. 육오(六五)가 다섯 음의 수장(首長)으로써 물고기를 꿰듯이 음을 통제하거나 여러 후궁들을 통솔하여 임금의 총애를 받듯이 관리하면(以宮人寵) 불리함이 없다(无不利)고 하였는데, 육오(六五)가 중(中)을 얻었고 상구(上九)와는 서로 돕는 상비관계이나 음유하고 아래의 도움도 없어 나머지 네 음을 관리할 수 있을는지는 의문입니다.

정이(程頤)선생께서는 육오(六五)가 그러한 능력이 없다 하시고, 단지 소인이 착한 데로 마음을 쓸 수 있는 문을 열어 놓은 것이라고 해석하였습니다.

上九 碩果不食 君子 得輿 小人 剝廬
상구 석과불식 군자 득여 소인 박려

큰 과실은 먹지 않으니, 군자는 수레를 얻고 소인은 집을 깎인다.

- 碩 : 클 석   ■ 果 : 과실 과   ■ 食 : 먹을 식
- 輿 : 수레 여   ■ 廬 : 집 려, 오두막집 려

상구(上九)는 박(剝)괘의 극에 처해 있고 괘의 유일한 양효입니다. 음양의 이치는 양이 음을 완전히 소멸시키거나 음이 양을 끝까지 깎아 없애버리는 경우는 없습니다.

효사에서 석과불식(碩果不食)이라 하여 큰 과일은 먹지 않는 것으로 비유하였는데, 여기서 석과(碩果)는 곧 씨를 받아야 할 과일을 뜻합니다.

농가에서 호박이나 벼·옥수수·고추·콩 등 곡식의 가장 좋은 것은 씨를 받기 위하여 먹지 않고 남겨두었다가 다음 해에 종자로 쓰는 것을 비유한 것으로 보입니다.

인사(人事) 측면에서 보면 소인들이 득세하여 그 어지러움이 극에 달하면, 사람들의 마음이 군자가 출현하여 자신들을 구제해 줄 것을 갈망하므로 군자는 수레를 얻고(君子 得輿) 소인은 집을 깎인다(小人 剝廬)하여 소인이 쫓겨나는 것입니다.

24
復(복)

剝者 剝也 物不可以終盡 剝 窮上反下 故 受之以復
박 자　박 야　물 불 가 이 종 진　박　궁 상 반 하　고　수 지 이 복

박(剝)은 깎는 것이니 물건이 끝내 다할 수만은 없다. 박이 위에서 궁해져 아래로 돌아오니 박(剝)괘 다음에 복(復)괘로 받았다.

- 剝 : 깎을 박
- 窮 : 궁할 궁
- 上 : 위 상
- 反 : 돌아올 반
- 下 : 아래 하
- 復 : 회복할 복

괘 명 (문왕文王)

坤곤〈　地지·땅
震진〈　雷뢰·우레

음양은 끝까지 소멸될 수가 없습니다. 위에서 깎여 궁하면 아래로 내려옵니다. 그래서 박(剝)괘 다음에 복(復)괘로 받았습니다.

復(복)은 彳(조금 걸을·척)이 의미부이고 复(돌아올·복)이 소리부인데 复(복)은 갑골문에서 아래쪽은 발(夂·치)의 모양이고, 위쪽은 긴 네모꼴에 양쪽으로 모퉁이가 더해진 모양으로 청동을 제련할 때 쓰던 포대 모양의 풀무를 발(夂)로 밟아 작동시키는 모습을 그린 것으로 해석됩니다.

풀무는 공간을 움직여 공기를 내뿜게 하는 장치이고, 밀었다 당기는 동작을 반복(反復)하는 특성이 있기 때문에 복(復)에는 반복(反復)의 의미가 생겼고, 갔다가 원상태로 돌아온다는 회복(回復)의 의미도 가지게 되었습니다.

괘 사 (문왕文王)

坤곤 〈　地지·땅
震진 〈　雷뢰·우레

復 亨 出入 无疾 朋來 无咎 反復其道 七日 來復
복 형 출입 무질 붕래 무구 반복기도 칠일 내복

利有攸往
이 유 유 왕

복(復)은 형통하다. 나가고 들어옴에 병이 없고 벗이 오면 허물이 없다. 그 도를 반복하여 7일 만에 돌아오니 가는 바가 이롭다.

- 復 : 돌아올 복, 회복할 복　　　• 疾 : 병들 질
- 朋 : 벗 붕　　　　　　　　　　• 反 : 되돌릴 반

복(復)은 일양오음의 괘로 다섯 음의 아래에서 하나의 양이 생겨나 자라나는 상입니다. 복(復)이라는 괘명에서 보듯이 일양(一陽)이 오음(五陰) 밑에서 생겨나 자라나고 일음(一陰)이 오양(五陽) 밑에서 생겨나 양을 깎는 것은 새롭게 시작되는 것이 아니고 이러한 음양의 생장소멸이 순환되고 반복되는 것입니다.

따라서 양이 처음 생겨난 것으로 해석하는 것이 아니고 돌아와서 다시 시작하는 뜻으로 해석하여야 합니다. 양강한 양이 돌아와서 다시 자라나기 시작하니 형통하고 출입에 병이 없으며,(亨 出入 无疾) 지금은 일양이 홀로 미약하고 외로우나 동류(同類)인 친구들이 옴으로써 허물이 없게 되는 것입니다(朋來 无咎).

주나라 사람들은 점복(占卜)시 7일을 일주기로 순환하는 것으로 생각하여 일주기를 마치면 다시 일주기가 시작된다는 관념을 가지고 있었기 때문에 그 도가 반복되어 7일 만에 돌아온다(反復其道 七日來復)고 하였습니다. 양이 돌아와 자라나는 괘상이기 때문에 가는 바가 이로운 것(利有攸往)입니다.

효 사 (주공周公)

初九 不遠復 无祇悔 元吉
초구 부원복 무지회 원길

머지않아 회복함이라. 뉘우치는 데 이르지 않으니 크게 길하다.

> ■ 遠 : 멀 원　　■ 祗 : 이를 지, 공경할 지

　초구(初九)는 괘의 유일한 양효로써 바른 자리를 차지하고 있습니다. 위로 육사(六四)와 정응이어서 위의 도움도 받습니다.

　효사에서는 머지않아(괘사에서는 7일) 회복하고(不遠復) 후회하는 데까지 이르지 않으니(无祗悔) 크게 길하다(元吉) 하였는데, 음양(陰陽)에 있어 양(陽)은 군자의 도를 상징합니다. 그래서 초구(初九)가 양강으로 회복하였으니 후회하는 지경에 이르지 않고 크게 길하다고 하였습니다.

六二　休復　吉
육이　휴복　길

　　　아름답게 회복함이니 길하다.

> ■ 休 : 아름다울 휴, 쉴 휴

　육이(六二)는 음효이나 중정(中正)하고 초구(初九)와 가까워 뜻이 초구(初九)를 따르니 어진사람에게 낮출 줄 아는 것이고 아름답게 회복하는 사람(休復)입니다.

　여기에서 '휴(休)'는 아름답고, 착하고, 기쁘고 경사스럽다는 뜻을 가지고 있습니다. 이렇게 회복하니 길한 것(吉)입니다.

六三　頻復　厲　无咎
육삼　빈복　여　무구

자주 회복함이니 위태로우나 허물할 데가 없다.

> ■ 頻 : 자주 빈　　■ 厲 : 위태로울 려

육삼(六三)은 음이면서 부중부정하고 움직이는 체(震☳)의 끝에 있으니 조급하여 자주 회복하나(頻復) 굳게 지키지 못하는 사람입니다.

'위태로우나 허물을 돌릴 데가 없다(厲 无咎)'. 모든 것이 자신의 탓입니다.

六四　中行　獨復
육사　중행　독복

가운데서 행하되 홀로 회복하도다.

육사(六四)는 음으로써 정위(正位)하고 초구(初九)와 정응입니다. 다섯 음 중 중간에 위치(中行)하였고 홀로 착함을 쫓아가는 상(獨復)입니다. 그러나 복(復)의 때를 당해서 초구(初九)의 기운이 아직 미약하기 때문에 회복하기가 어렵습니다. 그래서 효사에서 길하다고는 말하지 않았습니다.

六五 敦復 无悔
육 오　돈 복　　무 회

도탑게 회복함이니 후회가 없다.

▪ 敦 : 도타울 돈

육오(六五)는 순한 상체 곤(坤)의 중덕을 얻었으며 인군자리에 거처하여 회복하는데 돈독한 사람(敦復)입니다. 그러나 양의 회복이 미약하고 아래에 돕는 이가 없으니 큰일은 할 수가 없고 후회만 없을 따름(无悔)입니다.

上六 迷復 凶 有災眚 用行師 終有大敗
상 육　미 복　흉　유 재 생　용 행 사　종 유 대 패

아득히 회복함이라. 흉하고 재앙이 있어서 군사를 써 행하면 마침내 크게 패하고,

以其國 君 凶 至于十年 不克征
이 기 국　군　흉　지 우 십 년　불 극 정

그 나라에서는 인군이 흉하여 십년에 이르기까지 정복하지 못한다.

▪ 迷 : 미혹할 미, 아득할 미　　▪ 災 : 재앙 재　　▪ 眚 : 재앙 생
▪ 師 : 군사 사, 스승 사　　▪ 敗 : 질 패　　▪ 克 : 이길 극
▪ 征 : 칠 정

상육(上六)은 음유함으로써의 복(復)괘의 마지막에 있으니 재질이 부족하고 아래의 응원도 없어 끝까지 길을 잃고 헤매며 회복하지 못하는 사람(迷復)입니다.

　　그래서 흉하고 재해가 있으며(凶 有災眚) 이러한 상황에서 '군사를 일으키면 마지막에는 크게 패하고 그 나라의 인군도 흉하여 십년이 가도 정복하지 못할 것(用行師 終有大敗 以其國 君 凶 至于十年 不克征)'이라고 크게 경계하였습니다.

25
无妄(무망)

復則不妄矣　故　受之以无妄
복 칙 불 망 의　 고 　수 지 이 무 망

회복하면 망령되지 아니하니 복(復)괘 다음에 무망(无妄)괘로 받았다.

- 復 : 회복할 복　　　- 妄 : 망령될 망

괘 명 (문왕文王)

乾건〈　　　 天천 · 하늘
震진〈　　　 雷뢰 · 우레

　회복을 하면 망령됨이 없다. 그래서 복(復)괘 다음에 무망(无妄)
괘로 받았습니다.

무망(无妄)괘의 뜻을 일부 학자들이 '하늘 아래 우레가 움직이면 양기가 천하에 퍼져 물건이 모두 이와 함께 하니 망령됨이 없어서 무망(无妄)'이라고 해석하였습니다만, 기(氣≡)의 관점에서 보면 상체가 강건한 순양으로 이루어진 건(乾≡)이고, 아래 진(震≡≡)의 양기가 진동하며 위로 올라오는 형국이기 때문에 망령됨을 상징하는 음의 기운이 위축되거나 사라지는 형세를 보고 무망(无妄)이라는 괘명을 붙인 것으로 해석됩니다.

'망(妄)'자의 아래쪽에 女(계집·여)가 상정하는 것이 바로 음이죠. 즉, 망(妄)이 없어지는 (无)것입니다.

괘 사 (문왕文王)

乾건〈 ▬▬▬ 天천·하늘
震진〈 ▬▬▬ 雷뢰·우레

无妄 元亨 利贞 其匪正 有眚 不利有攸往
무 망 원 형 이 정 기 비 정 유 생 불 리 유 유 왕

크게 형통하나 굳고 바르게 하는 것이 이롭다. 바르지 않으면 재앙이 있으므로 가는 바가 이롭지 않다.

- 妄 : 망령될 망   - 匪 : 아닐 비   - 眚 : 재앙 생
- 攸 : 바 유   - 往 : 갈 왕

위에 양의 기운이 이미 충만하고 아래에서 양이 자라는 괘이기 때문에 크게 형통합니다.(元亨)

그러나 양의 기운이 충만해지는 시기에 있어서 굳고 바르게 하지 못하면 양의 기운이 지나치게 강하여 오히려 재앙이 발생할 가능성이 있기 때문에 바르고 굳게 함이 이롭고,(利貞) 망령됨이 없는 상태에서 다시 움직이면 망령됨이 생겨날 수 있기 때문에 '옳지 않으면 재앙이 있으므로 가는 바가 이롭지 않다(其匪正 有眚 不利有攸往)'고 하였습니다.

효 사 (주공周公)

初九 无妄 往 吉
초구 무망 왕 길

　　무망이니 가면 길하다.

　　초구(初九)는 정위(正位)하였고 양강함으로써 하체 진(震☳)의 주인이 되니 망령됨이 없는 사람입니다(无妄). 망령됨이 없음으로써 가니 길한 결과가 있습니다(往 吉).

六二 不耕穫 不菑畬 則利有攸往
육이 불경확 불치여 즉이유유왕

> 밭을 갈지 않고서도 수확하며 1년 된 밭을 가꾸지 않고서도 3년 된
> 밭이 되니 가는 바가 이롭다.

- 耕 : 밭갈 경   - 穫 : 거둘 확
- 菑 : 1년 묵은 밭 치   - 畬 : 3년 묵은 밭 여

육이(六二)는 음으로써 중(中)을 얻었고 바른 자리(正)에 있습니다. 편안하고, 망령되게 구함이 없는 마음을 가진 자입니다.

효사에서는 '농사를 짓는 것'에 비유하여 편안하게 때와 이치에 순응함으로써 '밭을 갈지 않아도 수확이 있으며(不耕穫) 밭을 가꾸지 않아도 기름진 밭이 되니 가는 바를 둠이 이롭다(不菑畬 則利有攸往)'고 하여, 유순 중정하며 천시에 순응하고 자연에 맡겨서 분수에 넘치는 욕심을 내지 않는 자에게 기대치 않는 보답이나 이익이 있다는 얘기를 하였습니다.

六三 无妄之災 或繫之牛 行人之得 邑人之災
육삼 무망지재 혹계지우 행인지득 읍인지재

> 무망의 재앙이니, 혹 매어놓은 소를 지나가는 사람이 얻음은 읍인
> (邑人)의 재앙이다.

　육삼(六三)은 음유하고 중정하지 못하니 무망하지 않고 욕심이 있는 망령된 사람입니다. 효사에서는 길가에 매어둔 소를 주인이 보이지 않는다 하여 행인이 끌고 간 것(无妄之災 或繫之牛 行人之得)으로 비유를 하였는데, 주위에 주인이 보이지 않는다 하지만 주인 없는 소가 있을 수가 없겠죠.

　육삼(六三)은 결국 도둑질을 한 것이고, 소주인인 읍인에게는 재앙이 된 형국입니다.(邑人之災) 육삼(六三)이 음유한 소인이면서 조급하여 망령이 든 것이죠.

九四　可貞　无咎
구 사　가 정　무 구

　　바름을 굳게 지킬 수 있으니 허물이 없다.

　구사(九四)는 강양한 건(乾)체에 있으면서 아래에 응이 없는 자로써 망령됨이 없이 바름을 굳게 지킬 수 있는 사람입니다.(可貞) 허물이 없습니다.(无咎)

九五 无妄之疾 勿藥 有喜
구 오 무 망 지 질 물 약 유 희

무망의 병은 약을 쓰지 말아야 기쁨이 있다.

- 疾 : 병 질
- 勿 : 말 물
- 藥 : 약 약
- 喜 : 기쁠 희

구오(九五)는 강양하고 중정한 인군입니다. 아래로 중순한 육이(六二)와 정응이 되고 있습니다.

인군으로서 국가와 국민을 걱정하는 것은 당연하지만 세상에 군자는 적고 소인은 많습니다. 또한 인간사가 복잡다단하기 때문에 많은 문제가 발생할 수 있습니다.

효사에서는 이러한 문제들을 '질병'(无妄之疾)으로 표현하였고, 무망(无妄)의 세상이지만 어느 정도 문제는 늘 발생할 수 있기 때문에 약을 쓰지 않고, 다시 말하면 대응하지 않고 또는 관여하지 않고, 자연의 흐름에 맡기면 나아진다(勿藥 有喜)고 하였습니다.

인군으로서 지나치게 아랫사람들의 일에 관여하면 곧 망령됨이 있다는 얘기입니다.

上九 无妄 行 有眚 无攸利
상구 무망 행 유생 무유리

무망에 행하면 재앙이 있어서 이로울 바가 없다.

▪ 眚 : 재앙 생

상구(上九)는 괘의 마지막에 위치하여 무망(无妄)이 지극한 사람입니다.

진실된 마음과 정성스러움이 이미 충만한 사람이기 때문에 더 이상 다른 것을 추구하면 망령됨이 생기는 것이지요. 곧 욕심 내는 것을 뜻합니다. 그래서 '망령됨이 없을 때 더 나아가면(无妄 行) 재앙이 있고 유리하지 않다(有眚 无攸利)'고 하여 지나침을 경계하였습니다.

26
大畜(대축)

서 괘 전 (序卦傳)

有无妄然後　可畜　故　受之以大畜
유 무 망 연 후 　 가 축 　 고 　 수 지 이 대 축

망령됨이 없어진 연후에 가히 쌓이니 무망(无妄)괘 다음에 대축(大畜)괘로
받았다.

- 畜 : 쌓을 축

괘 명 (문왕文王)

艮간〈　山산
乾건〈　天천·하늘

　　망령됨이 없는 이후에 가히 쌓을 수 있다 하여 무망(无妄)괘 다

음에 대축(大畜)괘로 받았습니다.

대축(大畜)괘는 하체의 세 양이 위로 올라오는 것을 상체 간(艮)이 막아서 쌓는 것을 뜻으로 하여 이름 지어진 괘입니다.

소축(小畜·☴)괘와 비교하여 보면 아래의 세 양이 위로 올라오는 것은 동일한 데 소축(小畜)괘는 상체 손(巽☴:음괘)이 음으로 쌓기 때문에 소축(小畜)이고 적게 쌓기 때문에 소축(小畜)이며, 대축(大畜)은 상체 간(艮☶:양괘)이 양으로 쌓으니 대축(大畜)이고, 크게 쌓기 때문에 또한 대축(大畜)인 것입니다.

괘 사 (문왕文王)

艮간〈 ䷙ 山산
乾건〈 天천·하늘

大畜 利貞 不家食 吉 利涉大川
대 축　이 정　불 가 식　길　이 섭 대 천

대축(大畜)은 바름을 지키는 것이 이롭다. 집의 밥을 먹지 않으면 길하고 큰 내를 건너는 것이 이롭다.

- 畜 : 기를 축, 쌓을 축　　■ 食 : 밥 식, 먹을 식　　■ 涉 : 건널 섭

대축(大畜)은 오늘날 우리가 쉽게 생각할 수 있는 돈이나 재물을 쌓는 것만 뜻하는 것이 아니라 인재를 양성한다든지 도덕을 쌓는다든지 학문의 깊이를 더 한다든지 등의 양이 상징하는 긍정적인 가치를 축적한다는 의미도 내포하고 있습니다.

축적함에 있어서 옳고 바른 것, 좋은 것을 축적하여야겠죠(利貞). 사악하거나 부정적인 것, 옳지 못한 것을 축적한다면 그 폐해는 미루어 짐작할 수 있을 것입니다.

그리고 경륜과 역량을 축적한 인재는 국가의 녹을 먹고 천하를 위해서 일하는 것이 자기 집 밥을 먹는 것보다 길한 것이죠(不家食 吉). 또한 크게 축적을 하였으니 큰일을 하는 것이 이롭습니다.(利涉大川)

효 사 (주공周公)

初九 有厲 利已
초 구　유 려　이 이

위태로움이 있으니 그치는 것이 이롭다.

- 厲 : 위태로울 려   - 已 : 그칠 이, 뿐 이

초구(初九)는 양으로써 양자리, 정위(正位)하여 위로 나아가려 하고 있는 자입니다. 육사(六四)가 정응이 되나 괘에서 육사(六四)는 위로 올라오려는 양을 막는 역할을 하고 있습니다.

초구(初九)는 지위가 없고 양의 기운이 미약하여 상체의 육사(六四)를 대적할 수가 없습니다. 이러한 형세를 헤아리지 못하고 나아가면 위태로움이 있을 것입니다. 그래서 효사에서는 '위험이 있으니(有厲) 멈추는 것이 이롭다(利已)'고 하였습니다.

九二 輿說輹
구 이　여 탈 복

수레의 바퀴살을 벗기다.

- 輿 : 수레 여
- 說 : 벗을 탈
- 輹 : 수레바퀴살 복

구이(九二)도 강양으로써 중(中)을 얻었으나 인군의 자리에 있는 육오(六五)의 그침을 대적할 역량이 없습니다.

구이(九二)가 중(中)의 마음을 가지고 있기 때문에, 나아갈 때와 물러날 때를 알아 움직이지 않음을 수레에서 바퀴살을 떼어 버리는 것(輿說輹)으로 비유하였습니다. 나아가지 않으므로 길흉을 말하지 않았습니다.

九三 良馬逐　利艱貞　日閑輿衛　利有攸往
구 삼　양 마 축　이 간 정　일 한 여 위　이 유 유 왕

좋은 말이 뜀이니 어렵고 바르게 함이 이롭다. 날로 수레 모는 방법과 호위하는 것을 익히면 나아감이 이롭다.

- 良 : 좋을 량
- 逐 : 쫓을 축
- 艱 : 어려울 간
- 閑 : 익힐 한, 막힐 한
- 輿 : 수레 여
- 衛 : 지킬 위

구삼(九三)은 양으로써 양의 자리 정위하였고, 역시 위로 오르려 하는 자입니다. 초구(初九)와 구이(九二)와 달리 구삼(九三)의 응은 상구(上九) 양으로서 정응이 아닙니다. 구삼(九三)은 강건한 건(乾) 체의 극에 자리하고 있고 상구(上九)는 양으로써 쌓음의 극에 위치하여 쌓음이 그치고 변하는 뜻이 있기 때문에 상구(上九)가 구삼(九三)을 그치게 하지 않고 같이 나아가는 뜻이 있습니다.

효사에서는 구삼(九三)을 말에 비유하여 건장한 말이 날뛴다(良馬逐)고 하였고, 구삼(九三)이 양으로써 양의 자리 조급하고 또 부중(不中)하기 때문에 어려워 하면서 굳고 바른 도를 지킴이 이롭다(利艱貞)고 하여 조급하지 말 것을 경계하였습니다. 또한 날마다 자기를 단련하고 역량을 키우면 나중에는 상구(上九)와 뜻이 통하여 가는 바가 이롭다(日閑輿衛 利有攸往)고 하였습니다.

六四 童牛之牿 元吉
육 사　동 우 지 곡　원 길

　　　송아지의 빗장이니 크게 길하니라.

■ 牿 : 빗장 곡

육사(六四)는 정위(正位)로써 대신의 자리에 위치하여 위로 올라오는 양을 그치게 하여 쌓는 임무를 맡고 있습니다.

육사(六四)와 응이 되는 초구(初九)는 아직 그 기세가 강하지 않기 때문에 송아지에게 코뚜레를 꿰어서(童牛之牿) 제지하고 길들이는 것으로 비유하였습니다.

음으로써 양을 그치게 하는데 양의 기세가 미미한 때 온순한 방법으로 그치게 하니 크게 길한 것(元吉)입니다.

六五　豶豕之牙　吉
육 오　분 시 지 아　길

　　돼지를 거세하여 이빨을 쓰지 못하게 하니 길하다.

> ▪ 豶 : 분칠(불알깐 돼지) 분　　▪ 豕 : 돼지 시　　▪ 牙 : 어금니 아

육오(六五)는 유순하고 중덕을 갖춘 자입니다. 육오(六五)가 그치고 쌓아야 할 양(구이九二)은 구사(九四)가 담당했던 초구(初九)보다 세력이 강합니다.

코뚜레를 꿰듯 쉽게 제지할 수가 없는 상황입니다. 육오(六五)는 산돼지를 거세하여 순하게 만들듯이(豶豕之牙) 산돼지의 이빨에 맞부딪히지 않고 상대방의 급소를 장악함으로써 사안을 해결하고 있습니다.

모든 물건에는 요처가 있고, 일에는 기회가 있으므로 맞부딪히지 않고 도리에 맞게 제압함으로써 애씀을 줄이고 상처입지 않고 해결해야 합니다.

제지하여야 할 대상이 그 세력이 미약할 때 제지하는 것이 바람직하기 때문에 육사(六四)는 크게 길하다고 하였고 육오(六五)에서는 그냥 길(吉)하다고 하였습니다.

上九 何天之衢 亨
상 구 하 천 지 구 형

어느 하늘의 거리인가 형통하다.

■ 何 : 어찌 하, 무엇 하   ■ 衢 : 네거리 구, 길 구

상구(上九)는 대축(大畜)괘의 끝입니다. 크게 쌓음이 극에 이르면 흩어지기 때문에 상구(上九)는 이미 극해서 변할 때를 당했고 양의 성질이 위로 가기 때문에 흩어지는 것입니다.

하늘의 구름이 흩어지는 것으로 비유하여 '어느 하늘의 거리인가(何天之衢) 형통하다(亨)'고 하였습니다.

서 괘 전 (序卦傳)

物畜然後 可養 故 受之利頤
물 축 연 후　가 양　고　수 지 이 이

물건이 쌓인 연후에 기를 수 있으니 대축(大畜)괘 다음에 이(頤)괘로 받았다.

- 養 : 기를 양　　　- 頤 : 기를 이

괘 명 (문왕文王)

艮간〈　　　　山산
震진〈　　　　雷뢰·우레

　물건이 쌓인 연후에 가히 기를 수 있다고 하여 대축(大畜)괘 다음에 이(頤)괘로 받았습니다.

　'이(頤)'는 코 이하 턱까지 입의 모든 부분을 의미하는 글자로써 괘에서 상체는 간(艮)으로써 멈추어져 있고, 하체는 진(震)으로써 움직이는 형상으로 윗턱은 고정되어 있고 아랫턱은 움직이는 구조를 비유하여 괘명을 정한 것입니다.

내용으로 보면 초구(初九)와 상구(上九)는 양으로써 실하기 때문에 기르는 사람이고 나머지 네 음은 기름을 받는 사람들입니다.

괘 사 (문왕文王)

艮간〈 　山산
震진〈 　雷뢰·우레

頤　貞　吉　觀頤　自求口實
이　정　길　관이　자구구실

굳고 바르면 길하니, 기르는 도(道)를 보고 스스로 입안을 채울 음식을 구한다.

- 頤 : 턱 이, 기를 이　　　- 求 : 구할 구
- 實 : 열매 실, 채울 실

여기서의 기름은 육체적인 것과 정신적인 것을 모두 포함하고 있습니다. 육체적인 것도 물론이지만 정신적인 기름에 있어서도 바르게 기르는 것이 대단히 중요합니다.(貞　吉)

방문좌도의 가르침이나 이단말류의 기름은 기르는 자나 기름을 받는 자 모두에게 커다란 피해를 가지고 올 것이기 때문입니다. 그래서 기르고 기름을 받는 도를 보아 자신을 기를 수 있는 방도를 찾아야 합니다.(觀頤　自求口實)

初九 舍爾靈龜 觀我 朶頤 凶
초구　사 이 영 귀　관 아　타 이　흉

　　너의 신령스런 거북이를 버리고 나를 보고 입을 벌리니 흉하다.

> ▪ 舍 : 버릴 사　　▪ 爾 : 너 이　　▪ 靈 : 신령 령
>
> ▪ 龜 : 거북 구(귀)　▪ 我 : 나 아　　▪ 朶 : 벌릴 타

　　초구(初九)가 밝고 지혜로워 바깥에서 기름을 구하지 않아도 되는 자이나 양으로써 움직이는 체(진 震☳)에 거하면서 위로 육사(六四)와 응하니 뜻이 위로 올라가는데 있어 자신의 지혜를 계발하지 않고 육사(六四)의 기름을 받으려 턱을 벌리는 형국입니다.(舍爾靈龜 觀我 朶頤) 기르는 때에 실한 양이 허한 음을 따르니 흉(凶)한 것입니다.

六二 顚頤 拂經 于丘 頤 征 凶
육 이　전 이　불 경　우 구　이　정　흉

　　거꾸로 된 기름이니 도리에 어긋나고, 언덕에 길러줌을 구해서 가도 흉하다.

> ▪ 顚 : 엎드러질 전　　▪ 頤 : 기를 이　　▪ 拂 : 거스를 불
>
> ▪ 經 : 도리 경　　　　▪ 于 : 어조사 우　　▪ 丘 : 언덕 구

기르는 때에 음인 육이(六二)는 홀로 자립할 수 없으니 양을 따르게 됩니다. 괘에서는 초구(初九)와 상구(上九)가 기를 수 있는 자인데 모두 육이(六二)와는 정응이 아닙니다. 그래서 초구(初九)에게 기름을 받으려 하니 거꾸로 뒤집어진 형상의 옳지 않은 기름이고,(顚頤 拂經) 또 상구(上九)에게 나아가 기름을 받으려 해도 정응이 아니기 때문에 역시 흉한 것입니다.(于丘 頤 征 凶)

효사에서 언덕은 상체가 간(艮:산의 의미가 있음)이기 때문에 비유한 것입니다. 육이(六二)가 중정하니 다른 괘에 있어서는 길한 것이 많으나 이(頤)괘에서는 기름을 위주로 하였기 때문에 흉한 것입니다.

六三 拂頤貞 凶 十年勿用 无攸利
육삼 불이정 흉 십년물용 무유리

기르는 데 바름을 거스르다. 흉해서 10년을 쓰지 못하니 이로울 바가 없다.

■ 勿 : 말 물　　■ 攸 : 바 유

육삼(六三)은 음유한 자질로써 부중부정(不中不正)한 자입니다. 또한 움직이는 괘의 끝(☳)에 있으니 변덕이 심해서 바르게 자라지 못하는 사람입니다.

기름의 바른 도에 어긋나니 흉하고(拂頤貞 凶), 10년이 가도 쓰이지 못하니 이로운 것이 없습니다.(十年勿用 无攸利)

육삼(六三)이 상구(上九)와 정응이 되나 그 심성과 자질이 기름을 받을 수가 없습니다. 스스로에게 포악하고 자신을 버리는 사람(自暴自棄·자포자기)은 성인(聖人)도 기를 수가 없다 합니다.

六四 顚頤 吉 虎視耽耽 其欲逐逐 无咎
육 사 전 이 길 호 시 탐 탐 기 욕 축 축 무 구

거꾸로 된 기름이나 길하니 호랑이가 먹이를 노려보듯이 하고 구하기를 계속하면 허물이 없다.

- 顚 : 엎드러질 전
- 視 : 볼 시
- 欲 : 하고자 할 욕
- 虎 : 범 호
- 耽 : 노릴 탐, 즐길 탐
- 逐 : 쫓을 축

육사(六四)는 음(陰)으로써 음의 자리, 바름을 얻은(正位) 사람입니다. 육사(六四)가 음으로써 스스로 기를 수 없으나 정응이 되는 아래의 초구(初九)에게 순응해서 기름을 받는 형국입니다.

윗사람이 아랫사람에게 기름을 받음으로 거꾸로 된 기름(顚頤)이나, 자기가 소임을 다할 수 없음에 아래에 있는 어진 사람을 구해 순종함으로써 그 일을 다스리면 천하는 어진 이의 기름을 얻고, 자기는 이를 방치하거나 망치는 허물이 없기에 길한 것입니다. 또한 아래의 기름을 받기 때문에 윗사람으로써 위엄과 일관성이 있어야 허물이 없겠지요.(虎視耽耽 其欲逐逐 无咎)

호시탐탐(虎視耽耽)은 호랑이가 눈을 크게 뜨고 지켜보는 모습으로 위엄을 의미하고, 기욕축축(其欲逐逐)은 의지와 일관성을 뜻하는 말이 되겠습니다.

육이(六二)와 육사(六四) 모두 거꾸로 된 기름을 구하는 전이(顚頤)이나 육이(六二)는 흉하고 육사(六四)는 길한 것은 육이(六二)는 자신의 정당한 상대가 아닌 자에게 기름을 구하는 것이고, 육사(六四)는 정응이 되는 초구(初九)에게 기름을 구하기 때문입니다.

六五 拂經 居貞 吉 不可涉大川
육 오 불 경 거 정 길 불 가 섭 대 천

> 상도(常道)에 어긋나나 바름을 지키면 길하고, 큰 내를 건너는 것은 불가하다.

- 居 : 있을 거   - 涉 : 건널 섭

육오(六五)는 음유하고 부정(不正)하기 때문에 중(中)을 얻었고 인군의 위치에 있지만 남을 기를 수 있는 사람이 아닙니다. 아래로 응(應)이 없기 때문에 바로 위에 있는 상구(上九) 현자에게 도움을 받아 천하를 기르는 사람입니다.

정응이 아닌 사람에게 기름을 받음으로써 바른 도리에는 어긋나나(拂經) 천하를 위하여 굳고 바르게 하면 길한 것이죠.(居貞 吉) 그러나 본인의 자질이 미약하고 아래의 도움이 없기 때문에 큰 일을 감당할 수는 없고,(不可涉大川) 단지 위의 현자를 따름으로써 스스로 보존하는 것 정도가 가능할 것입니다.

上九 由頤 厲 吉 利涉大川
상 구 유 이 려 길 이 섭 대 천

> 말미암아 길러지니 위태로움이 있으나 길하고, 큰 내를 건너는 것이 이롭다.

■ 由 : 말미암을 유

상구(上九)는 강양한 덕을 갖춘 사람으로서 남을 기를 수 있는 사람입니다. 육오(六五) 인군이 상구(上九)의 기름에 힘입어 사람들을 기르니 만물이 상구(上九)로 인하여 길러지는 것입니다(由頤). 인군이 아닌 자로서 이런 소임을 맡으면 반드시 질시와 모함 등의 위태로움이 있을 것이기 때문에 두렵게 생각하고 조심해야 길할 것(厲吉)입니다. 큰 일을 할 수 있는 사람(利涉大川)입니다.

서 괘 전 (序卦傳)

頤者　養也　不養則不可動　故　受之以大過
이 자　양 야　불 양 즉 불 가 동　고　수 지 이 대 과

이(頤)는 기르는 것이다. 기르지 않으면 움직일 수 없으니 이(頤)괘 다음에 대
과(大過)괘로 받았다.

- 動 : 움직일 동

괘 명 (문왕文王)

兌태〈　澤택·못
巽손〈　風풍·바람

　기르지 않으면 움직일 수가 없습니다. 그래서 이(頤)괘 다음에 대
과(大過)괘로 받았습니다.

대과(大過)괘는 초효와 상효, 두 음효를 제외한 중간의 모든 효가 양효로 이루어져 있습니다. 대과(大過)의 뜻에는 양이 지나치게 많기 때문에 '큰 것이 지나친 것'과 '지나침이 큰 것'의 뜻이 있습니다.

괘 사 (문왕文王)

兌태〈   澤택·못
巽손〈   風풍·바람

大過 棟橈 利有攸往 亨
대 과 동 요 이 유 유 왕   형

대들보가 휘다. 가는 바가 이롭고 형통하다.

- 過 : 지날 과   - 棟 : 기둥 동   - 橈 : 굽을 요, 휠 요
- 攸 : 바 유   - 往 : 갈 왕

대과(大過)의 상을 보면 양(陽)이 중간에서 지나치고 처음과 끝이 음(陰)으로 약하기 때문에 대들보가 휘는 상이 있습니다.(棟橈)

또 양은 강하고 음은 약하며 군자는 성하고 소인은 쇠하므로, 가는 바를 둠이 이롭고 형통한 것(利有攸往 亨)입니다.

初六 藉用白茅 无咎
초 육 자 용 백 모   무 구

자리에 흰 띠풀을 쓰니 허물이 없다.

- 藉 : 깔 자, (제사지낼 때의)깔개 자   - 白 : 흰 백
- 茅 : 띠 모

초육(初六)은 음유로써 공손한 손(巽)체의 주인이고 아래에 있으니 두려워하고 삼가함이 지나친 사람입니다.

두려워하고 삼가면 음유함으로써 낮은데 거처하는 도리이고, 또 일을 시작하는 도리로써 허물이 없습니다.

효사에서는 하얗고 부드러운, 그리고 깨끗한 모초(茅草)로 제사 등에서 예물 진열에 까는 돗자리를 만들어 사용하는 것(藉用白茅)으로 초육의 정성과 공손함을 비유였습니다.

허물이 있을 수가 없습니다(无咎).

九二 枯楊 生稊 老夫 得其女妻 无不利
구 이 고 양 생 제 노 부 득 기 여 처 무 불 리

마른 버드나무에 뿌리가 생기고 늙은 남편이 아내를 얻으니 불리함이 없다.

구이(九二)는 양이 과한 괘에서 응이 없고 초육(初六)과 가까이 있습니다. 양이 크게 지나친 때에 음과 가까이 있으니 반드시 결합할 것입니다.

효사에서는 마른 버드나무가 뿌리를 내리고(枯楊 生稊) 늙은 남자가 젊은 여자와 결혼하는 것(老夫 得其女妻)으로 비유하였습니다. 양이 지나친 괘에서 구이(九二)가 음의 자리에 있고 초육(初六)과 결합하니 음의 도움을 받기 때문에 불리한 것이 없습니다.(无不利)

九三 棟橈 凶
구 삼　　 동 요　 흉

대들보가 휘니 흉하다.

구삼(九三)은 강으로써 강의 자리에 거처하여 강함이 지나친 사람입니다. 상육(上六)과 정응이 됨에도 불구하고 둘 사이에 있는 다른 양들의 방해를 받아 상육(上六)이 도움이 되지 못하는 사람입니다.

강함이 지나치면 독단에 흘러 사람들과 더불어 화목할 수 없으니 보통의 공도 세울 수 없는데 크게 지나친 일은 더욱 감당할 수가 없습니다. 그래서 대들보가 집의 무게를 견디지 못하고 휘어지는 흉하고 위태로운 형국(棟橈 凶)으로 비유하였습니다.

九四 棟隆 吉 有它 吝
구 사 동 륭 길 유 타 인

대들보가 위로 솟으니 길하나 다른 것이 있으면 인색하다.

- 隆 : 높을 륭, 성할 융, 튼튼할 융, 강할 융   - 它 : 다를 타
- 吝 : 인색할 린

구사(九四)는 양으로써 음의 자리에 거하니 대과(大過)의 괘에 있어 크게 과하지 않는 사람입니다. 강유를 겸비했다고 보면 되겠습니다.

그래서 구삼(九三)에서 아래로 휘었던 대들보가 구사(九四)에서는 다시 솟아오르니 길하다(棟隆 吉)고 하였습니다. 구사(九四)는 음의 자리에 있기 때문에 이미 음양이 조화를 이룬 것으로 보고 정응(正應)이 되는 초음과 다시 서로 매이면 음이 과하게 되기 때문에 인색한 결과가 있을 것(有它 吝)이라고 경계하였습니다.

九五 枯楊生華 老婦得其士夫 无咎 无譽
구 오 고 양 생 화 노 부 득 기 사 부 무 구 무 예

마른 버드나무에 꽃이 피고 늙은 부인이 젊은 남편을 얻으니, 허물도 없고 명예도 없다

구오(九五)는 양의 지나침이 극도에 달한 자리이고 또한 지나치게 극한 음을 가까이 하고 있습니다. 구오(九五)가 아래에 응이 없기 때문에 상육(上六)과 결합하게 됩니다.

효사에서는 '마른 버드나무가 꽃을 피우다(枯楊生華), 늙은 여자가 젊은 남편을 얻다.(老婦得其士夫) 허물도 없으며 명예도 없다(无咎 无譽)'고 하였는데, 구이(九二)에서는 마른 버드나무가 뿌리를 내려 수분을 얻기 때문에 불리한 것이 없다고 하였지만 구오(九五)에서는 꽃을 피웠기 때문에 아름답기는 하지만 더 빨리 수분이 고갈되는 좋지 못한 결과에 이를 것을 뜻하였고, 늙은 여자가 젊은 남편과 결혼하면 부부가 되어 좋은 점이 있지만 자식을 생산할 수가 없기 때문에 허물은 아니지만 명예도 없다고 하였습니다.

上六　過涉滅頂　凶　无咎
상 육　과 섭 멸 정　흉　무 구

지나치게 건너다 이마를 멸하니, 흉하나 허물할 데가 없다.

상육(上六)은 음유함으로써 지나침이 극한 곳에 거처하니 이것은 소인으로서 일반적인 도리를 지나침이 극한 사람입니다.

　　지혜가 없이 맹목적으로 무리하게 나가는 사람이죠. 상체가 태(兌:연못을 상징)괘이기 때문에 무리하게 물을 건너다가 정수리를 멸하니 흉하다(過涉滅頂)고 하여 물에 빠져 죽는 것으로 비유하였습니다. 그렇지만 아무도 탓할 수가 없고 허물을 돌릴 데가 없습니다(无咎). 모든 것이 자업자득이라는 얘기입니다.

서 괘 전 (序卦傳)

物不可以終過 故 受之以坎
물 불 가 이 종 과   고   수 지 이 감

물건이 끝내 지나가지만은 못하니 대과(大過)괘 다음에 감(坎)괘로 받았다.

- 過 : 지나칠 과   - 坎 : 빠질 감, 구덩이 감

괘 명 (문왕文王)

坎감〈 水수·물
坎감〈 水수·물

만물이 끝까지 지나갈 수만은 없기 때문에 대과(大過)괘 다음에 감(坎)괘로 받았습니다.

감(坎)은 원래 구덩이라는 뜻입니다. 감(坎)자는 土(흙·토)가 의미부이고 欠(하품·흠)이 소리부로 벌린 입처럼 흙이 움푹하게 파여진 구덩이를 뜻합니다.

또한 감(坎)에는 물의 뜻도 있기 때문에는물구덩이라고도 생각하면 되겠습니다. 음양의 기(氣)로 보면 양이 음 사이에 빠져 진퇴양난의 어려움에 처한 것을 구덩이에 빠진 것으로 비유하였습니다. 64괘중 4대난괘(四大難卦)의 하나로 지목되는 괘입니다.

괘 사 (문왕文王)

坎감 ⟨ ▤ ⟩ 水수·물
坎감 ⟨ ▤ ⟩ 水수·물

習坎 有孚 維心亨 行 有尚
습 감　유 부　유 심 형　행　유 상

습감(習坎)은 믿음이 있고 오직 마음이 형통하니, 가면 숭상함이 있다.

- 習 : 익힐 습, 거듭 습
- 孚 : 믿을 부
- 維 : 오직 유
- 亨 : 형통할 형
- 尚 : 숭상할 상

습감(習坎)은 구덩이가 중복되어 있는 것으로 괘의 형상이 상하체가 모두 감(坎)괘로 어려움이 첩첩이 가로놓여 있는 상황을 의미합니다.

감(坎☵)괘는 상하가 음효이고 중간이 양효입니다. 음은 허하고 양은 실하기 때문에 겉은 허하나 마음 속에 믿음과 성실함이 존재하는 것을 상징합니다.

그래서 믿음이 있고 오직 마음이 형통하다(習坎 有孚 維心亨)고
하였습니다. 구덩이에 빠져 행하지 않으면 구덩이를 벗어날 수 없고
항상 험한 가운데 있게 되니 감(坎)은 행하는 것을 숭상하고 공으로
삼습니다.(行 有尙)

효 사 (주공周公)

初六 習坎 入于坎窞 凶
초 육 습 감 입 우 감 담 흉

　　연이은 구덩이 속의 깊은 구덩이로 들어가니 흉하다.

- 坎 : 험할 감　　- 窞 : 구덩이 담

　초육(初六)은 음유함으로써 험한 감(坎)의 밑에 거처하고 응원이
없으면서 거처가 마땅함을 얻지 못하니(不正位·부정위) 더욱 깊고
험한 곳으로 빠지는 사람입니다.

　그래서 연이은 구덩이 속의 더 작은 구덩이로 들어가는 것(習坎
入于坎窞)으로 비유하고 흉하다(凶)고 하였습니다.

九二 坎 有險 求 小得
구이 감 유험 구 소득

구덩이가 험난하나 구하는 것을 조금 얻을 것이다.

> ▪ 求 : 구할 구

구이(九二)는 강양하며 중(中)을 얻은 자입니다. 강양하기 때문에 재질이 있고 중(中)하기 때문에 험한 괘에 있으면서도 크게 잃지 않는 사람입니다.

그러나 위로 응이 없고 음에 빠져 있는 상황(坎 有險)이기 때문에 구하는 바를 약간은 얻을 수 있을 뿐(求 小得) 크게 얻지는 못합니다.

六三 來之 坎坎 險且枕 入于坎窞 勿用
육삼 내지 감감 험차침 입우감담 물용

오고 감이 험난하고 험난하며, 험한 데에 또 베개 하며 구덩이 속의 구덩이(坎窞)로 들어감이니 쓰지 못한다.

> ▪ 來 : 올 래 ▪ 之 : 갈 지 ▪ 且 : 또 차
> ▪ 枕 : 베개 침 ▪ 于 : 어조사 우

육삼(六三)은 험한 때에 음유하고 부중부정(不中不正)하니 처신을 잘하지 못해 진퇴와 거처가 다 편하지 못한 사람입니다.

험한 체에 거처하고 있고 앞에도 또한 험한 체가 가로막고 있기 때문에 오고 감에 다 험하다(來之 坎坎)고 하였고, 구이(九二)에 의지하려 하나 구덩이에 빠진 상황이라 육삼(六三)의 의지가 될 능력이 없기 때문에, 육삼(六三)이 베개 삼아 의지하려 해도 편하지 못하여 구덩이 속의 구덩이로 들어가는 형국입니다(險 且枕 入于坎窞). 쓸 수가 없는 사람입니다.(勿用)

六四 樽酒 簋貳 用缶 納約自牖 終无咎
육사　준주　궤이　용부　납약자유　종무구

　　　동이술과 대그릇 둘, 질그릇을 사용하여, 간략하게 들이되 바라지
　　　창문으로부터 하면 마침내 허물이 없을 것이다.

- 樽 : 동이 준
- 貳 : 두 이
- 約 : 간략할 약
- 簋 : 대그릇 궤
- 缶 : 질그릇 부
- 牖 : 바라지(창문) 유

육사(六四)는 음유하고 아래의 도움이 없으니 험함을 구제할 수 없는 사람입니다.

효사에서는 신하가 되어서 험함에 거처하는 도리를 얘기하였습니다. 육사(六四)가 구오(九五) 인군의 자리와 가깝고 둘 다 응이 없으니 구오(九五)와 서로 교제하게 됩니다.

험한 시기에 윗사람을 모시기 위해서는 헛된 꾸밈을 숭상하지 말고 한동이술과 약간의 안주를 소박한 그릇에 담아 대접하듯이(樽酒簋貳 用缶) 실질적으로 하며, 인군이 꺼리고 기피하는 곳으로부터 접근하지 말고, 작은 바라지문으로 햇살이 들어가듯이 밝게 통하는 곳으로부터 시작하여 인군의 마음을 움직이면 마침내 허물이 없게 되는 것입니다(納約自牖 終无咎).

예로부터 윗사람의 허물을 들추고 직언하며 강경한 사람은 대개 거절을 당함이 많았고, 윗사람의 마음을 읽어 온후하며 밝게 변별하는 사람은 그 말이 많이 받아졌습니다.

험한 시기 조직에 거처하는 사람에게는 뼈에 새길만한 가르침입니다.

九五 坎不盈 祗旣平 无咎
구 오 감 불 영 지 기 평 무 구

구덩이가 차지 않았으니 평평한 데 이르면 허물이 없을 것이다.

- 祗 : 이를 지
- 旣 : 이미 기
- 平 : 평평할 평
- 盈 : 찰 영

구오(九五)는 강중한 재질로써 높은 자리에 있으나 음에 빠져 있고 아래에 돕는 사람이 없습니다.

물은 구덩이를 채워야만 다시 흐르기 때문에 구덩이에 물이 차면 빠져나오는 것으로 비유하여, 구오(九五)는 아직 구덩이에 물이 차지 않았기 때문에(坎不盈) 구덩이에 물이 차서 평평해지면 허물이 없다(祇旣平 无咎)고 하였습니다.

비록 험한 시기이기는 해도 인군인 구오(九五)는 구덩이를 벗어나기 위해서 혼신의 노력을 다하여야 할 것입니다. 그래서 괘사에서 행함을 숭상한다(行 有尙)고 한 것입니다.

上六 係用徽纆 寘于叢棘 三歲 不得 凶
상 육 계 용 휘 묵 치 우 총 극 삼 세 부 득 흉

밧줄로 묶어 가시덤불 속에 가둬 두어 3년이 되어도 얻지 못하니 흉하다.

▪ 係 : 맬 계, 걸릴 계	▪ 徽 : (세 겹으로 꼰)노끈 휘
▪ 纆 : (두 겹으로 꼰)노끈 묵	▪ 寘 : 둘 치
▪ 叢 : 떨기(가시덤불) 총	▪ 棘 : 가시 극
▪ 歲 : 해 세	

상육(上六)은 험함의 끝에 있으나 음유한 소인으로 구덩이에서 벗어나지 못하고 구덩이에 깊게 빠진 사람입니다. 빠짐이 깊기 때문에 밧줄로 옭아매어(係用徽纆) 감옥(가시덤불)에 가두어 둔 것(寘于叢棘)으로 비유하였습니다.

3년이 지나도 얻는 바가 없으니 흉하다(三歲 不得 凶)고 하여 오랜 기간을 험함에서 벗어나지 못하는 것입니다.

30
離(리)

서 괘 전 (序卦傳)

坎者　陷也　陷必有所麗　故　受之以離　離者　麗也
감 자　함 야　함 필 유 소 리　고　수 지 이 리　이 자　리 야

감(坎)은 빠지는 것으로 빠지게 되면 반드시 걸리는 바가 있으니, 감(坎)괘 다음에 리(離)괘로 받았다. 리(離)는 걸리는 것이다.

- 陷 : 빠질 함　　　▪ 麗 : 걸릴 리
- 離 : 걸릴 리, 붙을 리, 떠날 리

괘 명 (문왕文王)

離리 〈 火화 · 불
離리 〈 火화 · 불

빠지면 반드시 걸리는 바가 있기 때문에 감(坎)괘 다음에 리(離)괘로 받았습니다. 리(離)는 '걸리는 것'입니다.

리(離)는 걸리는 것이며 밝은 것이니 두 양이 중간의 음에게 걸리는 상을 취하면 붙들고 걸리는 뜻이 되고, 가운데가 비어 있는 상을 취하면 '밝다'는 뜻이 됩니다.

리(離)는 추(隹·새)와 리(离·새를 잡는 뜰채)가 합하여진 글자로서 뜰채로 새를 잡는 모습을 형상화한 글자입니다.

뜰채로 새를 잡게 되면 새는 가능한 한 도망칠 것이고, 이 때문에 '떠나다'는 뜻도 나왔습니다.

괘 사 (문왕文王)

離리 〈 ▤▤ 火화·불
離리 〈 ▤▤ 火화·불

離　利貞　亨　畜牝牛　吉
리　이정　형　휵빈우　길

리(離)는 바름을 지키는 것이 이롭고 형통하며 암소를 기르면 길하다.

- 離 : 걸릴 리, 떠날 리
- 畜 : 기를 휵, 쌓을 축
- 牝 : 암소 빈
- 牛 : 소 우

'나비효과'라는 것이 있죠. 지구 저쪽 편에서의 나비 날개짓이 지구 이쪽 편에는 태풍을 야기할 수도 있다는 이론 말입니다. 이처럼 천지간의 물체는 필히 서로 걸려서 연관되어 의존하게 됩니다. 단,

걸려서 의존하는 것이 필히 정당하여야 하며 정당함이 유지되어야 비로소 이롭고 형통한 것입니다(利貞 亨).

또한 리(離)는 불을 상징하듯 조급한 성질이 있기 때문에 '암소를 기르면 길하다(畜牝牛 吉)'고 하여 유순 중정한 덕을 배양할 것을 주문하고 있습니다.

효사 (주공周公)

初九 履 錯然 敬之 无咎
초 구 이 착 연 경 지 무 구

발걸음이 섞이나 공경하면 허물이 없다.

> ■ 履 : 밟을 리   ■ 錯 : 섞일 착   ■ 然 : 그러할 연
> ■ 敬 : 공경할 경   ■ 之 : 갈 지

양은 움직이는 것을 좋아하고 리(離)는 뜻이 위로 붙는데 있습니다. 초구(初九)는 아래에 있으나 양으로서 양자리, 조급하게 움직여 발걸음이 뒤섞인 것(履 錯然)으로 비유하였습니다. 그러나 초구(初九)는 밝은 체(離☲)에 거처하여 현명한 자질이 있기 때문에 공경하면 허물이 없다(敬之 无咎)고 하였습니다.

六二　黃離　元吉
육 이　황 리　원 길

누런 리(離)니 크게 길하다.

- 黃 : 누루(누를) 황

육이(六二)는 유순하고 중정하여 황리(黃離-황黃은 중中의 색)는 밝고 지혜로우면서도 부드럽고 조급하지 않은, 괘사에서 암소를 기르는 것으로 비유한(畜牝牛) 중덕(中德)을 갖추었으니 크게 길합니다.(元吉)

九三　日昃之離　不鼓缶而歌則大耋之嗟　凶
구 삼　일 측 지 리　불 고 부 이 가 즉 대 질 지 차　흉

해가 기울어져 걸림이니, 장구를 두드리고 노래하지 아니하면 나이 많은 늙은이가 슬퍼함이라 흉하다.

- 昃 : 기울어질 측
- 鼓 : 칠 고, 두드릴 고
- 缶 : 장구 부, 질그릇 부
- 歌 : 노래 가
- 耋 : (팔십)늙은이 질
- 嗟 : 슬플 차, 탄실할 차

리(離)괘가 상징하는 것에는 해(日)의 뜻도 있기 때문에 구삼(九三)은 해가 저무는 것(日昃之離)으로 비유하였습니다. 하체의 끝이니 서산에 걸린 해에 비유하였죠.

흔히 선천, 후천이라는 표현을 쓰는데 구삼(九三)은 선천(하체 리·離)의 마지막, 사람으로 치면 죽음이 가까워진 늙은이가 되겠습니다. 사람에게 있어서 늙음과 죽음은 떠오른 해가 지는 것처럼 자연스러운 과정이기 때문에 늙음에 비관하지 말고 북을 치고 노래를 부르듯 즐겁게 순응하라고 주문합니다. 이렇게 순응하지 않으면 늙은이가 과도하게 슬퍼하는 것이니 흉하다(不鼓缶而歌則大耋之嗟凶)고 하였습니다.

九四 突如其來如 焚如 死如 棄如
구 사　돌 여 기 래 여　분 여　사 여　기 여

갑자기 닥쳐오니 불타고 죽고 버려진다.

- 突 : 돌연할 돌, 굴뚝 돌
- 焚 : 불사를 분
- 死 : 죽을 사
- 如 : 같을 여
- 來 : 올 래
- 棄 : 버릴 기

구사(九四)는 양으로써 상체 리(離)괘 4효자리에 거처 부중부정하며, 하체 리(離)괘에 이어 강한 것이 거듭되어 강성한 형세입니다.

이는 인간사로 보면 인군을 모시는 자리에 있는 신하가 군왕을 핍박하고 위협하는 상으로 비유할 수 있습니다. 그래서 갑작스럽게 또는 예기치 못하다가(突如其來如) 인군에 의해서 타고 죽고 버려질 수가 있습니다.(焚如 死如 棄如)

주공의 효사는 위와 같은 뜻으로 해석되지만 괘상으로 보면 불 위의 불이고 효사는 불길하고 상서롭지 못하여 핵폭탄이나 전쟁 등이 연상됩니다.

六五 出涕沱若 戚嗟若 吉
육 오 출 체 타 약 척 차 약 길

눈물을 줄줄 흘리며 슬퍼하고 탄식하면 길하다.

- 涕 : 눈물 체
- 沱 : 눈물이 흐르는 모양 타, 콧물 타
- 若 : 같을 약
- 戚 : 슬플 척
- 嗟 : 슬플 차, 탄식할 차

육오(六五)가 높은 자리에 있으면서 중도를 지키고 문명한 덕이 있습니다. 그러나 음으로서 위에 있어 아래·위의 양들로부터 핍박을 받으며 하체에 정응이 없어서 도움을 받지 못하기 때문에 위태하고 두려운 형세입니다.

다만 눈물을 비 오듯이 쏟을 정도(出涕沱若)로 깊이 근심하고 두려워하면(戚嗟若) 길함(吉)을 보존할 수 있을 것입니다.

上九 王用出征 有嘉 折首 獲匪其醜 无咎
상구 왕용출정 유가 절수 획비기추 무구

왕이 출정하면 아름다움이 있을 것이니, 적의 우두머리만 처단하고
아래 무리들은 잡지 아니하면 허물이 없다.

- 用 : 쓸 용
- 嘉 : 아름다울 가
- 首 : 머리 수
- 匪 : 아닐 비
- 征 : 칠 정
- 折 : 끊을 절, 꺾을 절
- 獲 : 얻을 획
- 醜 : 동무 추(무리 추)

상구(上九)는 양으로써 위에 있고 리(離)괘의 끝에 있으니 강하고
밝은 것이 극도에 달한 사람입니다. 그래서 왕이 군사를 일으켜 정벌
을 나가면 좋은 결과가 있을 것이다(王用出征 有嘉)라고 하였습니다.

그러나 윗사람이 지나치게 밝고 세세하면 그에 따른 폐단이 또한
적지 않을 것이기 때문에 정벌을 나가서 그 우두머리는 벌하고 그를
따른 무리들은 벌하지 않으면 허물이 없다(折首 獲匪其醜 无咎) 하
여 강함과 밝음의 폐해를 중도로써 제약할 것을 주문하고 있습니다.

문왕(文王)의 아들 무왕(武王)이 상(商)나라를 정벌한 후에 이렇
게 하였습니다.

易經

제3편 역경易經 하下

易經

31
咸(함)

有天地然後 有萬物 有萬物然後 有南女
유 천 지 연 후　유 만 물　유 만 물 연 후　유 남 녀

有男女然後 有夫婦 有夫婦然後 有父子
유 남 녀 연 후　유 부 부　유 부 부 연 후　유 부 자

有父子然後 有君臣 有君臣然後 有上下
유 부 자 연 후　유 군 신　유 군 신 연 후　유 상 하

有上下然後 禮義有所錯
유 상 하 연 후　예 의 유 소 조

천지가 있은 연후에 만물이 있고, 만물이 있은 연후에 남녀가 있고
남녀가 있은 연후에 부부가 있고, 부부가 있은 연후에 부자가 있고
부자가 있은 연후에 군신이 있고, 군신이 있은 연후에 상하가 있고
상하가 있은 연후에 예의를 두는 바가 있느니라.

　　31번 함(咸)괘의 「서괘전」은 30번 리(離)괘를 잇지 않고 새로 시작
합니다.

육이(六二)가 만약에 윗사람의 구함을 기다리지 않고 장딴지가 움직이는 것 같이 하면 조급하고 망령되어 스스로 잃을 것(凶)이며, 도를 따라 자리를 지키면(居) 길(吉)한 것입니다.

또한 느끼지 말라고 한 것이 아니고 이치를 따르면 해가 없다는 뜻이 포함된 내용입니다.

九三 咸其股 執其隨 往 吝
구삼 함기고 집기수 왕 인

그 넓적다리에 느낌이다. 따르는 것을 고집하여 가면 인색하다.

- 股 : 넓적다리 고
- 執 : 잡을 집
- 隨 : 따를 수
- 往 : 갈 왕
- 吝 : 부끄러울 린

구삼(九三)은 양강하고 정위한 자로써 양은 올라가기를 좋아하고 음을 기뻐하며, 정응인 상육(上六)은 느끼고 기뻐함이 극한 곳에 있기 때문에 구삼(九三)이 감응해서 상육(上六)을 쫓을 염려가 있는 형국입니다.

구삼(九三)은 하체 간(艮)괘의 주효로써 멈추어 느낌에 전임(專任)해야 할 사람입니다.(咸其股) 양강한 재주가 기뻐하는 것에 감응, 따름을 고집하여(執其隨) 가면 부끄럽고 인색한 것(往 吝)입니다.

九四 貞 吉 悔 亡 憧憧往來 朋從爾思
구 사 정 길 회 망 동 동 왕 래 봉 종 이 사

바르게 하면 길해서 후회가 없어지리니 자주 자주 오고 가면 벗만
이 너의 생각을 따를 것이다.

- 悔 : 뉘우칠 회
- 憧 : 자주 동
- 來 : 올 래
- 朋 : 벗 붕
- 從 : 쫓을 종
- 爾 : 너 이
- 思 : 생각 사, 마음 사

　구사(九四)는 대신의 자리이며 기뻐하는 체의 음자리에 거처하여
초육(初六)과 응하기 때문에 구오(九五) 인군을 받드는데 소홀히 할
염려가 있습니다. 그래서 바르고 굳게 해야 후회가 없다(貞 吉 悔
亡)고 경계하였습니다.

　사사로운 교감이 있으면 그 교감이 안정되지 못하고(憧憧往來)
오직 친구들(같은 패거리)만 너의 뜻을 따를 것(朋從爾思)이라고 경
계하였습니다. 사사로운 감정을 배제하여야 천하 만물에 대한 올바
른 느낌을 가질 수 있고, 윗사람으로써 바른 느낌을 가질 수 있어야
천하의 사람들이 그를 따르게 되겠지요.

九五 咸其脢 无悔
구 오 함 기 매 무 회

그 등에 느끼면 후회가 없다.

구오(九五)는 인군의 자리이나 양으로써 음인 육이(六二)와 정응이 되고 있고 상체 태(兌·기쁨)의 주효인 상육(上六)과 가까이 있어 사사로운 욕심에 감응할 수 있는 사람입니다.

따라서 등심에 느끼듯(咸其脢) 사사로운 마음을 등져, 감응함에 보이는 것만을 기뻐하지 않으면 비로소 인군의 후회가 없을 수 있을 것입니다.(无悔)

上六　咸其輔頰舌
상 육　함 기 보 협 설

> 그 볼과 뺨과 혀로 느끼다.

상육(上六)은 함(咸)괘의 끝이고 상체 태(兌·기쁨)의 주효입니다. 사물을 감응시키고자 하는 욕심이 극도에 달한 소인입니다.

효사에서는 볼과 뺨과 혀의 느낌(咸其輔頰舌)이라 하여 감언이설로 상대방을 꾀는 소인으로 비유하였습니다. 태(兌☱)의 상징 중 하나로 입(口)이 있음을 참고하시기 바랍니다.

서 괘 전 (序卦傳)

夫婦之道　不可以不久也　故　受之以恒
부 부 지 도　불 가 이 불 구 야　고　수 지 이 항

부부의 도는 오래하지 않을 수 없으니 함(咸)괘 다음에 항(恒)괘로 받았다.

- 久 : 오랠 구　　- 恒 : 항상 항

괘 명 (문왕文王)

震진〈　　　雷뢰·우레
巽손〈　　　風풍·바람

「서괘전」에 따르면 '부부의 도는 오래가지 않으면 안 된다.' 항(恒)
은 '오래감'이라고 하였습니다.

항(恒)을 부부의 도로 보는 것은 상체 진(震)이 장남을 뜻하고 하체 손(巽)이 장녀를 뜻하여 양괘가 위에 있고 음괘가 아래에 있어 남존여비(男尊女卑)의 이치를 갖추었으며, 한편으로는 양괘가 바깥에 있고 음괘가 안에 있으니 남자는 밖에서 일을 하고 여자는 가정을 지키므로 부부의 도라고 비유하였습니다.

그래서 부부의 도는 오래가야 한다고 하였는데 이는 인류 번식이 부부로부터 시작되기 때문이며 만약에 음양의 결합으로 상징되는 부부가 없으면 인류는 번식할 수 없기 때문일 것입니다.

그러나 이 괘의 의미 또한 인간사의 관점에서 보지 말고 기(氣)의 관점에서 볼 필요가 있습니다. 갑골문에서 보면 恒(항)자의 우변은 하늘을 뜻하는 위의 가로 획과 땅을 뜻하는 아래의 가로 획, 중간에 해(日)가 아닌 달(月)이 있는 글자입니다. 하늘과 땅 사이에서 달이 차고 이지러지는 현상을 형상화한 글자입니다.

따라서 恒(항)자는 해와 같이 변함이 없는 항구함을 뜻하는 것이 아니고 달과 같이 변화하는 이러한 변화가 항구하다는 뜻을 나타내는 글자로 보아야 합니다.

괘상으로 볼 때도 항(恒·䷟)은 태(泰·䷊)괘에서 온 것으로 일양이 올라가 음의 변화를 시작하고 일음이 내려와 양의 변화를 시작하는 기의 변화가 항구하다는 뜻을 담아낸 이름으로 보입니다.

또한 서괘전에서는 함(咸)→남여(男女)의 도(道), 항(恒)→부부(夫婦)의 도(道)라 하였지만 함·항괘의 괘사 및 효사를 보면 문왕

과 주공의 뜻이 서괘전과는 많이 다르다는 것을 느낄 수 있을 것입니다.

괘 사 (문왕文王)

震진〈 ☳ 雷뢰·우레
巽손〈 ☴ 風풍·바람

恒 亨 无咎 利貞 利有攸往
항 형 무구 이정 이유유왕

항(恒)은 형통해서 허물이 없고 바르게 함이 이로우며 가는 바를 둠이 이롭다.

■ 恒 : 항상할 항   ■ 攸 : 바 유

항(恒)은 일양일음이 변화를 시작(☳→상체에서 일양(一陽)이, ☴→하체에서 일음(一陰)이)하고 있기 때문에 이는 음양 변화의 자연스러운 법칙으로 형통하며 허물이 없습니다.(亨 无咎)

또한 바르지 못하면 오래갈 수 없기 때문에 곧고 바른 것이 이롭다(利貞) 하였고 변화 속에서 항구한 것이므로 가는 바가 이롭다(利有攸往)고 하였습니다.

初六 浚恒 貞 凶 无攸利
초 육 준 항 정 흉 무 유 리

　　항상함에 깊이 한다. 고집하면 흉하니 이로울 바가 없다.

- 浚 : 팔 준, 깊을 준

　초육(初六)은 유약한 음(陰)으로 하체 손(巽)괘의 주효입니다. 구
사(九四)가 정응이나 진(震)체이기에 올라가고 내려오지 않으며 구이
(九二)와 구삼(九三)에게 막혀 응하는 뜻이 일반괘와는 다릅니다.
　따라서 형세를 헤아리지 못하고 윗사람에게 구하고 바람을 깊게
하면 흉하며(浚恒 貞 凶) 유리한 바가 없습니다.(无攸利) 시세(時勢)
의 변화에 적응하지 못하는 사람이죠.

九二 悔 亡
구 이 회 망

　　후회가 없어질 것이다.

- 悔 : 뉘우칠 회　　- 亡 : 망할 망

구이(九二)는 양으로써 음자리에 있어 마땅히 후회가 있으나 중덕을 갖추고 역시 중덕을 갖춘 육오(六五)와 응하니 바름을 잃지 않을 것이고 후회가 사라질 것입니다.(悔 亡)

九三 不恒其德 或承之羞 貞 吝
구 삼   불 항 기 덕   혹 승 지 수   정   인

그 덕에 항구하지 못하면 혹 치욕을 당하며 고집하면 인색하다.

- 或 : 혹 혹   ■ 承 : 이을 승   ■ 羞 : 부끄러울 수

구삼(九三)은 양으로써 양자리에 있어 바른자리에 있지만(正位) 과하게 강하며 중을 얻지 못했기 때문에 그 자리에 항구하기가 어려운 자입니다.

그래서 그 덕을 항구하게 지키지 못하면 부끄러움이 따른다(不恒其德 或承之羞)고 하였고, 과강함을 계속 고집하면 인색하다(貞吝)고 하였습니다.

九四 田无禽
구 사   전 무 금

사냥하나 짐승을 잡지 못하다.

- 田 : 사냥할 전(=佃)   ■ 禽 : 날짐승 금, 새 금

구사(九四)는 부중(不中)하며 부정(不正)한 자리입니다. 부중부정하면 오래 항구할 수가 없으며 항구하더라도 유익함이 없습니다. 사냥을 하였으나 수확물이 없는 것(田无禽)으로 비유하였습니다.

六五 恒其德 貞 婦人 吉 夫子 凶
육오 항기덕 정 부인 길 부자 흉

> 그 덕에 항상 하여 변치 않으면 부인은 길하고 지아비와 아들은 흉하다.

■ 婦 : 지어미 부, 아내 부   ■ 夫 : 지아비 부

육오(六五)는 부드러움으로써 중을 차지하여 아래의 양강한 신하 구이(九二)와 정응하고 있습니다. 음은 양을 따르는 것이니 육오(六五)가 구이(九二)를 따르는 형국이죠.

부드러움과 아래에 순종하는 것을 덕의 항상함으로 삼으니 계속되면(恒其德 貞) 부인의 도리에는 길하겠으나, 인군의 도가 유순함으로써 항상함을 삼을 수 없기 때문에 아버지와 아들은 흉하다(婦人 吉 夫子 凶)고 하였습니다.

上六 振恒 凶
상 육 진 항 흉

항구함이 흔들리니 흉하다.

▪振 : 떨 진, 떨칠 진

상육(上六)은 항(恒)괘의 끝이니 항상하지 못하고 음(陰)으로서
제일 위에 거처하니 편안한 처소가 아니고 또한 음유해서 자신이 지
키는 것을 항구하게 할 수 없는 자입니다.

그래서 항상함이 흔들려 흉한 것입니다.(振恒 凶) 위에 거처하는
도는 반드시 항상한 덕이 있어야 공이 있을 수 있겠습니다.

33 遯(돈)

서 괘 전 (序卦傳)

恒者　久也　物不可以久居其所　故　受之以遯
항 자　구 야　물 불 가 이 구 거 기 소　고　수 지 이 돈

항(恒)은 오래가는 것이다. 물건이 오래 한곳에만 머물 수 있는 것이 아니니
항(恒)괘 다음에 돈(遯)괘로 받았다.

- 居 : 거할 거　　　■ 遯 : 숨을 돈, 물러날 돈

괘 명 (문왕文王)

乾건〈　　　　天천·하늘
艮간〈　　　　山산

만물이 그 장소에 오래 거할 수만은 없기 때문에 항(恒)괘 다음
에 돈(遯)괘로 받았습니다. 돈(遯)은 '물러난다'는 뜻입니다. 돈(遯)

괘는 4양(四陽), 2음(二陰)의 괘로 아래의 두 음효가 위의 네 양효를 위협하며 자라나는 형상입니다.

양은 보호하고 가꾸지 않으면 성장하기가 어렵지만 음은 저절로 놔 두어도 양에 비하여 그 성장 속도가 빠르고 위협적이기 때문에 괘명을 양의 입장에서 '물러난다.' 또는 '도망간다'는 돈(遯)으로 한 것입니다.

옛날 주자(朱子)가 점을 쳐서 이 괘가 나오자 즉시 조정에서 물러 나 고향으로 피신하였다는 고사가 있습니다.

괘 사 (문왕文王)

乾건〈 天천·하늘
艮간〈 山산

遯 亨 小利貞
돈 형 소 리 정

돈(遯)은 형통하나 바름을 지키는 것이 조금 이롭다.

- 遯 : 숨을 돈, 물러날 돈

소인의 도가 자라는 때에 군자가 피해서 물러나면 군자의 도가 형통한 것이며,(遯 亨) 비록 피할 때이나 강중한 인군 구오(九五)가 제자리에 있고 육이(六二)의 응함이 있으니 아직도 일을 할 수 있는 여지가 있습니다. 그러나 두 음이 아래에서 자라 음의 세력이 강성 해지니 바르고 곧게 해도 이로움이 적은 것입니다.(小利貞)

初六 遯尾 厲 勿用有攸往
초 육 　돈 미 　여 　물 용 유 유 왕

　　　물러나는데 꼬리와 같아 위태로우니 가는 바가 있지 말아야 한다.

　■ 尾 : 꼬리 미　　■ 厲 : 위태할 려　　■ 勿 : 말 물

　초육(初六)은 음으로써 아래에 거처하여 돈(遯)의 시기에 뒤에 처졌으니 꼬리로 비유하였습니다.(遯尾)

　물러날 때에 그 시기를 놓친 자라 할 수 있습니다. 물러나야 할 시기에 뒤처지면 위태함이 있을 것이고,(厲) 이미 시기를 놓쳤으면 망령되게 움직이지 않음(勿用有攸往)이 마땅할 것입니다.

六二 執之用黃牛之革 莫之勝說
육 이 　집 지 용 황 우 지 혁 　막 지 승 탈

　　　황소의 가죽으로 잡아매니 벗길 수 없다.

　■ 執 : 잡을 집　　　　　■ 黃 : 누를 황
　■ 牛 : 소 우　　　　　　■ 革 : 가죽 혁
　■ 莫 : 못할 막, 없을 막　■ 勝 : 이길 승
　■ 說 : 벗을 탈

육이(六二)는 중정함으로써 중정한 구오(九五)와 서로 응하니 중순(中順)함으로써 스스로를 지키는 자입니다. 비록 물러나는 돈(遯)의 시기지만 부드러움과 소가죽같은 강인한 의지(執之用黃牛之革)로 스스로를 지키니 그 견고함이 아무도 당할 수 없는(莫之勝說) 그런 자입니다.

九三 係遯 有疾 厲 畜臣妾 吉
구 삼 계 돈 유 질 여 휵 신 첩 길

매어 있는 물러남으로 병이 있어 위태로우나 신하와 첩을 기르는 데는 길하다.

- 係 : 맬 계, 걸릴 계
- 疾 : 병 질
- 畜 : 기를 휵(사람), 기를 축(짐승)
- 妾 : 첩 첩
- 遯 : 도망할 돈
- 厲 : 위태로울 려
- 臣 : 신하 신

구삼(九三)은 하체 간(艮)의 주효입니다. 간(艮)은 갑골문에서 눈을 돌려 뒤돌아보는 형상이죠.

구삼(九三)이 돈(遯)의 시기에 도피하여야 하나 아래의 두 음을 가깝게 해서 도피하지 못하는 것이 마치 병에 걸린 듯 위태롭습니다.(係遯 有疾 厲) 그러나 윗사람이 사사로운 은혜로 매이는 것이 아랫사람과 여자를 회유하는 데에는 좋은 점이 있으므로 신하와 첩을 기르는데는 길하다(畜臣妾 吉)고 하였습니다.

九四 好遯 君子 吉 小人 否
구 사　호 돈　군 자　길　소 인　비

　좋아도 물러남이니 군자는 길하고 소인은 비색하다.

- 好 : 좋을 호　　■ 否 : 막힐 비

　구사(九四)는 건(乾)체로써 강하게 결단할 수 있는 자이나 음자리에 거처하고 있고 아래 초육(初六) 소인과 매인 것이 있기 때문에 경계가 필요한 자리입니다.

　구사(九四)는 좋아도 물러나야 하며(好遯) 물러나는 것이 쉽지 않기 때문에 물러날 수 있는 군자는 길하고 그렇지 못한 소인은 비색하다고 하였습니다.(君子 吉 小人 否)

九五 嘉遯 貞 吉
구 오　가 돈　정　길

　아름답게 물러남이니 굳고 바르게 하면 길하다.

- 嘉 : 아름다울 가

　구오(九五)는 중정(中正)한 자로써 중정(中正)한 육이(六二)와 응하니 사사로이 매이는 실수가 없이 아름답게 물러나는 자(嘉遯)입니다.

그러나 양으로써 음과 응하니 필히 그 뜻을 굳고 바르게 해서 변함이 없어야 길할 것(貞 吉)이라고 경계하였습니다.

上九 肥遯 无不利
상구 비돈 무불리

여유 있게 물러남이니 이롭지 않음이 없다.

▪ 肥 : 살찔 비

상구(上九)는 강한 양으로써 괘의 마지막에 거처하고 아래로 매이거나 응함이 없으니 도피함이 멀고 처신함이 여유가 있는 사람입니다.(肥遯) 불리함이 없죠.(无不利)

34
大壯(대장)

서 괘 전 (序卦傳)

遯者　退也　物不可以終遯　故　受之以大壯
돈 자　퇴 야　물 불 가 이 종 돈　고　수 지 이 대 장

돈(遯)은 물러나는 것이다. 물건이 가히 끝까지 물러날 수만은 없으니 돈(遯)
괘 다음에 대장(大壯)괘로 받았다.

- 退 : 물러날 퇴　　　- 遯 : 물러날 돈　　　- 壯 : 장할 장

괘 명 (문왕文王)

震진〈　　　　　雷뢰 · 우레
乾건〈　　　　　天천 · 하늘

　만물이 끝까지 물러날 수만은 없기 때문에 돈(遯)괘 다음에 대장
(大壯)괘로 받았습니다. 대장(大壯)은 물건의 장함, 성함을 뜻하는

괘명입니다. 괘상을 보면 아래의 네 양(陽)이 위로 성장하여 위의 두 음(陰)을 핍박하는 기세로 대장(大壯)은 양(陽)이 장하다는 뜻과 양(陽)이 자라나는 기세가 크게 장하고 성하다는 뜻이 있습니다.

괘 사 (문왕文王)

震진〈　雷뢰·우레
乾건〈　天천·하늘

大壯　利貞
대 장　이 정

대장(大壯)은 바르게 하는 것이 이롭다.

- 大 : 큰 대　　- 壯 : 씩씩할 장

대장(大壯)의 도는 굳고 바르게 함이 이롭습니다.(大壯 利貞) 바름을 얻지 못하면 강하고 사나움이 될 뿐이죠. 공자는 대장(大壯)의 괘상을 보고 군자의 대장(大壯)은 자기를 이겨서 예에 회복하는(극기복례:克己復禮) 것 만한 것이 없다고 하였는데, 저는 이 괘상을 보면 어렵고 불쌍한 사람들의 손을 잡아 의지가 되어주면서 함께 나아가는 건장한 젊은이가 연상됩니다.

괘상의 느낌은 보는 사람에 따라 얼마든지 다를 수 있는 것입니다.

初九 壯于趾 征 凶 有孚
초 구 장 우 지 정 흉 유 부

발꿈치에 장함이니 가면 흉함이 틀림없을 것이다.

- 趾 : 발꿈치 지　　 - 孚 : 믿을 부

초구(初九)는 아래에 있어 장(壯)함이 미약하나 양들이 위로 올라
가 음을 핍박하는 장성함을 쓰는 괘이기 때문에 초구도 장성함을 쓰
려 합니다. 그러나 그 역량이 겨우 발꿈치에 장한 정도이기 때문에(壯
于趾) 가면 흉할 것이 틀림없을 것(征 凶 有孚)이라고 경계하였습니다.

九二 貞 吉
구 이 정 길

굳고 바르게 하면 길하다.

구이(九二)는 양강으로 대장(大壯)의 때를 당했으나 유한 자리에
거처하고 중을 얻어 장성함을 지나치게 쓰지 않는 자입니다. 그러나
양으로써 음의 자리(不正位)에 있기 때문에 굳고 바르게 해야 길하
다(貞 吉)고 하였습니다.

 태(兌:양)

九三　小人　用壯　君子　用罔　貞　厲　羝羊　觸藩　羸其角
구 삼　소인 용장　군자　용망　정　여　저양　촉 번　이 기 각

> 소인은 강성함을 쓰고 군자는 비움을 쓴다. 고집하면 위태로우니
> 숫양이 울타리를 들이받아 그 뿔이 걸림이다.

- 罔 : 없을 망, 비울 망
- 羝 : 숫양 저, 사나울 저
- 觸 : 받을 촉
- 藩 : 울타리 번
- 羸 : 걸릴 리, 휘감길 리
- 角 : 뿔 각

구삼(九三)은 대장(大壯)의 괘에 양으로써 강한 자리에 위치하
여 지나치게 강하고 조급한 자입니다. 음(陰)을 상대할 때 소인은 강
성함을 쓰지만 군자는 오히려 마음을 비우고 부드러움을 쓰는 법입
니다.(小人 用壯 君子 用罔) 지나친 강함을 강함으로 계속하면 위태
하며(貞 厲) 이를 숫양이 뿔로 울타리를 들이받아 울타리에 걸린 것
(羝羊 觸藩 羸其角)으로 비유하였습니다.

　호(互)괘 태(兌≡)에 양(羊)의 뜻이 있습니다.

九四　貞　吉　悔亡　藩決不羸　壯于大輿之輹
구 사　정　길　회 망　번 결 불 리　장 우 대 여 지 복

> 바르게 하면 길해서 뉘우침이 없어지리니, 울타리가 열려서 걸리지
> 아니하며 큰 수레바퀴의 장함이다.

구사(九四)는 양강한 양들의 제일 윗자리에서 양의 상승을 주도하여 음을 핍박하며 상체 진(震)의 주효로써 거침없이 전진하는 자입니다. 그러나 양으로써 음자리에 있고 중(中)이 아니기 때문에 굳고 바르게 해야 길하고 후회가 사라지며,(貞 吉 悔亡) 그 형상이 울타리가 열려 걸림이 없으며 큰 수레의 바퀴살처럼 장하다(藩決不羸 壯于大輿之輹)고 비유하였습니다.

六五 喪羊于易 无悔
육 오 상 양 우 이 무 회

온화함으로 양의 기운을 뺏으면 후회가 없을 것이다.

오효 자리는 위로 진격해 오는 네 양을 맞는 자리입니다. 육오(六五)는 음으로써 부드럽고 중덕을 갖추고 있기 때문에 위로 올라오는 양의 강성한 것을 화이(和易)한 가운데 사라지게 하여(喪羊于易) 후회가 없습니다.(无悔)

반드시 부드럽고 온화함을 써야 하는 까닭은 음유함으로써 높은 자리에 있기 때문입니다.

이 효와 관련해서 또 다른 해석은 상(商)나라 때의 고사를 바탕으로 하여 상나라의 왕자가 이(易) 지방에서 무례하고 방자한 행동을 하다가 사람들에게 죽임을 당하고 양을 잃은 고사를 인용하여 해석하는 학자도 있는데, 이 경우에는 효사의 해석을 '이(易) 지방에서 양을 잃다, 후회할 곳이 없다'로 해야 할 것입니다.

그러나 괘상을 보면 육오(六五)가 중순으로써 양강한 구이(九二)와 응하고 있기 때문에 육오(六五)가 처신을 잘못하여 죽임을 당하여도 하소연 할 곳이 없다는 것으로 해석하는 것보다는 위로 상진(上進)하여 오는 양들을 부드럽게 대함으로써 후회가 없어진다는 해석이 더 적절한 것으로 생각됩니다.

上六 羝羊觸藩 不能退 不能遂 无攸利 艱則吉
상 육　저 양 촉 번　불 능 퇴　불 능 수　무 유 리　간 즉 길

　　　숫양이 울타리를 받아서 능히 물러나지 못하며 능히 나아가지도 못
　　　해서 이로운 바가 없으나 어렵게 하면 길하리라.

- 羝 : 숫양 저　　■ 退 : 물러날 퇴　　■ 能 : 능할 능
- 遂 : 나아갈 수　　■ 艱 : 어려울 간

상육(上六)은 음유한 자질로 대장(大壯)괘의 마지막과 상체 움직임이 끝나는 때에 처하여 양이 울타리를 받아서 물러날 수도 없고 나아갈 수도 없는 형국(羝羊觸藩 不能退 不能遂)으로 비유하였습니다. 유리한 것이 없으나 상육(上六)이 대장(大壯)괘의 마지막이고 음으로써 강하지 않기 때문에 어렵게 처신하면 아직도 길함을 얻을 수 있다(无攸利 艱則吉) 하여 활로를 열어주고 있습니다.

　　참고로 간(艱)은 고대에 사람을 제물로 바쳐야 할 정도의 어려운 일을 견뎌내는 것을 뜻하는 글자입니다.

서 괘 전 (序卦傳)

物不可以終壯 故 受之以晉
물 불 가 이 종 장   고   수 지 이 진

물건이 끝까지 장(壯)하지만은 못하니 대장(大壯)괘 다음에 진(晉)괘로 받았다.

- 晉 : 나아갈 진(進)

괘 명 (문왕文王)

離리 〈  〉 火화·불
坤곤 〈 〉 地지·땅

만물이 끝까지 장할 수만은 없기 때문에 대장(大壯)괘 다음에 진(晉)괘로 받았습니다.

진(晉)은 '전진한다'는 뜻입니다. 진(晉)괘의 괘명을 이해하기 위해서는 음양을 바꿔보는 것이 명쾌합니다.

진(晉)괘의 음양을 바꾸면 상체 리(離)는 감(坎)이 되고 하체 곤(坤)은 건(乾)이 되어 수(需☴)괘가 되죠. 수(需)괘는 앞에서 보았듯이 기우제를 지내고 비를 기다리듯 기다리는 괘입니다. 수(需)괘와 음양이 반대된 진(晉)괘는 그 괘상도 반대로 전진해 나아가는 상이 되겠습니다.

괘 사 (문왕文王)

離리 ⟨ 火화·불
坤곤 ⟨ 地지·땅

晉　康侯　用錫馬蕃庶　晝日三接
진　강후　용석마번서　주일삼접

나라를 편안케 하는 제후에게 말을 많이 주고 낮동안 세 번을 접하도다.

- 晉 : 나아갈 진
- 康 : 편안할 강
- 侯 : 제후 후
- 錫 : 줄 석
- 馬 : 말 마
- 蕃 : 무성할 번,많을 번
- 庶 : 여럿 서, 뭇 서
- 晝 : 낮 주
- 接 : 접할 접

진(晉)괘의 괘상은 상체 리(離)가 밝게 하늘에 걸려 있고 아래에 하체 곤(坤)이 순하게 이어받는 형상으로 문왕은 이를 제후들이 임금을 공손하게 받드는 형국으로 비유하였습니다.

그러나 기(氣)의 관점에서 보면 상체 리(離)는 위로 향하고, 하체 곤(坤)은 아래로 향하기 때문에 상하간이 분리가 될 염려가 있는 괘 상입니다. 따라서 밝게 나아가는 때이나 때는 늘 변화하는 것이기 때문에 환란을 미연에 방지하기 위하여 임금이 제후들을 위로하고 치하하며 부단히 소통할 것을 주문하고 있습니다.

괘사에서 국가의 안위를 담당하는 제후들에게 푸짐하게 상을 내리고(康侯 用錫馬蕃庶) 밤낮을 가리지 않고 자주 만나라(晝日三接)고 주문한 것은 상하간의 소통을 얘기한 것입니다.

효 사 (주공周公)

初六 晉如摧如 貞 吉 罔孚 裕 无咎
초 육   진 여 최 여   정   길   망 부   유   무 구

나아가다가 꺾이다. 굳고 바르게 하면 길하고 믿음이 없더라도 여유 있게 하면 허물이 없다.

- 晉 : 나아갈 진
- 摧 : 꺾을 최, 억제할 최, 저지할 최
- 罔 : 없을 망
- 孚 : 믿을 부
- 裕 : 넉넉할 유, 너그러울 유

초육(初六)은 음으로써 아래에 거처하고 구사(九四)와 응하고 있습니다. 진(晉)괘에 있기 때문에 나아가려 하나 역량이 부족하고 위로 같은 음인 육이(六二)와 육삼(六三)의 견제를 받기 때문에 꺾이는 상입니다.(晉如摧如)

초육(初六)이 유약하므로 굳고 바르게 함이 길하다(貞　吉)고 주문하였고, 처음 나아감에 윗사람의 믿음을 얻지 못하더라도 마음을 넓고 여유롭게 가지면, 구사(九四)와는 정응이기 때문에 결국에는 힘을 합하는 이치가 있어 나아갈 수가 있기 때문에 허물이 없다(罔孚　裕　无咎)고 조언하였습니다.

六二　晉如愁如　貞　吉　受玆介福于其王母
육 이　진 여 수 여　정　길　수 자 개 복 우 기 왕 모

> 나아가는 것이 근심스러우나 굳고 바르게 하면 길하니 왕의 어머니에게서 큰 복을 받을 것이다.

- 愁 : 근심 수
- 受 : 받을 수
- 玆 : 이 자, 이것 자
- 介 : 클 개
- 福 : 복 복
- 王 : 임금 왕
- 母 : 어미 모

육이(六二)는 아래에 있고 중정(中正)하나 위로 응원이 없어서 나아가는데 근심하는 자입니다.(晉如愁如)

그러나 중정한 덕을 갖추고 오래 유지하면 결국에는 길함이 찾아올 것이며(貞　吉) 정응은 아니지만 중덕을 갖춘 육오(六五), 여기에서는 왕의 어머니로 비유한 육오(六五)에게서 복을 받을 것(受玆介福于其王母)이라고 하였는데, 아래의 세 음효 중 육이(六二)만이 유일하게 중정(中正)의 덕을 갖추었기 때문이겠죠.

六三 衆允 悔 亡
육삼 중윤 회 망

무리의 믿음을 얻으면 후회가 없어질 것이다.

- 衆 : 무리 중 　- 允 : 미더울 윤, 진실로 윤

육삼(六三)은 중정함을 얻지 못했으나 순(順)한 하체 곤(坤)의 위에 처하여 순함이 지극하고 세 음효는 모두 다 위에 순히 하는 것으로 육삼(六三)이 정응이 되는 상구(上九) 윗사람을 따라 나아가려 함에 무리가 뜻을 같이하여 믿고 쫓는 바(衆允) 후회가 없다(悔 亡)고 하였습니다.

九四 晉如鼫鼠 貞 厲
구사 진여석서 정 려

나아가는 것이 날다람쥐와 같으니 고집하면 위태하다.

- 鼫 : 다람쥐 석 　- 鼠 : 쥐 서 　- 厲 : 위태할 려
※ 鼫鼠(석서) : 날다람쥐

구사(九四)는 부중부정(不中不正)하며 위에 거처하니 제자리가 아닌데 그 자리를 욕심내어 차지하고 있는 형상입니다.

제자리가 아닌데 거처하고 리(離)체에 있어 급하기 때문에 불안한

마음이 마치 날다람쥐같이 조급하여(晉如鼯鼠) 계속 이러한 상황이 지속되면 위태롭다(貞 厲)고 경계하였는데, 날다람쥐는 의심이 많고 행동반경이 좁은 동물입니다.

六五 悔 亡 失得勿恤 往 吉 无不利
육오 회 망 실득물휼 왕 길 무불리

후회가 사라진다. 잃고 얻음을 근심하지 말고 나아가면 길하고 불리함이 없다.

- 勿 : 말 물, 아닐 물   ■ 恤 : 근심 휼   ■ 往 : 갈 왕

육오(六五)는 음으로써 양자리 또 아래에 정응이 없어 마땅히 후회가 있을 것이나 중(中)을 갖추었고, 크게 밝음(리離☲)으로써 위에 있으며 아래가 다 순종하기 때문에 후회가 사라지는 형국입니다.(悔 亡)

윗사람으로써 밝음을 쓰는 지나침이 너무 살피는데 이르면 이 또한 바람직하지 않기 때문에 잃고 얻음에 너무 연연하지 말고 나아가면 길하고 불리한 것이 없을 것이다(失得勿恤 往 吉 无不利)라고 하였습니다.

上九 晉其角 維用伐邑 厲 吉 无咎 貞 吝
상구 진기각 유용벌읍 여 길 무구 정 인

그 뿔에 나아감이니 오직 읍(邑)을 치면 위태하나 길하고 허물이 없
거니와 고집하면 인색하다.

- 角 : 뿔 각, 모퉁이 각   - 維 : 오직 유   - 用 : 쓸 용
- 伐 : 칠 벌   - 邑 : 고을 읍

상구(上九)는 부중부정(不中不正)하고 리(離:불·위로 타오름)체에
있기 때문에 나아갈 줄만 알고 물러설 줄을 모르는 자입니다.

이미 동물의 뿔끝까지 전진해 나온 형국이기 때문에(晉其角) 더
나아갈 곳이 없습니다. 나아가는 것만 알고 물러서는 것을 모르면
당연히 후회가 따르게 되겠죠.

이 경우 자기와 가까운 주변, 또는 자기 마음을 잘 정리하면(維用
伐邑) 위태로우나 길하고 허물이 없다(厲 吉 无咎) 하였고, 나아감
을 계속 고집하면 인색함이 있을 것(貞 吝)이라고 경계하였습니다.

36
明夷(명이)

서 괘 전 (序卦傳)

晉者　進也　進必有所傷　故　受之以明夷
진 자　진 야　진 필 유 소 상　고　수 지 이 명 이

진(晉)은 앞으로 나아가는 것이다. 나아가다 보면 반드시 상하는 바가 있으
니 진(晉)괘 다음에 명이(明夷)괘로 받았다.

- 進 : 나아갈 진　　　■ 傷 : 상할 상
- 明 : 밝을 명　　　■ 夷 : 상할 이

괘 명 (문왕文王)

坤곤 〈　　　　地지 · 땅
離리 〈　　　　火화 · 해

나아가다 보면 필히 다치는 바가 있을 것이기 때문에 진(晉)괘 다음에
명이(明夷)괘로 받았습니다. 명이(明夷)는 밝음이 상한다는 뜻입니다.

괘상을 보면 진(晉)괘는 상체 리(離), 태양이 하체 곤(坤), 땅의 위에 떠있는 형상(䷢)이고, 명이(明夷)괘는 하체 리(離), 태양이 상체 곤(坤), 땅의 밑으로 들어가 해가 서산에 지듯 깜깜한 상태로 밝음이 상한 것으로 비유한 것입니다.

괘 사 (문왕文王)

坤곤 〈 **☷** 〉 地지 · 땅
離리 〈 **☲** 〉 火화 · 해

明夷 利艱貞
명 이   이 간 정

명이(明夷)는 굳세고 바르게 함이 이롭다.

- 夷 : 상할 이   - 艱 : 어려울 간

명이(明夷)의 괘상을 인간사(人間事)에 비유하면 밝은 덕을 가진 군자가 소인들에 의하여 상처를 입고 험난한 지경에 처해있는 것으로 비유됩니다.

문왕은 괘사에서 이 경우를 어렵다고 표현하지 않고 굳세고 바르게 하면 이롭다(利艱貞)고 하여 어려운 처지에 처한 사람들에게 활로를 열어주고 용기를 주고 있습니다.

어떤 상황에서든 긍정적인 말로써 밝은 쪽으로 인도하는 것이 역경 괘·효사의 특징이라 하겠습니다.

효 사 (주공周公)

初九 明夷于飛 垂其翼 君子于行 三日不食 有攸往
초구 명이우비 수기익 군자우행 삼일불식 유유왕

主人 有言
주인   유언

명이(明夷)의 때에 날아가는데 그 날개를 늘어뜨린다. 군자가 감(行)
에 3일을 먹지 못한다. 가는 바가 있으니 주인의 말이 있다.

- 飛 : 날 비   - 垂 : 드리울 수
- 翼 : 날개 익   - 食 : 밥 식, 먹을 식

초구(初九)는 어두운 세상을 만난 군자입니다. 명이(明夷)괘의 처
음이기 때문에 밝음의 상함이 그리 크지는 않은 상황이죠. 그러나
이미 밝음이 상(傷)하기 시작했기 때문에 하늘을 나는 새가 그 날개
를 늘어 뜨려 더 이상 날 수 없으며(明夷于飛 垂其翼) 군자가 감에
있어서 3일동안 먹지 못할 정도로(君子于行 三日不食) 곤궁한 상황
입니다.

시세를 밝게 보는 자가 더욱 깜깜한 세상이 올 것을 예견하고 주
인(인군)을 떠나가니 눈이 밝지 못한 주인으로부터 비난의 말이 있
을 것(有攸往 主人 有言)이라고 비유하였습니다.

하괘 리(離)체에 새의 상징과 숫자 3의 뜻이 내포되어 있습니다.

六二　明夷　夷于左股　用拯馬　壯　吉
육이　명이　이우좌고　용증마　장　길

> 명이(明夷)의 때에 왼쪽 넓적다리를 다침이니 구원해 주는 말이 건
> 장하면 길할 것이다.

- 左 : 왼 좌
- 股 : 다리 고
- 拯 : 구원할 증
- 壯 : 장정 장, 강할 장

육이(六二)는 하체 리(離)에 속하여 밝고 중정한 덕을 갖춘 사람
입니다. 그러나 밝음이 상하는 괘이기 때문에 왼쪽 넓적다리에 상처
를 입는 것(明夷 夷于左股)으로 비유하였습니다.

왼쪽은 오른쪽보다 중하지 않게 보기 때문에 심하게 다친 것이
아닌 것으로 보고 구삼(九三)의 도움을 받아 말(馬)로 비유한 구삼
(九三)이 장하면 말을 타고 갈 수 있으니 길한 결과가 있을 것(用拯
馬 壯 吉)이라고 하였습니다.

육이(六二)가 유순중정하나 유약하기 때문에 암흑 같은 세상을
구제할 수가 없고, 양강한 사람들의 도움을 받아 세상을 구제하는
것이 현명한 도리라는 가르침입니다.

九三　明夷于南狩　得其大首　不可疾貞
구삼　명이우남수　득기대수　불가질정

명이(明夷)의 때에 남쪽으로 나아가 사냥하여 괴수를 잡다. 급하게
바르게 해서는 안 된다.

> ■ 南 : 남녘 남   ■ 狩 : 사냥할 수
>
> ■ 首 : 머리 수   ■ 疾 : 빠를 질

구삼(九三)은 양으로써 양의 자리에 과강하며, 하체 리(離)의 위
에 거처하여 밝음의 극치입니다.

상육(上六)은 어두움의 극치이므로 구삼이 위로 나아가 상육(上
六)의 어두움을 정복하는 것(明夷于南狩 得其大首)으로 비유하였습
니다. 그러나 깜깜한 세상을 빠른 시간 내에 변혁시킬 수는 없기 때
문에 반드시 점진적으로 해야 한다(不可疾貞)고 경계하였습니다.

六四 入于左腹 獲明夷之心 于出門庭
육사 입우좌복 획명이지심 우출문정

> 왼쪽 배로 들어가 명이(明夷)의 마음을 얻어서 문 뜰로 나오다.

> ■ 腹 : 배 복   ■ 獲 : 얻을 획   ■ 庭 : 뜰 정

육사(六四)는 명이(明夷)의 시기에 유순하고 득정하여 위를 거스르
는 행위를 하지 않으므로 난을 피하고 길(吉)을 얻게 되는 자입니다.

일반적으로 우측은 존귀하고 좌측은 비천한 것으로 여기는 것이
당시 사람들의 사고이기 때문에 좌측 배로 들어갔다 하면(入于左腹)

모시는 자의 정당하고 밝은 마음보다는 사적인 욕망에 순종하는 것을 뜻하는 것으로 보입니다. 그렇게 함으로써 어둠을 상하게 하는 자의 신임을 얻음으로써(獲明夷之心) 자신의 안전을 도모하고 후에는 그곳을 떠나 밝은 곳으로 나오는 것(于出門庭)으로 비유하였습니다.

六五 箕子之明夷 利貞
육 오   기 자 지 명 이   이 정

　　기자(箕子)의 명이(明夷)니 굳고 바르게 함이 이롭다.

육오(六五)는 밝음을 상하게 하는 자(上六)와 지근거리에 있어 매우 위태하나 유순하고 중덕을 갖추고 있어 그 밝음을 감추고 그 뜻을 바르게 할 수 있는 자입니다. 요즘 흔히 얘기하는 '도광양회(韜光養晦:빛을 감추고 밖에 비치지 않도록 한 뒤 어둠 속에서 은밀히 힘을 기른다)'를 하는 자입니다.

　　효사에서는 상나라 마지막 왕 때의 기자(폭군 주紂왕의 삼촌)의 현명함[1]을 예로 들어(箕子之明夷) 효의 뜻을 말하고 있습니다. 그리고 음효로써 음유하기 때문에 굳고 바르게 하라(利貞)고 경계하였습니다.

1 : 조카로부터 살아남기 위하여 거짓으로 미친 척하였음

上六 不明 晦 初登于天 後入于地
상 육 불 명 회 초 등 우 천 후 입 우 지

> 밝지 못하고 어두우니 처음에는 하늘에 오르고 나중에는 땅속으로
> 들어간다.

■ 晦 : 그믐 회, 어둠 회　　■ 登 : 오를 등　　■ 後 : 뒤 후

상육(上六)은 어둠의 끝으로 이 괘에서 밝음을 상하게 하는 자입
니다. 밝음(하체 리離☲)과 가장 멀리 있으니 밝지 못하고 어두우며
(不明 晦) 처음은 높은 자리에 거처해서 사람들의 밝음을 상하게 했
으나 마침내는 자기 자신도 상하게 돼서 땅으로 들어가게 됩니다.(初
登于天 後入于地)

상(商)나라 주왕(紂王)이 온갖 잔악한 횡포를 부리다가 결국에는
죽음을 당하여 땅에 묻힌 고사를 상정(想定)한 것으로 보입니다.

37
家人(가인)

夷者　傷也　傷於外者　必反其家　故　受之以家人
이 자　상 야　상 어 외 자　필 반 기 가　고　수 지 이 가 인

이(夷)는 상하는 것이다. 밖에서 상한 자는 반드시 그 집에 돌아오니 명이(明
夷)괘 다음에 가인(家人)괘로 받았다.

- 反 : 돌아올 반

괘 명 (문왕文王)

巽손 〈 　風풍·바람
離리 〈  火화·불

밖에서 상처 입은 사람은 반드시 그 집으로 돌아오기 때문에 명
이(明夷)괘 다음에 가인(家人)괘로 받았습니다.

일부 학자들이 외체가 손(巽)이고 내체가 리(離)로 외체의 중은 양, 남자가 위치하였고 내체의 중은 음, 여자가 차지하여 남자는 바깥 일을 주관하고 여자는 안의 일을 주관하는 고대 남녀간의 일을 분담하는 관습에 부합하여 그 괘명을 가인(家人)으로 한 것으로 해석합니다만, 저의 견해는 상·하체가 모두 음괘(陰) 즉, 여자(女子)괘이기 때문에 여자는 가정의 일을 주관하고, 또 초효에서 오효까지가 모두 바른 위치(正位)이며 상구(上九)가 바른 위치는 아니나 양(陽)으로써 위에 있는 것이 이치에 맞기 때문에 괘상이 가정(家庭)의 도(道)를 말하기에 적합한 것으로 보아 괘명을 가인(家人)으로 한 것이라 생각됩니다.

가인(家人)괘에서는 집안에서의 도리를 주로 얘기하였지만 '수신제가치국평천하(修身齊家治國平天下)'라 하듯이 수신(修身)을 한 자만이 가정을 잘 다스릴 수 있고, 가정을 잘 다스릴 수 있는 사람만이 비로소 나라를 다스릴 수 있으며, 천하를 평안하게 할 수 있으므로 가인(家人)의 도리가 궁극적으로는 수신(修身)과 평천하(平天下)의 도리와 일맥상통한다고 하겠습니다.

巽손〈 ▦ 〉風풍·바람
離리〈 ▦ 〉火화·불

家人 利女貞
가 인　이 여 정

가인(家人)은 여자의 굳고 바름이 이롭다.

- 家 : 집 가　　- 利 : 이로울 리　　- 貞 : 곧을 정

　가인(家人)괘는 상하가 다 음괘로써 육사(六四)와 육이(六二) 음효가 주효가 되기 때문에 여자의 곧고 바름이 이롭다라고 하였습니다.(利女貞) 오늘날에는 많이 달라졌지만 고대에는 집안을 바르게 하고 자녀를 잘 양육하는 것은 대부분 여자의 몫이었죠.

　괘사를 지은 문왕 집안의 여인(女人)들도 주나라의 역사에서 주실삼모(周室三母)라 하여 현명한 여인들로 기록에 찬란하게 남아 있습니다.

初九 閑有家 悔 亡
초 구　한 유 가　회　망

가도를 익히면 후회가 사라질 것이다.

- 閑 : 익힐 한

초구(初九)는 강양으로 가인(家人)괘의 처음에 위치하여 강명한 재주로 가정의 도를 익히는 사람입니다.

범교재초 이법재시(凡教在初 理法在始:모든 가르침은 처음이 중요하고 법으로 다스림은 시작이 중요하다)라고 하였듯이 가정이 어지러진 후에 가르치려 하거나 이치가 무너진 후에 법으로 다스리려 하면 후회가 있게 됩니다. 따라서 가인(家人)괘의 시작에 있어서 가도(家道)를 익히면(閑有家) 후회가 사라질 것(悔 亡)이라고 하였습니다.

후회가 없다고 말하지 않은 것은 여러 사람이 거처함에 반드시 후회가 있을 것이나 법도로써 막고 익히면 후회가 사라진다는 뜻이 되겠습니다.

六二 无攸遂 在中饋 貞 吉
육이 무유수 재중궤 정 길

이루는 바가 없고, 집안사람들의 음식을 주관하되 굳고 바르게 하면 길할 것이다.

- 无 : 없을 무
- 攸 : 바 유
- 遂 : 이룰 수, 나아갈 수
- 饋 : 밥통 궤, 먹일 궤

육이(六二)는 유순하면서 중정의 덕을 갖추었습니다. 그러나 가정에 있어서도 음유한 재질로 부드러운 곳에 거처하여서는 집을 다스릴 수가 없다고 봅니다.

정과 사랑에 빠져 가도(家道)를 지키기 어렵다고 보는 것이지요.

그래서 이룸이 없다(无攸遂) 하였고, 집안사람들을 먹이는데 전념하라고 하였으며(在中饋) 음의 자리에 있기 때문에 굳고 바르게 하면 길하다(貞吉)고 하였습니다.

九三 家人 嗃嗃 悔厲 吉 婦子 嘻嘻 終吝
구 삼 가 인   학 학   회 려 길 부 자   희 희   종 린

가인이 지나치게 엄하니 후회가 있고 위태로우나 길하다. 부인과 자녀들이 희희낙락하면 끝내는 인색함이 있을 것이다.

- 嗃 : 꾸짖을 학, 가도가 엄할 학
- 嘻 : 히히덕거릴 희, 실없이 웃을 희
- 終 : 마침내 종
- 吝 : 인색할 린

구삼(九三)은 양으로써 양자리에 있어 지나치게 강한 사람이며 하체의 위에 있어 한 가정의 가장의 위치에 있는 사람입니다.

지나치게 엄하여 가족들을 급하게 속박하는(家人 嗃嗃) 뜻이 있어 위태로움이 있으나 구삼(九三)이 리(離)괘에 속하여 문명스럽고 밝은 자질을 갖추었기 때문에 길하다(悔厲 吉) 하였고, 만약 어머니와 아들이 히히덕거리면 가정의 절도와 질서를 잃어버려 마지막은 부끄러워 질 것(婦子 嘻嘻 終吝)이라고 경고하였습니다. 인색함이 심하면 흉한데 이르는 것입니다.

六四　富家　大吉
육사　부가　대길

집안을 부유하게 하니 크게 길하다.

육사(六四)는 손순(巽順)한 체(☴)에서 바른 자리(正位)에 위치하여 가정을 이룸에 있어 순수하고 바른 도를 지키니 그 부를 보유할 수 있는 사람이고(富家) 크게 길합니다.(大吉)

양은 의리를 주관하고 음은 이익을 주관하기 때문에 가정을 부유하게 한다고 표현하였습니다.

九五　王假有家　勿恤　吉
구오　왕 격 유 가　물 휼　길

왕이 집을 지극히 하니 근심치 아니해도 길하다.

- 假 : 지극할 격, 이를 격　　- 勿 : 말 물　　- 恤 : 근심 휼

구오(九五)는 양강으로써 존귀한 자리에 있으며 중정한 덕을 갖추었고, 또 아래로 유순하고 중정한 음의 도움을 받아 가정을 다스리는 자로써 가정을 다스림에 있어 바르고 도리에 지극한 자입니다.(王假有家)

구오(九五)는 인군의 자리로써 천하를 다스려야 하는 근심이 있으나 이미 가정을 다스리는 도리를 세움에 지극하면 근심하고 수고하지 않아도 천하가 다스려질 것이니 근심하지 않아도 길한 것(勿恤吉)으로 표현하였습니다. '수신제가치국평천하(修身齊家治國平天下)'의 주인공이죠.

上九　有孚　威如　終吉
상구　유부　위여　종길

믿음을 가지고 위엄이 있게 하면 마지막에는 길할 것이다.

- 威 : 위엄 위　　　- 如 : 같을 여

상구(上九)는 가인(家人)괘의 끝으로 지위가 없는 할아버지에 해당되는 자리로서 상체 손(巽)의 윗자리이기 때문에 효사에서는 지나친 자애로움을 경계하였습니다.

장실존엄 소망공순(長失尊嚴 小忘恭順)이라고 하여, '윗사람이 존엄을 잃으면 아랫사람은 공경함과 순함을 잃는다'고 하였습니다.

자애로움이 지나치면 엄함이 없고 사사로운 은혜가 이기면 바른 도리가 무너지기 때문에 마음속으로 믿음을 가지고 위엄을 갖추면 (有孚 威如) 마지막에는 길할 것(終吉)이라고 하였습니다.

38
睽(규)

서 괘 전 (序卦傳)

家道　窮必乖　故　受之以睽
가 도　궁 필 괴　고　수 지 이 규

가도(家道)가 궁하면 반드시 어긋나니 가인(家人)괘 다음에 규(睽)괘로 받았다.

- 窮 : 궁할 궁
- 乖 : 어그러질 괴
- 睽 : 어긋날 규

괘 명 (문왕文王)

離리〈 火화·불
兌태〈 澤택·못

　집안의 도(道)가 궁해지면 필히 괴리가 생깁니다. 그래서 가인(家
人)괘 다음에 규(睽)괘로 받았습니다.

규(睽)는 '괴리가 생기다, 사이가 벌어지다'라는 뜻입니다. 규(睽)괘의 상을 보면 가인(家人)괘와 마찬가지로 상체 리(離)나 하체 태(兌)가 모두 음괘입니다.

그러나 가인(家人)괘에서는 상하체가 같은 방향으로 움직여 뜻을 같이 하였지만 규(睽)괘에서는 상체 리(離)는 위로 가고 하체 태(兌)는 아래로 가기 때문에 괘들이 서로 괴리하는 뜻이 있습니다. 이를 두 딸이 같이 크지만 시집을 가면 흩어진다는 것으로 비유하기도 합니다.

또한 규(睽)괘는 초효를 제외한 나머지 오효가 모두 바른 위치에 있지 않으며 초구(初九)도 양으로써 아래에 있기 때문에 이치에 어긋나는 뜻이 있습니다.

갑골문에서 보면 '규(睽)'자는 사팔뜨기를 형상화한 글자입니다. 상체 리(離)가 눈을 의미하고 호괘(2·3·4효)에 또 눈(리離)이 있어 두 눈이 서로 어긋난 사팔뜨기 규(睽)로 괘명을 지은 것입니다.

괘 사 (문왕文王)

離리 〈 ䷥ 〉 火화·불
兌태 〈 〉 澤택·못

睽 小事 吉
규　소사　길

규(睽)는 작은 일은 길하다.

■ 睽 : 엿볼 규, 어긋날 규

천하의 이치가 바름이 있으면 어긋남이 있고 바름이 극하면 어긋남이 생기고 어긋남이 극하면 다시 바름이 오는 것으로 봅니다.

규(睽)괘는 어긋난 상황이기 때문에 천하가 어긋나고 흩어지나 인군은 중정하고 신하는 강양함으로써 지성껏 하면 다시 바름을 찾고 합할 수가 있습니다.

그러나 괘상에서는 인군의 자리가 육오(六五)로 유약하여 아래 신하의 자리 구이(九二)의 도움을 받으나 크게 바로 잡고 합할 수는 없고 작게는 할 수 있으므로 작은 일에는 길하다(小事 吉)고 하였습니다.

효 사 (주공周公)

初九 悔 亡 喪馬 勿逐 自復 見惡人 无咎
초 구 회 망 상 마 물 축 자 복 견 악 인 무 구

후회가 없어질 것이니 말을 잃고 쫓아가지 않아도 스스로 돌아오며 나쁜 사람(惡人)을 만나도 허물이 없을 것이다.

- 喪 : 잃을 상
- 馬 : 말 마
- 勿 : 말 물
- 逐 : 쫓을 축
- 復 : 돌아올 복
- 惡 : 악할 악
- 咎 : 허물 구

초구(初九)는 어긋남의 처음에 위치하여 구사(九四)와는 같은 양으로써 짝이 되는 응이 아닙니다. 두 양효는 본래 서로 응하는 것이 아니나 어긋나는 때에 있기 때문에 같은 양으로써 서로 합하는 도리가 있습니다.

　그리하여 위와 아래가 더불어 하기 때문에 후회가 없어질 수 있습니다.(悔 亡) 이를 비유하여 말을 잃고도 쫓지 않으면 스스로 돌아온다(喪馬 勿逐 自復), 악인을 만나도 허물이 없다(見惡人 无咎)라 표현하였는데 여기에서 말과 악인은 모두 구사(九四)를 지칭하는 것으로 어긋나는 때에는 같은 양끼리도 같은 덕으로 서로 합하여 어긋남을 구제하여야 하는 도리를 밝힌 것입니다.

九二　遇主于巷　无咎
구 이　우 주 우 항　무 구

주인을 후미진 곳에서 만나면 허물이 없다.

■ 遇 : 만날 우　　　■ 于 : 어조사 우　　　■ 巷 : 골목 항

　구이(九二)는 강양으로 중덕을 갖추고 역시 중덕을 갖춘 육오(六五)와 정응이 되고 있습니다. 그러나 규(睽)의 때에 있어서는 음양이 상응하는 도가 쇠퇴하고 강유가 어긋나는 뜻이 성하니 구이(九二)와 육오(六五)가 정응이나 마땅히 위곡(委曲)하게 서로 구해야 하는 것이 도리입니다.

　원래는 육오(六五) 인군이 거주하는 대청에서 만나는 것이 마땅하나 오히려 남의 눈에 띄지 않는 궁전의 외진 곳에서 서로 만나는

것(遇主于巷)은 때가 그러하기 때문에 때에 순응하는 것이지 자신을 굽히거나 옳음을 버리는 것이 아닌 것입니다.

六三 見輿曳 其牛 掣 其人 天且劓 无初 有終
육삼 견 여 예 기 우 체 기 인 천 차 의 무초 유종

> 수레를 뒤에서 끌어당기는 것을 보고, 소가 앞에서 가로막으며, 사람이 머리를 깎이고 코를 베이니 처음은 없으나 마침은 있다.

- 輿 : 수레 여
- 曳 : 끌 예, 당길 예
- 掣 : 당길 체, 막을 체
- 天 : 형벌이름 천
- 且 : 또 차
- 劓 : 코 벨 의

육삼(六三)은 음유하면서 부중부정(不中不正)한 자입니다. 음유한 것은 평상시에도 자립하기가 부족한데 하물며 어긋나고 떠나는 때에는 더욱 어렵겠죠.

상구(上九)와 정응이 되나 구이(九二)와 구사(九四)에 쌓여, 구이(九二)는 수레를 당기듯이 방해하고(見輿曳) 구사(九四)는 소가 뿔로 받듯이 막습니다.(其牛 掣) 그래서 이마에 글자를 새기는 형을 받고 코를 베이는 벌을 받아(其人 天且劓) 중상을 입은 것으로 비유하였습니다.

그러나 음양이 서로 합하는 것은 절대적인 이치이기 때문에 처음은 어려우나 마지막엔 결국 합쳐질 것으로 보는 것입니다.(无初 有終)

九四 睽孤 遇元夫 交孚 厲 无咎
구사 규고 우원부 교부 여 무구

어긋나서 외로운데 훌륭한 남자를 만나 서로 믿으면 위태로우나 허
물이 없다.

- 孤 : 외로울 고
- 夫 : 지아비 부
- 厲 : 위태할 려
- 元 : 착할 원, 으뜸 원
- 孚 : 믿을 부

구사(九四)도 어긋나고 떠나는 때에 있어서 짝이 없어서 외롭습
니다.(睽孤) 그러나 초구(初九)와 마찬가지로 동덕(同德)인 초구(初
九)를 만나 서로 믿고 의지하면(遇元夫 交孚) 염려스러우나 크게 허
물이 없는 것입니다.(厲 无咎)

六五 悔亡 厥宗 噬膚 往 何咎
육오 회망 궐종 서부 왕 하구

후회가 없어질 것이니 그 일가가 살을 씹듯이 합하면 나아감에 무
슨 허물이 있겠는가.

- 厥 : 그 궐
- 噬 : 씹을 서
- 宗 : 일가 종, 마루 종
- 膚 : 살갗 부

육오(六五)가 어긋나고 떠나는 때를 당해서 존귀한 자리에 있습니다. 음으로서 양의 자리에 있으니 후회가 있으나 중덕을 갖추고 있고, 아래의 강양하고 중덕을 갖춘 정응 구이(九二)의 도움으로 후회가 없어집니다.(悔亡)

만약에 같은 집안 또는 뜻을 같이 하는 동지(정응관계임을 의미)인 구이(九二)를 만나 뼈가 아닌 살을 씹듯 깊게 합하여(厥宗 噬膚) 나아간다면 무슨 허물이 있겠습니까.(往 何咎)

上九　睽孤　見豕負塗　載鬼一車　先張之弧　後説之弧
상 구　규 고　견 시 부 도　재 귀 일 거　선 장 지 호　후 탈 지 호

어긋나는 때에 외롭다. 진흙을 뒤집어쓴 돼지와 귀신을 실은 수레를 보고 먼저는 활을 당겼다가 뒤에는 활을 벗어 놓는다.

匪寇　婚媾　往遇雨　則吉
비 구　혼 구　왕 우 우　즉 길

적이 아니라 혼인을 구함이니 가서 비를 만나면 길할 것이다.

▪見 : 볼 견	▪豕 : 돼지 시	▪負 : 질 부
▪塗 : 진흙 도	▪載 : 실을 재	▪鬼 : 귀신 귀
▪先 : 먼저 선	▪張 : 베풀 장, 넓힐 장	▪弧 : 활 호
▪説 : 벗을 탈	▪婚 : 혼인 혼	▪媾 : 혼인 구, 화친할 구

상구(上九)는 어긋나고 떠나는 때의 극에 처하여 외롭습니다.(睽孤) 어긋남이 극에 달하면 어그러져 합하기 어렵고 강함이 극에 달

하면 조급하고 사나워서 자제하지 못하며, 밝음이 극에 달하면 너무 살펴서 의심이 많습니다. 그래서 상구(上九)의 눈에는 정응이 되는 육삼(六三)이 흙을 덮어쓴 돼지로 보이거나 수레를 탄 귀신들로 보이기도 합니다.(見豕負塗 載鬼一車)

　그러나 상구(上九)는 규(睽)괘가 극에 달했고 극에 달하면 바른 이치로 돌아오니 마지막에는 육삼(六三) 정응과 합하는 이치가 있어 활을 들어 쏘려고 하다가 활을 내려놓으며(先張之弧 後說之弧), 육삼(六三)이 도둑이 아니라 혼인을 구하고 있다는 것을 알게 되고,(匪 寇 婚媾) 끝에는 음양이 서로 만나 화합하여 비가 오듯이(往遇雨) 규(睽)괘를 벗어나게 되고 길한 결과가 있게 되는 것(則吉)입니다.

서 괘 전 (序卦傳)

睽者 乖也 乖必有難 故 受之以蹇
규 자 괴 야 괴 필 유 난   고 수 지 이 건

규(睽)는 어긋나는 것이다. 어긋나면 반드시 어려움이 있으니 규(睽)괘 다음
에 건(蹇)괘로 받았다.

- 乖 : 어긋날 괴   - 蹇 : 어려울 건

괘 명 (문왕文王)

坎감〈  水수·물
艮간〈   山산

어긋남이 있으면 필히 어려움이 있기 때문에 규(睽)괘 다음에 건
(蹇)괘로 받았습니다. 건(蹇)은 '어려움'을 뜻합니다.

괘상을 보면 이양(二陽), 사음(四陰)의 괘로써 전체적으로 음이 양을 가리고 있어 양이 음에 빠진 형국입니다.

건(蹇)자는 추위에 발이 언 상태를 뜻하는 글자로 나아가기 어려운 상태를 뜻하는 글자이며 뜻이 확대되어 '어렵다, 힘들다'는 의미가 있습니다.

상체 감(坎)은 물을, 하체 간(艮)은 산을 의미하기도 하므로 산을 넘고 또 물을 건너야 하는 어려운 형국으로 비유하기도 합니다.

괘 사 (문왕文王)

坎감 〈 水수·물
艮간 〈 山산

蹇 利西南 不利東北 利見大人 貞 吉
건　이서남　불리동북　이견대인　정　길

서남쪽이 이롭고 동북쪽은 이롭지 아니하며, 대인을 봄이 이로우니 굳고 바르게 하면 길하다.

▪ 蹇 : 어려울 건　　　▪ 利 : 이로울 리

두 번째 곤(坤)괘의 괘사에서 보았듯이 서남(西南)쪽은 평탄하고 순한 곳이고, 동북(東北)쪽은 험한 곳을 의미합니다.

어려울 때에는 평이한 곳에 순하게 거함이 이롭고 험한 데로 가는 것은 이롭지 않습니다.(利西南 不利東北)

또한 능력 있는 사람의 도움을 받는 것이 이로우며(利見大人) 굳고 바르게 해야 길한 결과가 있을 것입니다.(貞 吉)

初六 往 蹇 來 譽
초 육 왕 건 내 예

가면 어렵고 오면 명예롭다.

■ 譽 : 기릴 예, 명예 예

초육(初六)은 유약하고 부정(不正)한 음이며 상체의 육사(六四)와
도 응이 되지 않아 도움을 받지 못합니다. 이러한 상황에서 무리하게
전진하면 상체 감(坎)과 호괘 감(坎2·3·4효)의 험한 곳에 빠질 위험
이 있습니다.(往 蹇) 돌아와서 시기를 기다림이 마땅합니다.(來 譽)

六二 王臣蹇蹇 匪躬之故
육 이 왕 신 건 건 비 궁 지 고

왕과 신하가 어렵고 어려운 것은 자기 자신 때문이 아니다.

■ 匪 : 아닐 비   ■ 躬 : 몸 궁   ■ 故 : 연고 고

육이(六二)는 득중(中)하고 득정(正) 하였으며 구오(九五) 인군의 신
임을 받는 자입니다. 그러나 구오(九五)가 음에 빠져 있어 인군과 신
하가 힘을 합하여도 그 어려움을 구제하는데는 부족한 형국입니다.

그래서 인군과 신하가 모두 어렵습니다.(王臣蹇蹇) 그러나 이러한 어려움이 자기 자신의 잘못은 아니고 처한 때가 그러한 것이기 때문에 자신의 허물은 아니다(匪躬之故)라고 한 것입니다.

九三 往蹇來反
구 삼 왕 건 내 반

가면 어렵고 오면 반(反)이다.

▪ 反 : 돌아올 반

구삼(九三)은 하체의 위에 위치한 양입니다. 그리고 바른 자리에 위치하여 아래의 두 음이 구삼(九三)에게 의지하고 있습니다.

구삼(九三)과 상육(上六)이 정응이 되나 상육(上六)은 음유하면서 지위가 없기 때문에 구삼(九三)이 험난한 외체(감坎)의 앞에 처하여 겹겹이 쌓인 곤란함 속에 나아가면 어렵고(往 蹇) 돌아오면 두 음도 기뻐하고 자기 자신도 편안한 것입니다.(來 反)

구삼(九三)은 하괘 간(艮)의 주효로 간(艮)에는 멈춤 또는 돌아본다는 뜻이 있기 때문에 구삼(九三)은 나아가지 않을 것입니다.

六四 往 蹇 來 連
육 사 왕 건 내 연

가면 어렵고 오면 연합한다.

■ 連 : 이어질 연

육사(六四)는 상체 대신의 자리에서 음으로써 음자리, 바른 자리를 차지하고 있습니다.

그러나 인군인 구오(九五)가 험함에 빠져 육사(六四)가 나아가 일을 하려 하면 어려움에 처할 것이기 때문에(往 蹇) 돌아와 구삼(九三)과는 상비(相比)관계로 친하고, 육이(六二)와 초육(初六)은 같은 음으로 서로 더불어 하는 것이 마땅하기 때문에 험난한 시기에 처하는 도리를 말하였습니다.

九五 大蹇 朋來
구 오 대 건 붕 래

크게 어려운 때에 벗이 오다.

■ 朋 : 벗 붕

구오(九五)는 강건하고 중정한 덕을 갖춘 인군입니다. 또한 아래의 육이(六二)가 정응으로 도움을 주고 있으나(朋來), 비상한 어려운 시기에 험함에 빠져 있고(大蹇) 아래의 음유한 도움으로는 천하의 어려움을 구제할 수 있는 바가 아닙니다.

어려움에 처하여 그 어려움을 구제하기 위해 상하가 합심하여 노력하는 것은 마땅한 도리이기 때문에 굳이 길흉을 얘기하지 않았습니다.

上六 往 蹇 來 碩 吉 利見大人
상 육 왕 건 내 석 길 이 견 대 인

가면 어렵고 오면 크니 길하다. 대인을 보는 것이 이롭다.

- 碩 : 클 석

상육(上六)은 건(蹇)괘의 마지막에 처하고 있으며 앞에는 더 이상 나아갈 길이 없습니다.

모든 상황은 그 극에 이르면 변하는 뜻이 있기 때문에 상육(上六)도 나아가지 않고(往 蹇) 돌아와 괘의 양효이며 괘의 인군인 구오(九五)를 따르고 정응이 되는 구삼(九三)을 따른다면 그 공이 크고 길한 것입니다.(來 碩 吉)

대인을 봄이 이롭다(利見大人)는 것은 대인은 양을 상징하므로 구오(九五)를 따르고 구삼(九三)을 응원하는 것을 뜻한다 하겠습니다.

40

解(해)

서 괘 전 (序卦傳)

蹇者 難也 物不可以終難 故 受之以解
건 자 난 야 물 불 가 이 종 난 　 고 　 수 지 이 해

건(蹇)은 어려운 것이다. 물건이 끝까지 어려울 수만은 없으니 건(蹇)괘 다음
에 해(解)괘로 받았다.

- 難 : 어려울 난　　　 - 解 : 풀 해

괘 명 (문왕文王)

震진 〈  雷뢰·우레
坎감 〈　　　　　 水수·물

　만물이 끝까지 어려울 수만은 없기 때문에 건(蹇)괘 다음에 해
(解)괘로 받았습니다. 해(解)괘는 '풀어짐'을 뜻합니다.

해(解)괘의 해(解)자는 소의 뿔을 잡고 칼로 해체하는 모습을 그린 상형문자로 '해체하다, 해부하다, 풀이하다, 이해하다' 등의 뜻이 있으며 여기에서는 '어려움으로부터 나오다'는 뜻으로 쓰였습니다. '어려움에서 해방되다'의 해(解)자로 이해하면 되겠습니다.

해(解)괘의 상괘는 진(震)으로 양기가 진동하는 괘이며 하괘는 감(坎)으로 물을 상징한다고 보면 해(解)괘는 양기가 험한 물 밖으로 나와 진동하는 형상입니다.

해(解)괘의 상체와 하체를 바꾸면 양기가 얼음 밑에서 동(動)하는 세 번째 준(屯 ䷂)괘가 되므로 두 괘상을 비교하여 보면 괘의 명칭을 해(解)로 정한 뜻을 짐작할 수 있을 것입니다. 얼었던 것을 녹인다는 해동(解凍)이란 말이 있죠.

또한 상체 진(震)은 우레, 하체 감(坎)은 비(雨·水)를 상징하여 우레가 치며 비가 오는 모습으로 음양이 화합한 상태를 설명하기도 합니다.

괘 사 (문왕文王)

震진 〈 雷뢰·우레
坎감 〈 水수·물

解 利西南 无所往 其來復 吉 有攸往 夙 吉
해　이 서 남　무 소 왕　기 래 복　길　유 유 왕　숙　길

해(解)는 서남쪽이 이로우며, 갈 곳이 없으면 그 회복함이 길하고, 갈 바가 있으면 빨리 해야 길하다.

▪ 解 : 풀 해	▪ 復 : 회복할 복
▪ 往 : 갈 왕	▪ 夙 : 빠를 숙, 일찍 숙

　험난함이 해결되면 더 나아가지 말고 편안한 데 거하며(利西南 无
所往) 근본으로 돌아가 미덕을 회복하는 것이 길합니다.(其來復　吉)

　험난함에서 벗어나는 과정에 있어서 많은 무리와 어려움이 있었
음이 당연하기 때문에 본성을 회복하고 편하게 거할 것을 말하고 있
습니다. 그러나 아직도 풀리지 않은 문제가 남아 있다면 미루지 말
고 신속하게 처리하는 것이 길하다(有攸往 夙 吉)고 하였습니다.

　해(解)괘의 상황에서는 첫째 고요함을 유지하여 함부로 움직이지
말 것이고 다음으로 움직이는 경우에는 최대한 신속함이 마땅하다
고 하여 대응의 신속성을 강조하였습니다.

효 사 (주공周公)

初六　无咎
초 육　무 구

　　　허물이 없다.

　초육(初六)은 어려움이 풀릴 때 유순함으로써 아래에 있고 위로
구사(九四) 정응이 있으니 허물이 없습니다.(无咎)

六二 田獲三狐 得黃矢 貞 吉
육 이 전 획 삼 호 득 황 시 정 길

사냥하여 세 마리 여우를 잡고 누런 화살을 얻으니, 굳고 바르게 하
면 길하다.

- 田 : 사냥할 전, 밭 전   - 獲 : 얻을 획, 잡을 획
- 狐 : 여우 호   - 黃 : 누를 황
- 矢 : 화살 시

구이(九二)는 강양하고 중덕을 가진 자로써 위로 정응이 되는 인
군인 육오(六五)를 도와 어려움이 풀리는 시기에 장차 해가 될 수
있는 여우같은 소인들을 제거합니다.(田獲三狐)

여기에서 세 마리 여우는 인군의 자리인 육오(六五)를 제외한 나
머지 세 음을 가리키는 것으로 어려운 상황이 풀리는 시기에 다시
분란을 조성할 염려가 있는 간신이나 소인배를 상징하는 것입니다.

구이(九二)가 강양으로 중(中)하기 때문에 편협하지 않고 바르게
처리하는 자입니다.(得黃矢) 그리고 구이(九二)가 음의 자리에 있기
때문에 굳고 바르게 하면 길하다(貞 吉)고 경계하였습니다.

六三 負且乘 致寇至 貞 吝
육 삼 부 차 승 치 구 지 정 인

져야 할 것이 탔음(乘)이라. 도적이 이르게 하니 변하지 않으면 인색하다.

- 負 : 질 부 　　　■ 且 : 또 차 　　■ 乘 : 탈 승
- 致 : 이를 치, 이르게 할 치 　■ 寇 : 도적 구 　■ 至 : 이를 지
- 吝 : 인색할 린

　육삼(六三)은 음유하며 부중하고 부정한 자입니다. 또한 하체의
가장 위에 거처하여 음유하고 부정한 소인이 귀한 자리를 차지하고
있는 것으로 비유하였습니다.

　그 덕이 그 자리와 맞지 않기 때문에 다른 사람들이 그 자리를
뺏으려 합니다. 여기에서는 뺏으려 하는 사람을 탓하기보다 짐을 질
자가 수레에 타고(負且乘) 가고 있으니 스스로 도둑을 초래하였다고
표현하였습니다. 오히려 육삼(六三) 스스로가 그러한 화를 초래하였
다(致寇至)고 육삼(六三)을 탓하고 있습니다. 이런 상태가 계속 되
면 인색한 결과가 있겠죠.(貞 吝)

九四　解而拇　朋至　斯孚
구 사　해 이 무　붕 지　사 부

　　엄지발가락을 풀면 벗이 이르고 믿을 것이다.

- 而 : 어조사 이 　　■ 拇 : 엄지발가락 무 　　■ 朋 : 벗 붕
- 斯 : 이 사 　　　■ 孚 : 믿을 부

　구사(九四)는 어려움이 풀리는 시기에 육오(六五) 인군을 받드는 자
리에 있습니다. 아래로는 초육(初六)과 정응이 되고 있으나 구사(九四)
와 초육(初六)이 모두 바른 자리에 있지 않은(不正位) 사람들입니다.

바른 자리에 있지 않으니 편하지 못하고, 또한 바른 자리에 있지 않은 소인과 합하면 믿음을 얻지 못할 것입니다. 그래서 효사에서는 엄지발가락을 풀면(解而拇) 벗들이 올 것이며(朋至) 믿음이 있을 것이다(斯孚)라고 하였는데 엄지발가락은 초육(初六) 소인을 가리키는 것, 소인(간신배)을 멀리 하라는 것입니다.

六五 君子維有解 吉 有孚于小人
육 오 　 군 자 유 유 해 　 길 　 유 부 우 소 인

군자에게 오직 풀림이 있으면 길하니 소인으로 믿음을 얻으리라.

- 維 : 오직 유, 생각할 유

육오(六五)는 어려움이 풀리는 시기에 인군의 자리에 위치한 유순하고 중덕을 갖춘 자입니다. 아래에 중덕을 갖춘 양강한 구이(九二)의 도움을 받고 있습니다. 풀어지는 시기에 인군이 해야 할 가장 중요한 일은 소인(간신)을 풀어버리는 것입니다. 길한 것이죠.(君子維有解 吉)

구이(九二)가 효사에서 사냥을 해서 세 마리 여우를 잡듯이 육오(六五)도 주위에 음유한 소인들을 풀어버려야 합니다. 소인을 풀어버리면 이로써 세상의 믿음을 얻을 수 있습니다.(有孚于小人)

군자가 가깝게 하는 사람은 군자이고, 풀어버리는 사람은 반드시 소인입니다. 소인으로 믿음을 얻는다(有孚于小人)는 것은 소인을 축출함으로써 믿음을 얻을 수 있다는 것입니다.

괘에 모두 네 음이 있고 육오(六五)가 인군자리에 있어서 세 음과 류(類)가 같으니 반드시 풀어버려야 길한 것입니다.

上六　公用射隼于高墉之上　獲之　无不利
상 육　공 용 석 준 우 고 용 지 상　획 지　무 불 리

　공(公)이 높은 담 위의 새매를 쏘아 잡으니, 불리함이 없다.

- 公 : 벼슬 공, 작위 공
- 射 : 맞힐 석, 쏠 사
- 隼 : 새매 준
- 墉 : 담 용

　상육(上六)은 풀림이 극에 달한 때이기 때문에 이때에 유독 풀리지 않은 것은 해로움이 굳고 강한 것입니다. 혹자는 반란 등으로 야기된 어려움으로 설명하기도 합니다.

　이러한 어려움을 효사에서는 높은 담 즉, 경계선상 위에 있는 새매에 비유하였고 화살을 쏘아 그 새매를 잡으면 불리함이 없다(公用射隼于高墉之上　獲之　无不利)고 하였습니다.

　화살을 쏘아 높은 담 위에 있는 새매를 잡기 위해서는 평소 활과 화살이 준비되어 있어야 하고 부단한 연습과 노력으로 새매를 잡을 수 있는 기량과 역량이 길러져 있어야 한다는 공자의 말씀은 의미가 깊다고 생각됩니다.

41

損(손)

서 괘 전 (序卦傳)

解者 緩也 緩必有所失 故 受之以損
해 자 완 야 완 필 유 소 실 고 수 지 이 손

해(解)는 풀어지는 것이다. 풀어지면 반드시 잃는 바가 있으니 해(解)괘 다음에 손(損)괘로 받았다.

> ■ 緩 : 느긋할 완, 풀어질 완   ■ 失 : 잃을 실   ■ 損 : 덜 손, 손해 손

괘 명 (문왕文王)

艮간 〈  山산
兌태 〈 澤택·못

풀어지면 반드시 잃는 바가 있기 때문에 해(解)괘 다음에 손(損)괘로 받았습니다.

손(損)괘는 상체가 곤(坤), 하체가 건(乾)인 태(泰☷)괘에서 하체의 세 번째 효인 양이 상체의 여섯 번째 음효와 서로 바뀐 괘상입니다.

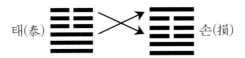

태(泰)　　　　　　　손(損)

덜어내어 위를 보태준 격이기 때문에 괘명이 손(損)이 된 것입니다.

갑골문에서 손(損)을 보면 손으로 집어서 물건을 덜어내는 것을 형상화한 글자로, 오늘날 우리가 통상 사용하는 금전적·재물적인 의미에서의 손만을 얘기하는 것이 아니라 지나친 것을 덜어내서 중도로 나간다든지, 헛되고 지엽적인 것을 덜어내서 근본과 실질적인 것으로 나간다든지, 인간의 욕심을 덜어내서 본연의 도리를 회복하는 등의 다양한 의미를 내포하고 있습니다.

손(損)괘는 아래에서 덜어 위로 보태주고, 다음의 익(益)괘는 위에서 덜어 아래로 보태주는 의미를 중시하여 손익의 괘명을 정하였지만 괘상을 보면 두 괘가 모두 많은 쪽에서 덜어내서 적은 쪽을 보태주는 형상입니다.

역(易)에서는 적은 쪽에서 덜어내어 많은 쪽을 보태주는 경우는 언급하지 않았습니다.

괘사 (문왕文王)

艮간〈 ⚏ 〉山산
兌태〈 ⚌ 〉澤택·못

損 有孚 元吉 无咎 可貞 利有攸往 曷之用 二簋 可用享
손 유부 원길 무구 가정 이유유왕 갈지용 이 궤 가용향

덜어내는데 믿음이 있으면 크게 길하고 허물이 없으며, 굳고 바를 수 있으면
가는 바가 있음이 이롭다. 어디에 쓰는가? 두 대그릇으로도 제사 지낼 수
있다.

> ▪ 損 : 덜 손　　　　▪ 孚 : 정성 부　　　▪ 元 : 클 원
> ▪ 曷 : 어디 갈, 어찌 갈　▪ 簋 : 대나무그릇 궤　▪ 享 : 제사 올릴 향

　　괘사에서는 제물을 주(主)로 하여 말하였습니다. 아래에서 덜어
내어 위에 보태주나 믿음이 있으면 크게 길하고 허물이 없습니다.(有
孚 元吉 无咎) IMF 때의 금모으기 운동이나 각종 성금을 모집할
때 저금통을 깨는 국민들을 연상하면 이해가 쉽겠죠.

　　그리고 이렇게 아래에서 덜어내 위를 보태주는 행위를 바른 마음
으로 굳게 할 수 있으면 계속 나아가는 것이 이롭다(可貞 利有攸往)
고 하였습니다.

　　그러면 밑에서 덜어서 위로 보태준 이러한 재물들을 어떻게 써야
할까요?(曷之用) 나라의 가장 신성한 행사인 하늘과 조상에게 제사
를 지내는 행사에도 소박한 두 대나무 광주리의 제물로 족할 것(二
簋 可用享)이라고 하였습니다.

初九 巳事 遄往 无咎 酌損之
초 구 이 사 천 왕 무 구 작 손 지

일이 끝났으면 빨리 떠나가야 허물이 없을 것이며 헤아려 덜어내야 한다.

- 巳 : 이미 이, 마칠 이
- 遄 : 빠를 천
- 酌 : 참작할 작, 헤아릴 작

초구(初九)는 양강하고 바른 자리에 위치해 있습니다. 손(損)괘의 처음이기 때문에 손(損)괘에 처하는 도리로써 일을 끝마쳤으면 빨리 가야 허물이 없다(巳事 遄往 無咎)라 하였는데, 이는 아래에서 위를 돕는 일을 하였으면 그 공에 오래 머물지 말아야 허물이 없다는 뜻입니다. 노자도 「도덕경」에서 누누이 강조한 '공성신퇴(功成身退: 공을 이루었으면 몸은 물러나라)'와 같은 맥락입니다.

역사상 아랫사람으로 윗사람을 도와 나라를 세우는 막중한 공을 세운 사람들마저도 그 자리에 머물러 있다가 화를 당한 사람이 적지 않습니다.

또한 초구(初九)는 양강하지만 아래에 있어 그 역량이 미약하기 때문에 무리하게 덜어내어 위로 보태지 말고, 상황을 잘 헤아려 덜어내라(酌損之)고 경계하고 있습니다.

九二 利貞 征 凶 弗損 益之
구이　이정　정　흉　불손　익지

바름을 지키는 것이 이롭고 가면 흉하니 덜어 내지 않아야 더해 줄 수 있다.

- 征 : 칠 정, 갈 정
- 弗 : 아니 불

구이(九二)는 유(柔)한 자리에 거처하고 기뻐하는 괘체로 상체의 음유한 인군인 육오(六五)와 응하나 유하고 기뻐함을 덜어 윗사람에게 보태주면 중한 덕을 잃을 것이기 때문에 덜지 않는 것이 곧 보태주는 것이 되는 것입니다.(弗損 益之) 그래서 굳고 바르게 자신의 중덕을 지키는 것이 이롭고, 바른 것을 덜어내어 윗사람에게 나아가면 흉하다고 하는 것입니다.(利貞 征 凶)

모든 것을 덜어내는 상황에서도 덜어내지 말아야 할 것이 있죠. 구이(九二)가 갖춘 양강함과 중덕은 아랫사람으로써 어떠한 경우에도 덜어내지 말아야 할 최고의 가치입니다. 덜어내지 않음으로써 결국은 천하의 이익이 되는 것입니다. 목숨을 걸고 충언과 직언을 드렸던 충신들이 생각납니다.

六三 三人行則損一人 一人行則得其友
육삼　삼인행즉손일인　　일인행즉득기우

세 사람이 가는 데는 한 사람을 덜고, 한 사람이 가는 데는 그 벗을 얻는다.

이 효사는 해석하기가 참 어렵습니다. 일부 학자들은 남녀가 감응하는 31번 함(咸)괘의 구사(九四)효 동동왕래(憧憧往來)에서 남녀의 교정(交情)이 이루어져 열 달 후인 41번 손(損)괘 육삼(六三)효에서 출산이 이루어지는 것을 의미한다고 설명하기도 합니다.

즉, 2(부부)+1(아기)=3에서 아기를 출산하는 것이 세 사람이 가는데 한 사람을 덜어낸다는 뜻이라는 것이죠.

절묘한 발상이지만 역경을 읽는 사람들을 혼란스럽게 하고 미망에 빠트릴 위험도 있는 풀이로 생각됩니다.

여러 학자의 해석 중 가장 공감이 가는 왕부지(王夫之)선생의 해석을 주(主)로 하여 말씀드리면, 손(損☶)괘는 태(泰☷)괘의 하체 건(乾☰)에서 한 효를 덜어내어 위로 보태준 것으로 건(乾☰)은 양이 세 효(세 사람)로 가득 찼으니 셋 중 하나를 들어내는 것이며, 들어내어진 일양(一陽)은 괘의 최상위로 자리를 옮겨 양으로써 떳떳하고, 또 아래로 기쁜 체 태(兌☱)괘의 주효인 육삼(六三)과 정응이 됨으로써 벗을 얻고 편안함을 누릴 수 있다는 것입니다.

즉, 육삼(六三)의 효사는 덜어내는 도(道)는 가득 찬 것에서, 또 덜어내어진 사람도 벗을 얻어 편안해야 한다는 이치를 설명한 것으로 이해하면 크게는 틀리지 않을 것으로 생각합니다.

六四 損其疾 使遄 有喜 无咎
육사 손기질 사천 유희 무구

그 병을 덜어내되 빠르게 하면 기쁨이 있고 허물이 없다.

- 遄 : 빨리할 천   - 使 : 하여금 사   - 疾 : 질병 질

육사(六四)가 음유하면서 위에 거처하고 강양한 초구(初九)와 응하고 있습니다. 음은 양을 따르는 것으로 육사(六四)가 아래에 있는 양을 따르기 위해서는 육사(六四)가 음으로써 음자리, 바른 자리이나 여기에서는 음이 과한 것으로 과한 것을 덜어내야 합니다.

그래서 음의 부정적인 것, 곧 병적인 것을 덜어내어(損其疾) 양의 긍정적인 면을 따르는 것으로 빠르면 빠를수록 기쁨이 있고 허물이 없게 되는 것(使遄 有喜 无咎)입니다.

六五 或益之 十朋之龜弗克違 元吉
육 오   혹 익 지   십 붕 지 구 불 극 위   원 길

혹 더함이 있으면 거북점을 쳐도 어긋나지 않을 것이니 크게 길하다.

- 龜 : 거북 귀, 거북점 귀　　　　■ 違 : 어길 위

육오(六五)는 유순하고 중덕을 갖추었으며 존귀한 자리에 위치하여 아래로 강양한 현인(賢人)인 구이(九二)의 도움을 받는 사람입니다. 위에서 겸허하고 아래로 어진 이와 정응(正應)이 되니 혹 아래의 보태줌을 받더라도(或益之) 크게 길하다(元吉) 하였습니다.

아래의 도움을 받지만 길한 것이 확실한가에 대한 의문은 거북점을 쳐도 틀림이 없을 것(十朋之龜弗克違)이라고 비유하였습니다.

이 효사의 해석이 띄어읽기와 朋(붕)을 '벗'으로 해석하느냐, 또한 '고대의 화폐단위'로 해석하느냐에 따라 무척 다양하고 어렵습니다.

여기에서는 갑골문을 참조해서 朋(붕)을 화폐단위로 해석하여 '십붕지구(十朋之龜)'는 굉장히 값비싼 거북 즉, '고대 거북점을 치는 거북'으로 해석하였고, 십붕지구(十朋之龜)와 불극위(弗克違)를 이어서 읽으므로써 거북점을 쳐도 틀림이 없다고 해석하였음을 참고하여 주시기 바랍니다.

上九　弗損　益之　无咎　貞吉　利有攸往　得臣　无家
상구　불손　익지　무구　정길　이유유왕　득신　무가

> 덜어내지 않고 더해 주면 허물이 없고 바르게 하면 길하며 가는 바가 있음이 이로우니 신하를 얻음에 집이 없으리라.

- 弗 : 아니 불

상구(上九)는 강양으로써 덜어내는 괘의 끝에 처하여 보태주는 괘로 변하는 시기입니다. 또한 양은 음에 비하여 실하고 부유하니 상구(上九)가 강양한 도로써 아랫사람의 것을 덜어내지 않고 오히려 더해 주면 허물이 없을 것(弗損 益之 无咎)입니다.

또한 이러한 더해 줌을 굳고 바르게 하면 길하고 나아가면 이로우며,(貞吉 利有攸往) 사람들이 의지하게 되므로 신하를 얻는 것(得臣)이고, 천하가 한 집이 되어 따로 집이 없게 되는 것(无家)입니다.

서 괘 전 (序卦傳)

損而不已 必益 故 受之以益
손 이 불 이 필 익 고 수 지 이 익

덜어냄을 끝내지 않으면 반드시 더해 줌이 있으니 손(損)괘 다음에 익(益)괘
로 받았다.

- 已 : 그칠 이   - 益 : 더할 익

괘 명 (문왕文王)

巽손〈　風풍·바람
震진〈　雷뢰·우레

덜어냄을 끝내지 않으면 반드시 더해줌이 있기 때문에 손(損)괘
다음에 익(益)괘로 받았습니다.

익(益)의 괘명은 비(否☴)괘를 참조한 것으로 비(否)의 상체 건(乾)

에서 일양이 아래로 오고 하체 곤(坤)에서 일음이 위로 가 결국 위에서 아래를 보태준 의미를 담은 이름입니다.

아래에서 위를 보태줄 때는 손(損)으로 위에서 아래를 보태줄 때는 익(益)으로 괘의 이름을 정한 것은 3000년이 지난 오늘날에 보아도 뛰어난 문왕(文王)의 식견이라 하겠습니다.

익(益)자는 갑골문에서 그릇에 물이 차서 넘치는 것을 형상화한 글자였는데 나중에 뜻이 확대되어 '더하다, 부유하다, 이익' 등을 뜻하게 되었습니다.

또한 손(損)괘와 마찬가지로 이 괘에서도 익(益)은 금전적 재물적인 것에 한정되지 않고 사람의 덕행이나 학문을 더하는 것 등 포괄적으로 사용하고 있습니다.

巽손〈 　風풍·바람
震진〈 　雷뢰·우레

益 利有攸往 利涉大川
익 　이 유 유 왕 　이 섭 대 천

익(益)은 가는 바가 있음이 이롭고 큰 내를 건너는 것이 이롭다.

- 攸 : 바 유　　- 涉 : 건널 섭

익(益)의 도는 가만히 앉아서는 얻기 어렵습니다. 움직이고 구함이 있은 후에 비로소 얻을 수 있는 것이 익(益)의 도입니다.

구슬이 서 말이라도 꿰어야 보배가 되고, 귀한 옥도 자르고 쪼고 갈고 닦아야(절차탁마 切磋琢磨) 우리에게 이익이 될 수 있듯이 익(益)괘는 움직임이 있는 것이 이롭고(利有攸往), 강양하고 중정한 구오(九五)와 유순하고 중정한 육이(六二)가 상하에서 서로 힘을 합함으로, 큰일을 하는 것도 또한 이롭습니다.(利涉大川)

효 사 (주공周公)

初九 利用爲大作 元吉 无咎
초 구   이 용 위 대 작   원 길   무 구

크게 쓰는 것이 이로우니 크게 길하여야 허물이 없을 것이다.

초구(初九)는 양으로써 양의 자리, 정위(正位)에 처하고 있으나 가장 아래에 있어 원래 큰일을 할 수 있는 능력이 없습니다. 그러나 위에서 아래에게 베푸는 익(益)괘의 상황이고 대신의 자리인 육사(六四)와 정응이 되고 있어 위로부터 보태줌을 받습니다.

위로부터 내려온 재물은 필히 그 재물의 용도에 맞게 선하게 사용하는 것이 이롭습니다.(利用爲大作)

여기에서 대작(大作)은 대사(大事)로 볼 수 있으며, 대사는 착한 일로 볼 수도 있겠습니다. 정부에서 내려온 재난구제금 등으로도 해석할 수 있겠죠. 추호의 착오도 있어서는 안 되는 재물입니다. 예상치 못한 잘못이 발생할 수도 있습니다. 그래서 크게 길해야 허물이 없다(元吉 无咎)고 경계를 하였습니다.

六二 或益之 十朋之龜弗克違 永貞 吉 王用享于帝 吉
육 이 혹 익 지 십 붕 지 귀 불 극 위 영 정 고 왕 용 향 우 제 길

혹 더함이 있으면 거북점을 쳐도 어긋나지 않으나 오래도록 바르게 해야 길하다. 왕이 상제에게 제사를 지내더라도 길하다.

- 益 : 더할 익
- 朋 : 벗 붕
- 違 : 어길 위
- 享 : 제사지낼 향
- 弗 : 아니 불
- 克 : 능히 극
- 永 : 오래도록 영, 길 영
- 帝 : 하느님 제

육이(六二)는 위에서 아래로 더해주는 시기에 유순하고 중정하여 겸허한 사람입니다. 그리고 강양 중정한 구오(九五)와 정응이 되어 위로부터 보태줌을 받습니다.(或益之)

겸허함으로 위의 보태줌을 받으니 거북점을 쳐도 틀림이 없을 정도로 길한 상황입니다.(十朋之龜弗克違 吉) 단, 육이(六二)가 음으로써 음의 자리에 있기 때문에 변함없이 굳고 바르게 해야 한다(永貞)는 조건을 더하였습니다.

위로부터 베푸는 것이 지극하니 아랫사람으로써 정성을 다하여 제를 지내는 것도 길하다(王用享于帝 吉) 하였습니다.

六三 益之用凶事 无咎 有孚中行 告公用圭
육삼 익지용흉사 무구 유부중행 고공용규

> 더해 줌을 흉사(凶事)에 쓰면 허물이 없다. 믿음을 가지고 중도를 행
> 하며 공(公)에게 고할 때에 규(圭)를 사용한다.

■ 告 : 알릴 고   ■ 圭 : 홀 규, 도장 규

육삼(六三)은 위로 상구(上九)와 응하여 더해줌을 받는 사람입니
다. 그러나 진동하는 체(진震)의 끝에 있고 부중부정(不中不正)하여
지나침이 염려가 되는 사람입니다. 그래서 더하여 준 것을 흉사에
쓰면 허물이 없다(益之用凶事 无咎) 하였고, 성심성의를 가지고 불
편부당하게 할 것이며(有孚中行) 위로 공(公)에게 보고함에 있어 정
확하게 할 것(告公用圭)을 주문하였습니다.

여기서 규(圭)는 많은 학자들이 옛날 관리들이 조정에 나아갈 때
휴대하는 장식품 또는 제사나 장례에서 쓰는 옥기(옥으로 만든 기물)
라고 해석하고 있으나, 괘상과 효사의 문맥으로 볼 때 '해의 그림자를
재는 기구, 또는 중량을 표하는 단위, 용량을 표하는 단위' 등으로 정
확함을 의미하는 글자로 해석하였습니다. 즉, 공에게 보고할 때에 규
(圭)를 써서 한치의 오차도 없이 정확하게 보고하라는 것이지요.

六四 中行 告公從 利用爲依 遷國
육사 중행 고공종 이용위의 천국

중도를 행하고 공(公)에게 고하고 따르며 의지하는 것이 이롭고 나라를 옮기다.

■ 從 : 좇을 종　　　　■ 依 : 의지할 의　　　　■ 遷 : 옮길 천

육사(六四)는 상체 순한 손(巽)괘의 주효이면서 음으로써 음의 자리 정위(正位)하였고 아래로는 초구(初九)와 정응이 되고 있습니다. 또한 4효자리는 원래 이 자리에 있던 양이 아래로 내려가 위에서 아래로 베풀어주는 익(益)괘가 된 것으로, 익(益)괘 전체의 주효라 할 수 있습니다.

그리고 위로는 인군인 구오(九五)를 모시고 있는 신하입니다. 아래를 더해 주는 익(益)괘에 있어서 육사(六四)에게 필요한 것은 상하좌우에 치우치지 않는 중덕이라 하겠습니다. 그래서 중으로 행하고 공에게 보고하고 따르라(中行 告公從) 하였고, 베푸는 때에 신하로써 윗사람을 앞서기보다는 의지함을 쓰는 것이 이롭다(利用爲依) 하였으며 위에서 아래에 보태주어 백성들의 민심을 얻으면 도읍을 옮기는 일(遷國) 같은 큰 일도 할 수 있을 것입니다.

문왕의 할아버지가 기산(岐山)으로 도읍을 옮기자 모든 백성들이 그를 따랐는데 평소 그가 아래에 베푼 큰 은덕이 있었기 때문입니다.

익(益)괘의 상체 손(巽)은 동물 중 닭(鷄·계)에 비유되기도 하고 하체 진(震)은 용에 비유되기도 합니다. 그래서 4효에 도읍을 옮긴다는 효사가 있어 조선시대에 계룡산으로 도읍을 옮겨야 한다는 주장도 있었는데 생각해 보시기 바랍니다.

九五 有孚惠心 勿問 元吉 有孚 惠我德
구 오　유 부 혜 심　물 문　원 길　유 부　혜 아 덕

　　믿음을 가지고 마음을 베풀어라. 묻지 않아도 크게 길하니 믿음을
　　가지고 나의 덕을 베풀어라.

> ■ 勿 : 말 물　　　　　■ 惠 : 은혜 혜, 어질 혜, 은혜를 베풀 혜
> ■ 問 : 물을 문

　　구오(九五)는 아래로 더해 주는 때에 양강하고 중정한 덕을 갖추
었으며 아래로 유순 중정(柔順 中正)한 육이(六二)와 정응이 되고
있습니다. 그래서 역량과 성의를 가지고 아랫사람들에게 은혜를 베
푸는(有孚惠心) 인군의 상입니다. 묻지 않아도 크게 길하니(勿問 元
吉) 믿음을 가지고 자기의 덕을 널리 베풀라(有孚 惠我德)고 권장하
고 있습니다.

上九 莫益之 或擊之 立心勿恒 凶
상 구　막 익 지　혹 격 지　입 심 물 항 흉

　　　더하지 마라. 혹 치(擊)리니 마음을 세워 항상하지 못하면 흉하다.

> ■ 莫 : 그칠 막　　　　　■ 擊 : 칠 격　　　　　■ 恒 : 항상 항

상구(上九)는 더해 주는 익(益)괘의 끝에 위치하여 변하는 경계에 처해 있습니다. 그리고 양으로써 음의 자리에 위치하여 그 자리에 항상하지 않을 의심이 있는 자입니다.

남에게 베푸는 마음이 변하여 자신의 욕심을 더하는 것에 대한 경계가 필요하므로 '더 이상 더하지 마라. 혹 공격하는 자가 있느니라(莫益之 或擊之)'고 하였고, 남에게 베풀려는 결심을 '항상하게 유지하지 못하면 흉하다(立心勿恒 凶)'고 한 것입니다.

서 괘 전 (序卦傳)

益而不已 必決 故 受之以夬
익 이 불 이 필 결 고 수 지 이 쾌

더하기를 끝내지 않으면 반드시 결단을 당하니 익(益)괘 다음에 쾌(夬)괘로
받았다.

- 決 : 결단할 결   - 夬 : 결단할 쾌

괘 명 (문왕文王)

兌태〈　澤택 · 못
乾건〈　天천 · 하늘

더함이 끝이 없으면 반드시 결단이 나게 됩니다. 그래서 익(益)괘
다음에 쾌(夬)괘로 받았습니다.

쾌(夬)는 '결단'을 뜻합니다. 쾌(夬)는 일음오양(一陰五陽)의 괘로 일음이 가장 위에 자리하고, 아래의 다섯 양이 위로 전진하면서 위의 음을 결단 내는 형상의 괘입니다.

쾌(夬)자는 손(又·우)과 '깍지'(활을 쏠 때에 시위를 잡아당기려고 엄지손가락의 아랫마디에 끼는 뿔로 만든 기구)가 합하여진 글자로, 깍지를 끼고 쏜 화살이 시위를 떠난다는 뜻에서 '떨어져 나가다'가 원래의 뜻이었습니다.

괘 사 (문왕文王)

兌태〈 ䷪ 澤택·못
乾건〈   天천·하늘

夬 揚于王庭 孚號 有厲
쾌　양 우 왕 정 부 호 　유 려

왕의 조정에서 드러내어 지성으로 호소하나 위태로움이 있다.

告自邑　不利卽戎　利有攸往
고 자 읍 　불 리 즉 융 　이 유 유 왕

자기의 읍(邑)부터 경고하고 군대를 일으키는 것은 이롭지 않으며 가는 바가 있음이 이롭다.

- 揚 : 드날릴 양 　　■ 庭 : 뜰 정 　　■ 號 : 부르짖을 호
- 厲 : 위태할 려 　　■ 告 : 알릴 고 　　■ 邑 : 고을 읍
- 卽 : 나아갈 즉 　　■ 戎 : 군사 융, 병기 융, 싸움 융, 오랑캐 융

다섯 양이 하나의 음을 결단 내는 것이 언뜻 쉽게 생각될지도 모르겠지만 여기에서 일음(一陰)은 가장 위에 위치하고 인군인 구오(九五)와 친비(親比)하고 있어 그 세력이 가볍게 볼 수 없는 존재입니다. 인간사로 치면 상층부에 깊게 뿌리박은 노련하고 교활한 간신 또는 뿌리 깊게 내려진 악습, 폐해 등으로 비유할 수 있겠죠.

문왕은 이를 조정에서 높은 자리를 차지한 사악한 인물로 비유하고 이를 처단하기 위해서는 그의 악행과 죄과를 온 천하에 널리 알리고(揚于王庭) 굳건한 신념을 가지고 처리를 하나 위태로움이 있을 수 있다(孚號 有厲)고 경계를 하였습니다. 그래서 자신과 가까운 사람들에게 먼저 알려 그들의 도움을 받아서 처리하는 것이 옳으며 무력을 사용하는 것은 이롭지 못하다(告自邑 不利卽戎)고 하였습니다.

무력을 사용하는 것보다는 뜻을 같이 하는 사람들과 합심해서 소인의 죄과를 천하에 알려 소인(간신)을 축출하는 것이 무력을 사용하여 소인을 축출할 때 생길 수 있는 각종 문제를 미연에 방지할 수 있다고 본 것입니다. 이렇게 할 때 나아감이 이롭다(利有攸往)고 하였습니다.

효 사 (주공周公)

初九 壯于前趾 往 不勝 爲咎
초 구 장 우 전 지 왕 불 승 위 구

앞 발꿈치에 장(壯)함이니, 가서 이기지 못하면 허물이 될 것이다.

■ 壯 : 씩씩할 장　　　■ 趾 : 발꿈치 지　　　■ 勝 : 이길 승

　　초구(初九)는 음을 결단내는 시기에 가장 아래에 거처하고 있습니다. 양으로써 양자리, 바른 자리에 있으나 그 역량은 음을 결단내기에는 많이 부족한 편입니다. 그래서 '앞 발꿈치에 장하다(壯于前趾). 나아가 이기지 못하면 허물이 될 것이다(往 不勝 爲咎)'라고 하여 나아가면 음을 축출하지도 못하거니와 오히려 허물이 있을 것이라고 하여 나아감을 경계하였습니다.

九二　惕號　莫夜　　有戎　勿恤
구 이　척 호　모 야　　유 융　물 휼

　　　　두렵게 부르짖음이니, 날 저문 밤에 군사가 있더라도 걱정할 필요가 없다.

■ 惕 : 두려워할 척, 조심할 척　　■ 莫(暮) : 저물 모
■ 夜 : 밤 야　　　　　　　　　　■ 恤 : 근심 휼

　　구이(九二)는 강양으로써 중의 덕을 갖추었고 음의 자리에 거하여 강하나 포악하지 않으며 음을 결단 내는 시기에 밖으로는 강하고 안으로는 경계심이나 적에 대한 대비를 충분히 하는 사람입니다.
　　그래서 조심을 하면서 또는 경계를 하면서 명령을 하거나 지휘를 하니(惕號), 늦은 밤(莫夜)에 적의 침입이 있더라도(有戎) 근심 또는 우환이 없다(勿恤)고 하였습니다.

九三 壯于頄 有凶 獨行遇雨
구 삼　장 우 구　유 흉　독 행 우 우

광대뼈에 장(壯)하니 흉함이 있고 홀로 행(行)하여 비를 만나다.

君子 夬夬 若濡有慍 无咎
군 자　쾌 쾌　약 유 유 온　무 구

군자는 결단할 것을 결단하는지라, 젖었으나 성냄이 있으면 허물이 없다.

- 頄 : 광대뼈 구
- 獨 : 홀로 독
- 遇 : 만날 우
- 若 : 만일 약
- 濡 : 젖을 유
- 慍 : 성낼 온

구삼(九三)은 양으로써 양자리, 강한 하체 건(乾)의 윗자리에 있고 부중(不中)하여 음을 결단내는 시기에 있어 지나치게 조급한 자입니다. 그리고 구삼(九三)의 역량이 아직 상음(上陰)을 결단내기엔 부족하므로 '광대뼈에 장하니 흉함이 있다(壯于頄 有凶)'고 하여 경계를 하고 있습니다.

또한 구삼(九三)은 다섯 양 중에 유일하게 상육(上六)과 음양 정응이 되어 서로 뜻이 통하는 사이입니다. 그래서 '혼자 가서 비를 만난다(獨行遇雨)' 함은 구삼(九三) 혼자 상음에 정응이 됨을 얘기하는 것입니다.

그러나 음을 결단내는 시기에 비록 정응이 되나 군자는 결단낼 것은 결단을 내야 한다(君子 夬夬) 하였고 만약에 상육(上六)과 음양의 관계로 인하여 '비에 젖었지만 분노하여야 할 때 분노하면 허물이 없다(若濡有慍 无咎)'고 하였습니다.

九四 臀无膚 其行次且 牽羊 悔 亡 聞言 不信
구 사 둔 무 부 기 행 자 저 견 양 회 망 문 언 불 신

엉덩이에 살이 없으며 그 감(行)이 머뭇거린다. 양을 끌면 후회가
없어질 것이나 말을 들어도 믿지 않는다.

- 臀 : 볼기 둔, 궁둥이 둔 ■ 膚 : 살갗 부 ■ 次 : 머뭇거릴 자
- 且 : 머뭇거릴 저 ■ 牽 : 끌 견 ■ 聞 : 들을 문

구사(九四)는 양으로써 음자리에 있어 강하게 결단함이 부족합니
다. 그치려고 하면 구삼(九三)이 아래에서 올라와 형세가 편치 못하
니 엉덩이에 살이 없는 것처럼 불편하고, 나아가려 하면 강하고 씩
씩함이 부족하여 배회하고 망설이게 되는 것(臀无膚 其行次且)으
로 비유하였습니다.

아래 양(陽)들을 이끌고 나아가면 후회가 없을 것(牽羊 悔 亡)이지만
그러한 말을 들어도 믿음을 갖지 못하는 것(聞言 不信)은 구사(九四)가
부중(不中)하고 부정(不正)한 자리에 위치하고 있기 때문입니다.

九五 莧陸 夬夬 中行 无咎
구 오 현 륙 쾌 쾌 중 행 무 구

쇠비름이나 결단할 것은 결단하되 중도로 행하면 허물이 없다.

- 莧 : 쇠비름 현 ■ 陸 : 뭍 륙 ■ 夬 : 결단할 쾌 ※莧陸(현륙 : 쇠비름)

구오(九五)는 음을 결단내는 시기에 다섯 양의 가장 위에 있고, 인군의 자리이며 또한 강양 중정한 자입니다. 음을 결단내는 주체의 자리이나 상육(上六)과 가까이 있어 음양이 서로 친하므로 상육(上六)의 기운에 많이 감염된 사람(莧陸)으로 비유하였습니다.

쇠비름(莧陸)이란 물기가 많아 햇빛에 말려도 잘 마르지 않으니 음의 기운에 많이 감염된 물건이고 취약하여 끊어지기가 쉬운 식물입니다. 그러나 군자는 결단할 것은 결단하여야 하므로(夬夬) 강양하고 중정한 덕을 살려 나아가면(中行) 허물이 없을 것(无咎)입니다.

上六 无號 終有凶
상 육　무 호　종 유 흉

호소할 데가 없으니, 마침내 흉함이 있느니라.

상육(上六)은 음유한 소인으로써 양강한 군자들의 위에 거처하여 양을 능멸하고 있는 자입니다. 아래의 다섯 양이 힘을 합하여 양을 결단내는 시기이기 때문에 이러한 상황이 오래 갈 수 없습니다. 큰 소리로 도움을 요청해도 소용이 없고(无號) 마지막에는 흉함이 있을 뿐(終有凶)입니다.

서 괘 전 (序卦傳)

夬者　決也　決必有所遇　故　受之以姤
쾌 자 　 결 야 　 결 필 유 소 우 　 고 　 수 지 이 구

쾌(夬)는 결단하는 것이다. 결단하면 반드시 만나는 바가 있으니 쾌(夬)괘
다음에 구(姤)괘로 받았다.

- 遇 : 만날 우　　　　- 姤 : 만날 구

괘 명 (문왕文王)

乾건〈　　天천·하늘
巽손〈　　風풍·바람

　　결단을 내면 필히 만남이 있으니 쾌(夬)괘 다음에 구(姤)괘로 받
았습니다. 구(姤)는 '만난다'는 뜻입니다.

구(姤)는 쾌(夬)괘와 마찬가지로 일음오양(一陰五陽)의 괘인데 쾌는 일음이 위에 있어 뭇양이 일음을 결단내는 괘이고, 구(姤)는 일음이 다섯 양의 아래에서 자라나기 시작하는 형상의 괘입니다.

역경의 사고에 있어서 양은 밝고 긍정적인 것, 그리고 인간의 생활에 도움이 되는 것으로 성장에 사람들의 노력과 보호가 있어야 조금씩 자라나는 것으로 보고, 음은 어둡고 부정적인 것, 사람의 생활에 있어서 긍정적인 것을 침해하고 갉아먹는 또는 소멸시키는 것으로 보기도 합니다.

그 자생력이 잡초처럼 강하여 사람이 경계하고 끊임없이 제거하지 않으면 순식간에 논밭이 잡초로 덮이듯 양을 침해하는 존재로 보아 끊임없이 경계를 하고 있습니다.

구(姤)는 逅(만날 후)와 같은 뜻으로 예기치 않았는데 우연히 만나는 것을 뜻하는 글자입니다.

천지간에 있어 양이 음을 만나는 것은 언제든지 일어날 수 있다는 것을 의미한다고 할 수도 있겠죠.

괘 사 (문왕文王)

乾건 〈 天천·하늘
巽손 〈 風풍·바람

姤 女壯 勿用取女
구 여 장 물 용 취 녀

구(姤)는 여자가 장함이니 여자를 취하지 말라.

▪ 姤 : 만날 구　▪ 壯 : 씩씩할 장　▪ 勿 : 말 물　▪ 取 : 취할 취

음은 여자를 상징하기도 하기 때문에 괘사에서는 여자가 장하므로 여자를 취하지 말라(女壯 勿用取女)고 하였습니다. 이는 남자는 양이고 대인이며, 여자는 음이고 소인이라는 관점에서 음소인이 아래에서 자라나므로 여자를 취하지 말라는 뜻이 아님을 주의하셔야 합니다. 여자를 취하지 말라는 뜻은 이 괘가 '만남'의 뜻을 주로 하는 괘이기 때문에 여자로 비유된 아래의 일음이 남자로 상징되는 위의 다섯 양을 만나므로 음이 음양이 서로 만나는 도리를 위배하였다는 것입니다.

　　음양의 만남이 서로 전일(專一)해야 함이 마땅함에도 일음이 음으로써의 정절을 지키지 못한 채 여러 양을 만나니 여자로서의 덕이 정숙하지 못하고 그 장함이 심하기 때문에 여자를 취하지 말라고 하는 것입니다.

효 사 (주공周公)

初六　繫于金柅　貞　吉　有攸往　見凶　羸豕　孚蹢躅
초구　계 우 금 니　정　길　유 유 왕　견 흉　이 시　부 척 촉

　　쇠말뚝에 매다. 바르게 함이 길하고, 가는 바가 있으면 흉하니 마른 돼지가 믿고 날뛰다.

- 繫 : 맬 계
- 柅 : 말뚝 니
- 貞 : 곧을 정
- 羸 : 여윌 리, 어릴 리
- 豕 : 돼지 시
- 孚 : 정성 부
- 蹢 : 뛸 척
- 躅 : 뛸 촉

초육(初六)은 다섯 양의 밑에서 일음이 생겨나기 시작한 형상입니다. 군자들의 세계에 음험한 소인배 하나가 생겨난 것으로도 볼 수도 있겠죠.

예로부터 여러 충신이 있었어도 하나의 간신을 막지 못한 예가 많듯이 이러한 소인배들은 바르지 못한 부문의 능력이 뛰어나고 마른 돼지가 날뛰듯이(羸豕 孚蹢躅) 끊임없이 군자들을 해하려 하므로 그들이 성장하면 크게 흉함이 있을 것(有攸往 見凶)입니다. 그래서 쇠말뚝에 매어놓듯이 음을 단속하라(繫于金柅) 하였고, 굳고 바르게 해야 길할 것(貞 吉)이라고 하였습니다.

九二 包有魚 无咎 不利賓
구 이   포 유 어   무 구   불 리 빈

꾸러미에 물고기가 있으니 허물이 없으나, 손(賓)에게는 이롭지 아니하다.

- 包 : 꾸러미 포, 쌀 포   - 賓 : 손님 빈

구이(九二)는 양강하고 중덕을 갖추고 있으나 위로 응이 없기 때문에 가까이 있는 초육(初六)과 서로 만납니다.

음은 또한 물고기로 상징되기 때문에 구이(九二)가 초육(初六)을 꾸러미에 두듯이 장악하면 허물은 없다(包有魚 无咎)고 하였습니다. 그러나 구이(九二)와 초육(初六)이 서로 만나면 만남의 도는 전일해야 하기 때문에, 음이 둘 이상 만나면 잡된 것으로 정응이 되는

구사(九四)는 초육(初六)을 만날 수가 없기 때문에 손님에게는 이롭지 못하다(不利賓)고 하였습니다. 여기서 '빈(賓)'은 구사(九四)를 뜻하는 것입니다.

九三 臀无膚 其行 次且 厲 无大咎
구 삼 둔 무 부 기 행 자 저 여 무 대 구

　　엉덩이에 살이 없으며 가는데 머뭇거리니 위태로우나 큰 허물은 없다.

- 臀 : 궁둥이 둔, 볼기 둔　　- 膚 : 살갗 부
- 次 : 머뭇거릴 자　　- 且 : 머뭇거릴 저

구삼(九三)은 아래로는 초육(初六)을 만날 수가 없어 엉덩이에 살이 없는 것(臀无膚)처럼 불편하고 위로는 정응이 없어 나아가지 못하고 머뭇거리고 배회하는 자입니다. 그러나 구삼(九三)은 강하고 바른 자리에 있으며 또한 겸손한 하체 손(巽)에 있어서 끝까지 헤매지 않는 뜻이 있으므로 큰 허물이 없다고 하였습니다.

九四 包无魚 起凶
구 사 포 무 어 기 흉

　　꾸러미에 물고기가 없으니 흉함이 일어날 것이다.

- 起 : 일어날 기

구사(九四)는 원래는 초육(初六)과 정응으로 다른 괘에 있어서는 구사(九四)의 꾸러미에 초육(初六), 즉 물고기가 있는 것이 이치입니다. 그러나 구(姤)괘에서의 만남은 가까움이 우선시되므로 초육(初六)이 이미 가까이 있는 구이(九二)를 만났기 때문에 구사(九四)와는 만나지 못하는 이치가 있습니다. 그래서 구사(九四)의 꾸러미에는 물고기가 없습니다.(包无魚) 흉함이 시작되는 것(起凶)이지요.

　　구사(九四)가 초육(初六)을 만나지 못하는 것을 공자께서는 윗사람이 덕을 잃었기 때문에 아랫사람이 떠난 것으로 비유하였습니다.

九五　以杞包瓜　含章　有隕自天
구 오　이 기 포 과　함 장　유 운 자 천

　　박달나무로써 줄기과일을 감싸안으니 아름다움을 머금으며 하늘에서 떨어지는 것이 있을 것이다.

- 杞 : 박달나무 기
- 含 : 머금을 함
- 自 : ~로부터 자
- 瓜 : 오이 과, 참외 과, 줄기과일 과
- 隕 : 떨어질 운

　　구오(九五)는 만나는 때에 있어서 인군의 자리에 있으면서 양강하고 중정(中正)의 덕을 갖춘 자입니다. 구오(九五)도 괘에서 유일한 음인 초육(初六)을 만나 음양의 화합을 이루려 하나 초육(初六)과 정응이 아니기 때문에 만날 수가 없습니다.

　　그러나 구오(九五)는 만남의 도를 갖춘 자이기 때문에 괘의 유일한 음인 초육을 버리지 않습니다. 박달나무가 자신을 내주어 줄기과

일의 덩굴들이 감싸고 자랄 수 있도록 음(陰)을 포용해 주면(以杞包瓜), 아름다움이 그 속에 있고(含章), 마침내는 하늘에서 예기치 않은 행운이 떨어지듯 만남이 있을 것(有隕自天)이라고 하였습니다.

이 효에 대한 앞선 학자들의 해석이 잘 납득되지 않아서 독자적으로 해석하였으니 참고하시기 바랍니다.

上九　姤其角　吝　无咎
상구　구기각　인　무구

　　　뿔에서 만나니 인색하나 허물할 데가 없다.

■ 角 : 뿔 각　　　■ 吝 : 인색할 린, 아낄 린

상구(上九)는 양으로써 가장 높은 위치에 처하여 만남을 구하나 아래에 응(應)도 없고 가까이 비(比)가 되는 음도 없습니다. 그 형상과 위치가 동물의 가장 위에 위치한 강하고 단단한 뿔과 같아 뿔에서 만난다고 하였습니다.

상체 건(乾)은 머리를 상징하기도 하고 뿔은 머리끝에 위치하기 때문에 상구(上九)가 뿔로 비유될 수도 있는 것입니다. 너무 높이 올라가 있고 강하기 때문에 더불어 같이 만날 사람이 없습니다. 곡고화과(曲高和寡:곡조가 너무 높기 때문에 화음을 이루기가 어렵다)로도 비유할 수 있겠죠. 부끄러우나 본인의 탓이기 때문에 누구를 탓할 수도 없습니다.(吝 无咎)

서 괘 전 (序卦傳)

姤者　遇也　物相遇而後聚　故　受之以萃
구 자　우 야　물 상 우 이 후 취　고　수 지 이 취

구(姤)는 만나는 것이다. 물건이 서로 만난 뒤에 모이니 구(姤)괘 다음에 취(萃)괘로 받았다.

- 聚 : 모일 취　　　　- 萃 : 모일 취

괘 명 (문왕文王)

兌태〈 澤택·못
坤곤〈 地지·땅

　물건이 서로 만나게 된 후에 모이게 되니 구(姤)괘 다음에 취(萃)괘로 받았습니다. 취(萃)는 '모인다'는 뜻입니다.

취(萃)자는 艸(풀·초)가 의미부이고 卒(군사·졸)이 소리부로, 때 지어 모인 병졸(卒)처럼 군락을 이룬 풀(艸)이라는 의미를 담았고, 이로부터 '한곳에 모이다, 모으다, 군집을 이룬 사물이나 사람' 등 을 뜻하게 되었습니다.

취(萃)괘의 괘상을 보면 이양사음(二陽四陰)으로 이루어진 괘로 써 두 양이 상체 태(兌)괘, 기쁜 괘의 인군과 신하자리에 있고 아래 음들이 순한체 곤(坤)괘에 자리하여 위로 양들과 응함으로써 상체 두 양을 중심으로 하여 순하게 모이는 뜻이 있습니다.

괘 사 (문왕文王)

兌태 〈 　　　 澤택·못
坤곤 〈 　　　 地지·땅

萃 (亨)王假有廟 利見大人 亨 利貞 用大牲 吉 利有攸往
취　형　왕격유묘　이견대인　형　이정　용대생 길 이유유왕

취(萃)는 왕이 사당에 나아가다. 대인을 보는 것이 이로우며 형통하고 바르게 하는 것이 이롭다. 큰 희생을 쓰는 것이 길하고 가는 바가 있음이 이롭다.

- 萃 : 모일 취(췌)　　- 亨 : 형통할 형　　- 假 : 지극할 격, 이를 격
- 廟 : 사당 묘　　- 牲 : 희생 생, 산고기 생

고대에 사람의 인심을 모으는데 있어 인군이 종묘에 나아가(王假 有廟) 하늘과 조상께 제사를 드리는 것이 대단히 중요하였습니다. 흩 어진 민심을 수습하기 위해서 하늘에 기원하고 나라를 세운 조상의

뜻을 되새기며 허물을 반성하고 나아갈 길을 제시하여 흩어진 민심을 수습하고 새 출발을 하는 것입니다.

　사람이 모이는 것은 결국 사람을 중심으로 모이게 되므로 대인을 만나는 것이 이롭고 형통하며,(利見大人 亨) 또한 바르지 못한 모임은 결국 패거리나 도당에 그칠 것이기 때문에 굳고 바르게 함이 이롭다(利貞)고 하였습니다.

　그리고 인심을 취합하기 위하여 위에서 베푸는 것이 또한 중요하기 때문에 제를 지냄에 있어서 소, 말 등 큰 제수용품을 사용하여 제를 지내고 널리 인색하지 않게 분배해 주는 것이 길하며(用大牲吉) 적극적으로 행동하는 것이 이롭다(利有攸往)고 하였습니다.

효 사 (주공周公)

初六 有孚 不終 乃亂乃萃 若號 一握爲笑 勿恤 往 无咎
초 육　유 부　불 종　내 란 내 취　약 호　일 악 위 소　물 휼　왕　무 구

　　믿음이 있으나 끝까지 아니하면 어지럽다. 만약에 부르짖으면 일제히 비웃으리니, 근심치 말고 가면 허물이 없다.

- 孚 : 정성 부　　　• 終 : 끝날 종　　• 乃 : 이에 내
- 亂 : 어지러울 란　• 若 : 만일 약　　• 號 : 호소할 호, 부르짖을 호
- 握 : 손아귀 악, 잡을 악　• 笑 : 웃을 소　　• 恤 : 근심 휼

　초육(初六)은 모이는 때의 가장 아래에 위치하여 구사(九四)와 정응이 되고 있습니다. 구사(九四)와 모이는 것이 이치이나 위로 두 음

에게 막혀 있고 음으로써 자질이 유약한 자입니다. 그래서 믿음이 있으나 끝까지 하지 못하면 그 모임이 어지러울 것이다.(有孚 不終 乃亂乃萃) 만약에 비명을 지르면 한 무리의 웃음을 살 것이다(若號 一握爲笑)라고 하여 초육(初六)의 유약함을 경계하였습니다.

여기에서 한 무리는 초육(初六)과 구사(九四)의 모임을 방해하는 위의 육이(六二)와 육삼(六三) 두 음을 가리키는 것입니다. 그러나 초육(初六)이 이러한 상황을 개의치 않고 성심과 성의를 가지고 구사(九四)에게로 나아가면 정응이 되는 음양은 결국 만나는 것이 이치이므로 허물이 없을 것(勿恤 往 无咎)이라고 격려하고 있습니다.

六二 引 吉 无咎 孚乃利用禴
육 이 인 길 무 구 부 내 이 용 약

이끌면 길하여 허물이 없으며 믿음을 가지고 간략한 제사를 지내는 것도 이롭다.

- 引 : 이끌 인, 당길 인　　- 禴 : 간략한 제사 약

육이(六二)는 유순하고 중정한 자로써 위로 강양하고 중정한 구오(九五)와 정응이 되는 자입니다. 구오(九五)와 마땅히 서로 만나야 할 사람이나 각각 음(육삼六三)과 양(구사九四)에 가려져 있어 반드시 서로 이끌고 당겨야 길하고 허물이 없습니다.(引 吉 无咎)
또한 육이(六二)가 음으로써 음자리에 있어 유약함이 의심이 되니

믿음을 가지고 제사를 지내듯 성심성의를 다할 것을 주문하고 있습니다.(孚乃利用禴)

六三 萃如嗟如 无攸利 往 无咎 小吝
육삼 취여차여 무유리 왕 무구 소린

모이는데 탄식한다. 이로운 바가 없으니 가면 허물은 없으나 조금 부끄럽다.

■ 如 : 어조사 여   ■ 嗟 : 탄식할 차

육삼(六三)은 부중하고 부정하며 상육(上六)과도 정응이 아니기 때문에 모이는 때에 모일 사람이 없어 탄식을 합니다.(萃如嗟如) 이로운 것이 없죠.(无攸利)

그러나 모이는 때는 같은 음끼리도 서로 모일 수 있는 것이기 때문에 육삼(六三)과 상육(上六)이 서로 응하는 자리에 있고 순한 체와 기뻐하는 체의 끝에 있기 때문에 육삼(六三)이 나아가 상육(上六)과 모여도 허물은 아니며(往 无咎) 단지 음양의 바른 모임이 아니기 때문에 약간 부끄럽다(小吝)고 하였습니다.

九四 大吉 无咎
구사 대길 무구

크게 길하여야 허물이 없다.

구사(九四)는 모이는 때에 대신의 자리에 위치하여 아래 백성들의 모임을 얻고 있습니다. 그러나 인군의 자리에 있지 않으면서 백성의 모임을 얻고 있어 인군으로부터 오해를 살 수 있으며 양으로써 음의 자리에 있어 부정하니 상해를 입을 위험이 존재합니다. 그래서 크게 길하여야 허물이 없다(大吉 无咎)고 경계하였습니다.

九五 萃有位 无咎 匪孚 元永貞 悔 亡
구 오 취 유 위 무 구 비 부 원 영 정 회 망

　　　　모이는데 자리에 있으니 허물이 없다. 믿지 아니하면 선량하고 오래
　　　　도록 바르게 하면 후회가 없어질 것이다.

> ■ 匪 : 아닐 비　　■ 元 : 착할 원　　■ 永 : 길 영　　■ 悔 : 뉘우칠 회

구오(九五)는 강양 중정하며 모이는 때에 있어 인군의 자리에 있습니다(萃有位) 아래로 중정한 육이(六二)와도 정응이 되고 있어 허물이 없습니다.(无咎)

모이는 때에 있어 이상적인 자리와 능력을 겸비한 사람입니다. 그러나 만약에 백성들의 믿음을 얻지 못하면(匪孚) 처음 시작할 때와 같이 선량하고 변함없이 굳고 바르게 하면 후회가 사라질 것(元永貞 悔 亡)이라고 하였습니다.

괘사에서 왕이 종묘에 나아간다고 하였는데 종묘에 나아가서 제를 지내고 얻으려 하는 것이 바로 이 초심으로 돌아가 선하고 변함없이 굳고 바르게 하려는 마음인 것입니다.

上九　齎咨涕洟　无咎
상 구　자 자 체 이　무 구

탄식하며 눈물 콧물을 흘림이니, 허물할 데가 없다.

- 齎 : 탄식할 자　　- 咨 : 탄식할 자
- 涕 : 눈물 체　　　- 洟 : 콧물 이

상육(上六)은 모이는 때에 짝(정응 正應)이 없습니다. 음유한 소인으로써 높은 자리를 차지하였고 또한 상체 태(兌)괘의 주효로써 기뻐함의 주인입니다.

소인이 높은 자리를 차지하여 기뻐하고 있으니 누가 즐겨 같이하려 하겠습니까. 아무도 모이려 하지 않으니 탄식하고 눈물을 흘리는 형국입니다.(齎咨涕洟) 모두가 자신의 부덕한 소치이니 허물을 돌릴 곳이 없습니다.(无咎)

서 괘 전 (序卦傳)

萃者 聚也 聚而上者謂之升 故 受之以升
취 자　취 야　취 이 상 자 위 지 승　고　수 지 이 승

취(萃)는 모이는 것이다. 모여서 위로 올라가는 것을 승(升)이라 하니 취(萃)
괘 다음에 승(升)괘로 받았다.

▪上 : 위 상　　▪升 : 오를 승

괘 명 (문왕文王)

坤곤〈地지·땅
巽손〈　　　　　風풍·바람

모여서 높아지는 것을 '승(升)'이라고 합니다. 그래서 취(萃)괘 다
음에 승(升)괘로 받았습니다.

승(升)자는 갑골문으로 보면 곡식 등을 담아서 용량을 재는 되를 뜻합니다. 열 되가 한 말입니다. 이후 되로 곡식을 떠서 부으니 '올라간다, 올리다'라는 뜻으로도 쓰이게 되었습니다.

괘상을 보면 하체 손(巽)의 두 양이 순하게 위로 오르고 있고, 상체 곤(坤)도 순하여 오르는데 있어서 막힘이 없으므로 오른다는 뜻의 승(升)으로 괘명을 정한 것 같습니다.

괘 사 (문왕文王)

坤곤〈 ䷭ 地지·땅
巽손〈 風풍·바람

升 元亨 用見大人 勿恤 南征 吉
승 원형 용견대인 물휼 남정 길

승(升)은 크게 형통하니 대인을 보는 것이 이롭다. 근심하지 말고 남쪽으로 가면 길하다.

- 升 : 오를 승 　 - 勿 : 말 물
- 恤 : 근심 휼 　 - 征 : 칠 정

괘상에서 두 양이 오름에 있어서 걸림이 없기 때문에 크게 형통하다(元亨) 하였습니다. 그리고 지위에 오름은 아래 위 또는 주위의 군자들의 도움을 받고, 학문과 도덕에 있어서의 오름은 성현이나 좋은 스승의 도움을 받기 때문에 대인을 보아야 한다(用見大人)고 하였습니다.

고대에는 사람이 밝은 쪽을 향하여야 한다(南面)고 하여, 집을 지을 때도 마찬가지입니다. 나의 등 쪽이 북쪽, 앞쪽이 남쪽, 좌측이 동쪽, 우측을 서쪽으로 표시하였습니다.

두 양이 향하는 쪽에 곤(坤)괘가 순하게 있으므로 염려하지 말고 앞(남쪽)으로 나아가면 길하다(勿恤 南征 吉)고 하였습니다.

효 사 (주공周公)

初六 允升 大吉
초 육 윤 승 대 길

믿음으로 올라가니 크게 길하다.

■ 允 : 진실로 윤

초육(初六)은 하체, 겸손한 손(巽)괘의 주효입니다. 위로 올라가는 때에 위로 정응이 없어 스스로 올라가진 못하나 유순하고 겸손함으로 바로 위의 강중한 구이(九二)를 믿고 따라 올라가니 크게 길합니다.(允升 大吉)

九二 孚乃利用禴 无咎
구 이　　부 내 이 용 약　　무 구

　　믿음을 가지고 간단한 제사를 지내면 이로우니 허물이 없다.

- 孚 : 정성 부　　- 禴 : 불시(不時)의 제사 약　　- 咎 : 허물 구

　　구이(九二)는 강양으로 중덕을 갖추고 위로 유순한 육오(六五) 인군과 정응이 되고 있습니다. 강한 신하가 유약한 인군을 모시는 형국입니다.

　　유약한 인군의 신임을 받아 위로 오르기 위해서는 정성과 공경이 필요하기 때문에 믿음을 가지고 간단한 제사를 지내는 것이 이롭고(孚乃利用禴) 허물이 없다(无咎)고 하였습니다.

九三 升虛邑
구 삼　　승 허 읍

　　빈 읍(邑)에 오름이다.

- 虛 : 빌 허　　- 邑 : 고을 읍

　　구삼(九三)은 양강으로 바른 자리에 있으며 또한 손(巽)체에 있어 겸손합니다. 상체 곤(坤)은 순하여 구삼(九三)이 오르는데 있어 장애가 없으니 마치 텅 빈 성읍에 오르듯이 모든 것이 순조롭습니다.(升虛邑)

六四 王用亨于岐山 吉 无咎
육 사 왕 용 향 우 기 산 길 무 구

왕이 기산에서 제사를 지내니 길하고 허물이 없다.

> ■ 亨 : 제사지낼 향(享)　　■ 于 : 어조사 우　　■ 岐 : 두갈래길 기

육사(六四)는 유순하며 음으로써 음자리에 정위하였고 육오(六五) 인군과 가까이 있어 순함으로써 올라갈 수 있는 대신의 자리입니다.

그러나 부중(不中)하고 음으로써 음자리로 유약하며 아래로 도움이 되는 응이 없어서 오르는데 있어 부족함이 의심되는 바가 있기 때문에, 옛날 문왕(文王)이 기산에서 제사를 지내 형통함을 얻었듯이(王用亨于岐山) 성심과 성의를 다하여야 길하고 허물이 없을 것(吉 无咎)이라고 경계를 하였습니다.

六五 貞 吉 升階
육 오 정 길 승 계

굳고 바르게 하면 길하니 계단을 오르다.

> ■ 階 : 섬돌 계, 오를 계

육오(六五)는 오르는 시기에 있어 귀한 자리에 있고 중을 얻었으며 아래로는 강중한 구이(九二)의 응원을 받고 있습니다. 그러나 음

유한 자질로써 존귀한 자리에 있기 때문에 반드시 존엄을 지켜 굳고 바르게 해야 길할 수 있습니다.(貞 吉)

아래의 강양한 사람들의 도움이 있으면 올라가는 것이 계단을 밟고 올라가는 것처럼 쉽기 때문에 육오(六五)의 오름을 계단을 밟고 오르는 것(升階)으로 비유하였습니다.

上六　冥升　利于不息之貞
상 육　명 승　이 우 불 식 지 정

올라감에 어두움이니 쉬지 않고 바름을 지키는 것이 이롭다.

■ 冥 : 어두울 명　　■ 于 : 어조사 우　　■ 息 : 쉴 식

상육(上六)은 오름의 끝에 다다른 자리에서 유약하고 재능이 없으면서 올라갈 줄만 알고 멈출 줄을 모르는 자입니다.

상체 곤(坤)이 순음의 괘로 양에 비하여 우매한 뜻이 있기 때문에 상육(上六)이 자기 자신의 역량을 잘 알지 못하는 것으로 비유하였습니다. 그래서 오름에 있어 이미 어두워졌으니(冥升) 끊임없이 바름을 지킴이 이롭다(利于不息之貞)고 하였습니다. 오르고 나아감에 있어 필히 절제가 필요하다는 경계가 되겠습니다.

47

困(곤)

서 괘 전 (序 卦 傳)

升而不已 必困 故 受之以困
승 이 불 이 필 곤 고 수 지 이 곤

오르기를 그치지 않으면 반드시 곤(困)해지니 승(升)괘 다음에 곤(困)괘로
받았다.

- 困 : 곤할 곤

괘 명 (문왕文王)

兌태〈 澤택·못
坎감〈 水수·물

오르기를 그치지 않으면 반드시 곤하게 되므로 승(升)괘 다음에
곤(困)괘로 받았습니다.

곤(困)은 口(나라 국, 에워쌀 위)과 木(나무 목)으로 구성된 글자로 협소한 곳에서 생장하는 나무의 모습을 형상화한 글자입니다. 성장과 발전이 어렵죠.

이런 의미에서 '곤경에 빠지다, 고생하다'가 원래의 뜻이며 '포위하다, 지치고 피곤하다' 등의 뜻으로 확대되었습니다.

괘상을 보면 곤괘는 삼양(三陽), 삼음(三陰)으로 이루어진 괘이나 위의 두 양과 아래의 일양이 모두 음에 가리워져 양들이 음에 빠져 곤한 형상의 괘입니다.

상하체로 나누어 보면 하체는 감(坎)으로 양이 구덩이에 빠진 상이고, 상체는 태(兌)로 두 양이 기뻐하는 괘체에 있으면서 역시 상육(上六)과 육삼(六三)에 가리워져 인간사로 비유하면 군자가 소인들에게 둘러싸여 진퇴가 어려운 곤한 처지에 놓여있는 형국입니다.

괘 사 (문왕文王)

兌태 〈 　　　　　　 澤택·못
坎감 〈 　　　　　　 水수·물

困　亨　貞　大人　吉　无咎　有言　不信
곤　형　정　대인　길　무구　유언　불신

곤(困)은 형통하다. 바르고 대인이라야 길하고 허물이 없다. 말이 있어도 믿지 않는다.

곤(困)은 곤궁한 상태에 놓여있는 상황이기 때문에 사람이 곤궁한 상태에 빠진 것을 의식하면 누구나 벗어나려고 노력을 하게 됩니다. 그래서 곤(困)에도 형통한 도가 있는 것입니다.(困 亨) 그러나 곤궁한 상태에서 벗어나기가 쉽지 않기 때문에 굳고 바르게 하며 대인이어야 길함이 있고 허물이 없다(貞 大人 吉 无咎)고 하였습니다. 세상에 대인(大人)이 흔치 않으니 대부분의 사람들에게는 길하지 않은 괘입니다. 그리고 곤궁한 상태에 빠진 자의 말은 믿지를 않기 때문에 말이 있으나 믿지 않는다(有言 不信)고 하였습니다.

상체 태(兌)가 입을 상징하기도 하고, 또 말을 상징하기도 하기 때문에 말을 예로 들어 비유한 것으로 보입니다.

효 사 (주공周公)

손(巽:나무)
리(離:눈, 3)

初六　臀困于株木　入于幽谷　三歲　不覿
초 육　둔 곤 우 주 목　입 우 유 곡　삼 세　부 적

엉덩이가 나무 그루터기에서 곤궁하다. 깊은 골짜기로 들어가서 3년을 보지 못한다.

- 臀 : 엉덩이 둔　■ 株 : 그루터기 주　■ 幽 : 그윽할 유, 아득할 유
- 谷 : 골짜기 곡　■ 歲 : 해 세　■ 覿 : 볼 적

초육(初六)은 곤궁한 시기에 음으로써 험한 체의 아래 위치하니 비록 구사(九四)와 정응이 되나 부중부정하고 육삼(六三)에 가려져 곤함에서 벗어날 수 있는 능력이 없습니다. 그래서 그루터기에 앉았으니 엉덩이가 곤하다(臀困于株木)고 하였는데 이는 초육(初六)이 삼효에서 오효까지로 이루어진 외호괘 손(巽☴:나무의 의미가 있음)의

아래에 위치하기 때문에 나무의 그루터기로 비유한 것으로 생각해 볼 수 있으며, 또 '깊은 계곡에 들어가 3년을 볼 수 없다(入于幽谷 三歲 不覿)'고 하여 곤한 상태에서 벗어나지 못함을 말하였습니다.

여기에서 계곡은 하체 감(坎)에 구덩이의 상이 있기 때문에 비유한 것이고, 삼세(三歲)의 삼(三)과 부적(不覿)의 적(覿)은 2효에서 5효까지 이루어진 호괘 리(離)에 숫자 3과 눈의 뜻이 있기 때문에 비유한 것으로 보입니다.

九二 **困于酒食** **朱紱** **方來** **利用亨祀** **征** **凶** **无咎**
구 이　곤 우 주 식　주 불　방 래　이 용 향 사　정　흉　무 구

> 술과 음식에 곤궁하나 주불(朱紱)이 바야흐로 올 것이니 제사를 지내는 것이 이롭고, 가면 흉하고 허물할 데가 없다.

- 酒 : 술 주
- 紱 : 祭服(제복) 불, 인끈 불
- 亨 : 제사지낼 향(享)
- 朱 : 붉을 주
- 方 : 바야흐로 방, 모 방
- 祀 : 제사 사

구이(九二)는 강양하고 중덕을 갖추었으나 음에 빠져 있고 위로는 응원(正應)이 없어 곤궁한 상황입니다. 그래서 술과 음식에 곤궁하다(困于酒食)고 하였는데 술(酒)은 하체 감(坎·물)이 의미하는 것이고, 식(食)은 상체 태(兌·입)가 의미하는 것으로서 상하가 서로 응원이 되지 않기 때문에 곤궁하다는 뜻이 내포되어 있습니다.

그러나 곤궁한 때에는 같은 양끼리도 그 힘을 합하는 것이 역경의 괘·효사에서 말하는 일관된 이치이기 때문에 여기에서도 구이(九二)와 구오(九五)는 서로 그 힘을 합하여 곤(困)의 상태를 벗어나려 합니다.

여기에서는 주불(朱紱)을 입은 인군 구오(九五)가 드디어는 구이(九二)에게로 올 것(朱紱 方來)이니, 곤궁한 상황에서 구이(九二)가 스스로 나아가 구오(九五)를 만나지 말고 제사를 지내듯 성심성의를 다하여 기다릴 것(利用亨祀)을 주문하고 있습니다.

괘사에서 말하였듯이 곤궁한 시기에는 말을 하여도 믿지 않는 불신의 때이기 때문에 구이(九二)가 먼저 나가 구하면 흉하고 탓할 때가 없다(征 凶 无咎)고 경계를 하였습니다.

六三　困于石　據于蒺藜　入于其宮　不見其妻　凶
육삼　곤우석　거우질려　입우기궁　불견기처　흉

돌에 곤(困)하며 가시덤불에 거(據)하다. 그 집에 들어가더라도 그 처(아내)를 보지 못하니 흉하다.

- 據 : 거할 거　　- 蒺 : 가시 질　　- 藜 : 가시 려
- 宮 : 집 궁　　- 妻 : 아내 처

육삼(六三)은 곤궁한 때에 음유한 소인으로써 부중부정(不中不正)하며, 또한 구이(九二)와 구사(九四) 사이에 있어 양에게 핍박을 받는 자리로 곤궁함을 벗어나려 하나 벗어나지 못하는 자리입니다.

나아가려 하나 돌같은 구사(九四)에게 막혀 어렵고(困于石) 물러나려 하나 아래의 구이(九二)가 가시덤불처럼 핍박하여(據于蒺藜) 곤한 상황입니다.

그 자리에 머무르려 하나 음으로써 양의 자리에 거하기 때문에 편안함을 얻을 수 없음을 그 집에 들어가나 그 아내를 볼 수 없으니 흉하다(入于其宮 不見其妻 凶)고 비유하였습니다.

여기에서 집(宮)은 육삼(六三)이 제자리에 머물려고 하는 것이고 처는 집과 함께 편안함을 주는 사람이기 때문에 예를 들어 비유한 것입니다. 공자가 육삼(六三)을 보고 '장차 어디로 가겠는가. 죽음이 머지않았다'고 할 정도로 흉한 자리입니다.

九四　來徐徐　困于金車　吝　有終
구 사　내 서 서　곤 우 금 거　인　유 종

오는 것이 느릿느릿한 것은 쇠수레에 곤(困)하기 때문이다. 인색하나 마침이 있다.

- 徐 : 느릴 서
- 吝 : 인색할 린
- 車 : 수레 거, 차 차
- 終 : 마칠 종, 끝낼 종

구사(九四)는 강양으로써 아래의 초육(初六)과 정응이 되어 곤궁한 상황에서 벗어나려 합니다. 그러나 중을 얻지 못하고, 바른 자리도 얻지 못하였으며 음의 자리에 있어 재질이 유약하므로 곤궁함에서 벗어나기가 쉽지 않습니다.

초육(初六)과 합하려 하나 구이(九二)가 강중으로써 방해하기 때문에 초육(初六)과의 만남이 서서히 이루어지며(來徐徐) 금차에 곤하다고 하였는데(困于金車) 금차는 상체 태(兌)에서 금(金)을 취하고 하체 감(坎)에서 차(車)의 뜻을 취한 것으로 상하체의 구사(九四)와 초육(初六)이 합하기 어려운 상황을 비유한 것입니다. 그러나 음양은 결국에는 합하는 이치가 있으므로 인색하나 마침이 있다(吝 有終)고 하였습니다.

九五 劓刖 困于赤紱 乃徐有說 利用祭祀
구 오 의 월 곤 우 적 불 내 서 유 열 이 용 제 사

> 코를 베이고 발꿈치를 베임이니 적불(赤紱)에 곤하나 서서히 기쁨이 있으리니 제사를 지냄이 이롭다.

- 劓 : 코베일 의   - 刖 : 발꿈치베일 월   - 赤 : 붉을 적
- 說 : 기쁠 열   - 祭 : 제사 제

구오(九五)는 곤궁한 시기의 인군 자리입니다. 그러나 상하가 음에 가리어져 있고 아래에 응이 되는 신하가 없기 때문에 코가 깎이고 발이 잘린 형을 받은 것(劓刖)으로 비유하였습니다. 코는 위고 발은 아래죠. 또 신하들이 입는 옷인 적불(赤紱)에 곤하다고 하여 아래에서 도움을 줄 수 있는 신하가 없는 어려움을 비유하였습니다.

그러나 앞서 말하였듯이 곤궁한 때에는 양이 양과 서로 힘을 합치고 또 구오(九五)가 강양하고 중덕을 갖추었기 때문에 서서히 기

쁨이 있을 것(乃徐有說)이라고 하였으며 제사를 모시듯 성심성의를 다하면 이롭다(利用祭祀)고 하였습니다.

上六　困于葛藟　于臲卼　曰動悔　有悔　征　吉
상 육　곤 우 갈 류　우 얼 올　왈 동 회　유 회　정　길

> 칡넝쿨과 위태로운 데에 곤함이니 '뉘우쳐라' 하여 뉘우치면 가서 길할
> 것이다.

- 葛 : 칡 갈
- 藟 : 칡 류
- 臲 : 위태할 얼
- 卼 : 위태할 올
※ 葛藟(갈류) : 칡이나 등나무 같은 넝쿨 풀

상육(上六)은 곤궁한 괘의 끝으로 곤함이 극에 이르렀기 때문에 이치가 변하는 자리에 있습니다.

준(屯)괘 험한 체(☵)의 상육(上六)은 벗어나는 의미가 없고 곤(困)괘의 상육(上六)은 기쁜 체이기 때문에 기뻐하고 순함으로써 나아가면 곤에서 벗어날 수 있는 이치가 있습니다. 그래서 칡넝쿨에 얽혀 곤하고(困于葛藟) 또 위태로우나(于臲卼) 뉘우치고 회개하라는 말이 있어 회개하고 나아가면 길하다(曰動悔 有悔 征 吉)고 하였습니다.

여기에서 뉘우치라는 말을 듣고 회개하는데 이는 괘사의 '말이 있으나 믿지 않는다(有言 不信)'는 곤괘의 상황에서 벗어나는 것으로 보입니다.

48
井(정)

서 괘 전 (序卦傳)

困乎上者　必反下　故　受之以井
곤 호 상 자　필 반 하　고　수 지 이 정

위에서 곤한 자 반드시 아래로 돌아오기 때문에 곤(困)괘 다음에 정(井)괘로
받았다.

▪ 反 : 돌아올 반　　　　▪ 井 : 우물 정

괘 명 (문왕文王)

坎감〈　　　水수·물
巽손〈　　　風풍·나무

　위에서 곤한 사람은 반드시 아래로 내려오기 때문에 곤(困)괘 다
음에 정(井)괘로 받았습니다.

정(井)은 원래 네모지게 겹쳐 놓은 우물의 난간을 그렸으며, 이로부터 '우물'을 지칭하였고, 다시 '우물처럼 생긴 것, 네모꼴로 잘 정리된 질서정연함'을 뜻하게 되었습니다.

혹자는 우물의 난간을 그린 것이 아니라 우물 속을 파고들어 갈 때 옆의 흙이 무너지지 않도록 설치한 우물 바닥의 나무틀을 그린 것이라고도 하는데 일리가 있다고 생각됩니다.

정(井)괘는 상괘 감(坎)이 물을 상징하고 하괘 손(巽)이 나무를 상징하여 나무로 우물을 만들어 물을 길어 먹는 것을 형상화하여 괘명을 지은 것입니다.

또한 괘상을 보면 삼양(三陽), 삼음(三陰)의 괘로 일양은 위로 올라와 물이 되었고, 아래의 두 양도 위로 올라와 쓰임을 이루려는 형상입니다.

괘 사 (문왕文王)

坎감〈 水수·물
巽손〈 風풍·나무

井　改邑　不改井　无喪无得　往來　井井　汔至亦未繘井
정　개 읍　불 개 정　무 상 무 득　왕 래　정 정　흘 지 역 미 율 정

羸其瓶　凶
이 기 병　흉

읍은 바꾸어도 우물은 바꿀 수 없으니, 줄어들지도 않고 늘어나지도 않으며, 오고 가는 사람들이 모두 이 우물을 사용한다. 거의 이르렀으나 우물에 줄이 닿지 못하고 두레박이 깨지면 흉하다.

▪ 井 : 우물 정	▪ 喪 : 잃을 상	▪ 汔 : 거의 흘(=幾)
▪ 繘 : 두레박줄 율(귤)	▪ 羸 : 깰 리	▪ 瓶 : 병 병, 두레박 병

　우물은 한번 생겨나면 이동할 수가 없는 것으로 도읍은 옮기지만 우물은 옮기지 못하는 것(改邑 不改井)으로 비유하였습니다. 또한 이는 세상이 바뀌어도 사람들의 목을 축여주는 바른 도는 바뀌지 않는 것을 의미하기도 합니다. 이러한 바른 도는 줄어들거나 늘어나는 법도 없이(无喪无得) 고정 불변하며, 오고가는 사람들에게 샘물로 목을 축여주듯이 사람들의 갈증을 해소해 줍니다.(往來 井井)

　도는 완성함이 귀중합니다. 오곡이 익지 않으면 띠와 피(잡초)만도 못하고 우물 아홉 길을 파도 물이 나오지 않으면 쓰임의 도를 이룰 수가 없으니 두레박줄이 거의 물에 닿았으나 병이 깨지면 흉하다(汔至亦未繘井 羸其瓶 凶)고 하여 군자가 일을 함에 있어 변함없이 꿋꿋하며 세심히 살핌으로써 시작과 끝을 아름답게 하라(선시선종 善始善終)고 주문하고 있습니다.

효 사 (주공周公)

初六　井泥不食　舊井　无禽
초 육　정 니 불 식　구 정　무 금

　　우물이 진흙이라 먹지 못하니 옛 우물에 새가 없도다.

▪ 泥 : 진흙 니, 흐릴 니	▪ 舊 : 옛 구, 오래 구	▪ 禽 : 새 금

초육(初六)이 음유하고 아래에 있어 물을 올리는 역할을 하지 못합니다. 그래서 우물 바닥이 진흙이니 먹지 못합니다.(井泥不食) 오래된 우물에 새가 없다(舊井 无禽)라고 하여, 사람들이 사용하는 우물에는 음식찌꺼기가 있어 새들이 모여들지만 새들이 없다는 것은 이미 사람들이 쓰지 않는 우물임을 묘사한 것입니다.

九二 井谷 射鮒 甕敝漏
구 이 정 곡 석 부 옹 폐 루

우물바닥의 골짜기라. 붕어를 잡고 독이 깨져서 새도다.

▪ 谷 : 골짜기 곡	▪ 射 : 쏠 석, 맞힐 석
▪ 鮒 : 붕어 부	▪ 甕 : 독 옹, 옹기두레박 옹
▪ 敝 : 깨질 폐	▪ 漏 : 샐 루

구이(九二)가 양강하고 중하여 먹을 수 있는 물의 상이 있으나 위로 정응이 없기 때문에 아래의 초육(初六)과 친해서 결국 위로 올라가지 못하는 상입니다. 그래서 샘의 오목한 부분 즉, 물이 나오는 곳에서 붕어를 잡으며(井谷 射鮒) 독이 깨져서 물이 새는 것(甕敝漏)으로 비유하였습니다.

초육(初六)과 같이 진흙이 있는 우물은 아니고, 작은 물고기가 뛰어놀 정도의 약간의 물은 있으나 사람들의 목을 축여줄 역할을 할 수 있는 형국은 아닙니다.

九三 井渫不食 爲我心惻 可用汲 王明 幷受其福
구삼 정설불식 위아심측 가용급 왕명 병수기복

> 우물이 깨끗한 데도 사람들이 먹지 않아 내 마음이 슬프다. 가히
> 먹을 수 있으니 왕이 현명하면 함께 복을 받을 것이다.

- 渫 : 깨끗할 설, 칠 설
- 汲 : (물)길을 급
- 受 : 받을 수
- 惻 : 슬퍼할 측
- 幷 : 아우를 병(竝과 같음)

구삼(九三)은 양강하고 바른 자리에 있으나 정(井)괘에 있어서 아래에 있기 때문에 쓰이지 못합니다. 베풀고 싶은 마음은 간절하나 구오(九五) 인군과 응이 되지 않기 때문에 쓰이지 못하는 자리입니다.

그래서 우물의 물이 깨끗하나 사람들이 먹지 않기 때문에 내 마음이 슬프다.(井渫不食 爲我心惻) 가히 먹을 수 있으니 왕이 영명(英明)하면 같이 그 복을 받으리라(可用汲 王明 幷受其福)고 하여 인재에 목말라 하는 왕이 있으면 쓰일 수도 있음을 얘기하였습니다.

六四 井甃 无咎
육사 정추 무구

> 우물을 수리하니 허물이 없다.

- 甃 : 샘칠 추, 수리할 추

육사(六四)가 음유하나 바른 자리에 위치하여 인군인 구오(九五)를 받들고 있습니다. 구오(九五)와 달라 널리 이익을 베풀기에는 부족하나 스스로를 다스리고 닦으면 인군의 다스림에 기여할 수 있기 때문에 우물을 고치니(井甃) 허물이 없다(无咎)고 하였습니다.

널리 베푸는 것은 인군의 도리이고 널리 쓰일 수 있게 우물을 고치는 것은 신하의 도리로 보는 것입니다.

九五　井洌　寒泉食
육 오　정 렬　한 천 식

우물이 맑고 깨끗하여 차가운 샘물을 먹는다.

▪ 洌 : 맑을 렬, 찬샘 렬, 차가울 렬　　▪ 寒 : 찰 한　　▪ 泉 : 샘 천

구오(九五)는 양강, 중정하고 인군의 자리입니다. 아래에 응(應)도 없으니 이것은 그 행동이 불편부당하고 그 마음이 바르고 사(私)적인 것이 없음을 뜻합니다.

그리하여 샘물이 만물을 적시듯 사람들의 갈증을 해소시키는 자로서 그 재질과 덕이 진선진미(盡善盡美)한 자입니다. 그래서 맑고 깨끗하며 청량한 샘물을 제공하여 천하의 사람들이 마실 수 있게 하는 것(井洌　寒泉食)으로 표현하였습니다.

上六　井收勿幕　有孚　元吉
상육　정수물막　유부　원길

우물을 긷고서 덮지 않음이니 믿음이 있어서 크게 길하다.

- 收 : 거둘 수
- 幕 : 덮을 막

상육(上六)은 정(井)괘의 가장 위로 물이 나와 사람들이 함께 마시는 자리입니다.

물을 마신 후에 막을 씌우지 않고(井收勿幕) 믿음을 가지고 천하인이 함께 쓸 수 있도록 하면 크게 길하다(元吉)고 하여 천하인에게 생명줄과도 같은 우물을 혼자 독점하지 말고 모두가 같이 쓸 수 있게 함이 바른 도리임을 밝혔습니다.

49

☷ 革(혁)

서 괘 전 (序卦傳)

井道 不可不革 故 受之以革
정 도　불 가 불 혁　고　수 지 이 혁

우물의 도(道)는 고치지 않을 수 없으니 정(井)괘 다음에 혁(革)괘로 받았다.

- 革 : 고칠 혁

괘 명 (문왕文王)

兌태 〈  〉 澤택·못
離리 〈 　　　　　 〉 火화·불

　우물의 도(道)는 고치지 않으면 안 되기 때문에 정(井)괘 다음에
혁(革)괘로 받았습니다.

　혁(革)자는 동물의 가죽을 벗겨 말리는 것을 형상화한 글자로 손

질하지 않은 동물의 가죽은 피(皮)라 하고 털을 제거하고 무두질을
거쳐 새로운 제품을 만들 수 있는 것은 혁(革)이라 합니다.

그래서 혁(革)에는 '제거하다'는 뜻과 '바꾸다'는 뜻, 그리고 '가죽
으로 만든 제품' 등의 뜻이 있습니다.

괘상을 보면 상체 태(兌)는 연못을 상징하며, 하체 리(離)는 불을
상징하여 하체의 불은 상체의 물을 말리려 하고 상체의 물은 하체의
불을 멸하려 하기 때문에 상하체가 서로 다투어 변혁이 일어나는 뜻
이 있습니다.

괘 사 (문왕文王)

兌태〈　　　　澤택·못
離리〈　　　　火화·불

革　巳日　乃孚　元亨　利貞　悔　亡
혁　이 일　내 부　원 형　이 정　회　망

날이 저물어야 믿을 것이다. 크게 형통하나 굳고 바르게 하여야 이롭고 후
회가 없다.

- 革 : 고칠 혁, 바꿀 혁　　- 巳 : 마칠 이　　- 孚 : 믿을 부
- 亨 : 형통할 형　　- 悔 : 뉘우칠 회　　- 亡 : 망할 망

괘사에서는 혁(革)괘를 혁명에 빗대어 말하고 있습니다.

혁명은 아래의 불이 위의 물을 끓이는데 또는 광범위하게 백성의
신뢰를 얻는데 시간이 필요하듯이 날이 저물어야(巳日) 믿음이 생기
고(乃孚) 크게 형통하다(元亨)고 하였습니다.

그리고 이러한 혁명은 정도에 어긋나지 않고 사리사욕을 추구하지 않는 등 굳음과 바름이 있어야 이로우며 후회가 없을 것(利貞 悔亡)이라고 경계하였습니다.

효 사 (주공周公)

初六 鞏用黃牛之革
초 육   공 용 황 우 지 혁

누런 소의 가죽을 사용하여 묶다.

- 鞏 : 묶을공, 굳을 공

초구(初九)는 양으로 부중(不中)하면서 조급한 체 리(離☲)에 있고 위로 구사(九四)와 응이 되지 않아 위의 응원이 없기 때문에 혁(革)을 실행하기가 어려운 자입니다. 그래서 누런 소의 가죽을 사용하여 묶듯이 하라(鞏用黃牛之革) 하여 개혁을 하지 말 것을 경계하였는데 여기에서 누런 소(황우), 황(黃)은 중(中)의 색으로 초구(初九)가 중덕이 없음을 뜻하였고 소는 천천히 걷는 동물이기 때문에 조급하지 말라는 경계를 표한 것입니다.

六二 巳日 乃革之 征 吉 无咎
육이   이일 내혁지 정 길 무구

　　　날이 저물어서 개혁하니 나아가면 길하고 허물이 없다.

- 征 : 갈 정

　　육이(六二)는 유순하고 중정하며 위로 양강하고 중정한 구오(九五)
와 정응이 되어 위로부터 응원을 받는 자입니다. 그리고 하체 리(離)
의 주효로써 문명(文明)한 자입니다. 가히 개혁을 할 수 있는 자죠.
　　그래서 날이 저물었다(巳日)고 하였는데 개혁을 할 수 있는 조건
이 구비되었다는 뜻입니다. 이러한 여러 조건이 구비된 상황에서 개
혁을 하니(乃革之) 나아감에 있어서 길하고 허물이 없는 것(征 吉
无咎)입니다.

九三 征 凶 貞 厲 革言三就有孚
구삼 정 흉 정 려 혁언삼취유부

　　　가면 흉하고 고집하면 위태롭다. 개혁해야 한다는 말이 세 번이면
　　　믿음이 있을 것이다.

- 厲 : 위태로울 려　　　- 就 : 나아갈 취

구삼(九三)은 양으로써 양자리에 있고 부중하여 개혁에 있어서 지나치게 강한 자입니다. 또한 하체 리(離)에 있어서 조급하며 기다릴 줄을 모르는 자입니다. 그렇기 때문에 나아가면 흉한 것(征 凶)이고 고집하면 위태로운 것(貞 厲)입니다.

어떻게 하는 것이 바른 것일까요? 시기를 보아 조건이 성숙되기를 기다려야 할 것입니다. 그래서 개혁이라는 말이 세 번 있으면 믿을 수 있다(革言三就有孚) 하였는데 백성들 사이에서 개혁을 갈망하는 목소리가 여론으로 형성이 되면 비로소 개혁을 해도 되는 시기가 왔음을 믿어도 된다는 뜻이 되겠습니다. 여기에 숫자 3은 하체 리(離)가 상징하는 숫자로 세 번이 아닌 많다는 뜻으로 해석해야 되겠지요.

九四 悔亡 有孚 改命 吉
구 사 회 망 유 부 개 명 길

후회가 없어지니 믿음을 가지고 명을 바꾸면 길할 것이다.

- 改 : 고칠 개

구사(九四)는 양강하면서 음의 자리에 있어 강하되 과하지 않으므로 강유를 겸비한 자입니다. 그래서 개혁을 두려워하지도 않고 또한 무모하게 나아가지도 않기 때문에 후회할 일이 없어집니다.(悔亡) 믿음을 가지고 개혁을 하면 운명을 바꿀 수 있기 때문에(有孚 改命) 길하다(吉)고 하였습니다.

九五 大人 虎變 未占 有孚
구 오　대 인　호 변　미 정　유 부

> 대인은 호랑이가 털갈이 하듯이 변하니 점치지 않아도 믿음이 있다.

- 虎 : 범 호
- 變 : 변할 변
- 未 : 아닐 미
- 占 : 점칠 점

　구오(九五)는 양강하고 중정하며 인군의 자리에 있고 아래로는 육이(六二) 유순 중정한 신하의 도움을 받으므로 개혁을 할 수 있는 인물입니다. 그래서 대인이 개혁을 함에 그 변화가 가을에 호랑이가 털갈이를 하면 줄무늬가 선명하게 드러나듯이 나타나므로(大人 虎變) 일반 백성들이 의혹을 가지지 않고(점을 치지 않고도) 믿고 신뢰할 수 있다(未占 有孚)고 하였습니다.

　상체 태(兌☱)에 호랑이의 뜻이 있습니다.

上六 君子 豹變 小人 革面 征 凶 居貞 吉
상 육　군 자　표 변　소 인　혁 면　정　흉　거 정　길

> 군자는 표범이 털갈이하듯 변하고 소인은 얼굴만 바꾸니 치면 흉하고 바르게 거(居)하면 길하다.

- 豹 : 표범 표
- 面 : 낮 면

상육(上六)은 변혁이 완성된 후에 군자가 취하여야 할 도리를 들어 효사를 작성하였습니다. 개혁이 되면 군자는 이에 맞추어 표범이 털 갈이를 하여 줄무늬가 선명해지듯이 확연하게 바뀌지만(君子 豹變) 소인은 단지 얼굴색만 바꾸어(小人 革面) 구습의 나쁜 사고와 행실을 일시에 뜯어 고치지 못하고 겉모습만 바뀐 척 한다는 것입니다.

그러나 소인들의 이러한 행태는 소인으로서의 한계가 있는 것이기 때문에 무력을 동원하여 처벌하면 흉한 것이고(征 凶) 굳고 바른 자세를 유지하여 안정을 유지하면 길하다(居貞 吉)고 하였습니다.

주(周)나라가 상(商)나라를 멸한 후 상나라 백성들의 타락에 젖은 행태가 고쳐지지 않아 무왕(武王)이 대책을 묻자 강태공은 '말 듣지 않는 이들을 잡아 처벌하거나 죽이자'고 대답하였지만 주공(周公)은 '시간을 갖고 기다리며 점차적으로 교화시키자'고 대답하였습니다. 물론 무왕은 동생 주공의 말을 따랐습니다.

서 괘 전 (序卦傳)

革物者　莫若鼎　故　受之以鼎
혁 물 자　　막 약 정　　고　　수 지 이 정

물건을 변혁시키는 것은 솥만한 것이 없으니 혁(革)괘 다음에 정(鼎)괘로
받았다.

- 革 : 고칠 혁　　- 莫 : 없을 막
- 若 : 같을 약　　- 鼎 : 솥 정

괘 명 (문왕文王)

離리〈火화·불
巽손〈風풍·바람

　물건을 변혁시키는 것 중에 솥만한 것이 없기 때문에 혁(革)괘 다
음에 정(鼎)괘로 받았습니다.

정(鼎)자는 고대 중국의 솥을 형상화한 글자로, 음양으로 이루어진 ䷱(정)괘의 괘상이 솥의 형상과 비슷하기 때문에 괘의 명칭을 정(鼎)으로 하였습니다.

한편으로 상체 리(離)는 불을 상징하고 하체 손(巽)은 나무를 상징하기도 하기 때문에 나무에 불을 붙여 솥 밑에 불을 때는 형국으로 설명하기도 합니다.

괘 사 (문왕文王)

離리 〈 ䷱ 火화·불
巽손 〈   風풍·바람

鼎　元(吉)　亨
정　원　길　　형

정(鼎)은 크게 (길하고) 형통하다.

- 鼎 : 솥 정

솥은 음식물을 찌고 익혀서 사람을 기르니 이는 성인들이 도를 일으켜 천하를 가르치는 것과도 유사한 것으로 크게 길하다(元 亨)고 하였습니다. 솥은 몸을 길러주는 음식을 제공하고, 바른 가르침은 마음의 양식을 제공하여 사람들을 기르는 것이죠.

괘상으로 보면 상체 리(離)가 문명한 덕을 가지고 있고 또한 중(中)이 허하므로 마음을 비우고 위에 있는 형상이며 아래 하체 손(巽)이 공손하게 위를 받드는 뜻이 있으므로 또한 길하고 크게 형통하다고 볼 수 있습니다.

初六 鼎 顚趾 利出否 得妾 以其子无咎
초 육 정 전 지 이 출 비 득 첩 이 기 자 무 구

솥의 발이 뒤집어졌으나 비색한 것을 꺼내는데는 이롭다. 첩을 얻
으면 그 자식(子)으로서 허물이 없다.

- 顚 : 엎을 전
- 趾 : 발꿈치 지
- 否 : 아닐 비
- 妾 : 첩 첩

초육(初六)은 음으로써 아래에 있어 솥의 발에 해당하는 자리입
니다. 구사(九四)와 응해서 위로 향하니 솥이 엎어져 솥발이 위로
향하는 형상이 됩니다.

솥이 뒤집어진 형상이 좋은 현상은 아니지만 상하의 음양이 서로
응하는 것은 음양의 바른 도리이기 때문에 솥의 발이 뒤집어졌으나
나쁜 것을 씻어내기에는 이롭다(鼎 顚趾 利出否)고 하여 이로움이
있을 수 있음을 강조하였고, 인간사로 비유하여서는 구사(九四)가 초
육(初六) 첩을 얻어 바람직한 현상은 아니지만 첩으로 인하여 아들
을 얻기 때문에 허물이 없다(得妾 以其子无咎)고 비유하였습니다.

초육(初六)이 원래 음유하고 부중부정(不中不正)한 자리에 있기
때문에 취할만한 재주나 덕이 없는 것으로 보아 첩으로 비유하였습
니다.

九二 鼎有實 我仇 有疾 不我能卽 吉
구 이　정 유 실　아 구　유 질　불 아 능 즉　길

솥에 실물(實物)이 있으나 내 원수가 병이 있으니, 나에게 가까이
오지 못하게 하면 길하다.

- 實 : 열매 실, 찰 실
- 疾 : 병 질
- 卽 : 나아갈 즉
- 仇 : 원수 구, 짝 구
- 能 : 능할 능

구이(九二)는 양강하고 중덕을 갖추었으며 위로 중덕을 갖춘 육오
(六五)와 정응이 되고 있습니다. 구이(九二)가 육오(六五)와 합하는
것이 음양의 도리이나 위로 구삼(九三)과 구사(九四)의 방해를 받아
어려움이 있습니다.

이러한 때에 초육(初六)이 가까이 있어 구이(九二)에게 다가와 음
양의 합함을 고집하는 형국입니다. 그래서 구이(九二)가 강건하고
중(中)해서 실하나(鼎有實) 나의 원수가 병이 들었으니 나에게 다가
오지 못하게 하면 길하다(我仇 有疾 不我能卽 吉)고 하였습니다.

나의 원수는 정응 육오(六五)가 아닌 초육(初六)을 가리키며 병은
상사병과 같이 구이(九二)와 합하려는 욕망, 질투 등을 뜻하는 것으
로 보면 되겠습니다. 자고로 남녀가 서로 바르지 않게 구하면 악에
빠져 원수가 되는 경우가 많습니다.

九三 鼎耳 革 其行 塞 雉膏 不食 方雨 虧悔 終吉
구 삼　정 이　혁　기 행　색　치 고　불 식　방 우　휴 회　종 길

솥귀가 바뀌어 그 행함이 막혀 꿩의 기름을 먹지 못하나 바야흐로
비가 와서 후회가 이지러지고 마침내 길하게 되리라.

- 塞 : 막힐 색　　　　- 雉 : 꿩 치
- 膏 : 기름 고　　　　- 方 : 바야흐로 방, 모 방
- 虧 : 이지러질 휴

　구삼(九三)은 양으로써 양자리에 위치하여 괘중에 유일하게 바른
자리에 있는 효입니다.

　또한 하체 손(巽)에 위치하여 공손하며 과강(過剛)하지 않습니다.
그러나 인군의 자리에 있는 육오(六五)와 정응이 되지 않기 때문에
나아가 쓰일 수가 없습니다.

　그래서 솥의 귀에 바뀜이 있으니 그 나아감이 막혔다(鼎耳 革
其行 塞)고 하였는데 솥의 귀는 육오(六五) 인군을 뜻하며, 바뀜이
있다는 것은 정응이 아니기 때문에 구삼(九三)과 응하지 않는다는
뜻이고, 그래서 구삼(九三)이 나아갈 수 없는 것입니다.

　나아갈 수 없어서 꿩의 기름을 먹지 못한다(雉膏 不食)고 하였는
데 꿩의 기름은 벼슬을 하고 받는 녹봉을 뜻한다 하겠습니다.

　그러나 상체 리(離)의 주효인 육오(六五)는 밝은 지혜를 갖추고
있으며 또한 중덕을 갖추고 이치에 순하므로 괘에서 유일하게 바른
자리에 있는 구삼(九三)을 끝내 등용하지 않지는 않습니다.

드디어는 육오(六五)와 구삼(九三)이 음양이 서로 만나 비가 내리듯(方雨) 화합하여 후회가 줄어들게 되고 마지막에는 길하게 됩니다.(虧悔 終吉)

九四 鼎 折足 覆公餗 其形 渥 凶
구 사 정 절 족 복 공 속 기 형 악 흉

솥의 발이 부러져서 공(公)의 밥을 엎으니, 온몸이 젖어 흉하다.

- 折 : 끊어질 절
- 覆 : 엎을 복
- 形 : 얼굴 형, 모양 형
- 足 : 발 족
- 餗 : 밥 속, 솥 안에 든 음식물 속
- 渥 : 젖을 악

구사(九四)는 위에 위치하여 인군인 육오(六五)를 받드는 중책을 맡고 있는 자입니다. 본인의 역량은 물론이고 아래로 어진 사람들의 도움을 받아 인군을 모셔야 하는데 초육(初六) 소인과 정응이 되고 있어 그 임무를 감당할 수 없는 형국입니다. 그래서 솥의 다리가 부러져 공의 음식을 엎어버린 것(折足 覆公餗)으로 비유하였습니다. 임무는 중한데 역량이 부족한 것이지요.(任重而力小)

솥의 밥을 엎었으니 본인뿐 아니라 그 솥의 밥을 먹어야 할 모든 사람이 밥을 굶어야 하는 상황이 되어버린 것입니다. 그 참담함이 비에 젖은 듯 땀에 젖었습니다.(其形 渥) 흉(凶)한 결과가 있는 것입니다.

역의 괘·효사에서 소인을 쓰지 말라는 구절이 누차 반복이 되는

데 여기에서도 아래의 소인에게 임무를 담당하게 함으로써 패가망
신하는 전형적인 예를 보여주고 있습니다.

六五　鼎黃耳金鉉　利貞
육오　정황이금현　이정

　　솥의 누런 귀에 쇠로 만든 고리이니 굳고 바르게 하는 것이 이롭다.

| ▪ 黃 : 누를 황 | ▪ 鉉 : 솥고리 현 |

　육오(六五)는 상체 리(離)의 주효로써 총명하고 아래로 강중한 구
이(九二)와 정응이 되어 도움을 받고 있습니다. 그래서 '누런 귀에 금
고리(鼎黃耳金鉉)'라 하였는데 누런 귀(黃耳)는 육오(六五)가 솥으로
비유한 괘상에서 솥의 귀에 해당하는 자리로써 '황(黃)'은 육오(六五)
가 중(中)을 차지하여 중덕을 갖추었음을 뜻하며, 쇠고리(金鉉)는 아
래의 강양한 구이(九二)의 도움을 받는 것을 비유한 것입니다.

　길한 자리이나 음이기 때문에 굳고 바르게 함이 이롭다(利貞)고
하였습니다.

上九 鼎玉鉉 大吉 无不利
상구 정옥현 대길 무불리

솥에 옥으로 만든 고리이니 크게 길하여 이롭지 않음이 없다.

■ 玉 : 구슬 옥

상구(上九)는 밝은 체 리(離☲)에 있으면서 음의 자리에 있어 강하고 따뜻한 자입니다. 아래로 응(應)이 없기 때문에 가까이 있는 육오(六五)를 돕게 됩니다. 위에 있으면서 총명하고 강유를 갖추어 아래와 화합하기 때문에 크게 길하고, 불리한 것이 없습니다(大吉 无不利).

효사에서는 위에 있으면서 강하고 따뜻한 것을 옥 귀걸이(鼎玉鉉)로 비유하였습니다. 옥이 금보다 귀하다 하였으니 정(鼎)괘에서는 상구(上九)가 갖추고 있는 덕이 가장 귀한 것입니다.

혹자는 정(井 · 우물)괘와 정(鼎 · 솥)괘에 있어서 상효에 이를수록 사람의 입과 가까워지므로 길함이 더 많다고 하였는데 이보다는 음양의 위치와 상호교착을 보아 해석함이 마땅할 것입니다.

51

震(진)

서 괘 전 (序卦傳)

主器者　莫若長子　故　受之以震
주 기 자　막 약 장 자　고　수 지 이 진

기물을 주관하는 자는 장자(長子)만 같은 이가 없으니 정(鼎)괘 다음에 진
(震)괘로 받았다.

- 主 : 맡을 주   - 震 : 우뢰 진

괘 명 (문왕文王)

震진〈 雷뢰 · 우레
震진〈 雷뢰 · 우레

　기물을 주관하는 것은 장자(長子)이기 때문에 정(鼎)괘 다음에 진
(震)괘로 받았습니다. 여기에서 장자(長子)라 함은 양이 처음 음과

교류하여 생겨난 것이 진(震☳)이기 때문에 '장자' 또는 '장남'이라 비유한 것이고, 같은 논리로 감(坎☵)은 두 번째이므로 '중남', 간(艮☶)은 세 번째이기 때문에 '소남' 또는 '삼남'이라고 비유합니다.

진(震)의 뜻은 비 우(雨)가 의미부이고 지지(진·辰, 때·신)가 소리부로, 꿈쩍도 하지 않다가 먹이를 포착하는 순간 갑자기 몸을 움직이며 모래 먼지를 일으키는 조개(辰)의 인상적인 모습이 진(震)을 만들어냈는데, 비(雨)가 올 때 우렛소리를 내며 천지를 뒤엎을 듯한 기세의 '벼락'은 물속에서의 조개의 격렬한 움직임과 유사하다는 설이 있습니다만, 저는 글자 그대로 빗(雨)속에서 용(辰)이 승천하는 모습으로 오랜 세월 물속에서 칩거하던 용(양陽)이 빗(음陰)속에서 떨치고 일어나 하늘로 오르는 모습, 그 모습이 바로 진(震☳)의 의미가 아닐까 생각합니다.

괘상을 보면 상하체가 모두 진(震)으로 고요한 음의 아래에 양이 와서 진동하는 형상으로 현실에서는 우레가 반복해서 친다든지 지진이 연이어 발생하는 것으로 해석하면 되겠습니다.

괘 사 (문왕文王)

震진〈　☳　雷뢰·우레
震진〈　☳　雷뢰·우레

震　亨　震來　虩虩　笑言　啞啞　震驚百里　不喪匕鬯
진　형　진래　혁혁　소언　액액　진경백리　불상시창

진(震)은 형통하다. 우레가 옴에 두려워하고 우레가 지난 후에는 웃고 말함이 즐겁다. 우레가 100리를 놀라게 하여도 숟가락과 술을 잃지 않는다.

- 震 : 우레 진
- 笑 : 웃음 소
- 驚 : 놀랄 경
- 匕 : 숟가락 시, 젓가락 시
- 鬯 : 향기로운 술 창(울금향으로 빚은 술)
- 虩 : 놀랄 혁, 두려워하는 모양 혁
- 啞 : 웃음소리 액
- 喪 : 죽을 상, 잃을 상

진(震)은 양이 음 밑에서 생겨 양기로 진동을 일으키고 위로 오르기 때문에 형통한 면이 있습니다.(震 亨)

우레가 울면 사람들이 놀라다가도 우레가 지나가면 금세 잊어버리고 깔깔거리고 웃으면서 개의치 않는다(震來 虩虩 笑言 啞啞)고 하여 위험이 다가올 때와 위험이 지나간 후의 일반적인 사람들의 모습을 얘기하였고, 우레의 울림이 100리를 놀라게 하지만 제(祭)를 올리는 제주가 숟가락을 떨어뜨리거나 한 방울의 술도 흘리지 않는다(震驚百里 不喪匕鬯)고 하여, 두려워도 굳건하여 능히 편안하게 함으로써 스스로를 잃지 않는 것으로 진(震)의 때에 처하는 도를 말하였습니다. 우리말에 '벼락이 쳐도 눈도 깜짝하지 않는다'는 말이 있죠.

효 사 (주공周公)

初六 震來虩虩 後 笑言啞啞 吉
초 육　진 래 혁 혁　후　소 언 액 액　길

　　우레가 옴에 놀라고 뒤에 웃음소리 깔깔거리니 길하다.

초구(初九)는 양으로서 바른 자리에 있고 진(震)괘의 밑에 있으니 우레 치는 초기에 있고 우레가 칠 때에 잘 대처하는 자입니다. 그래서 우레가 다가오니 처음엔 놀라고 두려워하며(震來虩虩) 우레가 지나간 후에는 웃으면서 일상에 회복하니 길한 자입니다.

우레가 다가올 때 놀라고 두려워하며 조심하여야 비로소 우레가 지나간 후 웃으면서 일상에 복귀할 수 있다(後 笑言啞啞)는 뜻이 담겨있다고 하겠습니다.

간(艮:산)

六二　震來厲　億喪貝　躋于九陵　勿逐　七日　得
육이　진래려　억상패　제우구릉　물축　칠일　득

　　우레가 옴에 위태롭게 여기고 재물을 잃을 것을 염려하여 높은 언덕에 오르니 쫓지 않아도 7일만에 얻을 것이다.

- 厲 : 위태로울 려　　　- 億 : 헤아릴 억　　　- 躋 : 오를 제
- 陵 : 언덕 릉　　　- 逐 : 쫓을 축

육이(六二)는 우레 치는 시기에 진동하는 양(陽·초구)을 타고 있으므로 위태롭고 불안한 상이 있습니다. 그래서 우레가 오니 두려워하며 재물을 잃을까 걱정하여 구릉에 올라간다(震來厲 億喪貝 躋于九陵)고 하였습니다. 그러나 육이(六二)가 유순하고 중정의 도를 갖추었기 때문에 위태한 가운데에 재물을 잃지 않을 것이니 쫓아가지 않아도 머지않아 회복할 수 있을 것(勿逐 七日 得)이라고 하였습니다.

여기에서 '九陵(구릉)'은 2효부터 5효까지의 호괘가 간(艮)으로 산을 의미하기도 하기 때문에 비유한 것이고, 7일은 효사를 지은 주공(周公)의 시대에도 오늘날의 일주일과 같이 7일을 날짜 순환의 한 주기로 보았기 때문에 짧은 한 주기를 비유한 것입니다.

六三 震蘇蘇 震行 无眚
육삼　진소소　진행　무생

우레에 까무러침이니 움직여서 가면 재앙이 없을 것이다.

- 蘇 : 까무러칠 소, 깨어날 소
- 眚 : 재앙 생

육삼(六三)은 우레 치는 때에 부중(不中)하고 부정(不正)한 자리에 있습니다. 그래서 무섭고 두려워하고 겁을 내고(震蘇蘇) 있으니 재앙이 있습니다.

그러나 역경에서는 재앙이 있음을 말하지 않고 재앙을 피할 수 있음을 말하는 것이 원칙이고, 육삼(六三)이 두려워 하고 겁을 내어 개과천선(改過遷善)하면 재앙이 없을 것이다(震行 无眚)라고 활로를 제시하고 있습니다.

九四 震 遂泥
구 사 진 수 니

우레가 진흙에 빠지다.

- 遂 : 빠질 수
- 泥 : 진흙 니

구사(九四)는 강양이지만 음의 자리에 있고 아래 위로 음들에게
빠져 나아가지 못하는 자입니다. 진(震)의 도가 망한 것입니다. 그래
서 우레가 진흙 속에 빠진 것(震 遂泥)으로 비유하였습니다.

六五 震 往來 厲 億 无喪有事
육 오 진 왕 래 여 억 무 상 유 사

우레가 오고 감에 위태로우나 헤아려서 할 일을 잃지 않는다.

육오(六五)는 강양하지 못하면서 아래의 도움이 없기 때문에 우레
가 오고 가고 반복되는 시기에 위험이 있습니다.(震 往來 厲) 그러나
인군의 자리에 있는 자로서 해야 할 일이 있음을 잊어버리지는 말아
야 할 것입니다.(億 无喪有事) 예를 들면 괘사에서처럼 제주(祭主)로
서의 본분을 잃지 않음으로써 우레가 오고 가는 순간에도 숟가락을
떨어뜨리거나 한 방울의 술도 흘리지 않는 의연함 같은 것이겠죠.

上六 震 索索 視 矍矍 征 凶
상육 진 삭삭 시 확확 정 흉

우레가 흩어지나 두리번거리며 불안해하니 가면 흉하다.

震不于其躬 于其隣 无咎 婚媾 有言
진 불 우 기 궁 우 기 린 무 구 혼 구 유 언

우레가 자신에게 미치지 않고 이웃에 미치니 허물은 아니나 혼사
를 구하면 말이 있을 것이다.

> ▪ 索 : 흩어질 삭   ▪ 視 : 볼 시   ▪ 矍 : 두리번거릴 확, 큰 눈뜰 확
> ▪ 躬 : 몸 궁   ▪ 隣 : 이웃 린   ▪ 婚 : 혼인 혼
> ▪ 媾 : 혼인 구, 화친할 구

　상육(上六)은 진(震)괘의 끝에 위치한 음유한 소인이기 때문에 우
레가 사라지나 심신이 불안하여 놀란 눈으로 사방을 두리번거립니
다.(震 索索 視 矍矍)

　그러나 진(震)이 극에 처하면 변하는 도리가 있기 때문에 자리를
지킴이 마땅하고 나아가는 것은 흉하다(征 凶)고 하였습니다. 또한
우레가 그 이웃에 있고 내 몸에 있지 않으니 허물이 없다(震不于其
躬于其隣 无咎)고 하였는데 이는 우레의 피해가 이웃에 닥칠 때 미
연에 방지하면 본인은 화를 면하기 때문에 허물이 없다는 뜻이고,
그 이웃과 환란을 같이 하지 않았기 때문에 혼사를 구하면 말이 있
을 것(婚媾 有言)이라고 하여 이웃과 동고동락하지 않은 것에 허물
이 있음을 말하였습니다.

서 괘 전 (序卦傳)

震者 動也 物不可以終動 止之 故 受之以艮
진 자 동 야 물 불 가 이 종 동 지 지 고 수 지 이 간

진(震)은 움직이는 것이니 물건이 끝까지 움직일 수만은 없고 그치니, 진(震)괘 다음에 간(艮)괘로 받았다.

- 動 : 움직일 동   - 止 : 그칠 지   - 艮 : 그칠 간

괘 명 (문왕文王)

艮간 ⟨  山산
艮간 ⟨ 山산

진(震)은 움직이는 것으로 물건이 끝까지 움직일 수는 없고 그쳐야 합니다. 그래서 진(震)괘 다음에 간(艮)괘로 받았는데, 간(艮)은

그치는 것입니다.

艮(간)은 갑골문에서 눈을 돌려 뒤를 돌아보는 모습을 형상화한 글자라고 말씀드렸죠. 눈을 돌려 뒤를 돌아보기 위해서는 멈추어야 하기 때문에 '멈추다', '그치다' 등의 뜻으로 쓰입니다.

괘상으로 보면 진(震☳)은 양이 아래에서 진동하며 움직이는 형상 이고, 간(艮☶)은 양(陽)이 위에까지 다 올라갔기 때문에 더 나아갈 곳이 없어 멈추는 또는 그치는 형상입니다.

대학(大學)에서는 지어지선(止於至善:지극히 선한데 그친다)이라 고 하여 '그친다'는 뜻이 '전념하다'는 뜻으로도 쓰이고 있는데 이 괘에서 간(艮)도 '동작을 멈추다' 또는 '그치다'의 뜻과 '정신적으로 어느 한곳에 잡념없이 전념하다'라는 뜻으로도 쓰이고 있습니다.

괘 사 (문왕文王)

艮간 〈 ䷳ 山산
艮간 〈 山산

艮其背 不獲其身 行其庭 不見其人 无咎
간 기 배　불 획 기 신　행 기 정　불 견 기 인　무 구

등에 그치면 그 몸을 얻지 못하며, 그 뜰에 가도 그 사람을 보지 못하니 허물이 없다.

- 艮 : 그칠 간, 머물 간　　　 ▪ 背 : 등 배
- 獲 : 얻을 획　　　　　　　 ▪ 庭 : 뜰 정

괘사에서는 그치는 도의 최상의 경지를 등에 그치는 것으로 말하였습니다. 인체에 있어서 등은 보이지 않는 곳이면서 동시에 생각이 없는 곳입니다.

등에 그치면 무념무행(无念无行:생각도 없고 행동도 없는 경지), 무아무물(无我无物:나도 없고 물건도 없는 경지)에 이르는 것으로 그 몸을 잡을 수가 없으며(不獲其身) 그 뜰에 가도 그 사람을 볼 수 없다(行其庭 不見其人)고 하였는데 이는 그 사람의 가까운 곳에 있더라도 그 마음을 읽을 수 없다는 뜻입니다.

불교에서 말하는 해탈의 경지에 비유해 볼 수 있을 것 같습니다. 허물이 없습니다.(无咎)

효 사 (주공周公)

初六 艮其趾 无咎 利永貞
초 육 간 기 지 무 구 이 영 정

발꿈치에 그쳐서 허물이 없으나 끝까지 굳고 바르게 해야 이롭다.

- 趾 : 발꿈치 지 - 永 : 길 영, 오래도록 영 - 貞 : 곧을 정

초육(初六)은 괘의 처음에 위치하여 일의 시작단계에서 그치기 때문에 허물이 없습니다.

효사에서는 발꿈치에 그치기 때문에 허물이 없다(艮其趾 无咎)고

비유하였습니다. 그러나 초육(初六)이 음유하고 부중부정하기 때문에 변함없이 굳고 바르게 해야 이롭다(利永貞)고 경계하였습니다.

六二 艮其腓 不拯其隨 其心不快
육 이 간 기 비 부 중 기 수 기 심 불 쾌

　　　　장딴지에 그쳐서 구제하지 못하고 따르니 마음이 즐겁지 못하다.

- 腓 : 장딴지 비　　　- 拯 : 구원할 증
- 隨 : 따를 수　　　- 快 : 쾌할 쾌

　육이(六二)가 유순하고 중정하여 스스로 그칠 수 있는 자이나 하체 간(艮)의 주효는 구삼(九三)으로 구삼(九三)이 그침을 주관하는 자입니다.

　육이(六二)는 구삼(九三)에 매여 있는 처지로써 구삼(九三)의 의사에 반하여 자신의 의지로 멈추고 나아감을 주관하지 못하니 그 형상이 장딴지가 넓적다리에 매여 있는 것과 같이 넓적다리가 나아가면 장딴지도 나아가고 넓적다리가 멈추면 장딴지도 멈추는 것(艮其腓 不拯其隨)으로 비유하였고 그래서 그 마음이 즐겁지 않다(其心不快)고 하였습니다.

九三 艮其限 列其夤 厲 薫心
구 삼　간 기 한　열 기 인　여　훈 심

허리에 그쳐서 등뼈를 벌려놓으니 위태로움에 마음이 찌는 듯하다.

- 限 : 허리 한　　• 列 : 벌릴 렬　　• 夤 : 척추의살 인
- 厲 : 위태로울 려　• 薫 : 찔 훈

구삼(九三)은 상체와 하체의 경계에 위치하며 양으로써 양자리에 과강하고 중덕을 잃어 상하가 결렬되는 결과를 초래하는 자입니다.

인체에 비유하면 그 허리에 그친 것이고, 척추가 벌어져 상체와 하체가 결렬된 것(艮其限 列其夤)으로 비유하고, 걱정으로 마음이 찌는 듯하다(厲 薫心)고 하였습니다.

인체에 있어서 허리가 건강하여야 행동이 자유로워 나아갈 때 나아가고 그칠 때 그칠 수 있는 것인데, 허리뼈가 벌어짐으로 해서 움직일 수조차 없게 되었으니 그 위태함이 이루 말할 수가 없겠죠.

구삼(九三)이 과강하고 부중하여 상하간의 소통을 막는 것을 정치에서의 '인의 장막'으로 비유할 수도 있겠습니다.

六四 艮其身 无咎
육 사　간 기 신　무 구

그 몸에 그침이니 허물이 없다.

육사(六四)는 음으로써 음자리에 위치하여 정위(正位)하였으나 위로 양강한 인군을 만나지 못했기 때문에 큰 일은 하지 못하고 자기 몸만 보존하는 정도입니다.

윗자리에 있으면서 겨우 자기 몸만을 잘 처신하니(艮其身) 취할 것이 별로 없으나 허물은 없다(无咎)고 하였습니다.

六五 艮其輔 言有序 悔亡
육 오 간 기 보 언 유 서 회 망

　그 볼에 그쳐 말에 순서가 있으면 후회가 없어질 것이다.

■ 輔 : 볼때기 보, 도울 보　　　■ 序 : 차례 서　　　■ 悔 : 뉘우칠 회

육오(六五)는 높은 자리에 있어 볼로 비유하였습니다. 인군의 자리인지라 천하의 그침을 주관하여야 하나 음유한 재질이고 아래로 도움도 없어 그 임무를 잘 수행하지 못하는 자입니다. 그러나 유순하고 중덕을 얻었기 때문에 볼에 그치듯이 말을 하는 부위에 그쳐 (艮其輔), 그 말할 때와 안할 때를 가려 신중히 하면(言有序) 후회가 사라질 것(悔亡)이라고 말의 중요성을 강조하였습니다.

上九 敦艮 吉
상 구   돈 간   길

돈후(敦厚)하게 그침이니 길하다.

▪ 敦 : 도타울 돈

상구(上九)는 강양으로써 위에 있고 간(艮)괘의 주효로써 마지막
에 있으니 그 그침이 지극히 굳고 독실한 사람입니다.

주자(朱子)가 말하기를 '사람이 마지막까지 잘 그치기가 어렵다.
절개가 있으나 늦게는 변할 수 있으며, 지킴이 있으나 마지막에는 잃
어버릴 수 있고, 일을 하나 오래되면 버릴 수 있으니 사람의 공통된
어려움이다'라고 하였듯이 사람이 마지막까지 잘 그치면 그침의 도
에 있어서 가장 좋은 것입니다.

상구(上九)는 돈후(敦厚)하게 마지막에 그치니 여섯 효 중에서
유일하게 길한 자입니다.(敦艮 吉)

53

漸(점)

서 괘 전 (序卦傳)

艮者　止也　物不可以終止　故　受之以漸
간 자　지 야　물 불 가 이 종 지　고　수 지 이 점

간(艮)은 그치는 것이니 물건이 끝까지 그칠 수만은 없기 때문에 간(艮)괘
다음에 점(漸)괘로 받았다.

- 漸 : 나아갈 점

괘 명 (문왕文王)

巽손 〈  風풍·바람
艮간 〈 　　　　　　山산

　물건이 끝까지 멈추어 있을 수는 없기 때문에 간(艮)괘 다음에 점
(漸)괘로 받았습니다. 점(漸)은 '나아간다'는 뜻입니다.

점(漸)괘를 해석함에 있어 상체 손(巽)은 나무를 상징하고, 하체 간(艮)은 산을 상징하는 것으로 보아 산에서 나무가 점차적으로 자라나는 것으로 해석하기도 하지만 괘의 음양을 보면 삼양삼음의 괘로 위의 두 양은 이미 상체로 올라갔고 아래의 양은 위로 올라가는 것이나 간(艮)체에 있어 잠시 멈추어 서있는 것입니다. 곧 점차적으로 올라가 나아가는 의미가 있습니다.

괘 사 (문왕文王)

巽손〈　風풍·바람
艮간〈　山산

漸　女歸　吉　利貞
점　여귀　길　이정

점(漸)은 여자가 시집가는데 길하니 굳고 바르게 하는 것이 이롭다.

- 漸 : 나아갈 점　　　- 歸 : 시집갈 귀, 돌아갈 귀

괘상을 보면 초육(初六)과 상구(上九)를 제외한 나머지 네 효가 모두 바른 자리에 있고, 음양의 관점에서 보면 초육(初六)이 음(陰)으로써 아래에 있고 상구(上九)가 양으로써 위에 있는 것이 또한 이치에 어긋나지 않으므로 매 효가 모두 바르다고도 볼 수 있습니다.

바름을 갖추고 점차적으로 나아가니 옛날 인간사에 있어서 여자가 시집가는 경우를 대표적인 예로 들 수 있으므로 여자가 시집가는데 길하다(女歸 吉) 하였고, 나아감에 있어 반드시 바름을 갖추어야 이롭기 때문에 굳고 바르게 함이 이롭다(利貞) 하였습니다.

＞감(坎:물·음식)

初六 鴻漸于干 小子 厲 有言 无咎
초 육　홍 점 우 간　소 자　여　유 언　무 구

> 기러기가 물가에 나아감이니, 소자(小子)가 위태해서 말이 있으나 허
> 물이 없다.

- 鴻 : 큰 기러기 홍
- 于 : 어조사 우
- 干 : 물가 간
- 厲 : 위태로울 려
- 咎 : 허물 구

초육(初六)은 재질이 약하고 밑에 있으며 위로 응원이 없습니다. 그래서 나아감에 있어 위태롭고 두려움이 있어 주위에서 말이 있을 수 있으나 나아가는 괘에 있어서 나아감은 이치에는 허물이 없는 것입니다.

효사에서는 기러기가 물가에 나아간 것(鴻漸于干)으로 비유하였는데, 이는 2효부터 4효까지의 호괘가 감(坎:물)이기 때문에 취한 상입니다. 또 어린아이(小子)로 비유하여 위험스러움에 말이 있으나 허물이 없다고(厲 有言 无咎) 하였습니다. 옛말에 사람의 행동이 신중치 못하고 위태로울 때 '물가에 세워놓은 애 같다'고 하는 말이 있는데 이 효사와 관련하여 참고가 된다 하겠습니다.

기러기는 하늘을 날 때 질서를 잘 지키며 나가고 또한 부부간 금슬이 좋아 옛날 혼례상에도 나무로 만든 기러기를 올려놓는 등 결혼과 질서 있는 나아감을 상징하는 동물이기 때문에 기러기를 들어 비유한 것으로 보입니다.

六二 鴻漸于磐 飮食 衎衎 吉
육 이 홍점우반 음식 간간 길

> 기러기가 반석에 나아감이라. 마시고 먹는 것이 즐거우니 길하다.

- 磐 : 반석 반
- 飮 : 마실 음
- 食 : 먹을 식, 밥 식
- 衎 : 즐거울 간, 좋은 음식 간

육이(六二)는 유순 중정(中正)하고 구오(九五)와 정응이 되기 때문에 나아감이 편안하고 넉넉한 자입니다. 기러기가 반석에 나아간 듯(鴻漸于磐) 편안하며 또한 먹고 마시며(飮食) 즐겁고 기쁘니 길하다(衎衎 吉)고 하였습니다.

여기에서 '반(磐)'은 평평한 큰 돌로 중정(中正)하면서 정응이 있는 육이(六二)의 편안한 상태를 비유하였고 음식을 거론한 것은 2효부터 4효까지의 호괘가 감(坎)괘로 '음식'을 상징하기도 하기 때문입니다.

九三 鴻漸于陸 夫征 不復 婦孕 不育 凶 利禦寇
육 삼 홍점우륙 부정 불복 부잉 불육 흉 이 어 구

> 기러기가 뭍(陸)에 나아감이니, 지아비가 가면 돌아오지 못하고 지어미가 임신하더라도 기르지 못하여 흉하니, 도적을 막는 것이 이롭다.

- 陸 : 뭍 륙
- 夫 : 지아비 부
- 征 : 갈 정, 칠 정
- 復 : 돌아올 복
- 孕 : 아이 밸 잉
- 育 : 기를 육
- 禦 : 막을 어
- 寇 : 도적 구

구삼(九三)은 양으로써 양자리에 정위(正位)하였으나 中(중)을 얻지 못하였으며 위로 정응이 없습니다. 응이 없으므로 혼인할 상대가 없는 것이죠. 짝이 없는 구삼(九三)의 형상을 마치 물에 사는 기러기가 물가에서 비교적 멀고 높은 땅에 나아간 듯(鴻漸于陸) 불편한 상황으로 비유하였습니다. 그래서 과강한 구삼(九三)은 역시 응이 없는 육사(六四)와 결혼하려 합니다.

그러나 혼인은 필히 바른 짝을 찾아서 해야 하는 것으로 구삼(九三)이 육사(六四)의 지아비가 되어 나아가면 돌아오지 못할 것(夫征 不復)이고 육사(六四)가 임신을 하더라도 키우지 못하여 흉할 것(婦孕 不育 凶)이라고 강하게 경고하였습니다.

자기의 짝이 아닌데 결혼을 하려는 자를 도적과 같다고 보아 도적을 막는 것이 이롭다(利禦寇)고 하였습니다. 이치가 아닌데 오는 자는 도적이고, 바름을 지켜 간사함을 막으면 도적을 막는 것입니다.

六四　鴻漸于木　或得其桷　无咎
육사　홍점우목　혹득기각　무구

　기러기가 나무로 나아감이니 혹 평평한 나뭇가지를 얻으면 허물이 없을 것이다.

■ 或 : 혹 혹　　　　■ 桷 : 평평한 가지 각, 서까래 각, 횃대 각

육사(六四)는 中(중)을 얻지 못하였고 또한 아래로 응이 없어 기러기가 나무에 나아간 듯(鴻漸于木) 위태로움이 있습니다.

기러기는 물에서 사는 새로 발에 물갈퀴가 있어 나무에 오르면 위태로움이 있습니다. 그러나 육사(六四)가 음으로써 음자리, 바른 자리에 있고 또한 상체 손(巽)의 주효로써 손순함이 있기 때문에 나무에 올라갔으나 혹 평평한 나뭇가지를 얻으면(或得其桷) 허물이 없다(无咎)고 하였습니다.

九五　鴻漸于陵　婦　三歲　不孕　終莫之勝　吉
구 오　홍 점 우 릉　부　삼 세　불 잉　종 막 지 승　길

기러기가 언덕에 나아감이니 부인이 3년 동안 임신하지 못하나 끝내 이겨서 길하다.

▪陵 : 언덕 릉	▪歲 : 해 세
▪莫 : 말 막	▪勝 : 이길 승

구오(九五)는 중정의 덕을 갖추었고, 아래의 중정한 육이(六二)와 정응이 되고 있습니다. 높은 자리이기 때문에 기러기가 언덕에 나아간 것(鴻漸于陵)으로 비유하였습니다.

그러나 육이(六二)와 합하는데 있어 짝이 없는 구삼(九三)과 육사(六四)가 중간에서 방해를 하기 때문에 부인이 3년동안 임신을 하지 못한다(婦 三歲 不孕)고 하여 그 어려움을 표현하였습니다. 정응이 되는 남녀 간의 합함을 끝까지 막을 수는 없기 때문에 마지막은 결국 구삼(九三)과 육사(六四)가 구오(九五)와 육이(六二)를 이기지 못하여 길한 것(終莫之勝 吉)입니다.

上九　鴻漸于陸(逵)　其羽　可用爲儀　吉
상구　홍점우규　　　기우　가용위의　길

기러기가 하늘에 나아감이니 그 깃이 모범(爲儀)을 삼을 만하니 길하다.

> ■ 陸 : 하늘 규(본래 陸은 뭍을 뜻하지만 여기서는 逵로 봄)
> ■ 羽 : 깃 우　　　　■ 儀 : 거동 의

　상구(上九)는 지극히 높은 자리에 있고 아래에 정응도 없고 음에 매이는 바도 없어 더욱 올라가니 기러기가 하늘로 날아올라 나아가는 형상(鴻漸于逵)입니다. 다른 때는 상효의 자리에 있어 나아감을 멈추는 것으로 해석할 수도 있겠으나 점(漸)괘에 있어서는 상구(上九)가 상체 손(巽)괘의 끝에 있어서 손순하여, 기러기가 질서 있게 하늘을 나는 것과 같은 뜻이 있습니다. 높은 곳에 있으면서 겸손하고 아래에 구속됨이 없으니 하늘을 나는 기러기의 깃털이 가히 모범이 될 수 있듯이(其羽 可用爲儀) 길하다(吉)고 하였습니다.

서 괘 전 (序卦傳)

漸者　進也　進必有所歸　故　受之以歸妹
점 자　진 야　진 필 유 소 귀　고　수 지 이 귀 매

점(漸)은 나아가는 것이다. 나아가면 반드시 돌아오는 바가 있으니 점(漸)
괘 다음에 귀매(歸妹)괘로 받았다.

- 進 : 나아갈 진　　　- 歸 : 돌아갈 귀　　　- 妹 : 누이 매

괘 명 (문왕文王)

震진 〈　　　雷뢰 · 우레
兌태 〈　　　澤택 · 못

나아가면 반드시 돌아오는 바가 있기 때문에 점(漸)괘 다음에 귀
매(歸妹)괘로 받았습니다.

귀매(歸妹)괘는 '누이동생을 시집보낸다'는 뜻으로 옛사람들의 생각에는 여자의 경우 시집가서 사는 집이 원래의 자기 집이며 태어나서 자란 집은 잠시 머무는 집으로 생각하는 사고(思考)가 있었습니다.

시집을 가는 것은 잠시 머무는 곳에서 원래의 자기 집으로 돌아가는 것이죠. 그래서 여자가 시집가는 경우에 歸(돌아갈 귀)자를 쓴 것입니다.

귀매(歸妹)괘는 점(漸)괘를 반대방향에서 본 괘상이며 초효와 상효를 제외한 나머지 네 효가 다 바른 자리에 있지 않으며 초구(初九)와 상육(上六)도 양이 아래에 있고 음이 위에 있어 모든 효가 그 바름(正)을 잃었다고 볼 수도 있습니다.

괘 사 (문왕文王)

震진 〈 雷뢰·우레
兌태 〈 澤택·못

歸妹 征 凶 无攸利
귀 매　정　흉　무 유 리

귀매(歸妹)는 가면 흉하고 이로운 바가 없다.

▪ 歸 : 돌아갈 귀	▪ 妹 : 누이 매
▪ 征 : 갈 정, 칠 정	▪ 攸 : 바 유

이렇게 괘상이 음양의 이치를 잃고 바르지 못하기 때문에 누이동생이 시집을 감에 있어서 가면 흉하고(歸妹 征 凶) 이로운 것이 없다(无攸利)고 하였습니다.

初九 歸妹以娣 跛能履 征 吉
초 구　귀 매 이 제　파 능 리　정　길

　　　여동생을 첩으로 시집보내다. 절름발이도 걸을 수 있으니 가면 길하다.

- 娣 : 첩 제　　　　- 跛 : 절름발이 파, 앉은뱅이 파
- 履 : 신 리, 밟을 리

　　시집가는 괘에 있어 초구(初九)는 짝(응 · 應)이 없기 때문에 첩으로서 시집을 가게 됩니다.(歸妹以娣) 절름발이가 정상인 같이 멀리 미칠 수는 없겠으나 초구(初九)가 양으로써 양자리(正位)에 있기 때문에 첩으로서 정실을 잘 보좌하고 가정을 돌볼 수는 있으니 나아가면 길하다(跛能履 征 吉)고 하였습니다.

九二 眇能視 利幽人之貞
구 이　묘 능 시　이 유 인 지 정

　　　애꾸눈이 보는 것이니, 유인(幽人)의 바름이 이롭다.

- 眇 : 애꾸눈 묘　　- 視 : 볼 시　　- 幽 : 숨을 유, 그윽할 유
※ 幽人(유인) : 세상을 피하여 숨어사는 사람

구이(九二)는 바른자리는 아니나(不正位) 강중하여 현명한 여자로 비유됩니다. 그러나 위의 짝이 되는 육오(六五)가 소인이면서 바른자리에 있지 않아 불우한 사람입니다.

배필이 부정한 소인배이기 때문에 나아가 내조의 공을 이룰 수 없고 자기 몸이나 착하게 하고 작게 베풀 수 있는 것이 애꾸눈으로 보듯이(眇能視) 멀리 미치지 못합니다. 사람들과 떨어져 바름을 굳게 지키는 것이 이롭다(利幽人之貞)고 하였습니다.

六三　歸妹以須　反歸以娣
육 삼　귀 매 이 수　　반 귀 이 제

　누이동생을 시집보내는 데 기다리다 첩으로서 시집보내다.

▪須 : 못난 계집 수, 천할 수, 기다릴 수　　　　▪反 : 되돌릴 반

육삼(六三)은 부중하고 부정하며 음으로써 양을 타고 있고 하체 태(兌☱, 기쁨)괘의 주효입니다. 또한 위로 바른 짝도 없습니다. 따라서 천한 여자로 상징되기 때문에 아무도 그와 결혼하려 하지 않습니다.(歸妹以須) 홀로 기다리며 지내다가 결국은 첩으로 시집가게 되는 자입니다.(反歸以娣)

九四 歸妹愆期 遲歸 有時
구 사　귀 매 건 기　지 귀　유 시

　　여동생을 시집보내는데 시기를 넘기니 늦게 시집감이 때가 있음이다.

- 愆 : 어길 건, 허물 건, 정성 건, 너그러울 건　　■ 期 : 기약할 기
- 遲 : 더딜 지

　　구사(九四)는 상체에 있어 지위가 높고 양강으로 음의 자리에 위치하여 부드러움도 갖춘 자입니다. 그러나 짝(응·應)이 없어 시집을 가지 못하고 혼기를 놓치게 됩니다.(歸妹愆期)

　　여자로서의 훌륭한 자질을 갖추고 있기 때문에 늦지만 때가 되면 시집을 갈 것으로 보았습니다.(遲歸 有時)

六五 帝乙歸妹 其君之袂 不如其娣之袂 良 月幾望 吉
육 오　제 을 귀 매　기 군 지 몌　불 여 기 제 지 몌　양　월 기 망　길

　　제을(帝乙)이 여동생을 시집보내니 공주의 차림새가 첩의 차림새보다 좋지 못하다. 달이 거의 보름이면 길하다.

- 帝 : 임금 제　　　　　　　　　　■ 乙 : 십간의 둘째 을, 새 을
- 袂 : 차림새 몌, 옷소매 몌　　　　■ 良 : 좋을 량
- 幾 : 거의 기, 기미 기　　　　　　■ 望 : 보름 망, 바랄 망

육오(六五)는 높은 자리의 여자로, 시집가는 괘이기 때문에 공주로 비유할 수 있겠습니다. 그래서 효사에서도 상나라의 왕 제을이 그 여동생을 시집보내는 것(帝乙歸妹)으로 비유하였습니다. 제을(帝乙)은 쇠약해진 왕권을 회복하기 위하여 그 여동생을 당시 민중의 신망을 받고 있는 서백창(후의 문왕(文王))에게 시집보내고 그 결과 한동안 나라의 안정에 성공하였는데 이 효사는 이러한 고사를 인용한 것입니다.

육오(六五)가 유순하고 중덕을 갖추었으므로 시집가는 그 여동생의 의복이 첩의 의복보다 좋지 않을 정도로(其君之袂 不如其娣之袂良) 검소하다고 하였으며, 육오(六五)가 귀하고 높으나 겸손함을 달이 보름달이 아닌 거의 보름에 가깝다고 비유하여 길하다(月幾望吉)고 하였습니다.

上六 女 承筐无實 士 刲羊无血 无攸利
상 육　여　승 광 무 실　사　규 양 무 혈　무 유 리

　　여자가 광주리를 이어 받으나 내용물이 없고, 남자가 양을 찌르나
　　피가 없으니 이로운 바가 없다.

- 筐 : 광주리 광　　　- 士 : 선비 사　　　- 刲 : 찌를 규

상육(上六)은 음유한 소인이며 또한 짝도 없습니다. 시집을 갈 수 없는 자입니다.

억지로 결혼을 한다 하더라도 부부로써의 마침이 없는 것으로, 효사에서는 여자가 제사를 지낼 때 쓰는 광주리를 이어받으나 그 안에 내용물이 없고(女 承筐无實), 남자가 제사의 희생으로 쓰기 위하여 양을 찌르나 피가 없다(士 刲羊无血)고 하여 제사를 받들 수 없다는 것으로 비유하였습니다. 이로운 것이 없습니다.(无攸利)

55

䷶ 豊(풍)

서 괘 전 (序卦傳)

得其所歸者　必大　故　受之以豐
득 기 소 귀 자　필 대　고　수 지 이 풍

그 돌아가는 곳을 얻은 자는 반드시 크니 귀매(歸妹)괘 다음에 풍(豐)괘로
받았다.

- 得 : 얻을 득　　　- 大 : 클 대　　　- 豐 : 풍성할 풍

괘 명 (문왕文王)

震진 〈 雷뢰·우레
離리 〈 火화·불

　서괘전에서 돌아갈 곳을 얻은 자는 반드시 크기 때문에 귀매(歸妹)
괘 다음에 풍(豐)괘로 받았다 하여 풍(豐)을 '크다'로 해석하였습니다.

‘풍(豐)’은 갑골문에서 ‘그릇에 물건을 가득담은 것을 형상화한 글자로 제사를 지냄에 있어서 신에게 바치는 풍성한 제물’이라는 뜻이며, 이로부터 ‘풍성하다’, ‘풍만하다’, ‘아름답다’, ‘훌륭하다’는 뜻으로 사용되었습니다.

　역·단전(易·彖傳)에서는 하체 리(離)는 해의 ‘밝음’을 상징하고, 상체 진(震)은 ‘움직임’, ‘나아감’의 뜻이 있기 때문에 ‘밝게 나아간다’는 뜻으로 풍요로움을 상징한다고 하였고, 역·대상전(易·大象傳)에서는 번개(하체 리·離==)와 우레(상체 진·震==)가 함께 이르니 풍(豐)이라고 하였습니다.

　모두가 괘명 풍(豐)의 뜻을 ‘밝다’, ‘풍성하다’, ‘풍요롭다’의 뜻으로 해석하고 있습니다.

　그러나 저는 주공이 쓴 효사를 공부하면서 풍(豐)괘의 괘명도 세밀한 검토가 필요하다고 생각하게 되었습니다.

　풍(豐)괘에 대한 주공의 효사는 어둡기가 그지없습니다. 달이 해를 가리는 일식 때처럼 대낮에 북두칠성이나 그보다 작은 매성(沬星)도 보이고, 집이 포장에 덮여 인적이 끊기는 등 밝음이 아니라 ‘64괘’ 중에서 가장 깜깜합니다.

　기존학자들의 해석이 옳다고 가정하면 부자지간(父子之間)인 문왕과 주공의 말씀이 왜 이렇게 다를까요? 그럴 이유가 없습니다. 저는 결국 이렇게 이해하였습니다. 괘명 ‘풍(豐)’은 상황이 밝고 풍성한 것을 뜻하는 것이 아니라 갑골문에서 쓰인 원래 뜻 그대로 ‘제사를 지냄에 있어 그릇에 담은 제물이 풍성한 것’을 뜻하는 것으로 말입니다.

제물이 풍성하다는 것은 상황이 위중하여 제사에서 구하는 바가 클 때임을 의미하는 것이겠죠? 따라서 풍(豊)괘가 처한 상황은 밝지 못하고 어둡습니다.

이렇게 해석할 때 괘상과 괘명, 괘사, 효사가 뜻하는 바가 일치한다고 생각됩니다.

괘 사 (문왕文王)

震진 〈 ☳ 雷뢰 · 우레
離리 〈 ☲ 火화 · 불

豐 亨 王假之 勿憂宜日中
풍   형   왕 격 지   물 우 의 일 중

풍(豐)은 형통하다. 왕이 나아가 근심하지 않으려면 마땅히 해가 중천에 떠 있듯이 하여야 한다.

- 豐 : 풍성할 풍   - 假 : 지극할 격, 이를 격   - 勿 : 말 물
- 憂 : 근심할 우   - 宜 : 마땅할 의

괘상을 보면 인군과 신하의 자리인 육오(六五)와 육이(六二)가 모두 유약하면서 정응이 되지 못하고, 초구(初九)와 구사(九四) 역시 정응이 되지 않아 하체 리(離)의 밝음이 빛나지 않기 때문에 괘의 내부가 깜깜합니다.

이러한 때에 제물을 풍성히 차려 놓고 하늘과 조상들께 제를 드리고 정성과 공경을 다하는 것은 형통한 면이 있습니다.(豐 亨)

왕이 나아간다(王假之)고 하였는데 이는 왕이 나라를 다스림을 의미하며 '근심하지 않으려면 마땅히 해가 중천에 떠 있듯이 하여야 한다(勿憂 宜日中)'는 뜻은 중(中)을 지키고 광명정대하여야 함을 말한 것입니다.

효 사 (주공周公)

初九 遇其配主 雖旬 往 有尚
초 구 우 기 배 주 수 순 왕 유 상

> 그 짝이 되는 주인을 만나되 비록 평등하나 가면 숭상함이 있을 것이다.

- 遇 : 만날 우
- 配 : 짝 배, 아내 배
- 雖 : 비록 수
- 旬 : 고를 순, 열흘 순
- 尚 : 숭상할 상

초구(初九)는 양강으로 정위하였고 하체 리(離) 밝음의 처음에 위치하고 있습니다. 그러나 위로 응이 되는 구사(九四)가 정응이 아니기 때문에 서로 도울 수가 없는 형국입니다. 하지만 어려운 상황에서는 정응이 아닌 양이 양끼리 음이 음끼리도 돕는 것이 역의 이치입니다.

궁즉통(窮則通·궁하면 통한다)이고 통즉변(通則變·통하면 변한다)입니다.

괘에서 초구(初九)는 밝음의 처음이고 구사(九四)는 움직임의 처음이기 때문에 밝음이 아니면 움직임이 나아갈 수가 없고 움직임이 아니면 밝음이 쓸데가 없으니 서로 힘입어 쓰임을 이루라고 주문하고 있습니다.

　효사에서는 그 짝이 되는 주인을 만나니(遇其配主) 비록 음양이 아니어서 서로 평등하기는 하나(雖旬) 허물이 없으며 나아가면 숭상함이 있을 것(往 有尙)이라고 하였습니다.

六二　豐其蔀　日中見斗　往　得疑疾　有孚發若　吉
육 이　풍 기 부　일 중 견 두　왕　득 의 질　유 부 발 약　길

　　그 포장이 풍대하여 한낮에 북두칠성을 보다. 가면 의심의 병을
　　얻으리니 믿음을 가지고 발하면 길하다.

- 蔀 : 큰 포장 부, 가릴 부　　■ 斗 : 말 두, 별 두(북두칠성을 칭함)
- 疑 : 의심할 의　　　　　　■ 疾 : 병 질

　육이(六二)는 중덕을 갖추고 바른 자리에 있어 유순하고 바른 신하로 비유될 수가 있습니다. 그러나 육오(六五)가 정응(正應)이 아니며 음유하고 바르지 못하기 때문에 이는 유약한 인군을 보는 것과 같은 상황입니다.

　그래서 큰 포장에 덮여 그 어둠이 대낮에 북두칠성을 볼 수 있을 정도(日中見斗)라고 하였으며, 육이(六二)가 육오(六五)와 정응이 아닌데도 나아가면 의심을 받을 것(往 得疑疾)이기 때문에 가서 구하지 말고 정성으로 감동시키면 길하다(有孚發若 吉)고 하였습니다.

九三 豐其沛 日中見沬 折其右肱 无咎
구 삼　풍 기 패　일 중 견 매　절 기 우 굉　무 구

　　그 깃발(沛)이 풍대함이라 한낮에 매성(沬星)을 보다. 그 오른팔이
잘리나 하소연 할 데 없다.

■ 沛 : 깃발 패, 장막 패, 가릴 패	■ 沬 : 작은 별이름 매
■ 折 : 꺾을 절	■ 肱 : 팔뚝 굉

　　구삼(九三)이 밝은 체에 있으나 부중부정(不中不正)하며, 응이 되
는 상육(上六)이 지위가 없고 음유하여 그 상황의 어둡기가 육이(六
二)보다 오히려 더한 상황입니다.

　　효사에서는 깃발이 가득하여(豐其沛) 대낮에 매성을 본다(日中見
沬)고 하였는데 매성은 북두칠성에 비해 더 작은 별입니다. 인군인
육오(六五)와 정응이 되지 않아 아래에서 일하기 어려운 것을, 오른
팔이 잘린 것(折其右肱)으로 비유하였고 하소연할 데가 없다(无咎)
고 하였습니다.

九四 豐其蔀 日中見斗 遇其夷主 吉
구 사　풍 기 부　일 중 견 두　우 기 이 주　길

　　그 포장(蔀)에 풍대하여 한낮에 북두칠성을 보니 그 평등한 주인을 만나
면 길하다.

구사(九四)는 상체 진(震)괘, 움직임의 주인이고 양으로써 음자리, 강유를 겸비한 자이나 중을 얻지 못하고 바른 자리를 얻지 못하였으며, 아래에는 도움이 되는 정응(正應)이 없고 위로는 유약한 인군을 만나 역시 포장에 덮여 대낮에 북두칠성을 볼 수 있을 정도로 어두운 상황에 처하여 있습니다.(豊其蔀 日中見斗)

그러나 초구(初九)의 효사에서 설명하였듯이 어려운 상황에서는 정응이 아니지만 그와 동등한 주인인 초구(初九)를 만나 힘을 합하면(遇其夷主) 길하다(吉)고 하였습니다.

六五 來章 有慶譽 吉
육 오   내 장   유 경 예   길

빛나는 것을 오게 하면, 경사와 명예가 있어서 길하다.

육오(六五)는 어두운 때에 인군의 자리에 있는 자로써 유순하고 중을 얻었으나 음으로써 양의 자리에 있는 것은(부정위 不正位) 바른 자리가 아니며, 또한 아래에 응이 없어 도움을 받지 못하는 형국입니다.

효사에서는 부정적인 표현을 쓰지 않고 밝음이 오면 경사가 있고 명예가 따르니 길하다(來章 有慶譽 吉)고 하였는데 '장(章)'은 '빛난다'는 뜻으로 하체 리(離)괘의 양들을 뜻하는 것으로 보입니다. 육오(六五)가 자신을 낮추어 어진이들의 도움을 받을 수 있으면 경사와 명예가 있고 길할 수 있다는 당부입니다.

괘사에서 '왕이 근심하지 않으려면 마땅히 해가 중천에 있어야 한다'는 말은 바로 이 육오(六五)를 두고 한 것입니다.

上六 豐其屋 蔀其家 闚其戶 闃其无人 三歲不覿 凶
상 육　풍 기 옥　부 기 가　규 기 호　격 기 무 인　삼 세 부 적　흉

그 집이 풍대하나 포장에 덮임이라. 그 문틈으로 엿보니 고요하고 사람이 없다. 3년을 보지 못하니 흉하다.

- 屋 : 집 옥　　　- 闚 : 엿볼 규　　　- 戶 : 지게 호, 외짝문 호
- 闃 : 고요할 격　- 覿 : 볼 적

상육(上六)은 음유함으로써 높은 곳에 위치하고 마땅한 지위도 없는 자입니다. 지나치게 높고 어두워서 그 형상이 높은 집에 포장을 덮어씌운 듯 어두운 것(豐其屋 蔀其家)으로 비유하였습니다.

지나치게 높고 어두워서 사람과의 왕래가 끊어졌기 때문에 문틈으로 엿보니 적막하고 사람이 없다(闚其戶　闃其无人)고 하였고, 3년을 볼 수 없으니 흉하다(三歲不覿 凶) 하여 상육(上六)이 음유한 재질이고 진(震)의 끝에 위치하여 움직임이 끝나는 자리이기 때문에 이러한 상황에서 변하여 벗어날 수 없음을 뜻하였습니다.

56

旅(려)

서 괘 전 (序卦傳)

豐者 大也 窮大者 必失其居 故 受之以旅
풍 자 　대 야 　궁 대 자 　필 실 기 거 　고 　수 지 이 려

풍(豐)은 큰 것이다. 궁핍함이 큰 사람은 반드시 그 거처를 잃으니 풍(豐)
괘 다음에 려(旅)괘로 받았다.

- 窮 : 다할 궁, 궁할 궁 　　- 失 : 잃을 실 　　- 旅 : 나그네 려

괘 명 (문왕文王)

離리〈　　　　火화·불
艮간〈　　　　山산

　궁핍함이 큰 자는 반드시 그 거처하는 바를 잃기 때문에 풍(豐)
괘 다음에 려(旅)괘로 받았습니다.

여(旅)자는 갑골문에서 나부끼는 깃발(㫃·언) 아래 사람(人·인)이 여럿 모여 있는 모습이었는데 자형이 조금 변해 지금처럼 된 것입니다.

깃발은 부족이나 종족의 상징이며, 전쟁과 같은 중대사가 생기면 사람들이 깃발을 중심으로 모여듭니다. 그래서 여(旅)는 원래 군대(軍隊)나 군사(軍師)의 편제를 뜻했으나 이후 군대가 함께 모여 출정을 한다는 의미를 더하여 여(旅)에는 '무리'나 '출행(出行)'이라는 뜻 외에 '바깥을 돌아다니다'라는 뜻까지 생겼습니다.

괘상으로 보면 하체 간(艮)은 '멈추다'라는 뜻이 있고, 상체 리(離)는 '떠나다'라는 뜻이 있어 전체적으로 머무는 곳을 떠나는 여행자, 또는 나그네의 뜻이 있어 괘명이 여(旅)괘가 되었습니다.

괘 사 (문왕文王)

離리 〈 火화·불
艮간 〈 山산

旅 小亨 旅貞 吉
려 소 형 여정 길

여(旅)는 조금 형통하니 나그네가 굳고 바름을 지킬 수 있으면 길하다.

- 旅 : 나그네 려, 군사 려
- 貞 : 곧을 정
- 亨 : 형통할 형
- 吉 : 길할 길

기(氣)로 보면 괘의 중심인 육오(六五)와 육이(六二)가 음소(陰小)하고 정응이 아니기 때문에, 뜻으로 보면 안정된 거처를 떠난 나그네이기 때문에 형통함이 적습니다.(小亨) 그리고 나그네는 꿋꿋하고 바르게 처신해야 온갖 어려움을 극복할 수 있고 길한 것(旅貞 吉)입니다.

효 사 (주공周公)

初六　旅瑣瑣　斯其所取災
초 육　여 쇄 쇄　사 기 소 취 재

초라한 나그네이니 거처하는 곳을 버리고 재앙을 취하도다.

- 瑣 : 자질구레할 쇄, 가늘 쇄, 옥가루 쇄   ▪ 斯 : 이 사, 즉(則) 사
- 取 : 취할 취   ▪ 災 : 재앙 재

초육(初六)은 음효로써 양의 자리에 거하여 부정위(不正位)하고 가장 아래에 있기 때문에 나그네의 곤한 때에 처해서 유약한 사람(旅瑣瑣)이 거처하는 곳을 떠나 재앙을 당하는 것(斯其所取災)으로 풀이하였습니다.

초육(初六)이 음유하고 자질이 비천하나 위로 구사(九四) 정응이 있어 다른 괘에서라면 도움을 받을 수 있겠으나 여기에서는 상체 리(離)는 위로 가고 하체 간(艮)은 멈추어 있기 때문에 서로 분리되어 합하지 못한다는 뜻이 있어 다른 괘와는 달리 해석하여야 합니다.

六二　旅卽次　懷其資　得童僕貞
육 이　여 즉 차　회 기 자　득 동 복 정

나그네가 여관에 나아가고 재물을 가지며 어린 종의 바름을 얻는다.

- 卽 : 나아갈 즉
- 懷 : 품을 회
- 童 : 아이 동
- 次 : 여관 차
- 資 : 재물 자
- 僕 : 종 복

육이(六二)는 유순하고 중덕을 갖추었으며 또한 음으로써 음자리, 바른 자리에 있어 나그네의 괘에 있어서 잘 처신하는 자입니다. 그래서 쉴 곳도 있고(旅卽次) 돈도 있으며(懷其資) 수행하는 어린 종의 신뢰도 얻습니다.(得童僕貞)

九三　旅焚其次　喪其童僕貞　厲
구 삼　여 분 기 차　상 기 동 복 정　여

나그네가 여관을 불태우고 어린 종의 바름을 잃으니 위태롭다.

- 焚 : 불사를 분
- 次 : 여관 차
- 喪 : 잃을 상

구삼(九三)은 나그네의 괘에 있어서 하체의 가장 위에 처하고 양으로써 양자리, 과강하며 또한 중덕도 갖추지 못하였기 때문에 수행(遂

行)하는 자들에게 포악하게 대함으로써 쉬는 곳도 불태우고(旅焚其次) 수행하는 자의 신뢰도 잃으니(喪其童僕貞) 위험한 형상(屬)입니다.

나그네가 지나치게 강하고 스스로를 높여서 곤궁과 재앙을 야기하는 형국입니다.

九四 旅于處 得其資斧 我心 不快
구 사 여 우 처 득 기 자 부 아 심 불 쾌

> 나그네가 거처를 얻고 돈과 권력(資斧)을 얻으나 내 마음은 불쾌하다.

- 處 : 살 처, 머물러 있을 처
- 斧 : 도끼 부
- 資 : 재물 자
- 快 : 쾌할 쾌

※ 資斧(자부) : 돈과 도끼(옛날 여행 때 지니고 다님)

구사(九四)는 상체에 있고 양강하나 음의 자리에 있고 아래의 초육(初六)과 정응이 되기 때문에 유순함으로 자기를 낮추는 의미가 있습니다. 그래서 쉴 곳이 있고 돈과 권력이 있으나 나그네의 괘(상황)에 있어 재주와 뜻을 펴지 못하니 마음이 즐겁지 않은 것(我心不快)입니다.

六五　射雉一矢亡　終以譽命
육 오　석 치 일 시 망　종 이 예 명

> 꿩을 쏘아 하나의 화살로 다잡으니 끝내 명성(譽)과 복록(命)을 얻을
> 것이다.

> ▪ 射 : 쏠 석　　▪ 雉 : 꿩 치　　▪ 矢 : 화살 시　　▪ 譽 : 기릴 예

　육오(六五)는 유순하고 중덕을 갖추었으며 또한 상체 리(離)의 주
효로써 문명의 덕을 갖추었기 때문에 나그네의 때에 있어서 가장 잘
처신하는 자입니다.

　음으로써 양의 자리에 있고 나그네의 괘에서 아래에 정응의 도움
이 없어 순조롭지 않은 면도 있지만, 결국에는 한 화살로 꿩을 쏘아
잡듯(射雉一矢亡) 명예와 복록을 얻을 수 있을 것(終以譽命)입니다.
인군이 아닌 나그네에게는 육오(六五)가 갖춘 유순하고 바른(中) 성
품을 귀하게 보는 것입니다. 여기에서 꿩은 상체 리(離)가 상징하는
것 중의 하나입니다.

上九　鳥焚其巢　旅人　先笑後號咷　喪牛于易　凶
상 구　조 분 기 소　여 인　선 소 후 호 조　상 우 우 이　흉

> 새가 둥지를 불태우다. 나그네가 먼저는 웃고 뒤에는 울부짖는다.
> 경솔하여 소를 잃으니 흉하다.

- 鳥 : 새 조
- 巢 : 새집둥지 소, 집 소
- 笑 : 웃을 소
- 號 : 부르짖을 호, 큰소리로 울 호
- 咷 : 울 조
- 易 : 쉬울 이, 소홀히 할 이

상구(上九)는 나그네의 괘에 있어서 강하고 부중하면서 극도로 높이 올라간 자입니다. 또한 리(離)체에 있어 새의 상이 있고 불타는 상, 그리고 조급한 뜻이 있습니다.

효사에서는 새가 그 둥지를 태우며(鳥焚其巢) 나그네가 먼저는 웃고 나중에는 울부짖는 것(旅人 先笑後號咷)으로 비유하였으며 또한 이(易) 지역에 손님으로 갔다가 처음에는 귀빈으로 대접을 잘 받았으나 점차 무례하고 교만하여 목숨도 잃고 소와 양도 잃어버린 상(商)나라 왕자의 고사(喪牛于易)를 인용하여 흉(凶)하다 하였습니다.

57

巽(손)

서 괘 전 (序卦傳)

旅而无所容 故 受之以巽
여 이 무 소 용　고　수 지 이 손

나그네가 되어 받아들일 곳이 없으니 여(旅)괘 다음에 손(巽)괘로 받았다.

- 旅 : 나그네 려　- 容 : 용납할 용　- 巽 : 들어갈 손, 공손할 손

괘 명 (문왕文王)

巽손〈  風풍 · 바람
巽손〈　　　　　風풍 · 바람

　나그네로서 받아들이는 곳이 없으니 려(旅)괘 다음에 손(巽)괘로
받았습니다. 여기에서 손(巽)은 '들어간다'는 뜻으로 쓰였습니다.
　「서괘전」에서 손(巽)은 '들어간다'는 뜻이라고 하였으나 갑골문에

서 보면 손(巽)은 꿇어앉은 두 사람의 모습을 그려 제사에 희생물로 바칠 사람을 뽑는 모습을 형상화한 글자입니다.

괘상으로 보면 손(巽)괘는 두 양(陽)의 아래에 음(陰)이 와 공손하고 양을 따르는 형상입니다. 공손하고 겸허하게 다른 사람에게 순종함으로써 쉽게 받아들여지게 되고 타인의 마음에 들어가게 됨으로써,「서괘전」에서와 같이 '들어간다'는 뜻으로 해석할 수도 있습니다.

괘 사 (문왕文王)

巽손〈 ䷸ 風풍·바람
巽손〈   風풍·바람

巽 小亨 利有攸往 利見大人
손 소 형   이 유 유 왕   이 견 대 인

손(巽)은 작은 것(음陰)이 형통하니 가는 바가 있음이 이로우며 대인을 보면 이롭다.

■ 攸 : 바 유   ■ 往 : 갈 왕

괘사에서 소형(小亨)을 '조금 형통하다'거나 '형통함이 작다'로 해석하면 옳지 않은 것 같습니다.

손(巽☴)은 음이 양 아래에 와서 '공손하다'는 뜻이 있습니다만 음양의 기로 볼 때 음이 양의 아래에서 생겨나기 시작한 것입니다. 음의 성장력은 양에 비하여 몇 배나 강력한 것이죠.

그래서 괘사의 소형(小亨)의 小(소)를 음(음소양대 陰小陽大:음은 작고 양은 큼)으로 보아 음이 형통하다고 해석하였습니다. 그리고 이러한 음의 기운은 다스려야 하기 때문에 가는 바를 둠이 이롭다(利有攸往) 하였고, 이러한 능력을 가진 사람은 대인이기 때문에 대인을 봄이 이롭다(利見大人)고 한 것입니다.

효 사 (주공周公)

初六　進退　利武人之貞
초 육　진 퇴　이 무 인 지 정

　나아가고 물러감이니 무인(武人)의 굳고 바름이 이롭다.

　■ 進 : 나아갈 진　　■ 退 : 물러날 퇴　　■ 武 : 굳셀 무

　초육(初六)은 음유함으로써 낮고 겸손한 곳에 거처하면서 양을 이어 받드니 지나치게 낮고 겸손한 사람입니다.

　양의 자리에 있어 나아가려 하나 곧 후퇴하니(進退) 용사와 같은 꿋꿋함과 바름이 이롭다(利武人之貞)고 하였습니다.

九二　巽在牀下　用史巫紛若　吉　无咎
구 이　손 재 상 하　용 사 무 분 약　길　무 구

　　겸손함으로 상 아래에 있으니 사관(史官)과 무당을 씀이 많으면 길하고 허물이 없다.

구이(九二)가 손(巽)괘에 있어서 양으로써 음자리에 거처하고 상 아래에 있으니 겸손한 자(巽在牀下)입니다. 그리고 중덕을 갖추고 있기 때문에 점을 치듯이 또는 신에게 제사를 드리듯이 정성과 공경을 다하면 길하고 허물이 없을 것(用史巫紛若 吉 无咎)이라고 하였습니다.

九三 頻巽 吝
구 삼 빈 손   인

자주 겸손하니 인색하다.

구삼(九三)은 양으로써 양자리에 있어 과강하고 부중하기 때문에 겸손을 잘 할 수 있는 사람이 아닙니다.

손(巽)괘에 있어 겸손하려 하나 겸손함을 자주 잃으니(頻巽) 인색한 자(吝)입니다.

六四 悔 亡 田獲三品
육사 회 망 전획삼품

후회가 없어지니, 사냥하여 3품을 얻다.

- 悔 : 뉘우칠 회   ■ 亡 : 망할 망   ■ 田 : 사냥할 전(=佃)
- 獲 : 얻을 획   ■ 品 : 물건 품

육사(六四)는 음으로써 음자리에 처하여 바름을 얻었습니다. 상체 손(巽)의 주효로써 바르고 겸손하기 때문에 후회할 일이 없습니다.(悔 亡)

또한 위로 중정한 인군 구오(九五)를 받드는데 있어 바르고 겸손하기 때문에 사냥을 해서 상중하(上中下) 3품을 모두 얻듯(田獲三품) 그 얻음이 다양하고 풍성할 것이라 하였습니다.

〉리(離:숫자3)

九五 貞 吉 悔 亡 无不利 无初有終 先庚三日 後庚
구오 정 길 회 망 무불리 무초유종 선경삼일 후경

三日 吉
삼일 길

굳고 바르면 길하고 후회가 없어지며 이롭지 않음이 없다. 처음은 없으나 마침은 있으니 경(庚) 앞서 3일하며, 경(庚) 뒤에 3일하면 길하다.

구오(九五)는 괘사를 설명할 때 말씀드렸듯이 상하체 모두 손(巽) 즉, 음기가 양기 아래에서 시작하는 시기에 있어서 양강하고 중정한 인군입니다. 손(巽)괘가 겸손하고 순종한다는 뜻을 갖는 것은 아직 음의 기운이 미약하여 양의 명령에 공손하게 따른다는 뜻으로 이 괘에 있어서 명령을 발하는 것은 인군의 자리에 있는 구오(九五)입니다.

구오(九五)는 중정의 덕을 모두 갖추었지만 아래에서 도와주는 정응(正應)이 없기 때문에 곧고 바르게 하여야 후회가 사라지고(貞吉悔亡) 불리한 것이 없으며(无不利), 시작은 없으나(좋지 않으나) 마지막이 좋다(无初有終)고 하였습니다.

한편 손(巽)괘에서 명령을 하는 것은 고칠 것이 있을 때 (즉, 아래에서 부정적인 음이 자라기 시작하는 경우) 하는 것이므로 일을 고치는 시점에 있어서 지나온 경과를 잘 살펴보고(先庚三日) 앞으로 발생할 결과를 잘 예측하여 하면 길하다(後庚三日) 하였으니, 여기에서 '庚(경: 십간(十干)의 하나)'은 '更(고칠·경)'자와 같은 뜻으로 십간의 중간을 넘어 변화가 일어나는 시기를 뜻하며 3일은 호괘 리(離)가 숫자로는 3을 뜻하기 때문에 쓰인 것으로 보입니다.

※10간의 순서

갑	을	병	정	무	기	경	신	임	계
甲	乙	丙	丁	戊	己	庚	申	任	癸
선(先)				중(中)		후(後)			

上九　巽在牀下　喪其資斧　貞　凶
상구　손재상하　상기자부　정　흉

겸손함으로 상 아래에 있어 돈과 권력을 잃으니 변하지 않으면 흉하다.

- 喪 : 잃을 상
- 資 : 재물 자
- 斧 : 도끼 부
- 貞 : 고집할 정

　상구(上九)는 양으로써 음자리에 있고 손(巽)괘의 가장 위에 위치하여 겸손이 지나치게 과한 자(巽在牀下)입니다.

　겸손이 지나치면 사람들이 무시하게 되고 그 권력과 재물을 잃게 되므로(喪其資斧) 변하지 않으면 흉하다(貞 凶)고 하였습니다. 겸손도 그 분수에 맞아야 하며 과도하지 말아야 한다는 가르침이죠.

58
兌(태)

巽者　入也　入而後　説之　故　受之以兌
손 자　입 야　입 이 후　열 지　고　수 지 이 태

손(巽)은 들어가는 것이다. 들어간 이후에 기뻐하니 손(巽)괘 다음에 태
(兌)괘로 받았다.

> ▪入 : 들 입　▪説 : 기쁠 열　▪兌 : 기쁠 태

괘명(문왕文王)

兌태〈　　　　澤택·못
兌태〈　　　　澤택·못

들어간 후에 기뻐하니 손(巽)괘 다음에 태(兌)괘로 받았습니다.
태(兌)는 '기쁨'을 뜻합니다.

兌(태)자는 儿(사람·인)과 口(입·구)와 八(여덟·팔)로 구성되어, 사람(儿)의 벌린 입(口)에서 웃음이 퍼져나가는(八) 모습을 형상화한 글자로써, 여기에서 '웃다, 기쁘다'의 뜻이 나왔습니다.

태(兌)괘는 상으로 보면 일음이 두 양위에 와서 괘의 주인이 되어 기뻐하는 형상이며 아래 양들의 그침을 주관하기 때문에 계절로는 가을, 하루에 있어서는 저녁, 방향으로는 서쪽, 사람의 신체에 있어서는 그 형상이 입을 닮았으므로 '입'을 상징하기도 합니다.

괘 사 (문왕文王)

兌태 〈 〈 澤택·못
兌태 〈 〈 澤택·못

兌 亨 利貞
태　형　이 정

태(兌)는 형통하나 굳고 바르게 하여야 이롭다.

- 兌 : 기쁠 태
- 亨 : 형통할 형
- 利 : 이로울 리
- 貞 : 바를 정, 곧을 정

태(兌)는 강한 양이 중(中)을 차지하고 음이 밖으로 유순하게 해서 기쁜 뜻이 있으니 형통합니다.(亨) 그러나 도리가 아닌데 기쁨을 구하면 사특하고 아첨함이 되어 후회와 허물이 있게 되므로 굳고 바르게 하는 것이 이롭습니다.(利貞)

初九 和兌 吉
초 구 화 태 길

화합하여 기뻐하니 길하다.

초구(初九)는 양으로써 기뻐하는 체에 거처하면서 제일 밑에 있고, 매이고 응함이 없으며 바른 자리에 있으니 능히 낮추어 화순(和順)해서 기뻐하되 치우치고 사사로움이 없는 자입니다.

그 행위가 정당하기 때문에 사람들에게 의심을 받지 않고 화합하여 기뻐하므로(和兌) 길합니다.(吉)

九二 孚兌 吉 悔 亡
구 이 부 태 길 회 망

믿을 수 있는 기쁨이니, 길하고 후회가 없어질 것이다.

- 孚 : 믿을 부   - 悔 : 뉘우칠 회   - 亡 : 망할 망

구이(九二)는 양강으로 음의 자리에 있고 중덕을 갖추고 있어 마음 속에 정성과 믿음이 있는 자입니다. 그래서 육삼(六三) 소인과 가깝게 있으나 스스로 지켜 실수하지 않습니다.

기쁜 체에서 정응이 없고 음과 가까이 있어 의심의 여지가 있으나 신뢰할 수 있기 때문에(孚兌) 길하며(吉) 양으로써 음자리에 있어 발생할 수 있는 후회도 사라지게 됩니다.(悔 亡)

六三 來兌 凶
육삼 내태 흉

와서 기뻐함이니 흉하다.

육삼(六三)은 기뻐하는 괘에 있어서 음유하고 부중부정하며 위로 정응이 없습니다. 그래서 아래에 있는 구이(九二)와 초구(初九)에게로 내려와 기쁨을 구하려고 합니다.(來兌)

도리가 아닌데 기쁨을 구하니 흉한 결과가 발생할 수가 있습니다.(凶)

九四 商兌未寧 介疾 有喜
구사 상태미녕 개질 유희

기쁨을 헤아려서 편안치 아니하니, 질병을 잘 분별하면 기쁨이 있을 것이다.

- 商 : 헤아릴 상   - 寧 : 편안할 녕   - 介 : 분별할 개
- 疾 : 병 질   - 喜 : 기쁠 희

구사(九四)는 양으로써 음의 자리에 있어 강한 자질과 부드러운 마음을 갖춘 자입니다. 그러나 중덕을 갖추지 못하여 인군인 구오(九五)를 따를지, 아래의 육삼(六三)과 어울려 기뻐할지 결정하지 못하고 헤아리느라 편하지를 못합니다.(商兌未寧)

구오(九五)를 따르면 신하로써 인군을 따르는 것이니 바른 것이고, 육삼(六三)을 기뻐함은 사특한 것이니 병이 될 수 있는 상황을 잘 분별하면 기쁨이 있을 것(介疾 有喜)이라고 하였습니다.

九五　孚于剝　有厲
구 오　부 우 박　유 려

깎는 데 믿으면 위태로움이 있다.

| ■ 于 : 어조사 우 | ■ 剝 : 깎을 박, 벗길 박 | ■ 厲 : 위태로울 려 |

구오(九五)는 양강하고 중정한 대인입니다. 그러나 기쁜 체에서 기쁨의 주인인 음유한 상육(上六)과 가까이 있어 위태로움이 있습니다.

구오(九五)의 입장에서 상육(上六)은 교언영색(巧言令色)으로 구오(九五)를 망령되게 기뻐하게 함으로써 양을 깎을 수 있는 자이므로, 양을 깎는 데도 믿음을 가지면(孚于剝) 위태로움이 있다(有厲)고 하였습니다. 자고로 소인의 감언이설(甘言利説)이나 미색에 빠져 대업을 그르친 영웅들이 많습니다.

上六 引兌
상육 인태

이끌어서 기뻐함이다.

> ■ 引 : 이끌 인, 당길 인

　상육(上六)은 음유함으로써 높은 자리에 위치하였으며 또한 기쁜 괘의 마지막에 처하였습니다. 다른 괘는 끝에 이르면 변하나 상육(上六)은 음유한 소인으로써 더욱 기뻐하려 합니다. 그러나 아래에 응이 없어 가까이 있는 구오(九五)를 이끌어 기쁨을 누리려 합니다.(引兌)

　효사에서 길흉을 얘기하지 않았으나 구오(九五)와 정응이 아니고, 또한 구오(九五)는 중정한 덕을 갖추어 사악한 기쁨에 빠지지 않을 것이기 때문에 흉한 결과가 발생하지 않을 수도 있다 하겠습니다.

59 ䷺ 渙(환)

서 괘 전 (序卦傳)

兌者 説也 説而後散之 故 受之以渙
태 자　열 야　열 이 후 산 지　고　수 지 이 환

태(兌)는 기뻐하는 것이다. 기뻐한 후에는 흩어지니 태(兌)괘 다음에 환(渙)
괘로 받았다.

- 散 : 흩어질 산　　■ 渙 : 흩어질 환

괘 명 (문왕文王)

巽손〈  風풍·바람
坎감〈　　　　　　水수·물

기쁜 이후에 흩어지므로 태(兌)괘 다음에 환(渙)괘로 받았습니다.
환(渙)은 '흩어진다'는 뜻입니다.

水(물·수)가 의미부고 奐(빛날·환)이 소리부로, 물(水)이 세차게 흐르는 모양을 의미하며, 이로부터 '흩어진다'는 뜻이 나왔습니다.

괘상을 보면 상체 손(巽)은 위로 향하고 하체 감(坎)은 아래로 향하기 때문에 흩어지는 형상이 있으며, 학자에 따라서는 상체 손(巽)은 바람, 하체 감(坎)은 물을 상징하기도 하기 때문에 바람이 불어 물결이 흩어지는 것으로 해석하기도 합니다만 기(氣)의 관점으로는 다소 자의적이란 느낌이 듭니다.

한편, 왕부지(王夫之)선생은 환(渙)괘는 비(否)괘에서 2효와 4효가 바뀌어져(☰ 否·비 → ☴ 渙·환) 비색한 형국이 풀리는 뜻이 있는 것으로 해석하였습니다만 주공(周公)의 효사로 미루어 볼 때 문왕(文王)이 상·하체의 흩어짐을 중시하여 괘명을 지었음을 짐작할 수 있습니다.

비(否)　　　　　　　환(渙)

괘 사 (문왕文王)

巽손 〈 　　風풍·바람
坎감 〈 　　水수·물

渙 亨 王假有廟 利涉大川 利貞
환 형 왕격유묘 이섭대천 이정

환(渙)은 형통하다. 왕이 종묘에 나아가며 큰 내를 건너는 것이 이롭고, 굳고 바르게 하는 것이 이롭다.

■ 渙 : 흩어질 환　　■ 假 : 이를 격, 다다를 격　　■ 廟 : 사당 묘

환(渙)은 막혀 있다가 흩어지는 뜻도 있기 때문에 형통한 면이 있으며(亨) 민심이 흩어질 경우에는 왕이 종묘에 나아가 제사를 지내듯 공경과 정성이 있어야 하고(王假有廟), 상체 손(巽)은 나무 또는 나무로 만든 배를 상징하고 하체 감(坎)은 물을 상징하기도 하여 물 위에 배가 떠 있는 의미도 있으므로 큰 내를 건너는 것이 이롭다(利涉大川) 하였고 또한 사람이 떠나고 흩어짐이 마음에서 연유하므로 굳고 바름이 있어야 이롭다(利貞)고 하였습니다.

효 사 (주공周公)

初六 用拯 馬壯 吉
초 육 용 증 마 장 길

구원함을 쓰되 말이 건장하면 길하다.

■ 拯 : 구원할 증, 건질 증　　■ 壯 : 씩씩할 장

초육(初六)은 흩어지는 때의 시작에 위치하여 흩어짐이 아직 심하지 않은 때입니다. 정응이 없어 응원을 받지 못하나 위의 구이(九二) 또한 정응이 없기 때문에 구이(九二)와 서로 돕고 구하는 뜻이 있습니다.

형세가 흩어지고 떠나는 시작이고, 위로 구이(九二)의 구원을 받기 때문에 구원함을 쓰되(用拯) 구이(九二)가 두 음에 빠져 있기 때문에 말이 장(馬壯)하면 길(吉)하다고 하였습니다. 여기서 '말(馬)'은 구이(九二)를 의미합니다.

九二 渙 奔其机 悔 亡
구 이 환 분기궤 회 망

흩어지는 때에 평상(机)으로 달려가면 후회가 없어질 것이다.

■ 奔 : 달릴 분　■ 机 : 평상 궤　■ 悔 : 뉘우칠 회

구이(九二)는 양강하고 중덕을 갖추었으나 흩어지는 때이고, 또한 두 음 사이에 빠져 있으며 초육(初六)과 마찬가지로 응이 없기 때문에 초육과 서로 돕고 구하기를 평상(책을 올려 놓고 보는 낮은 상)으로 달려가 의지해서 안락하게 하듯 하면(奔其机) 후회가 없어질 것(悔 亡)이라고 하였습니다.

六三 渙 其躬 无悔
육 삼 환 기궁 무 회

흩어지는 때에 그 몸이 후회가 없다.

육삼(六三)은 흩어지는 때에 위로 정응이 있어 흩어지는 후회가 없습니다. 그러나 음유하고 부중정하며 정응인 상구(上九)는 지위가 없으니 남을 구제하지는 못하고 그 몸만 후회가 없는데(其躬 无悔) 그칠 뿐입니다.

 간(艮:산)

六四 渙 其群 元吉 渙 有丘 匪夷所思
육 사 환 기 군 원 길 환 유 구 비 이 소 사

> 흩어지는 때에 그 무리지음이라 크게 길하니, 흩어지는 때에 언덕이 있음이 평범한 사람들이 생각할 바가 아니다.

- 群(羣) : 무리 군
- 匪 : 아닐 비
- 思 : 생각 사
- 丘 : 언덕 구
- 夷 : 평등 이, 평상 이

육사(六四)는 상체 손(巽)괘의 주효로 손순하면서 득정(得正)해서 대신의 자리에 있고 구오(九五)가 강하면서 득정(得正)해서 인군의 자리에 있으니 임금을 도와 천하의 흩어짐을 구원하는 자입니다.

그래서 흩어지는 때에 무리가 있으니 크게 길하며,(其群 元吉) 흩어지는 때에 언덕과 같은 모임이 있음이 보통 사람은 생각할 바가 아니라(有丘 匪夷所思) 하여 육사(六四)에게 환(渙)의 때에 대신의 자리에 있으면서 흩어짐을 구원하는 공이 있음을 말하고 있습니다.

여기에서 구(丘)는 흙이 모여서 쌓인 언덕(호괘(간艮·산))으로 사람들이 모이는 것을 비유하였으며 이(夷)는 평범한 사람 또는 일반인을 의미합니다.

九五　渙　汗其大號　渙　王居　无咎
구 오　환　한 기 대 호　환　왕 거　무 구

> 흩어지는 때에 크게 명령을 발하기를 땀이 나듯 하면 왕이 있음이니 허물이 없다.

- 汗 : 땀 한
- 居 : 있을 거
- 號 : 부르짖을 호
- 咎 : 허물 구

구오(九五)는 흩어지는 때에 강양 중정한 인군이나 아래에 도움이 되는 응(應)이 없습니다. 그래서 크게 호령을 발(發)하기를 땀이 나도록 열심히 하면(汗其大號) 흩어지는 때에 왕이 처하는 도리이니 허물이 없다(王居 无咎)고 하였습니다.

일부 학자는 한기대호(汗其大號)를 땀이 나면 다시 인체에 스며들지 못하므로 호령을 발하되 다시 거두어들이는 법 없이 일관되게 하라는 뜻으로 해석하기도 하는데 참고할 만하다고 하겠습니다.

上九 渙 其血 去 逖出 无咎
상 구 환 기 혈 거 척 출 무 구

흩어지는 때에 그 피가 가고 두려움에서 벗어나니 허물이 없다.

- 血 : 피 혈　　　- 去 : 갈 거　　　- 逖 : 두려울 척

상구(上九)는 흩어지는 때의 끝에 거처하여 흩어짐이 그치는 의
미가 있고 하체 감(坎), 험한 곳에서 가장 멀리 있기 때문에 그 피가
가고(其血 去) 두려움에서 벗어나오니(逖出) 허물이 없다(无咎)고 하
였습니다. 여기에서 혈(血)은 하체의 감(坎), 물 중에서도 위험한 물
이기에 피로 비유하였습니다.

60 ䷻ 節(절)

渙者　離也　物不可以終離　故　受之以節
환 자　리 야　물 불 가 이 종 리　고　수 지 이 절

환(渙)은 떠나는 것이다. 물건이 끝까지 떠나지만은 못하기 때문에 환(渙)
괘 다음에 절(節)괘로 받았다.

- 離 : 흩어질 리　　　　- 節 : 마디 절

괘 명 (문왕文王)

坎감〈　　水수·물
兌태〈　　澤택·못

　물건은 끝까지 떠날 수만은 없기 때문에 환(渙)괘 다음에 절(節)
괘로 받았습니다.

절(節)자는 竹(대·죽)이 의미부고 卽(곧 즉)이 소리부로, 대나무(竹)의 마디가 원래 뜻이며, '마디와 마디 사이의 부분'이라는 뜻으로 이후 '마디마디 지어진 단계, 절도, 절제(節制)' 등의 뜻이 나왔습니다.

괘상을 보면 삼양(三陽) 삼음(三陰)의 괘로 양은 본래 위로 오르는 성질을 가졌는데 일양이 위로 올라 두 음 사이의 험한데 빠져 있으므로 아래의 두 양은 기쁜 체에 있으면서 나아가지 않고 그쳐 있는 형국입니다. 앞서가는 양이 험한 곳에 빠지는 것을 보고 나아감을 절제하고 기뻐하는 가운데 그쳐 있다는 뜻이죠.

한편, 상체 감(坎)은 물을 상징하고 하체 태(兌)는 연못을 상징하기도 하므로 연못에 물이 넘치면 붕괴하기 때문에 절제가 있어야 한다는 뜻으로 해석하기도 합니다.

괘 사 (문왕文王)

坎감〈 ䷱ 水수·물
兌태〈   澤택·못

節 亨 苦節 不可貞
절 형 고절 불 가 정

절(節)은 형통하나 괴로운 절제는 바르지 않다.

■ 節 : 마디 절   ■ 苦 : 쓸 고

기쁨 속에 절제가 있기 때문에 형통하고(亨) 괴로운 절제는 항상할 수 없기 때문에 계속하면 옳지 못한 것(苦節 不可貞)이라고 하여 절제가 자연의 이치에 순응하여야 하며 중도를 넘어 과하게 이루어져서는 바르지 않다는 것을 말하고 있습니다.

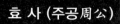

효 사 (주공周公)

初九　不出戶庭　无咎
초 구　불 출 호 정　무 구

호정(戶庭)을 나가지 않으면 허물이 없다.

> ▪ 戶 : 지게 호　　　　▪ 庭 : 뜰 정

초구(初九)는 기쁜 체 태(兌)에 있고 양강하며 위에 응원이 있으니 절제할 수 있는 자가 아닙니다. 그러나 절제의 처음에 있기 때문에 처음에 삼가면 나중의 허물도 없을 것이기에 호정을 나가지 않으면 허물이 없다(不出戶庭 无咎)고 하여 그치고 나아가지 말 것을 주문하고 있습니다. 호정(戶庭)은 방에 인접한 정원으로 '내원(內院)'이라고도 합니다.

九二　不出門庭　凶
구 이　불 출 문 정　흉

문정(門庭)을 나가지 않으면 흉하다.

구이(九二)는 양강하면서 중덕을 갖춘 자로써 위로 구오(九五)와
응이 되지 않고 기쁜 체의 주효인 음유한 육삼(六三)과 이웃하고 있
습니다.

구이(九二)가 나아가 구오(九五) 대인을 따르지 않으면 부중부정
하고 음유한 육삼(六三) 소인과 얽히게 되므로 문정을 나가지 않으
면 흉할 것(不出門庭 凶)이라고 하여 초구(初九)와 달리 오히려 나가
지 않음을 경계하였습니다.

문정(門庭)은 외원(外院) 즉, 바깥 뜰을 의미합니다. 처한 때의 통
하고 막힘을 알아야 바르게 처신할 수 있는 것입니다.

六三　不節若則嗟若　无咎
육삼　불절약즉차약　무구

　　절제하지 않으면 탄식할 것이며 허물할 데가 없다.

- 若 : 같을 약, 어조사 약　　- 嗟 : 탄식할 차, 슬퍼할 차

육삼(六三)은 하체 태(兌) 기쁜 체의 주효이고, 음유하고 부중부
정하여 절제하는 때에 있어서 능히 절제할 수 있는 자가 아닙니다.
만약에 절제하지 않으면 탄식을 할 정도로(不節若則嗟若) 후회가 따
르게 되며 허물을 돌릴 때가 없다(无咎)고 하여 경계하였습니다.

六四 安節 亨
육 사 안 절 형

편안한 절제이니 형통하다.

육사(六四)는 음으로써 음자리, 바른 자리에 거처하여 위로는 구
오(九五)를 순하게 받듭니다. 아래로 초구(初九)와 응하여 절제하는
때에 매이는 바가 있으나 음은 원래 아래로 향하는 것이기 때문에
절제를 편안하게 하는 사람(安節)이고 형통합니다.(亨)

九五 甘節 吉 往 有尙
구 오 감절 길 왕 유 상

즐겁게 절제하니 길하고 가면 숭상함이 있다.

> ▪ 甘 : 달 감

구오(九五)는 양강으로 중정(中正)하고 아래로 매인 바가 없어(무
응·无應) 절제의 도를 통한 사람입니다.

즐겁게 절제하니(甘節) 길하며(吉) 또한 인군의 자리에 있으니 이
렇게 나아가면 백성들의 공경함을 얻을 것(往 有尙)입니다.

上六 苦節 貞 凶 悔 亡
상육 고절 정 흉 회 망

괴로운 절제이니 고집하면 흉하고 뉘우치면 흉함이 없어질 것이다.

상육(上六)은 음유한 소인으로써 절제하는 때의 마지막에 위치하
여 절제를 과도하게 하는 자입니다.

극단의 절제(苦節)는 자연에 순응하는 도리에 어긋날 뿐 아니라
자기 자신도 감당하기 힘듦으로 이렇게 나아가면 반드시 흉함이 있
을 것(貞 凶)이고 뉘우쳐 고치면 흉함이 사라질 것(悔 亡)입니다.

서 괘 전 (序卦傳)

節而信之 故 受之以中孚
절 이 신 지 고 수 지 이 중 부

절제가 있으면 믿으니 그러므로 절(節)괘 다음에 중부(中孚)괘로 받았다.

- 信 : 믿을 신　　- 中 : 가운데 중　　- 孚 : 믿을 부

괘 명 (문왕文王)

巽손〈 風풍·바람
兌태〈 澤택·못

　절제가 있으면 믿음이 있으므로 절(節)괘 다음에 중부(中孚)괘
로 받았습니다. 부(孚)자의 뜻은 새가 알을 품는 형상이라고 해석하

여 언제 깨어날지 모르는 새끼를 믿음을 가지고 품고 있는 모습에서 '믿다, 신뢰하다' 등의 뜻이 나왔다고 봅니다.

괘상으로 보면 3효 4효 가운데(중심)가 비어 있어서 사람의 마음에 사심(私心)이나 욕심이 없으므로 믿을 수 있는 것으로 비유하여 중부(中孚)라 한 것입니다.

괘 사 (문왕文王)

巽손〈 ䷼ 風풍·바람
兌태〈   澤택·못

中孚 豚魚 吉 利涉大川 利貞
중부 돈어 길 이섭대천 이정

중부(中孚)는 믿음이 돼지와 물고기에까지 미치면 길하며, 큰 내를 건너는 것이 이롭고 굳고 바르게 하는 것이 이롭다.

- 孚 : 정성 부
- 豚 : 돼지 돈
- 魚 : 물고기 어

마음을 비우고 행하면 믿음은 천하 만물에 미칠 수 있으니 믿음이 미물인 돼지와 물고기까지 미칠 수 있으면 길하다(中孚 豚魚 吉)하였고 사심이 없으므로 큰일을 하는 것도 이로우며, 또한 안은 허하고 밖은 실한 괘의 상이 배의 형상과도 유사하므로 큰 내를 건넘이 이롭다(利涉大川) 하였으며, 믿음은 바른 것을 믿어야 하기 때문에 굳고 바르게 하는 것이 이롭다(利貞)고 하였습니다.

효사 (주공周公)

初九 虞 吉 有他 不燕
초구 우 길 유타 불연

헤아리면 길하나, 다른 것이 있으면 편안하지 못할 것이다.

> ■ 虞 : 헤아릴 우, 근심할 우   ■ 他 : 다를 타   ■ 燕 : 편안할 연

초구(初九)는 양강으로 바른 자리에 있으며 위로 육사(六四)와 응하고 있습니다. 믿음의 때에 처음에 있기 때문에 믿음의 도를 내세워 믿을 수 있는지 생각해 보고 나아가면 길하다(虞 吉) 하였고, 다른 사심이 있으면 편안하지 못하리라(有他 不燕)고 경계하였습니다.

타(他)는 초구(初九)가 기쁜 체의 부중(不中)한 자리에 있기 때문에 순수한 마음 외에 복을 받는다든지 재물을 얻는다든지 등의 사심을 가지지 말 것을 경계한 것입니다.

九二 鳴鶴在陰 其子和之 我有好爵 吾與爾靡之
구이 명학재음 기자화지 아유호작 오여이미지

학이 그늘에서 우니 그 자식이 화답하도다. 나에게 좋은 술잔이 있으니 내가 너와 더불어 얽히도다.

▪ 鳴 : 울 명	▪ 鶴 : 학 학	▪ 在 : 있을 재
▪ 陰 : 그늘 음	▪ 和 : 화답할 화	▪ 我 : 나 아
▪ 好 : 좋을 호	▪ 爵 : 술잔 작, 벼슬 작	▪ 爾 : 너 이
▪ 靡 : 얽을 미, 연루될 미, 아름다울 미		

　구이(九二)는 양강으로 중덕을 갖추었으나 위로 구오(九五)와는 정응이 되지 않습니다. 그러나 믿는 때에 있어서는 중을 귀하게 여기므로 구이(九二)가 성심성의로 원하면 역시 양강하고 중정한 구오(九五)가 화답할 것이므로 이를 그늘 속에서 학이 우니 그 자식이 화답하도다(鳴鶴在陰 其子和之)라고 아름답게 표현하였습니다.

　그늘은 구이(九二)가 음의 자리에 있기 때문에 비유한 것으로 해석되나 그 자식이 화답한다(其子和之)는 구절은 설명이 어렵습니다.

　한편, 구이(九二)와 구오(九五)가 모두 남자(양陽)이기 때문에 좋은 술을 같이 마시며 서로 교류하고 소통하는 모습(我有好爵 吾與爾靡之)으로 비유하여 믿음에는 필히 서로간의 소통이 필요하며 이로 인한 공명이 있어야 그 믿음이 비로소 힘을 발휘할 수 있음을 암시하였습니다.

六三　得敵　或鼓或罷或泣或歌
육삼　득적　혹고혹파혹읍혹가

적을 얻어서 혹은 북을 치기도 하고 혹은 그치기도 하며 혹은 울기
도 하고 혹은 노래하기도 한다.

- 得 : 얻을 득
- 敵 : 대적할 적, 원수 적
- 或 : 혹 혹
- 鼓 : 칠 고
- 罷 : 파할 파, 그칠 파
- 泣 : 울 읍
- 歌 : 노래할 가

육삼(六三)은 음유한 소인으로써 부중하고 부정한 자입니다. 또
한 위로 부중부정(不中不正)한 상구(上九)와 얽혀 있어 마치 적을
얻은 듯한 상황입니다.(得敵)

믿음의 때에 자신과 상대가 모두 부중부정(不中不正)하니 그 마
음이 혹 북을 치고 놀고, 혹은 파하고, 혹 울고, 혹 노래를 부르듯
(或鼓或罷或泣或歌) 어지럽기가 종잡을 수 없는 것으로 비유하였
습니다.

六四　月幾望　馬匹　亡　无咎
육사　월기망　마필　망　무구

달이 거의 보름이니 짝이 되는 말이 없어지면 허물이 없다.

육사(六四)는 음으로써 음자리, 바른 자리에 있고 구오(九五)를 순히 받드는 자리이기 때문에 믿음의 때에 잘 처신하는 자입니다.

달로 치면 보름에 하루 미치지 못하는 음력 14일 밤의 밝은 달(月幾望)로 비유할 수 있습니다. 단지 초구(初九)와 정응(마음이 비어 있는 중부의 때에 정응이 있음은 마음에 매이는 것이 있다는 뜻)이 되고 있으므로 초구(初九)와 사사로이 얽매이지 말고(馬匹 亡) 인군을 받들면 허물이 없습니다.(无咎) 여기에서 '마(馬)'는 초구(初九)를 뜻합니다.

九五 有孚 攣如 无咎
구 오 유 부 연 여 무 구

믿음을 가지고 이끌면 허물이 없다.

구오(九五)는 양강하고 중정의 덕을 갖춘 자로써 믿음의 때에 있어서 주인입니다. 아래로 구이(九二)와 정응이 되지 않으니 사적으로 얽매임도 없습니다.

인군의 도는 마땅히 지극한 정성으로 천하를 감동시켜 천하 사람의 마음이 믿게 하기를 굳게 맺어 이끌듯이 하면(有孚 攣如) 허물이 없을 것(无咎)이라고 하였습니다.

上九 翰音 登于天 貞 凶
상 구 한 음 등 우 천 정 흉

닭 울음소리가 하늘로 올라가니 변하지 않으면 흉하다.

■ 翰 : 날 한　　　■ 音 : 소리 음　　　■ 登 : 오를 등

상구(上九)는 믿음의 때의 마지막에 처하여 믿음이 끝나고 기우는 때입니다.

닭 울음소리가 하늘 높이까지 오르나(翰音 登于天) 닭은 날지 못하고 땅에 있고 그 소리와 실체가 어긋나기 때문에 불신이 싹트기 시작하는 것으로 비유하였습니다. 이렇게 명실상부하지 못한 상태가 지속되면 흉(貞 凶)한 것입니다.

한음(翰音)은 날개 치는 소리를 뜻하는데 닭이 울 때 날개를 치므로 닭 울음소리를 한음이라고도 합니다. 닭은 상체 손(巽)이 상징하는 것 중의 하나입니다.

62

小過(소과)

서 괘 전 (序卦傳)

有其信者 必行之 故 受之以小過
유 기 신 자   필 행 지   고   수 지 이 소 과

믿음이 있는 자는 반드시 행하게 되므로 중부(中孚)괘 다음에 소과(小過)
괘로 받았다.

■ 行 : 행할 행　　■ 小 : 작을 소　　■ 過 : 지나칠 과

괘 명 (문왕文王)

震진 〈 雷뢰·우레
艮간 〈 山산

믿음이 있는 자는 반드시 행하고 행하면 작은 과실(過失)이 있기
때문에 중부(中孚)괘 다음에 소과(小過)괘로 받았습니다. 문왕(文

王)이 이름 지은 소과(小過)의 소(小)는 음을 지칭하고 과(過)는 '초과한다'는 뜻으로 음이 정상적인 괘보다 많다는 뜻입니다.

괘상을 보면 4음(四陰), 2양(二陽)의 괘로 음이 양보다 과하게 많으며, 또한 상하체의 중(中)을 차지하고 전체 괘상으로 볼 때도 음이 높은 자리에 거처하여 전체적으로 음이 과한 괘이기 때문에 소과(小過)라고 괘명을 정한 것입니다.

괘 사 (문왕文王)

震진 〈 ☳ 雷뢰·우레
艮간 〈 ☶ 山산

小過　亨　利貞　可小事　不可大事　飛鳥遺之音　不宜上
소 과　형　이 정　가 소 사　불 가 대 사　비 조 유 지 음　불 의 상

宜下　大吉
의 하　대 길

소과(小過)는 형통하나 굳고 바르게 하는 것이 이롭다. 작은 일은 할 수 있으나 큰일은 할 수 없다. 날아가는 새가 소리를 남김에 올라가서는 마땅하지 않고 내려와야 마땅하며 크게 길하다.

- 過 : 지날 과　　　- 飛 : 날 비　　　- 鳥 : 새 조
- 遺 : 남길 유　　　- 音 : 소리 음　　　- 宜 : 마땅할 의

큰일을 할 때는 양(陽)의 양강함과 굳건함을 귀하게 여기고 작은 일을 함에 있어서는 음(陰)의 부드럽고 손순함을 귀하게 여깁니다. 그러므로 음이 과한 경우에도 형통한 면이 있으며 굳고 바르게 함이

이롭습니다.(亨 利貞) 그러나 이러한 음의 특성상 작은 일은 가능하지만 큰일은 가능하지 않습니다.(可小事 不可大事)

새가 공중을 난다 하나 잠시 동안에 불과하며 그 근본은 아래에 서식하는 동물입니다. 날아가는 새가 남긴 소리(飛鳥遺之音)가 위로 간다 함은 허장성세로 그 근본과 갈수록 이격되는 것이고 아래로 향할 때 비로소 실질과 부합되는 것이죠. 그래서 아래로 향하면 크게 길하다(不宜上 宜下 大吉)고 하였습니다. 나는 새로 비유한 것은 괘의 괘상이 중이 실하고 양쪽 바깥이 허하여 새의 상이 있기 때문입니다.

효 사 (주공周公)

初六 飛鳥 以凶
초 육 비 조 이 흉

날아가는 새이니 흉하다.

초육(初六)은 음유하고 부정한 자리에 있으며 아래에 있습니다. 위로 향하는 것이 옳지 않은[1] 소과(小過)의 때에 하체 간(艮)의 아래에서 움직이지 말아야 함에도 불구하고 구사(九四) 움직이는 진(震)체의 주효와 응하여 나는 새(飛鳥)와 같이 위로 향하면 흉한 것(以凶)입니다.

---

1 : 괘사의 불의상 의하(不宜上 宜下)

六二 過其祖 遇其妣 不及其君 遇其臣 无咎
육 이   과 기 조   우 기 비   불 급 기 군   우 기 신   무 구

할아버지를 지나서 할머니를 만나다. 인군에게 미치지 못하고 그
신하를 만나면 허물이 없다.

| ▪ 祖 : 할아버지 조 | ▪ 遇 : 만날 우 |
| ▪ 妣 : 할머니 비 | ▪ 及 : 미칠 급 |

　육이(六二)는 유순하며 중의 덕을 갖추었고 바른 자리에 있어 음
이 과한 때에 잘 처신하는 자입니다. 위로 육오(六五)와 응이 되지
않으나 과한 때에는 음은 음끼리, 양은 양끼리 서로 도울 수 있는 것
이 역의 이치이기 때문에 육이(六二)가 육오(六五)를 만나는 것을 구
삼(九三) 아버지, 구사(九四) 할아버지를 지나 할머니를 만나는 것
(過其祖 遇其妣)으로 비유하였습니다.

　지나친 때이기 때문에 육이(六二)가 인군을 만나지 못하고 그 신
하를 만나더라도 허물이 없다(不及其君 遇其臣 无咎)고 하였습니
다. 지나친 때에는 평상의 이치에 구속되지 말고 때를 잘 파악하여
상황에 순응하는 것이 허물이 없습니다.

九三 弗過防之 從或戕之 凶
구 삼   불 과 방 지   종 혹 장 지   흉

지나치게 막지 않으면 따라와 혹 해치니 흉하다.

구삼(九三)은 괘의 두 양 중 바른 자리를 차지하고 있는 양입니다. 음이 성한 때에 홀로 바른 자리에 있으니 소인(간신)의 도가 성하면 반드시 군자를 해칠 것이기 때문에 막기를 지극히 하지 않으면(弗過防之) 쫓아와 해칠 위험이 있으므로 흉한 것(從或戕之 凶)입니다.

九四 无咎 弗過遇之 往 厲 必戒 勿用永貞
구 사 무 구 불 과 우 지 왕 여 필 계 물 용 영 정

> 허물이 없다. 지나치지 않고 만난다. 나아가면 위태로움이 있으니 반드시 경계하여야 하고 올바름을 고집하지 말아야 한다.

구사(九四)는 양으로써 음의 자리에 위치하여 강과 유를 겸비한 사람입니다. 그래서 허물이 없습니다.(无咎)

아래의 초육(初六) 소인과는 정응이 되므로 지나치지 못하고 만날 수밖에 없습니다.(弗過遇之) 음이 과한 때에 초육(初六) 소인을 버리고 가면 소인의 음해를 입을 것이므로 반드시 경계하여야 하며 (往 厲 必戒) 자신의 정의를 고집하지 말고 때에 따른 변통을 알아 초육(初六)과 화목하게 지낼 것(勿用永貞)을 주문하고 있습니다.

태(兌:서쪽)

六五 密雲不雨 自我西郊 公   弋取彼在穴
육 오   밀 운 불 우   자 아 서 교   공   익 취 피 재 혈

구름이 빽빽하나 비가 오지 않는 것은 내가 서쪽 교외로부터 하기
때문이니 공(公)이 구명에 있는 것을 쏘아서 취하다.

- 密 : 빽빽 밀
- 不 : 아닐 불
- 自 : ~로부터 자
- 弋 : 쏠 익, 줄을 매어 쏘는 화살 익
- 彼 : 저 피
- 雲 : 구름 운
- 雨 : 비 우
- 郊 : 성 밖 교
- 取 : 취할 취
- 穴 : 구멍 혈

　육오(六五)는 음이 과한 때에 인군의 자리에 위치하여 음양의 화
합을 이룸으로써 백성들에게 가뭄에 비를 내려주듯 온정을 베풀어
야 하는데 아래로 육이(六二)와 정응이 되지 않기 때문에 음양 합을
이루지 못하여 그 형상이 구름이 잔뜩 모여 있으나 비는 내리지 않
는 것(密雲不雨)과 같습니다.

　'내가 서쪽 교외에서부터 시작하였기 때문이다(自我西郊)'라고 하
였는데 이는 괘의 3효 4효 5효의 호괘가 태(兌☱)괘로써 방향으로는
서쪽을 가리키며, 또한 효사를 지은 주공이 서쪽 교외에서부터 시
작하였고 아직 때가 소인들이 득세하는 소과(小過)의 때이기 때문에
비유한 것으로 보입니다.

　그러나 소과(小過)의 때에는 같은 음끼리도 서로 힘을 합하기 때
문에 중덕을 갖추고 인군자리에 있는 육오(六五)가 중정한 육이(六
二)를 끌어당겨 힘을 합하게 됩니다.

그 형상을 공(公)이 굴속에 있는 것을 끈이 달린 화살을 쏘아 취하는 것(弋取彼在穴)으로 비유하였습니다. 여기에서 혈(穴·굴)은 하체가 간(艮)괘로써 산을 상징하고 육이(六二)의 자리가 산의 비어 있는 중간 자리에 해당되기 때문에 동굴로 비유한 것입니다.

上六 弗遇 過之 飛鳥離之 凶 是謂災眚
상 육 불 우 과 지 비 조 이 지 흉 시 위 재 생

> 만나지 아니하고 지나가니 나는 새가 그물에 걸리듯 흉하고 이것을 재생이라 한다.

- 離 : 걸릴 리
- 謂 : 이를 위
- 災 : 재앙 재
- 眚 : 재앙 생

상육(上六)은 음이면서 소과(小過)의 극에 위치하고 움직이는 체 진(震☳)의 가장 위에 위치하여 지나친 괘에 있어서 더욱 지나치려 하는 자입니다.

구삼(九三)과 정응이 되나 구삼(九三)은 멈추어 있는 괘인 간(艮☶)의 주효로써 서로 만나지 못하고 어긋나게 됩니다.(弗遇 過之)

도리로써 만나지 않고 움직임이 더욱 지나쳐 흉한 결과를 초래하니 나는 새가 그물에 걸린 것처럼 흉하다(飛鳥離之 凶)고 비유하였고, 이를 일컬어 재생이라 한다(是謂災眚)고 하였습니다.

여기에서 재(災)는 하늘의 재앙이고, 생은 사람의 화(禍)를 뜻합니다. 새는 소과괘의 괘상(☷)에 새의 형상이 있다고 하였죠.

서 괘 전 (序卦傳)

有過物者　必濟　故　受之以旣濟
유 과 물 자　필 제　고　수 지 이 기 제

물건을 지남(過)이 있는 자는 반드시 건너게 되므로 소과(小過)괘 다음에
기제(旣濟)괘로 받았다.

- 濟 : 건널 제　　　　　　- 旣 : 이미 기

괘 명 (문왕文王)

坎감〈  水수·물
離리〈 火화·불

물건을 지남이 있는 것은 필히 건너게 되게 때문에 소과(小過)괘
다음에 기제(旣濟)괘로 받았습니다.

소과(小過)괘 다음에 기제(旣濟)괘를 놓은 것은 조금씩 지나다 보니까 목적지에 이르고 다 건너서 기제(旣濟)가 되는 것이기 때문입니다.

제(濟)는 水(물 수)가 의미부고 齊(가지런할 제)가 소리부로 강(江) 이름인데 원래 '물을 건넌다'는 뜻이었으나 후에 그 뜻이 확대되어 '성취' '성공' 등의 뜻으로도 쓰입니다.

괘상을 보면 상체 감(坎)은 물을 뜻하고, 하체 리(離)는 불을 뜻하여 물은 아래로 불은 위로 향하므로 상하가 서로 소통하고 화합하여 음양이 서로 조화롭게 합하는 상이 있으며, 또한 삼양(三陽), 삼음(三陰)의 육효가 모두 음양의 바른 자리에 위치하여 서로 정응을 갖춤으로써 음양이 가지런한 가장 이상적인 상태를 보여주고 있습니다.

괘 사 (문왕文王)

坎감〈　　水수·물
離리〈　　火화·불

旣濟　亨小　利貞　初吉　終亂
기 제　형 소　이 정　초 길　종 란

기제(旣濟)는 형통함이 적다. 굳고 바르게 하는 것이 이로우며 처음에는 길하나 끝에는 어지럽다.

- 旣 : 이미 기
- 終 : 끝날 종
- 濟 : 건널 제
- 亂 : 어지러울 란

기제(旣濟)는 모든 것이 이루어진 상태이기 때문에 활력과 변화에 대응하는 능력이 부족합니다. 그래서 다시 큰 일을 할 수는 없고 작은 일에는 형통한 면이 있습니다.(亨小)

모든 것이 이루어진 안정된 상태이지만 그 속에는 언제나 어지러움이 싹틀 수 있기 때문에 안정된 상태를 유지하기 위해서는 굳고 바르게 함이 이롭습니다.(利貞) 그러나 흥망성쇠(興亡盛衰)는 우주 자연의 이치이기 때문에 안정된 것은 다시 어지러워지고, 어지러워진 것은 다시 안정이 되기 때문에 기제(旣濟)괘가 처음에는 길하나 마지막에는 다시 어지럽게 되는 것(初吉 終亂)입니다.

효 사 (주공周公)

初九　曳其輪　濡其尾　无咎
초구　예기륜　유기미　무구

수레를 뒤로 끌어당기고 꼬리를 적시면 허물이 없다.

- 曳 : 끌 예
- 輪 : 수레 륜, 수레바퀴 륜
- 濡 : 적실 유
- 尾 : 꼬리 미

초구(初九)는 양으로써 아래에 거처하고 육사(六四)와 응하기 때문에 나아가는 뜻이 있으며, 하체 리(離·불)에 있어 조급한 자를 뜻합니다.

기제(旣濟)가 막 이루어진 초기이기 때문에 나아감을 그치지 않으면 허물이 있을 것이기 때문에 그 바퀴를 당기며(曳其輪) 그 꼬리를 적시면 허물이 없다(濡其尾 无咎)고 하였습니다.

동물이 물을 건널 때 꼬리를 들고 건너는데 '꼬리를 적신다' 함은 꼬리를 내리고 나아가지 않는 것을 의미합니다.

六二 婦喪其茀 勿逐 七日 得
육 이 부 상 기 불 물 축 칠 일 득

부인이 가리개(불茀)를 잃었으나 쫓지 않아도 7일 만에 얻을 것이다.

- 婦 : 지어미 부   ■ 喪 : 잃을 상   ■ 茀 : 포장 불, 수레가림 불
- 勿 : 말 물   ■ 逐 : 쫓을 축

육이(六二)는 유순하며 중정의 덕을 갖춘 인재로써 위의 인군의 자리에 있는 구오(九五)와 정응이 되고 있습니다. 그러나 모든 것이 이루어진 기제(旣濟)의 괘이기 때문에 구오(九五)가 아래에 있는 인재를 쓸 의향이 없습니다. 그래서 부인이 외출할 때 사용하는 자신을 가리는 불(茀)을 잃어 나아갈 수 없는 것(婦喪其茀)으로 비유하였습니다.

그러나 육이(六二)가 중정(中正)의 덕이 있어 결국에는 쓰임을 얻기 때문에 불(茀)을 잃고 쫓지 않아도 7일 만에 얻는다(勿逐 七日 得)고 하였습니다.

九三 高宗伐鬼方 三年克之 小人勿用
구 삼 고 종 벌 귀 방 삼 년 극 지 소 인 물 용

고종이 귀방(鬼方)을 쳐서 3년 만에 이기다. 소인은 쓰지 말아야
한다.

- 宗 : 마루 종   ▪ 伐 : 칠 벌   ▪ 鬼 : 귀신 귀
- 方 : 방위 방, 모 방   ▪ 克 : 이길 극

구삼(九三)의 자리는 기제(旣濟)의 때가 기울기 시작하는 시기입
니다. 각종 문제가 발생하여 이를 다스리려면 강양한 자질과 현명함
그리고 극도의 노력이 필요한 때입니다.

구삼(九三)은 양으로써 양자리 정위(正位)라 극히 강하고, 또한
하체 리(離)괘에 속해 밝음을 지닌 자로서 상(商)나라의 훌륭한 왕
인 고종이 나라의 안정을 위협하는 귀방을 토벌하는 것(高宗伐鬼
方)으로 비유하였습니다.

고종과 같은 자질을 갖추고도 3년이나 걸려 겨우 토벌하였으니(三
年克之) 그 어려움을 짐작할 수 있습니다. 특히 소인을 쓰지 말라(小
人勿用)고 하여, 바깥은 귀방(鬼方)을 정벌하여 다스렸지만 내부에
소인·간신배가 있으면 곧 다시 난세로 변하는 것이 이치이기 때문에
특히 경계하였습니다.

六四 繻 有衣袽 終日戒
육 사   유   유 의 여   종 일 계

물이 새는 데 해진 옷을 두고 종일토록 경계한다.

- 繻 : 젖을 유, 샐 유(濡)   - 袽 : 걸레 여, 해진 옷 여
- 戒 : 경계할 계

육사(六四)는 음으로써 음의 자리에 거처하고 유순하여 인군인 구오(九五)를 받들어 건넘의 소임을 맡은 자입니다.

기제(旣濟)의 때가 기울기를 배에 물이 스며들어 오는 것(繻)으로 비유하였습니다. 육사(六四)가 해진 옷가지를 가지고(有衣袽) 구멍을 막으며 온종일 경계를 합니다.(終日戒)

정이(程頤)선생에 의하면 효사의 '繻(유)는 濡(유)가 맞다'고 하는데 이에 따릅니다.

九五 東隣殺牛 不如西隣之禴祭實受其福
구 오   동 린 살 우   불 여 서 린 지 약 제 실 수 기 복

동쪽 이웃이 소를 잡아 성대히 제사 지내는 것이 서쪽 이웃이 간략한 제사로 실제로 복을 받음만 못하다.

- 隣 : 이웃 린   - 殺 : 죽일 살   - 禴 : 간략히 제사지낼 약
- 祭 : 제사 제   - 受 : 받을 수   - 實 : 열매 실, 진실로 실

구오(九五)는 양강하고 중정하나 기제(既濟)가 기우는 때에 인군의 자리에 있습니다.

동쪽 이웃이 소를 잡아 제사를 지내는 것(東隣殺牛)이 서쪽 이웃의 간략히 제사를 지내는 것보다 실제로 그 복을 받는 것이 못하다(不如西隣之禴祭實受其福)고 비유하였습니다.

동쪽은 양이니 구오(九五)를 가리키고, 서쪽은 음이니 육이(六二)를 가리킵니다. 기제(既濟)의 때가 기울어짐이 이미 심하니 믿음과 정성이 외형적인 것보다 더욱 중요하다는 것을 말하고 있습니다.

上六　濡其首　厲
상 육　유 기 수　여

그 머리를 적심이니 위태롭다.

▪ 濡 : 적실 유　　　　　　▪ 首 : 머리 수

상육(上六)이 기제(既濟)의 끝에 있고, 또한 상체 감(坎)의 음유하고 험한 체 위에 있어 그 위태함이 물을 건너다 머리까지 빠지는 형국입니다.(濡其首 厲)

다스림이 극에 이르면 혼란이 오는 것이 기본적인 이치가 되는 것은 모두가 '치불사란(治不思亂)' 다스려질 때 혼란함을 생각하지 않고, '안불여위(安不慮危)' 안전할 때 위험을 고려하지 않기 때문입니다. 이렇게 해서 기제(既濟)가 미제(未濟)로 바뀌게 됩니다.

64
未濟(미제)

物不可窮也 故 受之以未濟 終焉
물 불 가 궁 야 　고 　수 지 이 미 제 　종 언

물건은 궁(窮)할 수 없으니 미제(未濟)괘로 받아서 마친다.

　▪窮 : 다할 궁　　　　▪終 : 마칠 종

離리〈　　　　火화·불
坎감〈　　　　水수·물

　물건이 궁(窮)할 수 없기 때문에 64괘의 마지막을 未濟(미제)괘
로 받았습니다. 궁즉통(窮則通)이죠.

64괘의 마지막을 기제(旣濟)괘로 하지 않고, 미제(未濟)괘로 하여 기(氣)의 순환과 우주 자연의 순환이 끊임없이 이어짐을 상징한 것은 「서괘전」의 백미(白眉)로써 옛 성인의 뛰어난 식견이라 하겠습니다.

미제(未濟)괘는 기제(旣濟)괘와 반대로 '건너지 못한다', '다스려지지 않았다'는 뜻을 가지고 있고, 괘상을 보면 상체 리(離)는 위로 향하고 하체 감(坎)은 아래로 향하여 상하가 화합하지 못하는 상이 있으며, 또한 여섯 효가 모두 자리를 잃어(不正位) 다스려지지 않은 상태입니다.

괘 사 (문왕文王)

離리 〈 火화·불
坎감 〈 水수·물

未濟 亨 小狐汔濟 濡其尾 无攸利
미제　형　소호흘제　유기미　무유리

미제(未濟)는 형통하니 어린 여우가 거의 건너다 꼬리를 적심이니 이로운 바가 없다.

▪ 未 : 아닐 미	▪ 狐 : 여우 호	▪ 汔 : 거의 흘
▪ 濟 : 건널 제	▪ 濡 : 적실 유	▪ 尾 : 꼬리 미
▪ 攸 : 바 유		

자연의 이치가 기제(旣濟)는 미제(未濟)로 변하게 되고 미제(未濟)는 기제(旣濟)를 지향하게 됩니다.

다만 기제(旣濟)에서 미제(未濟)로의 변화는 용이하고 미제(未濟)에서 기제(旣濟)로의 변화는 어려운 것입니다. 미제(未濟)에는 기제(旣濟)로 나아가려 하는 형통함(육효가 모두 바른 자리를 차지하지 못하였으나不正位 서로 정응正應이 되어 도움)이 있습니다.(亨) 그리고 늙은 여우는 의심과 두려움이 많고 어린 여우는 두려워하고 삼갈 줄을 모르기 때문에 물을 건너는데 용감합니다.

어린 여우가 물을 건너려고 시도하여 거의 건넜으나(小狐汔濟) 꼬리를 적시니 이로운 것이 없다(濡其尾 无攸利) 함은 어린 여우가 역량과 자질이 부족하여 결국 중도에 포기하고 건너지 못한다는 뜻입니다.

효 사 (주공周公)

初六 濡其尾 吝
초 육 유 기 미 인

그 꼬리를 적심이니 인색하다.

▪ 吝 : 인색할 인, 아낄 린

초육(初六)이 음유하고 아래에 있으면서 또한 험한 감(坎)괘에 거처하고 정응인 구사(九四)는 위로 향하는 리(離)체에 있어 아래로 향하는 감(坎)괘의 초육(初六)을 도와서 건너게 할 수 있는 뜻이 없습니다.

꼬리를 적셨다(濡其尾)는 것은 건너려고 시도했다가 중도에 포기한 것이므로 인색한 것(吝)입니다.

九二　曳其輪　貞　吉
구 이　예 기 륜　정　길

수레를 뒤로 끌어당기니 굳고 바르게 하면 길하다.

- 曳 : 당길 예　　■ 輪 : 수레 륜, 바퀴 륜

구이(九二)는 양으로써 중(中)을 얻었으며, 또한 음의 자리에 위치하여, 공손하고 중(中)의 덕성을 갖춘 자입니다. 그러나 구이(九二)는 두 음 사이에 빠져 있고 정응이 되는 육오(六五)는 강양하지 못하여 아직은 미제(未濟)를 다스릴 수 있는 시기가 아니므로 스스로를 절제하고 극복하여 나아가지 않는 것을 수레바퀴를 잡아당겨 세력을 줄이고 나아가는 것을 늦추는 것(曳其輪)으로 비유하였습니다. 스스로 나아가지 않음을 꿋꿋하고 바르게 하면 길한 것(貞 吉)입니다.

六三　未濟　貞　凶　利涉大川
육 삼　미 제　정　흉　이 섭 대 천

미제(未濟)에 변하지 않으면 흉하니 큰 내를 건너는 것이 이롭다.

　육삼(六三)은 음유하고 부중부정(不中不正)하며, 또한 험한 감(坎)괘에 있으니 미제(未濟)의 때에 건널 수 있는 자가 아닙니다. 그러나 미제(未濟)의 하괘에서 상괘로 변화하는 때에 변하지 않음만 고집하면 흉한 도리(未濟 貞 凶)입니다. 하체 감(坎·물)의 큰 내를 건너야 이로운 것(利涉大川)이죠. 미제(未濟)의 때에 험난함에 빠진 이에게 주는 용기와 격려라고 생각됩니다.

九四　貞　吉　悔亡　震用伐鬼方　三年有賞于大國
구 사　정　길　회 망　진 용 벌 귀 방　삼 년 유 상 우 대 국

　　　굳고 바르게 하면 길하고 후회가 없어지며 움직여 귀방을 쳐서 3
　　　년에야 대국에서 상이 있도다.

　구사(九四)는 양으로써 음의 자리에 있어 문무를 겸비한 자입니다. 그러나 양으로써 음의 자리에 있기 때문에 꿋꿋하게 바름을 지켜야만 길하고 후회가 없어질 것(貞 吉 悔亡)입니다.

　또한 미제(未濟)의 상황이 변하는 시점에서, 양강한 자질과 상체 리(離)의 총명한 지혜로 육오(六五) 인군을 도와 귀방(鬼方)과 3년의

전쟁을 치르고 나서야 비로소 토벌을 하고 나라로부터 상을 받는 것
(震用伐鬼方 三年有賞于大國)으로, 미제(未濟)를 극복하는 험난함
을 비유하였습니다.

六五 貞 吉 无悔 君子之光 有孚 吉
육오 정 길 무회 군자지광 유부 길

군고 바르게 하면 길하고 후회가 없다.
군자의 빛남에 믿음이 있어서 길하다.

■ 光 : 빛 광　　　　■ 孚 : 믿을 부

육오(六五)는 미제(未濟)가 다스려지는 때에 인군의 자리에 있습
니다. 음으로써 양의 자리에 있기 때문에 꿋꿋하고 바르게 해야만
길하고 후회가 없을 것(貞 吉 无悔)이라고 경계하였습니다.

또한 육오(六五)는 유순하며 중덕을 갖추었고 상체 리(離)의 주
효로써 문명하고 총명한 자입니다. 아래의 양강하고 중덕을 갖춘 구
이(九二)와도 응하기 때문에 그 덕행이 빛나고(君子之光) 믿음이 있
어 길합니다.(有孚 吉)

上九 有孚于飮酒 无咎 濡其首 有孚 失是
상구　유부우음주　무구　유기수　유부　실시

믿음을 두고 술을 마시면 허물이 없거니와 머리를 적실 정도로 마시면 믿음이 있어도 옳음을 잃을 것이다.

■ 孚 : 믿을 부　　■ 飮 : 마실 음　　■ 酒 : 술 주

■ 濡 : 적실 유　　■ 失 : 잃을 실　　■ 是 : 옳을 시

　상구(上九)는 양강하고 상체 리(離)의 위에 거처하여 밝음이 지극한 자입니다.

　미제(未濟)는 극에 이르렀다고 해서 저절로 구제되는 이치가 없기 때문에 미제(未濟)의 끝에서 지극히 정성스럽고 의리(義理)와 천명에 편안히 해서 스스로 즐거워하면 허물이 없는 것입니다. 그래서 믿음을 가지고 술을 마시면 허물이 없다(有孚于飮酒 无咎)고 하였습니다.

　그러나 과하게 마셔 머리 꼭대기까지 취하게 되면 설사 믿음이 있더라도 바름을 잃는 것이므로 옳지 않다(濡其首 有孚 失是) 하여 과함을 경계하고 있습니다.

나는 역경(易經)을 이렇게 읽었다

2018년 10월 25일 초판 1쇄 발행
2018년 11월 30일 초판 2쇄 발행

지은이 | 김성곤
펴낸이 | 이건웅
펴낸곳 | 차이나하우스
등 록 | 제303-2006-00026호
주 소 | 서울시 영등포구 영등포동 8가 56-2
전 화 | 02-2636-6271
이메일 | chinanstory@naver.com
I S B N | 979-11-85882-60-4 93150

값: 39,000원